CONSTITUTIONAL

COURT and
STANDARDS
OF

헌법재판 및
위헌심사기준론

CONSTITUTIONAL

REVIEW

DAIWHAN KIM

박영사

서 문

[시리즈의 구성] 현행 대한민국헌법은 전문, 본문 10개의 장(130개 조), 부칙 6개 조로 이루어져 있다. 일반적으로 헌법을 2권으로 나누어 기술할 경우에는 제2장 국민의 권리와 의무 부분(제10조~제39조)을 기본권론으로, 나머지는 국가조직론(전통적으로는 통치구조론이라고 불렀고 여기에 헌법총론이 포함되었다)으로 다루어 왔다. 그런데 1988년 헌법재판소가 출범한 이래로 발전적인 헌법판례가 비약적으로 축적됨에 따라 헌법재판론이 별도로 다루어지고 있는 추세다.

이 헌법기본서 시리즈는 이러한 추세에 따라 헌법총론·국가조직 및 기능론, 기본권론, 헌법재판 및 위헌심사기준론의 3권으로 구성되어 있다. 3권의 시리즈로 발간하게 된 것은 우선, 헌법판례의 축적으로 인한 그동안의 헌법학의 발전을 한 권에 반영하기에는 분량이 매우 방대해졌다는 점과 법학과나 로스쿨의 교과과정에서는 헌법이 일반적으로 2개 학기 또는 3개 학기에 걸쳐서 편성되어 있어 헌법과목을 수강하는 학생들이 매학기 달라질 수 있다는 점 그리고 경찰공무원과 같이 일정한 국가공무원임용시험에서는 헌법의 어느 일정 부분만을 그 출제의 범위로 하고 있다는 점 등을 고려하여 학생이나 수험생들의 부담을 줄여 교재 선택의 폭을 보장하려는 의도에서 비롯되었다.

[책의 내용과 특징] 헌법총론·국가조직 및 기능론은 전문과 제1장 총강 및 제10장 헌법개정을 중심으로 하고 제7장 선거관리, 제8장 지방자치, 제9장 경제, 부칙까지 포함하는 헌법총론 부분과 제3장 국회, 제4장 정부, 제5장 법원을 다루는 국가조직 및 기능론 부분으로 구성되어 있다. 특히 **선거관리, 지방자치, 경제의 장**은 단순히 입법·집행·사법의 한 조직으로 편성하기 어려울 뿐만 아니라, 민주적 선거제도, 지방자치제도, (사회적) 시장경제질서 등 자유민주적 기본질서 내지 사회국가원리라는 헌법원리가 구현된 중요한 구성부분이므로 **헌법총론에 포함**하였다.

기본권론은 총론에서 기본권일반이론을 체계화하여 기술하고, 개별기본권은 해당 기본권의 주체와 보장의무자, 내용(보호영역), 제한과 제한의 한계를 **인적·물적 보장내용과 위헌심사기준의 적용문제로 단순화·체계화**하여 방대한 기본권론을 일목요연하게 이해할 수 있도록 하였다.

헌법재판 및 위헌심사기준론에는 기존 교과서들에서 다루고 있는 헌법재판소의 조직과 기능이라는 헌법재판의 하드웨어뿐만 아니라, 헌법재판의 소프트웨어로서 **위헌심사기준론이라는 별도의 장을 편성하였다는 점이** 특징이다. 기존에 산재해서 다루어지던 위헌심사기준들을 체계화하여 한 번에 조망할 수 있게 함으로써 헌법판례에 대한 독자의 이해도를 높이고자 함이다. 그동안 필자가 로스쿨에서 강의를 해오면서 느낀 바, 헌법실무의 핵심은 결국 위헌심사기준을 어떻게 선정하여 어떤 방식으로 적용할 것인가의 문제라고 본다. 변호사시험과 같은 사례문제의 해결을 준비하는 사람이라면 특히 이 부분을 필독할 것을 권한다.

[집필의 방향] 이 헌법기본서 시리즈는 로스쿨 학생으로서 변호사시험을 준비하는 사람을 비롯하여 로스쿨 진학을 염두에 두고 헌법과목을 수강하는 학부생 및 각종 공무원시험 수험생뿐만 아니라 헌법에 처음 입문하는 사람도 그 대상으로 한다. 판례를 대폭 생략한 훨씬 간략한 이론서가 필요할 경우도 없지는 않겠으나, 오늘날은 헌법재판소의 결정을 빼고는 결코 헌법을 이야기할 수 없게 되었다는 점에서 판례를 대폭 축소한 이론 중심의 교재는 그만큼 실용성이 떨어질 뿐만 아니라 이해도 어렵다는 생각이 이 헌법기본서 시리즈의 중요한 집필방향이 되었다.

[감사의 인사] 이 책은 많은 분들의 학은에서 비롯되었다. 먼저 이 시리즈의 출간을 누구보다 기뻐하셨을 은사 금랑 김철수 교수님과 권영성 교수님의 영전에 바치고 두 분의 후생선처를 기념한다. 그리고 필자를 헌법의 새로운 지평으로 인도해 주신 최대권 교수님과 안경환 교수님, 양건 교수님, 독일헌법학의 깊은 의미를 일깨워주신 허영 교수님, 지금까지도 학자로서 선배로서 격려를 아끼지 않으시는 정재황 교수님의 은혜는 결코 잊을 수 없다. 특히 김효전 교수님께서는 당신의 학문성과를 기꺼이 공유해 주시며 늘 용기를 북돋워주셨다. 또한 오래된 선배학자이신 전광석 교수님, 이명웅 변호사님께는 학문적으로나 인격적으로나 신세진 바가 적지 않다.

필자는 초학자시절부터 공법이론과판례연구회의 뜰에서 자랐는데, 연구회의 박용상 명예회장님을 비롯하여 조병윤 교수님, 홍정선 교수님, 김문현 교수님, 성낙인 교수님, 권형준 교수님, 김영천 교수님, 이헌환 교수님, 송기춘 교수님, 황도수 교수님, 김수갑 교수님 등 많은 선배교수님들과 박홍우 변호사님, 한위수 변호사님의 가르침에 깊은 감사의 마음을 전한다. 작고하신 장명봉 교수님도 나의 머리에서 늘 떠나지 않는 분이다. 그 외에도 필자에게 많은 영감과 시사를 준 사단법인 한국공법학회의 선배교수님들과 동료학자들의 성함을 일일이 열거하지 못함을 송구하게 생각하며 이 자리를 빌려 감사와 존경의 말씀을 전한다.

더불어 늘 필자의 곁에서 힘이 되어 주는 사랑하는 아내(이정희)와 두 딸, 건강하신 어머님과 장모님, 누나와 매형 그리고 조카들과 함께 출간의 기쁨을 함께 하고자 한다.

끝으로 책이 출판될 수 있게 도와주신 박훈 교무처장님과 서울시립대학교출판부(출판부장 김혁)에 고마움을 표하고, 어려운 여건에서도 출판을 떠맡아 주신 박영사 안종만 회장님과 안상준 대표님, 조성호 이사님, 손준호 과장님 그리고 한여름의 폭우와 찌는 더위 속에서 편집에 노고를 아끼지 않으신 장유나 편집부 차장님께 깊은 감사의 인사를 올린다.

2023. 8. 1.

김 대 환

차 례

제1장 헌법재판소의 헌법상 지위

제2장 헌법재판소의 구성과 직무 및 일반심판절차

제3장 헌법재판기능

제4장 위헌심사기준

제1장

헌법재판소의
헌법상 지위

제1절

헌법재판의 역사

제1항　헌법재판 담당기관의 변천

　　제도사로 볼 때 헌법재판을 담당하는 기관에 따라 헌법재판제도는 미국식과 오스트리아식으로 구분할 수 있다. 미국식은 일반법원인 연방대법원이 담당한다. 미국에서는 1803년 마버리 대 매디슨 사건(Marbury v. Madison)에서 위헌심사가 처음으로 이루어졌는데 이것이 세계 최초의 위헌심사권의 발동이었다.[1] 오스트리아식은 일반법원과는 구별되는 독립된 기관인 헌법재판소가 담당하는 것을 말하는데 1920년의 소위 켈젠 헌법[2]에서 처음으로 규정되었다.[3]

　　우리나라에서는 헌법재판 소형을 채택한 것은 제2공화국 헌법(제3차 및 제4차 개정헌법)과 현행 헌법(제9차 개정헌법)이고, 미국식의 일반법원형을 채택한 것은 제3공화국 헌법(제5차 및 제6차 개정헌법)이다.

　　그 외는 헌법위원회제도를 두었는데 아래에서 보는 바와 같이 공화국마다 조금씩

---

1) 이 판결에 대한 독일적 논평은 Brugger, Kamp um die Verfassungsgerichtsbarkeit: 200 Jahre Marbury v. Madison, JuS 2003, S. 320 ff.; Hoffmann－Riem, Das Ringen um die verfassungs－rechtliche Normenkontrolle in den USA und Europa, JZ 2003, S. 269 참조. 이명웅, Marbury v. Madison 판결의 비교법적 쟁점, 헌법논총 16, 2005, 341쪽 이하도 참조.

2) "1920년 10월 1일의 오스트리아연방공화국 성립법률(Gesetz vom 1. Oktober 1920, womit die Republik Österreich als Bundesstaat eingerichtet wird)"을 말한다.

3) Peter Häberle, Verfassungsgerichtsbarkeit in der offenenen Gesellschaft, in: Robert Chr. van Ooyen/Martin H. W. Möllers (Hrsg.), Das Bundesverfassungsgericht im politischen System, VS Verlag, 2006, S. 39.

달랐다. 제1공화국 헌법에서는 부통령을 위원장으로 하고 대법관 5인과 국회의원 5인의 위원으로 구성하였다는 점에서 미국식과는 거리가 있고, 구체적인 규범통제기구인 독일식 헌법재판소제도와 정치적 규범통제기구인 프랑스식의 헌법위원회제도의 절충형으로서 국회와 대법원의 정치적 조정기관 역할을 한 것으로 평가된다.[4] 제4공화국의 헌법위원회제도는 제1공화국의 헌법위원회가 위헌법률심판권만 가졌던데 비하여 그 외에도 탄핵결정권, 정당해산권도 함께 가지고 있었다는 점과 국회선출, 대법원장 지명, 대통령 임명 각 3인의 9인으로 구성되어 있었다는 점에서 제1공화국의 헌법위원회제도와는 구별된다. 제5공화국의 헌법위원회는 제4공화국 헌법상 헌법위원회와 마찬가지로 정치적 헌법보장기관으로 평가할 수 있으나 단 한 건의 심판도 없었다는 점에서 명실 공히 휴면 기관이었다.[5]

구분	현행 헌법	제5공화국 헌법	제4공화국 헌법	제3공화국 헌법	제2공화국 헌법	제1공화국 헌법
담당 기관	헌법재판소	헌법위원회	헌법위원회	대법원 탄핵심판 위원회	헌법재판소	헌법위원회 탄핵재판소

제2항 헌법규정의 개정 연혁

I. 헌법재판에 관한 헌법규정의 변천

헌법재판소의 관장사항과 관련하여 제1공화국 헌법과 제3공화국 헌법에서는 각각 탄핵재판소와 탄핵심판위원회를 별도로 두고 있었는데 반하여 그 외의 헌법들에서는 위헌법률심판기관이 탄핵[6]도 관장하고 있었다. 제1공화국 헌법에서는 헌법위원회의 관장사항을 별도로 규정하는 조항을 두지 않았고 또 정당조항이 없었기 때문에 헌법위

---

4) 김철수, 헌법과 정치, 진원사, 2012, 868 – 869쪽.
5) 김철수, 헌법과 정치, 진원사, 2012, 870쪽.
6) 탄핵심판에 대해서는 이하에서 따로 설명한다.

원회는 위헌법률심사권만 가지고 있었다(제1공화국 헌법 제81조 제2항). 제2공화국 헌법의 헌법재판소에서는 헌법소원심판을 제외한 현행 헌법상 헌법재판소의 모든 관장사항을 관장하고 있었을 뿐만 아니라, 그 외에도 헌법에 관한 최종적 해석, 대통령·대법원장·대법관의 선거에 관한 소송을 관장사항으로 명시하고 있는 것이 특징이다. 제3공화국 헌법에서는 탄핵심판은 탄핵심판위원회가 담당하고, 대법원은 위헌법률심판과 정당해산심판만을 하였다. 제4·5공화국 헌법의 헌법위원회에서는 권한쟁의심판과 헌법소원심판을 제외하고는 현행 헌법의 헌법재판소의 관장사항과 같다.

그동안의 헌법규정의 변천과정에서 볼 때 위헌법률심판과 관련하여 제5공화국 헌법에서는 법원은 법률이 헌법에 위반되는 것으로 인정할 때에 헌법위원회에 제청하도록 명시하고 있는 것이 특징이다. 그러나 법원도 사법기관으로서 합헌판단권이 있음을 고려하면 이는 당연한 것을 규정한 것으로 보인다. 명령·규칙·처분이 헌법이나 법률에 위반되는 여부가 문제된 경우에는 대법원이 최종적으로 심사할 권한을 가진다는 점은 제1공화국 헌법이래로 변함없이 유지되어 왔다.

헌법재판기관의 구성과 관련하여 보면 제1공화국의 헌법위원회는 대법관 5인, 국회의원 5인으로 구성하고 부통령이 위원장이었기 때문에 모두 11인으로 구성되었다. 대법원이 헌법재판기관이었던 제3공화국 헌법을 제외하고, 현재와 같이 재판관을 대통령, 국회, 대법원장이 각각 3인씩 임명·선출·지명하는 형식은 제2공화국 헌법에서부터의 형식이다.

위원의 임기는 제1공화국에서는 헌법에 명문규정을 두지 아니하고 헌법위원회법(제6조)에서 대법관인 경우는 4년, 국회의원인 경우는 그 임기 중으로 하고, 위원임기 중 퇴임하면 위원도 당연히 퇴임하는 것으로 규정하였다. 제3공화국 헌법을 제외하고는 그 외 모두 위원 또는 재판관의 임기를 6년으로 하였고, 특히 제2공화국 헌법에서는 2년마다 3인씩 개임하는 것으로 규정하였다.

의결정족수와 관련하여서는 제1공화국 헌법에서는 위원 3분의 2 이상, 제3공화국 헌법에서는 대법원법관정수의 5분의 3 이상, 그 외에서는 현재와 같이 재판관(또는 심판관·위원) 6인 이상의 찬성으로 결정하도록 하였다.

그동안 우리나라는 탄핵심판에 대해서는 별도의 기관을 두어서 심판해오기도 했기 때문에 탄핵과 관련한 헌법규정의 변천을 살펴보면, 제1공화국 헌법에서는 탄핵재판소를 두었고 제3공화국 헌법에서는 탄핵심판위원회를 두었고 그 외에는 대법원 또는 헌법위원회나 헌법재판소에서 탄핵을 함께 심판하였다. 제1공화국의 탄핵재판소는 부통령을 재판장으로 하고 대법관 5인과 국회의원 5인으로 구성하였고(대통령과 부통령을 심판할 때에는 대법원장이 재판장이 된다), 제3공화국의 탄핵심판위원회는 대법원장이 위원장이었고 대법원판사 3인, 국회의원 5인으로 구성하였다(대법원장을 심판할 경우에는 국회의장이 위원장이 된다). 의결정족수와 관련하여서는 제1공화국 헌법에서는 심판관 3분의 2 이상의 찬성이, 제3공화국 헌법에서는 구성원 6인 이상의 찬성이 필요한 것으로 규정하였다.

II. 탄핵소추규정의 변천

탄핵소추란 탄핵을 발의하여 파면을 구하는 행위를 말한다. 탄핵소추의결이 있으면 탄핵심판기관에 파면을 요청한다는 의미다. 탄핵소추의 대상을 개정헌법별로 정리해 보면 다음과 같다.

현행 헌법	제5공화국 헌법	제4공화국 헌법	제3공화국 헌법	제2공화국 헌법	제1공화국 헌법
헌법재판소	헌법위원회	헌법위원회	탄핵심판위원회	헌법재판소	탄핵재판소
대통령	대통령	대통령	대통령	대통령	대통령 부통령 국무총리 국무위원
국무총리 국무위원 행정각부의 장 헌법재판소 재판관 법관 중앙선거관리 위원회 위원 감사원장 감사위원 기타 법률이 정한 공무원	국무총리 국무위원 행정각부의 장 헌법위원회 위원 법관 중앙선거관리 위원회 위원 감사위원 기타 법률에 정한 공무원	국무총리 국무위원 행정각부의 장 헌법위원회위원 법관 중앙선거관리 위원회 위원 감사위원 기타 법률에 정한 공무원	국무총리 국무위원 행정각부의 장 법관 중앙선거관리 위원회 위원 감사위원 기타 법률에 정한 공무원	 헌법재판소 심판관 법관 중앙선거위원회 위원 심계원장 기타 법률이 정하는 공무원	 법관 심계원장 기타 법률이 정하는 공무원

제2공화국 헌법에서 국무총리, 국무위원, 행정각부의 장[7]이 탄핵소추의 대상에서 빠진 것은 국무원이 민의원에 대하여 연대책임을 지도록 하고 있었기 때문이다(같은 헌법 제68조 제3항). 또 제3화국 헌법에서부터 제5공화국 헌법에 이르기까지 감사원장을 명시하지 않은 것은 감사원장이 당연히 감사위원의 한 사람으로 이해되었기 때문이다. 이를 현행 헌법에서는 분명히 하기 위해서 감사원장을 탄핵소추의 대상으로 명기한 것이다.

탄핵소추의 발의 및 의결은 국회의원 재적 3분의 1 이상의 발의와 재적의원 과반수의 찬성으로 의결한다는 점에서 제4공화국 헌법에서부터 현행 헌법까지 같다. 제2공화국과 제3공화국의 헌법은 동일하게 국회의원 30인 이상의 발의와 국회의원 재적 과반수의 찬성으로 의결하도록 하였다(물론 제2공화국 헌법은 양원제를 두었으므로 양원 각각 재적의원 과반수로 의결하도록 규정하고 있었다). 제1공화국 헌법에서는 의원 50인 이상의 연서와 재적의원 3분의 2 이상의 출석과 출석의원 3분의 2 이상의 찬성으로 의결하는 독특한 규정을 두고 있었다. 대통령에 대한 탄핵소추의 발의 및 의결정족수와 관련하여서는 제4공화국 헌법에서 처음으로 국회재적의원 과반수의 발의와 국회재적의원 3분의 2 이상의 찬성을 규정한 이래 현행 헌법에까지 이어지고 있다.

제3항 헌법재판의 실제

I. 제1공화국

제1공화국 헌법은 헌법위원회를 두면서 탄핵은 탄핵재판소를 설치하여 담당하게 하였다. 헌법위원회의 위원장은 부통령이 되고 대법관 5인과 국회의원 5인이 위원으로 되었다. 위헌결정은 위원 3분의 2이상의 찬성이 있어야 한다.

구체적 규범통제에 있어서는 현재와 같이 위헌법률심사권과 위헌위법명령규칙심사권을 이원화하여, 헌법위원회는 위헌법률심사를 하고 대법원은 위헌위법명령규칙심

---

7) 제2공화국 헌법에서 국무총리는 대통령이 지명하여 민의원의 동의를 얻도록 하고 있었고(제69조 제1항 본문), 국무위원은 국무총리가 임면하여 대통령이 확인하도록 하고 있었으며(제69조 제5항), 행정각부의 장은 국무위원이어야 하며 국무총리가 임면하도록 하고 있었다(제73조 제1항).

사를 하도록 하였다. 헌법위원회의 관장사항은 위헌법률심사뿐이었다.

제1공화국에서 헌법위원회는 모두 6건의 위헌법률심사를 하였고 그중 2건에 대하여 위헌결정을 하였다. 헌법위원회 1952.9.9.결정(4285년 헌위1)에서는 대법원의 심판을 받을 권리를 헌법상의 기본권으로 파악하였고, 1952.9.9.결정(4285년 헌위2)에서는 일정한 범죄에 대하여 단심으로 재판하도록 하는 것은 대법원의 심판을 받을 권리를 침해한 것으로 결정하였다.

이와 같은 대법원의 재판을 받을 권리에 대한 헌법위원회의 입장은 현재의 헌법재판소의 입장과는 반대이다. 현재 헌법재판소는 현재의 우리의 법제 아래에서는 대법원의 재판을 받을 권리를 보장할 것인지 여부는 입법정책의 문제일 뿐이고 헌법상 보장되는 재판청구권의 내용에 속하는 것은 아니라고 하였다. 이에 따르면 대법원의 재판을 받을 권리는 기본권이 아니다. 그럼에도 불구하고 헌법재판소는 2004년 결정8)에서 상고심을 제한하는 법률조항에 대해서 과잉금지원칙을 심사기준으로 하여 재판청구권 침해 여부를 심사하고 있는데, 이는 논리적으로 타당한 것으로 보기 어렵다.

탄핵재판소는 부통령을 재판장으로 하고 대법관 5인과 국회의원 5인을 재판관으로 구성하였다. 대통령과 부통령을 심판할 때에는 대법원장이 재판장의 직무를 행하도록 하였다. 재판관 3분의 2 이상의 찬성이 있으면 탄핵된다(제정헌법 제47조). 이 당시 탄핵소추요건은 매우 제한적이었다. 소추를 위해서는 재적국회의원 3분의 2 이상의 출석과 출석의원 3분의 2 이상의 찬성이 있어야 한다. 제1공화국 헌법 아래에서 탄핵재판은 제기되지 않았다.

II. 제2공화국

제2공화국 헌법은 헌법재판소를 설치하였고 여기에서 탄핵심판도 관장하게 하였다. 헌법재판소의 관장사항 중 현재와 구별되는 점은 ① "헌법에 관한 최종적 해석", ② "대통령, 대법원장과 대법관의 선거에 관한 소송"을 관장사항으로 하고 있는 반면에, ③ 권한쟁의심판에 있어서는 국가기관간의 권한쟁의만을 인정하고 있었고, ④ 헌법소원제도는 없었다는 점이다. 그런데 헌법재판소의 관장사항 중 위헌법률심판과 관

---

8) 헌재 2004.11.25. 2003헌마439, 형사소송법 제380조 등 위헌확인[기각(8인 재판관의 의견)].

련하여 제1공화국 헌법처럼 "법률이 헌법에 위반되는 여부가 재판의 전제가 되는 때에는 법원은 헌법위원회에 제청하여 그 결정에 의하여 재판한다."라고 하거나, 현행과 같이 "법원의 제청에 의한 법률의 위헌여부심판"이라고 하지 않고, "법률의 위헌여부심사"라고만 하여[9] 구체적 규범통제 외에 추상적 규범통제도 가능한 것으로 이해되었다. 따라서 1961년 제정·시행된 헌법재판소법 제9조[10]에서는 구체적 규범통제를 규정하면서 제청서기재사항을 규정한 제10조 제2항[11]에서는 추상적 규범통제를 제도적으로 규정해 놓고 있었다.

법률의 위헌판결과 탄핵결정은 재판관 6인 이상의 찬성으로 하고 그 외에는 재판관 5인 이상의 찬성으로 결정하도록 하였다.[12]

재판관은 모두 9인으로 구성하였고, 현재와 같이 재판관은 대통령, 대법원, 참의원이 각 3인씩 선임하도록 하였다. 구성과 관련하여 특이한 점은 재판관의 임기를 6년으로 하되 3년마다 3인씩 개임하도록 하고 있는 점이다(법 제183조의4 제3항).

이와 같은 내용을 규정한 헌법재판소법이 1961.4.17. 제정·공포되었으나, 1961년 5·16 군사쿠데타로 인하여 국가재건비상조치법(1961.6.6.) 부칙 제5조[13]에 의해 헌법재판소에 관한 헌법규정은 효력이 정지되었고 1964.12.30.(1963.12.17. 소급시행) 「헌법재판소법 폐지에 관한 법률」에 의거 헌법재판소법이 폐지됨으로써 헌법재판소는 설치되기도 전에 없어지고 말았다.

---

9) 제3차 개정헌법 제83조의3 제1호.
10) 제9조 (위헌제청과 법원의 재판) ① 법원에 계속중인 사건에 관하여 법원 또는 당사자가 법률의 위헌여부의 심사나 헌법에 관한 최종적 해석을 헌법재판소에 제청하였을 때에는 헌법재판소의 결정에 의하여 당해 사건에 대한 법원의 재판은 헌법재판소의 판결이 있을 때까지 정지할 수 있다.
11) 제10조 (제청서기재사항) ① (생략: 구체적 규범통제에 있어서 기재사항 규정함)
　② 법원에 사건이 계속됨이 없이 법률의 위헌여부 또는 헌법에 관한 최종적 해석을 제청할 때에는 제청서에 다음 사항을 기재하여야 한다.
　　1. 제청인의 표시
　　2. 위헌이라고 해석되는 법률조항 또는 해석을 요구하는 헌법의 조항
　　3. 위헌이라고 해석되는 이유 또는 당해헌법조항에 대한 제청인의 해석
　　4. 기타 필요한 사항
　③ 전항의 경우에는 제9조의 규정을 준용한다.
12) 헌법 제83조의4 제5항과 구 헌법재판소법 제8조 제1항(헌법재판소는 심판관 5인 이상의 출석으로 심리하며 심판관 5인 이상의 찬성으로 심판한다) 참조.
13) "헌법재판소에 관한 규정은 그 효력을 정지한다."

III. 제3공화국

제3공화국 헌법은 미국식 대통령 중심제를 채택하였고 그에 따라 헌법재판도 대법원에서 관장하는 일반법원형으로 전환하였다. 대법원은 구체적 규범통제로서 위헌법률심사권과 위헌위법명령규칙심사권을 동시에 가지게 되었고, 정당해산판결권도 가지고 있었다. 정당해산판결은 대법원법관 정수의 5분의 3 이상의 찬성을 얻도록 하였다.

그런데 법률의 위헌결정 정족수와 관련하여서는 문제가 있었다. 제3공화국 헌법 제102조 제1항과 제2항에 따르면 법률의 위헌여부 내지 명령·규칙·처분의 위헌·위법 여부는 대법원이 최종적으로 심사한다고만 하고 있을 뿐 그 판결정족수에 대해서는 규정하지 않고 있었으므로 특별한 제한 없이 「법원조직법」 제59조 제1항 본문의 정족수에 관한 일반원칙, 즉 과반수로써 위헌을 결정할 수 있어야 함에도 불구하고, 당시의 「법원조직법」 제59조 제1항 단서[14)]는 "법률·명령 또는 규칙이 헌법에 위반함을 인정하는 때"에는 대법원판사전원의 3분의 2 이상의 출석과 출석인원 3분의 2 이상의 찬성으로 결정하도록 규정하고 있었다. 이 「법원조직법」 단서조항에 대해서 대법원은 헌법에 위반된다는 판결을 하였다.[15)] 군인 등의 이중배상을 금지한 국가배상법 제2조 제1

---

14) 법원조직법(법률 제2222호 1970.8.7 [일부개정]) 제59조 ① 합의심판은 헌법 및 법률에 다른 규정이 없으면 과반수로써 결정한다. 다만, 대법원이 제7조제1항제1호의 규정에 의한 합의심판을 하는 때에는 대법원판사전원의 3분의 2이상의 출석과 출석인원 3분의 2이상의 찬성으로 결정한다.<개정 1970·8·7> 합의에 관한 의견이 3열이상 분립하여 각각 과반수에 달하지 못하는 때에는 다음의 의견에 의한다.<개정 1963·12·13>
   1. 삭액에 있어서는 과반수에 달하기까지 최다액의 의견의 삭에 순차소액의 의견의 삭을 가하여 그중 최소액의 의견
   2. 형사에 있어서는 과반수에 달하기까지 피고인에게 불리한 의견의 삭에 순차 유리한 의견을 가하여 그중 최유리한 의견
   제7조 ① 대법원의 심판권은 대법원판사전원의 3분지2 이상의 합의체에서 이를 행한다. 그러나, 대법원판사 3인 이상으로써 구성된 부에서 먼저 사건을 심리하여 의견이 일치한 때에 한하여 다음의 경우를 제외하고 재판할 수 있다.<개정 1961·8·12, 1963·12·13>
   1. 법률.명령 또는 규칙이 헌법에 위반함을 인정하는 때
   2. 명령 또는 규칙이 법률에 위반함을 인정하는 때
   3. 종전에 대법원에서 판시한 헌법.법률.명령 또는 규칙의 해석적용에 관한 의견을 변경할 필요가 있음을 인정하는 때
   4. 부에서 재판함이 적당하지 아니함을 인정하는 때
15) 대법원 1971.6.22. 70다1010 전원합의체 판결. 이 판결에서는 동일한 취지를 규정한 부칙 제3항(부칙 <제2222호, 1970.8.7> ③ 이 법 시행 당시 이미 대법원이 법률명령 또는 규칙이 헌법에 위반한다고 재판한 종전의 판결에 따라 재판하는 경우에도 제59조제1항 단서를 적용한다)에 대해서도 위헌 선언하였다.

항 단서가 헌법에 위반된다고 선언한 것으로도 잘 알려져 있는 이 판결로 인하여 사법파동이 일어나게 된다.

탄핵심판을 위해서 별도로 탄핵심판위원회를 두었는데, 탄핵심판위원회는 위원장인 대법원장과 대법원판사 3인 그리고 국회의원 5인의 위원으로 구성하였다. 대법원장을 심판할 경우에는 국회의장이 위원장이 된다. 탄핵결정에는 6인 이상의 찬성이 있어야 한다.

IV. 제4공화국

제4공화국 헌법은 헌법위원회제도를 채택하였다. 제4공화국의 헌법위원회제도는 위헌법률심판권 외에도 정당해산권과 탄핵결정권도 함께 가지고 있었다는 점에서 제1공화국의 헌법위원회제도와 구별되고, 권한쟁의심판과 헌법소원심판제도가 없었다는 점에서 현행 헌법재판소와 구별된다.

9인의 위원으로 구성되는 헌법위원회 위원은 대통령이 임명하되 3인은 국회에서 선출하고 3인은 대법원장이 지명하는 자를 임명한다는 점에서 현행 헌법재판소제도와 같다.

구체적 규범통제제도를 두면서 법률에 대해서는 헌법위원회가, 명령·규칙에 대해서는 대법원이 최종적으로 심사할 권한을 갖도록 하였다. 정당해산요건에 있어서는 "정당의 목적이나 활동이 민주적 기본질서에 위배되거나 국가의 존립에 위해가 될 때"라고 하여 "국가의 존립에 위해가 될 때"도 해산 요건 중의 하나로 하고 있었다. 이 요건은 대한민국헌정사상 제4공화국 헌법에만 존재한다. 법률의 위헌결정, 탄핵결정, 정당해산결정에는 6인 이상의 찬성이 있어야 한다는 점에서도 현재와 같다.

제4공화국 헌법의 헌법위원회제도에서는 한 건의 위헌심판도 없었다.

V. 제5공화국

제5공화국 헌법에서 헌법위원회는 제4공화국 헌법에서와 마찬가지로 법률의 위헌여부심판, 탄핵심판, 정당해산심판을 관장하였고, 권한쟁의심판제도와 헌법소원심판제도는 존재하지 않았다. 법률의 위헌여부심판에 있어서는 헌법위원회가, 명령·규칙 통제는 대법원이 최종적으로 심사하게 하였다. 모두 구체적 규범통제만 인정되었다.

헌법위원회 위원임명의 방식은 현행 헌법에서와 같다. 위원의 임기도 현재와 같았으나 연임가능규정을 처음으로 헌법에 두었다. 법률의 위헌결정, 탄핵의 결정, 정당해산의 결정을 함에 있어서 6인 이상의 정족수는 현행 헌법과 동일하다.

여기에서도 한 건의 위헌심판도 없었다.

VI. 1987년 헌법 이후

1987년 개정된 현행 헌법은 헌법재판소를 설치하고 그 관장사항으로는 위헌법률심판, 탄핵심판, 정당해산심판, 권한쟁의심판, 헌법소원심판을 두고 있다. 헌법소원제도는 헌법재판소제도의 특징에 해당하는 것으로서 우리 헌법사상 처음으로 도입된 것이다. 특히 위헌법률심판제청신청이 기각된 경우에도 헌법소원을 할 수 있는 길을 열어놓음으로써 재판을 헌법소원의 대상에서 제외하였음에도 불구하고 향후 헌법소원심판이 활성화될 수 있는 길을 열어놓은 것이 큰 특징이다. 이는 비교법적으로 볼 때 대한민국헌법에서 발견할 수 있는 특유한 제도이다.

헌법재판소법이 1988년 9월 1일 발효되었고, 같은 달 15일 9명의 헌법재판관이 임명되어 헌법재판시대를 연 이후 우려 속에서도 헌법재판소는 그동안 헌법재판제도의 비교법적 수용의 성공적 모델로 평가된다.

제1항   헌법보호기관

　　헌법재판소의 가장 중요한 기능은 헌법보호기능이다. 헌법재판소는 헌법해석을 통하여 무엇이 헌법인지를 선언하고 헌법 적대적 세력에 대해서는 단호하게 대처함으로써 헌법을 수호한다. 예컨대 위헌법률심판에서 재판의 전제성이 없거나,16) 권한쟁의심판17)이나 헌법소원심판18)에서 권리보호이익이 없음에도 침해의 반복위험성과 헌법적 해명이 필요한 경우에 심판청구의 이익을 인정하여 결정을 선고하도록 하는 것 등은 헌법재판소의 헌법수호기능을 단적으로 보여주는 것이다.19)

---

16) 헌재 1989.7.14. 88헌가5등, 사회보호법 제5조의 위헌심판(합헌) 등 다수의 위헌법률심판 결정 참조.
17) 헌재 2009.5.28. 2006헌라6, 서울특별시와 정부 간의 권한쟁의(인용, 반대의견 있음); 2003.10.30. 2002헌라1, 국회의원과 국회의장간의 권한쟁의(기각); 1993.12.23. 93헌가2, 형사소송법 제97조 제3항 위헌제청(위헌) 등 참조.
18) 헌재 1992.1.28. 91헌마111, 변호인의 조력을 받을 권리에 대한 헌법소원(위헌확인, 위헌) 등 참조.
19) 헌법재판소의 다수의견에 따르면 적법요건이 탈락함에도 헌법적 해명이 필요하여 본안판단으로 나아가는 이유는 당해 청구가 인용되는 경우 당해 결정이 갖는 모든 국가기관과 지방자치단체를 기속하는 효력[예컨대 헌법재판소법 제47조 제1항(위헌법률심판), 제67조 제1항(권한쟁의심판), 제75조 제1항(헌법소원심판)] 때문이라고 한다. 예컨대 헌법소원에 관해서 관련 설시는 헌재 2021.10.28. 2021헌나1, 법관(임성근)탄핵(각하)의 다수의견이 이 입장이다. 그러나 이 탄핵결정의 3인의 반대의견은 관련 조문이 없음에도 불구하고 헌법적 해명의 필요성을 인정하여 심판이익을 인정하고 있다. 그러나 헌법적 해명의 필요성은 입법의 태도에 따라 인정여부가 결정되는 것이 아니고 헌법수호를 위해서 필요하기 때문이다. 자세한 것은 후술 탄핵심판 부분 참조.

제2항 권력통제기관

헌법재판소는 위헌법률심판을 통하여 국회입법을 통제하고, 기본권을 침해하는 공권력행사에 대해서는 취소하거나 위헌을 선언함으로써 행정권을 통제할 수 있다. 그러나 법원의 재판은 헌법소원의 대상에서 배제함으로써 실제로 법원을 통제하는 데에는 한계가 있다.

제3항 기본권보호기관

헌법재판소는 국민의 기본권을 침해하는 공권력 행사를 특히 위헌법률심판이나 헌법소원심판을 통하여 직접적으로 통제한다. 기본권을 침해하는 경우에 헌법재판소는 당해 공권력을 취소하거나 공권력행사의 근거가 된 법률 또는 법률조항에 대해서 위헌 선언을 함으로써 헌법재판소는 가장 의미 있는 기본권보호기관으로 자리매김하고 있다.

제4항 정치적 평화보장기관

선거구인구획정과 같은 민감한 정치적 분쟁의 소지가 있는 문제들에 대해서 헌법재판소의 선거구간 선거구민비율에 관한 결정[20]은 중요한 정치적 평화를 보장하는 의미를 지닌다. 또한 국회와 정부가 입법절차의 하자를 두고 다투는 경우에는 권한쟁의심판을 통하여 분쟁을 헌법적 관점에서 해결할 수 있다. 그러나 헌법재판소는 절차위

---

20) 예컨대 국회의원 선거구 인구불균형이 2:1을 넘으면 헌법에 위반된다고 한 헌재 2014.10.30. 2012헌마192등, 공직선거법 제25조 제2항 별표 1 위헌확인(헌법불합치) 결정 및 지방의회 선거구 인구편차 허용기준을 4:1로 정한 헌재 2007.3.29. 2005헌마985, 공직선거법 제26조 제1항에 의한 [별표 2] 위헌확인 등(헌법불합치) 참조.

반의 법률이 헌법에 위반됨은 인정하면서도 무효로는 선언하지 않음으로써 입법절차의
하자와 관련된 정치문제해결에 소극적인 경향을 보이기도 한다.[21]

---

21) 자세한 것은 후술하는 권한쟁의심판 부분 참조.

제3절

(대)법원과의 관계

법원도 헌법재판소도 모두 헌법해석을 함으로써 국민의 기본권보장에 기여하고 있다. 헌법은 구체적 규범통제절차에서는 법률에 대한 위헌심사권은 헌법재판소의 관할로 하고, 명령·규칙·처분에 대한 위헌심사권은 법원의 권한으로 함으로써 심판대상을 구분할 뿐, 헌법의 수호 및 기본권의 보장은 법원과 헌법재판소 모두의 과제로 하고 있다. 더구나 헌법재판소법은 법원의 재판은 원칙적으로 헌법소원의 대상에서 제외하고 있고, 대법원장은 헌법재판소 재판관 3명 지명권이 있는데 반하여, 헌법재판소는 대법원규칙이 직접적으로 기본권을 침해하는 경우에는 보충적으로 헌법소원심판권을 가지며, 법원의 재판에 대해서는 예외적인 경우에 헌법소원심판권을 행사함으로써 법원을 견제하고 있다.

그러나 법원과 헌법재판소는 관할의 분쟁이 없지도 않다. 따라서 법원 특히 대법원과 헌법재판소의 관계를 정당하게 이해하는 것이 무엇보다 필요하게 된다.

제1항　법원과 헌법재판소의 위헌판단이 달라지는 경우

동일한 사안에 대해서 법원과 헌법재판소의 위헌판단이 달라지는 경우로는 ① 헌법재판소가 법원의 위헌법률심판 제청을 기각한 경우, ② 법원이 위헌법률심판 제청신청을 기각(또는 각하)하고, 헌법재판소가 헌법재판소법 제68조 제2항에 따라 제기된 헌법소원심판청구를 인용한 경우, ③ 대법원의 명령·규칙에 대한 위헌심사결과와 동일한 명령·규칙이 직접적으로 기본권을 침해할 경우에 제기되는 헌법소원에 있어서 헌법재판소의 결정내용이 다른 경우를 들 수 있다. 그러나 ①과 ②의 경우에는 종국적으로는 헌법재판소의 해석에 따라 판단될 것이기 때문에 문제가 되지 않는다. 문제는 ③의 경우인데 이것도 다음의 두 가지 경우로 거듭 나누어 볼 수 있다. ⓐ 우선 명령·규칙에 대하여 헌법재판소가 단순합헌이나 단순위헌을 선언하는 경우이다. 헌법재판소가 단순위헌 선언한 경우에는 헌법소원의 인용결정은 모든 국가기관과 지방자치단체를 기속하므로(법 제75조 제1항) 헌법재판소의 위헌결정에는 법원도 기속된다. 헌법재판소가 단순합헌 선언한 경우라도 대법원이 위헌으로 판결한 경우에는 위헌적인 명령·규칙으로서 당해 사건에서는 적용되지 아니하나, 대법원에 의해 명령·규칙의 위헌위법이 확정된 경우에는 지체 없이 그 사유를 행정자치부장관에게 통보하도록 되어 있고 행정자치부장관은 지체 없이 이를 관보에 게재하도록 하고 있어서(행정소송법 제6조) 사실상 당해 명령·규칙은 재판에서 적용되지 못할 것이므로 규범성이 상실될 것이어서 법원과 헌법재판소의 이원적 해석문제는 발생하지 않을 것이다. 문제는 ⓑ 명령·규칙에 대해 헌법재판소가 변형결정을 하는 경우인데, 여기서는 대법원이 헌법재판소의 변형결정을 유효한 결정유형으로 받아들이지 않고 있기 때문에 문제가 될 수 있다. 헌법재판소는 법률[22]에 대해서 뿐만 아니라 명령·규칙에 대해서도 변형결정이 가능한 것으로 보고 있다.[23] 그러나 법원이 명령·규칙에 대한 헌법재판소의 변형결정을 받아들이지 않는 경우에는,[24] 동일한 명령·규칙에 대하여 서로 다른 판단이 존재할 수 있기 때문에 실제에 있어서 문제가 될 수 있다. 헌법재판소는 그러한 재판에 대하여 헌법소원을 통하여 취소할 수 있다고 하고 있지만,[25] 그럼에도 불구하고 여전히 대법원은 헌법재

---

22) 헌재 2001.2.22. 99헌마461, 헌법재판소법 제68조 제1항 등 위헌확인(기각, 각하)
23) 명령·규칙에 대해서도 변형결정이 가능하다는 취지의 헌법재판소 결정례로는 헌재 1997.12.24. 96헌마172등, 헌법재판소법 제68조 제1항 위헌확인 등[한정위헌, 인용(취소)] 참조.
24) 예컨대 대법원 1996.4.9. 95누11405 판결 − 증여세등부과처분취소.
25) 헌재 1997.12.24. 96헌마172등, 헌법재판소법 제68조 제1항 위헌확인 등[한정위헌, 인용(취소)]의 주문 2를 보면 다음과 같이 법원의 재판을 취소하고 있다: "1. 헌법재판소법 제68조 제1항 본문의 '법원의 재판'에 헌법재판소가 위헌으로 결정한 법령을 적용함으로써 국민의 기본권을 침해한 재판도 포함되는 것으로 해석하는 한도 내에서, 헌법재판소법 제68조 제1항은 헌법에 위반된다. 2. 대법원 1996.4.9. 선고, 95누11405 판결은 청구인의 재산권을 침해한 것이므로 이를 취소한다. 3. 피청구인 ○○세무서장이 1992.6.16. 청구인에게 양도소득세 금 736,254,590원 및 방위세 금 147,250,910원을 부과한 처분은 청구인의 재산권을 침해한 것이므로 이를 취소한다." 이 사건은 과세관청이 헌법재판소 결정의 취지에 따라 세금부과를 취소하면서 일단락되었다. 그러나 2013년에 ㈜GS칼텍스가 구 조세감면규제법에 의해 700억 원대의 세금을 물면서 이에 대

판소의 변형결정(여기서는 한정위헌결정)을 받아들일 수 없다고 하는 입장이어서 입법적 해결이 요구되고 있다.

제2항 헌법소원 대상에서 법원 재판의 제외문제

헌법소원제도를 두면서 법원의 재판을 그 대상에서 제외하고 있는 것은 헌법소원제도의 본질적 내용을 침해하여 위헌이라는 주장에 대해 논쟁이 있다. 이에 대해 헌법재판소는 ① 헌법소원의 본질적 내용은 주관적 권리구제절차라는 점에 있고, ② 헌법 제111조 제1항 제5호가 규정하고 있는 바의 '법률이 정하는 헌법소원에 관한 심판'의 의미는 그러한 주관적 권리구제절차를 입법으로 형성할 것을 위임한 것으로서 반드시 법원의 재판에 대한 소원을 포함하여야 한다는 것은 아니라는 것을 논거로 법원의 재판을 헌법소원심판의 대상으로 하지 않고 있는 헌법재판소법 제68조 제1항은 헌법소원제도의 본질적 내용을 침해하는 것은 아니라고 하였다.[26]

그런데 이 헌법재판소의 결정에 따르면 헌법소원제도의 본질적 내용을 헌법이 입법위임한 것이기 때문에 '헌법소원심판을 받을 권리'는 헌법상 보장되는 기본권이 아니게 된다. 그렇다면 헌법소원심판을 받을 권리를 헌법에 규정하였다는 것은 무엇을 의미하는가. 비록 법률로 형성할 것을 위임하고 있기는 하지만 헌법소원심판제도를 굳이 헌법에 규정한 것은 적어도 이를 제도로 보장하려는 취지라고 판단할 수 있을 것이다. 따라서 제도보장이론을 적용하면 헌법소원심판의 핵심영역 또는 본질적 내용은 법률로서도 침해해서는 안 된다는 결론에 도달하게 된다. 그렇다면 헌법소원심판제도의 핵심영역은 무엇인가. 헌법소원심판제도의 핵심영역에 법원의 재판을 헌법소원의 대상으로 하는 것이 포함되는가. 위 헌법재판소 결정은 이와 같은 논증을 거쳐 결론에 이르렀어

해 대법원판결의 취소를 구하는 헌법소원을 제기하였다. 청구취지는 헌법재판소가 한정위헌결정을 내린 법률의 조항을 적용한 법원의 판결과 역삼세무서의 세금부과처분을 취소해 달라는 것이었다. 이에 대해서 헌법재판소는 대법원의 재심기각판결 등을 취소하였다[헌재 2022.7.21. 2013헌마496(인용(취소), 각하)].

26) 헌재 1997.12.24. 96헌마172등, 헌법재판소법 제68조 제1항 위헌확인 등[한정위헌, 인용(취소), 3인의 반대의견]. 이 결정에 대한 자세한 내용은 후술하는 헌법소원심판 부분 참조.

야 했다. 어쨌건 헌법재판소는 헌법소원의 본질을 주관적 권리구제절차로서 존재하면 되지 반드시 법원의 재판을 포함하여야만 하는 것은 아니라는 결론이다.

또한 헌법재판소가 "입법자에게 헌법소원제도의 본질적 내용을 구체적인 입법을 통하여 보장할 의무를 부과하고 있다"고 하면서, "언제나 '법원의 재판에 대한 소원'을 그 심판의 대상에 포함하여야만 비로소 헌법소원제도의 본질에 부합한다고 단정할 수 없다."라는 식으로 논증하고 있는 것도 문제다. 어떤 본질적 내용을 입법위임한 것으로 보면서도 헌법소원제도를 구체적으로 형성하고 있는 어떤 제도내용이 헌법이 보장하는 제도의 본질적 내용에 부합하는지 여부를 검토한다고 하는 것은 논리적으로 맞지 않다.

나아가 재판소원을 인정하지 않는 것이 헌법소원제도의 핵심영역을 침해하는 것인 지에 대해서는 논의의 여지가 있을 수 있지만, 적어도 법원의 재판에 있어서 발생할 수 있는 헌법해석상의 오류에 대해서 조차도 제도적으로 다툴 수 있는 기회(즉, 헌법소원심 판의 청구)를 완전 봉쇄하는 것은 타당하다고 보기 어렵다.

이와 같이 법원의 재판을 헌법소원심판의 대상에서 제외하고 있는 것에 대해서 헌 법재판소는 원칙적으로 합헌이라는 입장이지만, 현실적으로는 대법원이 **한정위헌결정의 효력**을 부인하면서 충돌하고 있다. 대법원은 한정위헌결정은 법률에 대한 헌법재판소 의 해석에 불과하고 법률에 대한 해석은 대법원을 구속할 수 없다고 보고 있다. 이 문 제를 해결하기 위하여 헌법재판소는 헌법재판소가 위헌으로 선언하여 그 효력을 상실 한 법률의 규정(이는 결국 한정위헌 선언된 법률의 규정을 말하는 것임)을 적용한 법원의 재 판은 헌법소원의 대상으로 할 수 있다고 함으로써 한정위헌의 효력을 재판에 있어서도 관철시키려고 하고 있고,[27] 법원의 재판이 취소되는 경우에는 함께 주장된 원행정처분 의 취소를 구하는 헌법소원을 인용하고 있다.[28] 또 최근에는 한정위헌결정에 따라 법 원에 제기한 재심청구를 받아들이지 않은 법원의 재판을 취소하기 위해서 **"법률에 대한 위헌결정의 기속력에 반하는 재판"**도 헌법소원심판의 대상이 되고 그 자체로 헌법재판소 결정의 기속력에 반하는 것일 뿐만 아니라 법률에 대한 위헌심사권을 헌법재판소에 부 여한 헌법의 결단에 정면으로 위배된다고 하면서, 헌법재판소법 제68조 제1항 본문의 '법원의 재판'의 범위에서 '법률에 대한 위헌결정의 기속력에 반하는 재판' 부분을 명시

---

27) 헌재 1997.12.24. 96헌마172등, 헌법재판소법 제68조 제1항 위헌확인 등[한정위헌, 인용(취소)].
28) 헌재 2022.7.21. 2013헌마242, 재판취소 등[인용(취소), 각하] 외 다수의 결정 참조. 이에 대해서는 후술 헌법소원심판 참조.

적으로 제외하는 위헌결정을 하고 있다.29)

NOTE	**취소될 법원 재판의 범위**

청구인은 '제주특별자치도 통합(재해)영향평가심의위원회의 심의위원으로 위촉되어 활동하면서 공무원인 위 심의위원의 직무와 관련하여 뇌물을 수수하였다'는 범죄사실로 항소심에서 징역 2년을 선고받고, 그에 대한 상고가 기각되어 항소심 판결이 확정되었다. 청구인은 항소심 계속 중 형법 제129조 제1항 등에 대하여 헌법재판소법 제68조 제2항에 의한 헌법소원심판을 청구하였고, 헌법재판소는 2012.12.27. 2011헌바117 결정에서 "형법 제129조 제1항의 '공무원'에 구 '제주특별자치도 설치 및 국제자유도시 조성을 위한 특별법'(2007.7.27. 법률 제8566호로 개정되기 전의 것) 제299조 제2항의 제주특별자치도통합영향가심의위원회 심의위원 중 위촉위원이 포함되는 것으로 해석하는 한 헌법에 위반된다."는 한정위헌결정을 선고하였다. 청구인은 한정위헌결정 이후 헌법재판소법 제75조 제7항에 따라 위 상고기각 판결에 대하여 고등법원에 재심을 청구하였으나 기각되었고 대법원에 제기한 재항고도 기각되었다. 이에 청구인은 헌법재판소법 제68조 제1항 본문의 '법원의 재판' 부분에 대한 위헌청구와 함께 위 상고기각 판결, 재심기각결정 및 그에 대한 재항고기각결정의 취소를 구하는 헌법소원심판을 청구하였다. 헌재 2022.6.30. 2014헌마760등 결정에서 헌법재판소는 헌법재판소법 제68조 제1항 본문 중 '법원의 재판' 가운데 '법률에 대한 위헌결정의 기속력에 반하는 재판' 부분은 헌법에 위반된다(주문 1), 고등법원 및 대법원의 재심 및 재항고기각 결정은 청구인의 재판청구권을 침해한 것이므로 모두 취소한다(주문 2)는 결정을 하였다.

기존의 결정(헌재 1997.12.24. 96헌마172등; 2016.4.28. 2016헌마33)에서는 "헌법재판소법 제68조 제1항 본문의 '법원의 재판'에 헌법재판소가 위헌으로 결정한 법령을 적용함으로써 국민의 기본권을 침해한 재판도 포함되는 것으로 해석하는 한도 내에서, 헌법재판소법 제68조 제1항은 헌법에 위반된다."고 선언하는데 그쳤으나, 2022년 결정에서는 단순히 한정위헌결정을 적용한 재판에 그치지 않고 재심 및 재항고기각 결정까지 모두 포함하기 위해, 즉 재판소원금지조항의 적용 영역에서 '법률에 대한 위헌결정의 기속력에 반하는 재판' 부분을 모두 제외하기 위해 「헌법재판소법」 제68조 제1항 본문 중 '법원의 재판' 가운데 '법률에 대한 위헌결정의 기속력에 반하는 재판' 부분은 헌법에 위반된다는 결정을 하였다. 2022년 결정은, 헌법재판소의 한정위헌결정의 기속력을 부인하여 재심절차에 따른 재심청구를 받아들이지 아니한 법원의 재판에 대한 것으로, 헌법재판소가 직접 법원의 재판을 취소한 것은 헌재 1997.12.24. 96헌마172등 결정 이후 두 번째이다.30)

---

29) 헌재 2022.6.30. 2014헌마760등, 헌법재판소법 제68조 제1항 등 위헌확인[위헌, 인용(취소), 각하]; 2022.7.21. 2013헌마242, 재판취소 등[인용(취소), 각하].

30) 헌재 2022.6.30. 2014헌마760등.

실질적으로는 위헌이지만 '아직 헌법재판소가 위헌으로 선언한 바 없는 명령. 규칙이 적용된 재판'을 헌법소원심판결정으로 취소할 수 있는가.

 모든 법률은 헌법재판소의 결정에 의해 위헌으로 선언되기 전까지는 합헌으로 추정된다. 따라서 위헌으로 선언되기 전까지는 당해 법률을 적용한 법원의 재판은 헌법소원의 대상으로 삼을 수 없기 때문에 취소할 수 없다.

이는 명령·규칙의 경우에도 다르지 않다. 명령·규칙이 실질적으로는 위헌이라고 하더라도 법원의 재판이나 헌법재판소의 결정에 의해 위법 또는 위헌선언되기 전까지는 합헌으로 추정되므로 이를 적용한 재판은 헌법소원의 대상으로 할 수 없다. 그것은 당사자는 재판과정에서 당해 명령·규칙의 위법 또는 위헌을 주장할 수 있는 제도적 기회가 적절히 부여되고 있기 때문이기도 하다.[31)

원행정처분(어떠한 행정처분에 대하여 행정소송을 제기하였으나 그 청구가 받아들여지지 아니하는 판결이 확정되어 법원의 소송절차에 의하여서는 더 이상 이를 다툴 수 없게 된 경우에 당해 행정처분)에 대한 헌법소원이 인정되는 경우에는 법원의 재판과 다른 결정이 가능하다. 그러나 원행정처분에 대해서는 헌법재판소는 헌법소원의 대상성을 부인하고 있기 때문에 실제로는 충돌이 발생하지 않을 것이다. 헌법재판소가 원행정처분을 헌법소원의 대상으로 하지 않는 이유를 설명하시오.

헌법재판소가 원행정처분에 대한 헌법소원을 인정하지 않는 것은 ① 판결의 기판력이 제거되지 아니하는 한 행정처분의 위법성을 주장하는 것은 확정판결의 기판력에 어긋나고, ② 명령·규칙 또는 처분이 헌법이나 법률에 위반되는 여부가 재판의 전제가 된 경우에는 대법원은 이를 최종적으로 심사할 권한을 가진다는 헌법규정(제107조 제2항)에 반하고, ③ 원칙적으로 헌법소원심판의 대상에서 법원의 재판을 제외하고 있는 헌법재판소법 제68조 제1항의 취지에도 어긋나기 때문이라고 한다.[32)

그러나 이러한 논거에 대해서는 다음과 같은 비판이 있다.

논거 ①에 대한 비판 – 법원의 재판에 대한 헌법소원이 이론적으로 반드시 인정될 수 없는 것이 아니고 오히려 이를 인정하는 것이 보다 헌법소원의 본질에 부합하는 것으로 보인다면, 법원의 재판은 어떠한 경우에도 헌법소원의 대상으로 할 수 없는 것은 아니며, 따라서 예외적인 경우에는 법원의 재판을 취소할 수도 있는 것이다. 이는 이미 한정위헌결정에 위배되는 법원의 재판을 취소하고 있는 것에서도 알 수 있다. 따라서 법원의 기판력에 반한다고 하여 반드시 허용하지 못할 것은 아니어서 원행정처분이 단순히 위법이 아니라 헌법 정신에 반하거나 기본권을 침해하여 위헌의 정도에 이른 경우에는 그 위헌을 확인하고 이를 취소하는 결정을 하는 것이 헌법의 정신에 부합한다. 원행정처분을 위헌으로 취소함으로써

---

31) 헌재 2001.2.22. 99헌마461, 헌법재판소법 제68조 제1항 등 위헌확인(기각, 각하).
32) 헌재 2001.2.22. 99헌마605, 재판취소(각하).

원행정처분의 합헌성에 근거하여 내려진 법원의 재판은 근거를 상실하게 되어 집행할 수 없으므로 확인적 의미에서 재판을 취소하는 것이 명확한 법률관계 정립차원에서 타당하다.

논거 ②에 대한 비판 - 명령·규칙·처분에 대해서는 대법원이 이를 최종적으로 심판할 권한을 가진다는 헌법규정은 헌법재판소에 관한 장이 별도로 규정되어 있는 현 제도 하에서는 법원조직상 내부에서 그것도 법원의 재판의 전제가 된 경우에 한하여 대법원이 최종적이 된다는 의미이고 헌법재판소의 결정을 포함하여 대법원이 최종적으로 결정한다는 의미가 아닌 것으로 해석하는 경우에는 헌법 제107조 제2항을 위배한다고 할 수 없다.

논거 ③에 대한 비판 - 재판소원을 허용하지 않는 것은 헌법재판소법을 어떻게 규정할 것인가의 입법정책의 문제이지 그것이 반드시 헌법적 정신의 구현인 것으로 보기는 어렵다. 따라서 원행정처분이 헌법소원의 대상이 될 것인가라는 헌법적 문제를 헌법재판소법상의 규정에 입각하여 해석하여야 할 필연성은 없는 것이다.

이와 같은 관점에서 보면 원행정처분의 헌법소원가능성이 이론적으로도 부인되는 것은 아니라고 할 것이다.

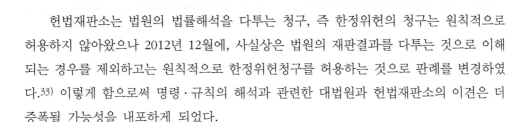

제3항 법원의 법률해석에 대한 헌법소원의 허용여부

헌법재판소는 법원의 법률해석을 다투는 청구, 즉 한정위헌의 청구는 원칙적으로 허용하지 않아왔으나 2012년 12월에, 사실상은 법원의 재판결과를 다투는 것으로 이해되는 경우를 제외하고는 원칙적으로 한정위헌청구를 허용하는 것으로 판례를 변경하였다.[33] 이렇게 함으로써 명령·규칙의 해석과 관련한 대법원과 헌법재판소의 이견은 더 증폭될 가능성을 내포하게 되었다.

제4항 대법원규칙이 헌법소원의 대상이 되는지 여부

헌법 제107조 제2항에 대한 그동안의 헌법재판소의 입장에 따르면 명령·규칙이

---

33) 헌재 2012.12.27. 2011헌바117, 구 특정범죄 가중처벌 등에 관한 법률 제2조 제1항 위헌소원 등 (한정위헌, 3인의 반대의견 있음). 자세한 것은 후술하는 규범통제형 헌법소원 부분에 게재된 결정 내용 참조.

헌법이나 법률에 위반되는 여부가 재판의 전제가 된 경우에는 대법원이 이를 최종적으로 심사하도록 하고 있지만, 명령·규칙이 별도의 집행행위를 기다리지 않고 직접 기본권을 침해하는 것일 때에는 헌법소원심판의 대상이 된다. 여기의 명령·규칙은 대법원과 관련하여서는 대법원규칙을 말하는 것이므로 대법원규칙의 경우에는 달리 판단되어야 할 이유가 없다고 한다면 대법원규칙도 직접적으로 기본권을 침해할 경우에는 헌법소원의 대상이 된다고 보아야 한다.[34]

---

34) 헌재 1990.10.15. 89헌마178, 법무사법시행규칙에 대한 헌법소원(위헌).

국회는 헌법재판소 재판관 3인을 선출할 수 있고, 헌법재판소의 예산안편성의결권과 헌법재판소법 개정권한을 가지는데 반하여 헌법재판소는 무엇보다도 법률에 대한 위헌결정권을 가지고 있다는 점에서 국회와 헌법재판소는 견제와 균형의 관계에 있다고 할 수 있다.

　　헌법재판은 기본적으로 위헌법률심판을 통하여 법률을 헌법적 통제 하에 두기 위한 것이므로 무엇보다도 국회의 권한에 대한 통제기능을 수행하게 된다. 국회는 민주적 정당성에 기초한 헌법기관이기 때문에 원칙적으로 국회의 입법권은 존중되어야 하지만, 국회의 그러한 입법형성권도 헌법적 테두리를 벗어날 수는 없으므로 국회입법에 대한 통제의 정도는 결국 입법형성권과의 상관관계에서 정해지게 된다.

Q 헌법재판소의 결정 내용에 반하는 입법을 하는 것이 허용되는가.

A 입법권은 전적으로 국회에 속하는 것이기 때문에 이에는 외부로부터의 어떠한 제약도 있을 수 없고 오로지 국회 스스로의 판단에 따라 행사되어야 한다. 국회가 새롭게 제·개정하는 법률 또는 법률의 조항은 기왕에 위헌 선언된 법률 그 자체는 아니기 때문에 설령 동일한 내용이라고 하더라도 이는 새로운 입법으로 보아야 한다. 헌법재판소법 제47조 제1항에 따라 법률에 대한 헌법재판소의 위헌결정은 모든 국가기관을 기속하기 때문에 원칙적으로 국회도 기속하지만, 동일한 내용이라도 새로이 입법을 하는 경우에는 헌법재판소법 제47조 제1항과는 관계가 없는 것으로 보아야 한다. 따라서 헌법재판소와 다른 헌법해석을 함으로써 헌법재판소의 결정과는 다른 내용의 입법을 할 수 있을 뿐만 아니라, 위헌으로 선언된 법률을 재입법할 수도 있다. 예컨대 안마사의 자격인정에 있어서 비맹제외기준에 대한 헌법재판소의 위헌결정 이후의 국회가 동일한 내용을 재입법한 것을 들 수 있다. 이 사례는

2006년 안마사에 관한 규칙 제3조 제1항 제1호 등[35])에 대해 헌법재판소가 위헌선언하고 4개월여 만에 국회가 동일한 내용의 입법[36])을 한 경우다. 2006년 안마사에 관한 규칙 조항은 위헌으로 선언되었으나 7인의 위헌의견 중 법률유보원칙 위배의견과 과잉금지원칙 위반의견이 각각 5인이었다(3인은 중복).[37]) 이 결정에서 안마사의 자격인정에 있어서 비맹제외기준은 시각장애인이 아닌 사람에 대한 객관적 사유에 의한 직업선택의 자유에 대한 제한으로서 과잉금지원칙에 위반이라고 한 것이 재판관 5인[38])의 의견이었다. 그러나 국회는 이러한 헌법재판소의 결정에도 불구하고 시각장애인의 보호를 위해 필요하다는 입장에서 4개월여 만에 다시 동일한 내용의 입법을 하였다. 이에 대해 다시 심판한 2008년 결정[39])에서 헌법재판소는 재판관 6인의 의견으로, 비맹제외기준을 설정하고 있고 본질적으로는 2006년 결정에서의 심판대상과 같은 내용의 구 의료법 등의 규정에 대해 과잉금지원칙을 위배하지 않는다는 결정을 내렸다. 그러나 이 결정에서는 규칙이 아닌 법률로 규정함으로써 더 이상 법률유보원칙 위배문제는 존재하지 않는 것으로 보았고, 2006년 결정에서 위헌결정의 근거가 된 과잉금지원칙위배는 재판관 5인 의견에 불과하여 입법부를 구속하는 의견이라고 볼 수 없다고 하였다(물론 이 결정에서 이유 부분에까지 판결의 효력을 미치게 할 것인가에 대해서는 신중할 필요가 있다고 하는 첨언도 하고 있다). 따라서 본질적으로 같은 내용의 규정을 다시 두는 것이 헌법재판소의 결정에 위반되는 것은 아니라는 입장을 표방하였다. 이 2008년 결정은 이후 2010년 결정에서도 그대로 유지되고 있다.[40])

---

35) 안마사에관한규칙(2000.6.16. 보건복지부령 제153호로 개정된 것) 제3조(안마사의 자격) ① 안마사의 자격인정을 받을 수 있는 자는 다음 각 호의 1에 해당하는 자로 한다. 1. 초·중등교육법 제2조제5호의 규정에 의한 특수학교 중·고등학교에 준한 교육을 하는 학교에서 제2조의 규정에 의한 물리적 시술에 관한 교육과정을 마친 앞을 보지 못하는 사람 2. 중학교 과정 이상의 교육을 받고 보건복지부장관이 지정하는 안마수련기관에서 2년 이상의 안마수련과정을 마친 앞을 보지 못하는 사람

36) 구 의료법(2006.9.27. 법률 제8007호로 개정되고 2007.4.11. 법률 제8366호로 전부 개정되기 전의 것) 제61조 (안마사) ① 안마사는 「장애인복지법」에 따른 시각장애인 중 다음 각 호의 어느 하나에 해당하는 자로서 시·도지사의 자격인정을 받아야 한다. 1. 「초·중등교육법」 제2조 제5호의 규정에 따른 특수학교 중 고등학교에 준한 교육을 하는 학교에서 제4항의 규정에 의한 안마사의 업무한계에 따라 물리적 시술에 관한 교육과정을 마친 자 2. 중학교 과정 이상의 교육을 받고 보건복지부장관이 지정하는 안마수련기관에서 2년 이상의 안마수련과정을 마친 자

37) 헌재 2006.5.25. 2003헌마715등, 안마사에관한규칙 제3조 제1항 제1호 등 위헌확인 위헌(각하, 위헌).

38) 전효숙, 이공현, 조대현 재판관이 의견을 쓰고, 주선회, 송인준 재판관이 그에 동참하였다.

39) 헌재 2008.10.30. 2006헌마1098등, 의료법 제61조 제1항 중 「장애인복지법」에 따른 시각장애인 중 부분 위헌확인(기각, 3인의 반대의견).

40) 헌재 2010.7.29. 2008헌마664, 의료법 제82조 제1항 위헌확인 등(기각, 반대의견 있음).

| NOTE | **국회입법과 헌법재판소 판단이 충돌하는 경우 해결 방법** | |

시각장애인의 안마사자격취득과 관련하여서는 결과적으로는 헌법재판소가 국회의 동일입법에 대해 동의하여 합헌 결정하였으므로 문제가 없었다. 그러나 동일한 내용의 새로운 입법에 대해 헌법재판소가 다시 위헌으로 결정하는 경우에는 어떻게 될까. 그리고 쟁점이 되는 내용에 대해 국회와 헌법재판소의 헌법해석입장이 결코 타협되지 않는다고 하면 어떻게 될 것인가. 논리적으로는 재입법과 위헌결정이 끊임없이 되풀이 될 수밖에 없을 것이기 때문에 제도적 해결은 한계가 있고 결국은 정치적 안목이 동원되어야 할 것이다.

대통령은 헌법재판소 재판관 3명을 지명할 수 있고, 헌법재판소 소장과 9명의 재판관에 대한 임명권을 갖는 외에도 헌법재판소예산안편성권(제54조), 헌법재판소법 개정안 제출권 등을 가지고, 헌법재판소는 정부제출 법률의 위헌심판권, 정부 고위공무원의 탄핵심판권, 권한쟁의심판권, 헌법소원심판권 등을 가짐으로써 양자는 견제·균형하는 것으로 이해된다.

정부의 위헌적 공권력 행사와 관련하여서는 특히 중요한 의미를 가지는 제도가 헌법소원제도이다. 헌법소원제도는 보충적으로만 허용됨으로써 그 기능이 제한되어 있으나, 헌법재판소의 입장과 같이 법률의 해석을 다투는 한정위헌심판의 청구가 원칙적으로 허용되는 한에 있어서는 행정소송에서 재판의 전제로서 규범통제형 헌법소원심판이 청구될 가능성이 높아진 것으로 볼 수 있다.

제6절

사법소극주의와 사법적극주의

　　사법소극주의(Judicial Passivism)와 사법적극주의(Judicial Activism) 논쟁은 1920년대 미국연방대법원이 의회의 사회·경제정책입법에 대해 적극적으로 위헌판결을 하면서부터 일어난 논쟁이다.

　　사법소극주의란 정책결정자의 판단을 존중하여 사법적 개입을 최소화하는 입장인데 반하여, 사법적극주의란 사법부가 이에 적극적으로 헌법을 해석·적용하여 가야 한다는 입장이다. 사법소극주의로 나아갈 것인가 사법적극주의로 나아갈 것인가는 일률적으로 말할 수 없고, 헌법 쟁점의 성질에 따라 적절히 대응할 필요가 있다(절충주의).

　　헌법재판소는 위헌법률심판권뿐만 아니라 헌법소원심판권도 가지고 있기 때문에 사법소극주의와 사법적극주의 간의 논쟁은 헌법재판소의 국회에 대한 관계에서 뿐만 아니라 행정권의 공권력 행사와의 관계에서도 발생할 여지가 있다.

제7절

헌법재판소의 자율권

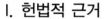

제1항 규칙제정권

I. 헌법적 근거

헌법 113조 제2항에서는 "헌법재판소는 법률에 저촉되지 아니하는 범위안에서 심판에 관한 절차, 내부규율과 사무처리에 관한 규칙을 제정할 수 있다."고 규정하고 있고, 헌법재판소법 제10조 제1항에서는 "헌법재판소는 이 법과 다른 법률에 저촉되지 아니하는 범위에서 심판에 관한 절차, 내부 규율과 사무처리에 관한 규칙을 제정할 수 있다."고 규정함으로써 헌법재판소에 규칙제정권을 부여하고 있다. 헌법재판소규칙과 국회의 법률이 충돌할 경우에는 당연히 법률이 우선한다.

II. 규칙제정권의 범위

헌법재판소의 규칙으로 제정할 수 있는 내용은 심판에 관한 절차, 내부규율과 사무처리에 관한 사항이다. 법률에 저촉되지 아니하는 범위 안에서 제정할 수 있으므로 반드시 법률에 명시되지 않은 내용이라고 하더라도 심판에 관한 절차 및 내부규율과 사무처리에 관한 사항이면 규칙으로 제정할 수 있다. 헌법재판소의 헌법적 기능과 독립성을 보장하기 위해서 규칙제정권의 범위는 가능한 한 폭넓게 인정하는 것이 타당하다.

III. 헌법재판소규칙의 통제

헌법재판소규칙의 통제와 관련하여서는 자연적 정의에 의하여 대법원이 최종적인 위헌심판권을 가진다고 보는 견해가 있을 수 있다. 명령·규칙심사권은 대법원이 최종적으로 행사하는 것이라는 점은 헌법규정상 명백하므로 헌법재판소규칙이 헌법과 법률에 위배되는지 여부는 법원에서 판단하게 될 것이다. 그러나 기존의 헌법재판소의 논리에 따르면 헌법재판소규칙이 직접 기본권을 침해하는 경우에는 헌법소원의 대상이 될 수 있을 것이기 때문에 헌법재판소 스스로 헌법재판소규칙에 대해 위헌결정하는 것이 불가능하다고는 할 수 없을 것이다. 왜냐하면 헌법재판소규칙이 직접 기본권을 침해하고 있다는 주장으로서 제기된 헌법소원심판에 있어서 헌법재판관들이 명백히 위헌으로 판단하는 경우에도 불구하고 위헌 선언할 수 없게 하는 것은 기본권보호의 측면에서 타당하다고 할 수 없기 때문이다.

제2항   입법의견제출권

헌법재판소장은 헌법재판소의 조직, 인사, 운영, 심판절차와 그 밖에 헌법재판소의 업무와 관련된 법률의 제정 또는 개정이 필요하다고 인정하는 경우에는 국회에 서면으로 그 의견을 제출할 수 있다(법 제10조의2).

제2장

헌법재판소의 구성과 직무 및 일반심판절차

제1항 재판관의 임명

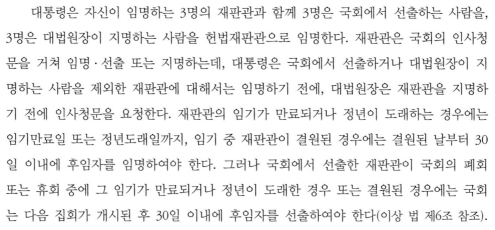

   대통령은 자신이 임명하는 3명의 재판관과 함께 3명은 국회에서 선출하는 사람을, 3명은 대법원장이 지명하는 사람을 헌법재판관으로 임명한다. 재판관은 국회의 인사청문을 거쳐 임명·선출 또는 지명하는데, 대통령은 국회에서 선출하거나 대법원장이 지명하는 사람을 제외한 재판관에 대해서는 임명하기 전에, 대법원장은 재판관을 지명하기 전에 인사청문을 요청한다. 재판관의 임기가 만료되거나 정년이 도래하는 경우에는 임기만료일 또는 정년도래일까지, 임기 중 재판관이 결원된 경우에는 결원된 날부터 30일 이내에 후임자를 임명하여야 한다. 그러나 국회에서 선출한 재판관이 국회의 폐회 또는 휴회 중에 그 임기가 만료되거나 정년이 도래한 경우 또는 결원된 경우에는 국회는 다음 집회가 개시된 후 30일 이내에 후임자를 선출하여야 한다(이상 법 제6조 참조).

   소장은 국회의 동의를 얻어 재판관 중에서 임명한다(제111조 제4항). 따라서 기존의 재판관이 아닌 사람을 소장으로 임명하고자 하는 경우에는 먼저 재판관 임명절차를 거치고 다시 소장의 임명절차를 거쳐야 한다.

제2항 재판관의 자격

재판관의 자격에 대해서 헌법은 법관의 자격이라고만 규정하고 있으나 헌법재판소 법 제5조에서는 이를 상세히 규정하고 있다. 이에 따르면 재판관은 ① 판사, 검사, 변 호사나 ② 변호사 자격이 있는 사람으로서 국가기관, 국영·공영 기업체, 「공공기관의 운영에 관한 법률」 제4조에 따른 공공기관 또는 그 밖의 법인에서 법률에 관한 사무에 종사한 사람 또는 ③ 변호사 자격이 있는 사람으로서 공인된 대학의 법률학 조교수 이 상의 직에 있던 사람으로서[1] 그 직에 15년 이상 있던 40세 이상인 사람 중에서 임명한 다. 그러나 다른 법령에 따라 공무원으로 임용하지 못하는 사람, 금고 이상의 형을 선 고받은 사람, 탄핵에 의하여 파면된 후 5년이 지나지 아니한 사람은 재판관으로 임명 할 수 없다.

제3항 신분보장

재판관의 임기는 6년이고 법률이 정하는 바에 의하여 연임이 가능하다(제112조 제1 항). 소장과 재판관의 정년은 대법원장이나 대법관과 같이 70세이다(법 제7조).

재판관은 탄핵 또는 금고 이상의 형의 선고에 의하지 아니하고는 파면되지 아니하 고(112조 제3항). 재판관은 정당에 가입하거나 정치에 관여할 수 없으며(제112조 제2항), 국회 또는 지방의회의 의원의 직, 국회·정부 또는 법원의 공무원의 직 또는 법인·단 체 등의 고문·임원 또는 직원의 직을 겸하거나 영리를 목적으로 하는 사업을 할 수 없 다(법 제14조). 헌법재판소장의 대우와 보수는 대법원장의 예에 따르며, 재판관은 정무 직(政務職)으로 하고 그 대우와 보수는 대법관의 예에 따른다(법 제15조),

재판관은 헌법과 법률에 의하여 양심에 따라 독립하여 심판한다(법 제4조).

---

1) 이상 둘 이상의 직에 있던 사람의 재직기간은 합산한다(법률 제5조 단서).

제4항 조직

헌법재판소에는 헌법재판소장과 헌법재판관, 재판관회의, 헌법연구관·헌법연구관보·헌법연구위원, 사무처, 소장비서실·재판관비서실 등의 조직을 둔다.

헌법재판소장은 헌법재판소를 대표하고, 헌법재판소의 사무를 총괄하며, 소속 공무원을 지휘·감독한다. 헌법재판소장이 궐위(闕位)되거나 부득이한 사유로 직무를 수행할 수 없을 때에는 다른 재판관이 헌법재판소규칙으로 정하는 순서에 따라 그 권한을 대행한다(법 제12조). 이에 따라「헌법재판소장의 권한대행에 관한 규칙」은 헌법재판소장이 ① 일시적인 사고로 인하여 직무를 수행할 수 없을 때, 즉 일시 유고시에는 헌법재판소 재판관 중 임명일자 순으로, 임명일자가 같을 때에는 연장자 순으로 대행하도록 하고 있고, ② 궐위되거나 1개월 이상 사고로 인하여 직무를 수행할 수 없을 때에는 헌법재판소 재판관 중 재판관회의에서 선출된 사람이 그 권한을 대행한다. ②의 권한 대행자가 선출될 때까지는 ①의 순서에 따른 대행자가 헌법재판소장의 권한을 대행하고, ②의 대행자를 선출하기 위해서 궐위 등의 사유가 생긴 날부터 7일 이내에 재판관회의를 소집하여야 한다. 권한 대행자를 선출하기 위한 재판관 회의는 재판관 7명 이상의 출석으로 성립하고 출석인원 과반수의 찬성으로 권한 대행자를 선출한다. 다만, 1차 투표결과 피선자가 없을 때에는 최고득표자와 차점자에 대하여 결선투표를 하여 그중 다수득표자를 피선자로 하되, 다수득표자가 2명 이상일 때에는 연장자를 피선자로 한다(이상 같은 규칙 제2조 및 제3조).

재판관회의는 재판관 전원으로 구성하며, 헌법재판소장이 의장이 된다. 재판관회의는 재판관 전원의 3분의 2를 초과하는 인원[2]의 출석과 출석인원 과반수의 찬성으로 의결한다. 의장은 의결에서 표결권을 가진다. ① 헌법재판소규칙의 제정과 개정, 헌법재판소법 제10조의2에 따른 입법 의견의 제출에 관한 사항, ② 예산 요구, 예비금 지출과 결산에 관한 사항, ③ 사무처장, 사무차장, 헌법재판연구원장, 헌법연구관 및 3급 이상 공무원의 임면(任免)에 관한 사항, ④ 특히 중요하다고 인정되는 사항으로서 헌법재

---

2) 구법에서는 7명 이상의 출석으로 되어 있었으나, 함께 임명된 다수의 재판관이 임기만료로 동일 시점에 교체되는 등 재판관의 공석으로 말미암아 재판관이 7명 미만이 되는 경우에는 재판소의 필수적 행정사무까지 마비되는 상황이 발생할 수 있어 이를 개정하여 헌법재판소 주요 행정기능의 안정성을 보장하려는 것이다.

판소장이 재판관회의에 부치는 사항은 재판관회의의 의결을 거쳐야 한다. 재판관회의 의 운영에 필요한 사항은 헌법재판소규칙으로 정한다(이상 법 제16조). 이에 따라「헌법 재판소 재판관회의 규칙」이 마련되어 있다.

헌법재판소장의 명을 받아 사건의 심리(審理) 및 심판에 관한 조사·연구에 종사하 는 사람으로서 헌법연구관을 둔다. 헌법연구관을 신규임용하는 경우에는 3년간 헌법연 구관보(憲法研究官補)로 임용하여 근무하게 한 후 그 근무성적을 고려하여 헌법연구관 으로 임용한다(법 제19조, 제19조의2). 사건의 심리 및 심판에 관한 전문적인 조사·연구 에 종사하는 헌법연구위원을 둘 수 있다(법 제19조의3). 헌법재판소의 행정사무를 처리 하기 위하여 헌법재판소에 사무처를 둔다. 사무처에 사무처장과 사무차장을 둔다. 사무 처장은 헌법재판소장이 한 처분의 행정소송의 피고가 된다(법 제17조).

헌법 및 헌법재판 연구와 헌법연구관, 사무처 공무원 등의 교육을 위하여 헌법재 판소에 헌법재판연구원을 둔다. 헌법재판연구원의 정원은 원장 1명을 포함하여 40명 이내로 하고, 원장 밑에 부장, 팀장, 연구관 및 연구원을 둔다. 원장은 헌법재판소장이 재판관회의의 의결을 거쳐 헌법연구관으로 보하거나 1급인 일반직국가공무원으로 임 명한다(이상 법 제19조의4).

헌법재판소의 직무와 일반심판절차

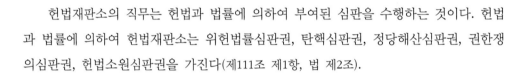

제1항 심판권

헌법재판소의 직무는 헌법과 법률에 의하여 부여된 심판을 수행하는 것이다. 헌법과 법률에 의하여 헌법재판소는 위헌법률심판권, 탄핵심판권, 정당해산심판권, 권한쟁의심판권, 헌법소원심판권을 가진다(제111조 제1항, 법 제2조).

제2항 심판절차

I. 재판부

헌법재판소법에 특별한 규정이 있는 경우를 제외하고는 헌법재판소의 심판은 재판관 전원으로 구성되는 재판부에서 관장하고 헌법재판소장이 재판장이 된다(법 제22조).[3] 헌법재판소법에 특별한 규정이 있는 경우란 헌법소원심판에서 지정재판부를 두는 경우를 말한다. 지정재판부는 재판관 3인으로 구성하고 헌법소원심판의 사전심사를 담당한다. 지정재판부는 ① 다른 법률에 따른 구제절차가 있는 경우 그 절차를 모두 거치지 아니하거나 또는 법원의 재판에 대하여 헌법소원의 심판이 청구된 경우, ② 헌법재판

---

3) 이를 전원재판부라고 할 수 있을 것이지만 이 용어는 헌법재판소법에서는 사용하고 있지 않다.

소법 제69조의 청구기간이 지난 후 헌법소원심판이 청구된 경우, ③ 헌법재판소법 제
25조에 따른 대리인의 선임 없이 청구된 경우, ④ 그 밖에 헌법소원심판의 청구가 부
적법하고 그 흠결을 보정할 수 없는 경우에는 재판관 전원의 일치된 의견에 의한 결정
으로 헌법소원의 심판청구를 각하하고, 그렇지 않을 경우에는 결정으로 헌법소원을 재
판부의 심판에 회부하여야 한다. 헌법소원심판의 청구 후 30일이 지날 때까지 각하결
정이 없는 때에는 심판에 회부하는 결정이 있는 것으로 본다(이상 법 제72조). 지정재판
부에는 제1지정재판부, 제2지정재판부 및 제3지정재판부가 있다(지정재판부의구성과운영
에관한규칙 제2조 제1항).

재판부는 직권 또는 당사자의 신청에 의하여 제척의 결정을 한다. 제척사유는 ①
재판관이 당사자이거나 당사자의 배우자 또는 배우자였던 경우, ② 재판관과 당사자가
친족관계이거나 친족관계였던 경우, ③ 재판관이 사건에 관하여 증언이나 감정을 하는
경우, ④ 재판관이 사건에 관하여 당사자의 대리인이 되거나 되었던 경우, ⑤ 그 밖에
재판관이 헌법재판소 외에서 직무상 또는 직업상의 이유로 사건에 관여한 경우이다.

재판관에게 공정한 심판을 기대하기 어려운 사정이 있는 경우 당사자는 기피(忌
避)신청을 할 수 있다. 다만, 변론기일에 출석하여 본안에 관한 진술을 한 때에는 그러
하지 아니하다. 당사자는 동일한 사건에 대하여 2명 이상의 재판관을 기피할 수 없다.
재판관은 자신에게 제척과 회피의 사유와 동일한 사유가 있는 경우에 재판장의 허가를
받아 회피(回避)할 수 있다(이상 법 제24조).

당사자의 제척 및 기피신청에 관한 심판에는 「민사소송법」 제44조, 제45조, 제46
조 제1항·제2항 및 제48조를 준용한다.

II. 대리인

정부가 당사자(참가인 포함)인 경우에는 법무부장관이 정부를 대표한다. 당사자인
국가기관 또는 지방자치단체는 변호사 또는 변호사의 자격이 있는 소속 직원을 대리인
으로 선임하여 심판을 수행하게 할 수 있다. 당사자인 사인(私人)은 자신이 변호사의
자격을 가진 경우 외에는 변호사를 대리인으로 선임하지 아니하면 심판청구를 하거나
심판 수행을 하지 못한다(이상 법 제25조).

그런데 헌법재판에서 변호사강제주의를 채택하고 있는 것이 헌법에 위반된다는 주장이 있다. 헌법재판소는 무자력자의 헌법재판을 받을 권리를 크게 제한하는 것이라 하여도 국선대리인 제도라는 대상조치가 별도로 마련되어 있는 이상 헌법위반이라고 할 수는 없다고 하였다.[4] 헌법재판(특히 헌법소원심판)은 최후적인 구제수단이고 청구인의 권리구제뿐만 아니라 객관적인 헌법질서의 수호·유지를 위한 것이기도 한만큼 반드시 변호사강제주의를 채택하여야 하는지에 대해서는 의문이 있을 수 있다. 국선변호인제도가 청구인의 기본권보호를 위해 실효적인 제도로 운용되지 못할 경우에는 더욱 그러하게 될 것이다.

제3항 심판청구

I. 심판청구의 방식

심판청구는 심판절차별로 정하여진 청구서를 헌법재판소에 제출함으로써 한다. 다만, 위헌법률심판에서는 법원의 제청서, 탄핵심판에서는 국회의 소추의결서의 정본(正本)으로 청구서를 갈음한다. 청구서에는 필요한 증거서류 또는 참고자료를 첨부할 수 있다(법 제26조).

II. 청구서의 송달

헌법재판소는 청구서를 접수한 때에는 지체 없이 그 등본을 피청구기관 또는 피청구인에게 송달하여야 한다. 위헌법률심판의 제청이 있으면 법무부장관 및 당해 소송사건의 당사자에게 그 제청서의 등본을 송달한다(법 제27조).

---

4) 헌재 1990.9.3. 89헌마120, 헌법재판소법 제25조 제3항에 관한 헌법소원(기각).

III. 심판청구의 보정

재판장은 심판청구가 부적법하나 보정(補正)할 수 있다고 인정되는 경우에는 상당한 기간을 정하여 보정을 요구하여야 한다. 보정이 있는 경우에는 처음부터 적법한 심판청구가 있은 것으로 보고, 보정기간은 법 제38조(심판사건을 접수한 날부터 180일 이내에 종국결정의 선고를 하여야 한다)의 심판기간에 산입하지 아니한다(법 제28조).

IV. 심판대상의 확정

원칙적으로 심판대상은 위헌제청서나 심판청구서에 기재된 내용에 따른다. 그러나 헌법재판소는 "심판청구서에 기재된 피청구인이나 청구취지에 구애됨이 없이 청구인의 주장요지를 종합적으로 판단하여야 하며, 청구인이 주장하는 침해된 기본권과 침해의 원인이 되는 공권력을 직권으로 조사하여 피청구인과 심판대상을 확정하여 판단하여야 한다."라고 함으로써 일정한 경우에는 직권으로 심판대상을 확정하거나 변경하기도 한다.5)

제4항 심리

I. 심판정족수

재판부는 재판관 7명 이상의 출석으로 사건을 심리한다. 재판부는 종국심리(終局審理)에 관여한 재판관 과반수의 찬성으로 사건에 관한 결정을 한다. 다만, 법률의 위헌결정, 탄핵의 결정, 정당해산의 결정 또는 헌법소원에 관한 인용결정(認容決定)을 하는 경우 및 종전에 헌법재판소가 판시한 헌법 또는 법률의 해석 적용에 관한 의견을 변경하는 경우에는 재판관 6명 이상의 찬성이 있어야 한다(법 제23조).

---

5) 헌재 1993.5.13. 91헌마190, 교수재임용 추천거부 등에 대한 헌법소원(기각); 1998.3.26. 93헌바12, 하천법 제2조 제1항 제2호 다목 위헌소원(합헌); 2001.2.22. 99헌바93, 학원의설립·운영에관한법률 제6조 등 위헌소원(합헌); 2005.2.24. 2004헌바24, 행형법 제29조 제1항 위헌소원 등(각하).

II. 심리방식

탄핵의 심판, 정당해산의 심판 및 권한쟁의의 심판은 구두변론에 의하고, 위헌법률의 심판과 헌법소원에 관한 심판은 서면심리에 의한다. 물론 서면심리에 의하는 때에도 재판부는 필요하다고 인정하는 경우에는 변론을 열어 당사자, 이해관계인, 그 밖의 참고인의 진술을 들을 수 있다(법 제30조).

III. 심판의 공개

심판의 변론과 결정의 선고는 공개한다. 다만, 서면심리와 평의(評議)는 공개하지 아니한다. 변론도 국가의 안전보장, 안녕질서 또는 선량한 풍속을 해칠 우려가 있는 경우에는 결정으로 공개하지 아니할 수 있다. 이 결정은 이유를 밝혀 선고한다. 비공개결정을 한 경우에도 재판장은 적당하다고 인정되는 사람에 대해서는 법정 안에 있는 것을 허가할 수 있다(법 제34조, 법원조직법 제57조 제1항 단서·제2항·제3항 준용).

IV. 일사부재리

헌법재판소는 이미 심판을 거친 동일한 사건에 대하여는 다시 심판할 수 없다(법 제39조). 그런데 이 조항에 대해서는 국민이 마음대로 재판을 청구할 권리를 방해하여 재판청구권의 침해라는 주장이 제기된 바 있는데, 이에 대해 헌법재판소는 일사부재리 원칙은 ① 소송경제를 이루고 ② 법적안정성을 확보하기 위한 것으로서 ③ 특히 권리구제형 헌법소원의 경우에는 재심도 불가능한 것은 아니므로[6] 일사부재리를 규정하였다고 재판청구권의 침해라고 할 수 없다고 판시하였다.[7] 같은 청구인이 헌법재판소법 제68조 1항의 헌법소원을 제기하였다가 후에 다시 헌법재판소법 제68조 제2항의 헌법소원으로 제기한 경우에는 헌법소원의 유형이 다르기 때문에 일사부재리 원칙에 위배되지 않는다.[8]

---

6) 헌법재판소법 제68조 제1항의 헌법소원에 있어서 재심요건에 대해서는 후술하는 재심 부분 참조.
7) 헌재 2007.6.28. 2006헌마1482, 헌법재판소법 제24조 제3항 등 위헌확인(기각, 각하).
8) 헌재 2022.12.22. 2020헌바39, 국군포로의 송환 및 대우 등에 관한 법률 제9조 제1항 위헌소원(합헌) 결정의 의의에 대한 헌법재판소 홈페이지에 게시된 설명 참조.

V. 쟁점 정리

심리에서는 쟁점을 부각하여야 한다. 쟁점이라는 것은 심리에 있어 검토할 주요 문제점들을 의미한다. 사건과 관련된 다수의 쟁점들을 원칙적으로 모두 검토하여야 하나 쟁점의 정리는 복잡한 사실관계로부터 나오는 다양한 문제점들 중에서 필요 최소한의 검토요점을 부각시킴으로써 소송경제를 달성하는 것을 목적으로 한다.

예컨대 청구인이 '조세법률주의를 위배하여 재산권을 침해한다'는 주장을 하는 경우 조세법률주의 위배주장과 재산권 침해주장은 사실상 같은 주장이라는 점에서 헌법재판소는 조세법률주의 위배여부만을 검토하고 별도로 재산권 침해 여부를 검토하지 않는다. 이러한 취지를 결정문에서는 판단을 위한 사전단계인 쟁점 정리 부분에서 다루고 있다.[9]

제5항 평의와 평결

평의란 주심재판관이 사건에 대한 검토내용을 요약하여 발표하고 이에 대해 각 재판관이 의견을 개진하는 것을 말한다. 말하자면 평의는 재판의 결론을 내기 위해 재판관들이 쟁점에 대해 의견을 나누고 표결하는 과정이다.[10] 평의의 끝에는 최종적으로 표결을 하는 평결을 한다. 평결에서는 관례에 따르면 주심재판관이 의견을 낸 후 후임 재판관으로부터 순차적으로 의견을 내고 마지막으로 재판장이 의견을 내고 있다. 주심 재판관은 평결에 따라 다수의견을 기초로 결정문 초안을 작성한다. 주심재판관이 소수의견을 내는 경우에는 다수의견의 재판관 중에서 결정문 초안 작성자가 지정된다. 다수의견의 결정문 초안은 결정선고 전에 충분한 시간을 두고 소수의견 작성자에게 제공되어 소수의견이 작성되고 이렇게 하여 결정문초안이 만들어져 재판부에 제출되면 검토를 거쳐 결정문 원안이 확정된다. 평결에서 제시한 의견을 변경하고자 하는 경우에

---

9) 헌재 2016.2.25. 2013헌바175등, 구 법인세법 제93조 제7호 위헌소원(합헌) 참조.
10) 평의는 통상 2주에 한 번 정도 하는 것으로 알려져 있지만, 박근혜대통령 탄핵사건에서는 심판이 청구된 뒤로 매일 평의를 하였다고 한다.

는 결정선고 전에 재평의를 요청할 수 있다.[11]

　　평결의 방식에는 쟁점별 평결방식과 주문별 평결방식이 있다. **쟁점별 평결방식**은 적법요건과 본안판단을 쟁점별로 표결에 부치는 방식을 말하고, **주문별 평결방식**은 적법요건과 본안판단을 구분하지 않고 사건의 결론에 초점을 맞추어 전체적으로 표결하여 주문을 결정하는 방식이다.[12]

　　쟁점별 평결방식을 취하는 경우 적법요건에 대해 표결하여서 적법의견이 과반수인 경우에는 재판관 9명 전원이 본안판단에 참여하게 되는데 반해, 주문별 평결방식은 부적법하다는 의견을 낸 재판관은 본안판단에 참여하지 않게 된다.[13] 이렇게 되면 부적법각하의견을 낸 재판관의 본안의견이 이왕에 헌법재판소의 결정이 있는 등의 이유로 위헌의 의견임이 명백한 경우에도 위헌이라고 선언할 수 없게 된다. 헌법재판소는 관례적으로 주문별 평결방식을 취해왔다.[14]

제6항　가처분

I. 가처분의 의의

　　가처분이란 ① 다툼의 대상에 관하여 현상이 바뀌면 당사자가 권리를 행하지 못하거나 이를 실행하는 것이 매우 곤란할 염려가 있을 경우 또는 ② 다툼이 있는 권리관계에 대하여 임시의 지위를 정할 필요성이 있는 경우에 내려지는 일시적인 명령을 말한다(민사집행법 제300조 참조).

---

11)　이상 헌법재판실무제요, 제1개정증보판, 헌법재판소, 2008, 61쪽 참조.
12)　이상 헌법재판실무제요, 제1개정증보판, 헌법재판소, 2008, 61쪽; 이효원, 헌법재판강의, 박영사, 2022, 131쪽 이하 참조.
13)　헌재 1994.6.30. 92헌바23, 구 국세기본법 제42조 제1항 단서에 대한 헌법소원(합헌).
14)　이상 헌법재판실무제요, 제1개정증보판, 헌법재판소, 2008, 61쪽 참조.

II. 심판에 따른 가처분의 허용여부

헌법재판소법에서 명시적으로 가처분을 허용하고 있는 경우로는 정당해산심판과 권한쟁의심판이다. 헌법재판소법에서는 가처분이라는 표제하에, **정당해산심판청구**를 받은 때에는 직권 또는 청구인의 신청에 의하여 종국결정의 선고 시까지 피청구인의 활동을 정지하는 결정을 할 수 있도록 하고 있고(법 제57조), **권한쟁의심판청구**를 받았을 때에는 직권 또는 청구인의 신청에 의하여 종국결정의 선고 시까지 심판 대상이 된 피청구인의 처분의 효력을 정지하는 결정을 할 수 있도록 하고 있다(법 제65조).

헌법재판소는 명문의 규정이 없는 **헌법재판소법 제68조 제1항의 헌법소원**의 경우에도 가처분의 필요성은 있을 수 있고, 달리 가처분을 허용하지 아니할 상당한 이유가 없기 때문에 가처분이 허용된다고 한다. 헌법재판소가 제시하고 있는 헌법소원심판에 있어서 가처분결정의 요건은 ① 헌법소원심판에서 다투어지는 '공권력 행사 또는 불행사'의 현상을 그대로 유지시킴으로 인하여 생길 회복하기 어려운 손해를 예방할 필요가 있을 것, ② 그 효력을 정지시켜야 할 긴급한 필요가 있어야 하고, ③ 가처분을 인용한 뒤 종국결정에서 청구가 기각되었을 때 발생하게 될 불이익과 가처분을 기각한 뒤 청구가 인용되었을 때 발생하게 될 불이익에 대한 비교형량을 하여 후자의 불이익이 전자의 불이익보다 커야 한다는 것이다(회복하기 어려운 손해의 예방, 긴급한 필요, 이익형량).[15]

헌법재판소법 제68조 제1항의 헌법소원심판에서의 가처분과 관련하여 특히 법령을 대상으로 한 가처분이 가능한가가 문제된다. 헌법재판소는 "법령의 효력을 그대로 유지시킬 경우 회복하기 어려운 손해가 발생할 우려가 있어 가처분에 의하여 임시로 그 법령의 효력을 정지시키지 아니하면 안 될 필요가 있을 때"에 법령에 대한 가처분을 허용한다. 그러나 공공복리에 중대한 영향을 미칠 우려가 있을 때에는 인용되어서는 안 될 것이라고 하고 있다.[16] 헌법재판소법 제68조 제1항의 헌법소원심판에서 헌법재판소는 법률조항의 효력을 정지시키는 가처분,[17] 대통령령의 효력을 정지시키는 가처분[18]을 한 사례가 있다.

---

15) 헌재 2000.12.8. 2000헌사471, 사법시험령 제4조 제3항 효력정지 가처분신청(인용).
16) 헌재 2002.4.25. 2002헌사129, 효력정지 가처분신청(인용, 기각).
17) 헌재 2006.2.23. 2005헌사754, 효력정지가처분신청(인용, 기각); 2018.4.6. 2018헌사242등, 효력정지가처분신청(인용).
18) 헌재 2000.12.8. 2000헌사471, 사법시험령 제4조 제3항 효력정지 가처분신청(인용); 2002.4.25. 2002헌사129, 효력정지 가처분신청(인용, 기각); 2018.6.28. 2018헌사213, 효력정지가처분신청(인용, 기각).

그런데 **헌법재판소법 제68조 제2항의 헌법소원**에 있어서도 가처분이 허용될 것인가. 이 가처분에는 재판을 정지시키는 가처분이 있을 수 있고, 위헌을 다투는 법률의 효력을 정지시키는 가처분이 있을 수 있다. 이론상으로는 양자 모두 가능한 것으로 보인다.[19) 헌법재판소도 헌법재판소법 제68조 제2항의 헌법소원사건에서 민사소송절차의 일시정지를 구하는 가처분신청에 대해 이를 부인하지 않고 다만 이유 없어 기각한 예가 있다.[20) 다만, 위헌법률심판에서 재판을 정지하는 것은 특별히 헌법재판소법에 근거(제42조)를 마련하고 있는 점을 비추어 볼 때, 규범통제형 헌법소원에서는 재판을 정지시키는 가처분은 명문의 근거가 없는 것이므로 그 허용에는 매우 신중을 기하여야 할 것이다.[21)

위헌법률심판에서 법원이 법률의 위헌여부의 심판을 헌법재판소에 제청한 때에는 당해 소송사건의 재판은 헌법재판소의 위헌여부의 결정이 있을 때까지 정지되고(법 제42조 제1항), **탄핵심판**에 있어서는 탄핵소추의결을 받은 사람은 탄핵심판의 결정이 있기까지 권한행사가 정지되지만(법 제50조), 이는 법률규정에 의한 사전적인 보전조치[22)로서 앞서 말한 일정한 조건이 충족될 경우 결정으로 내려지는 가처분이라고 할 수는 없다. 그러나 실질적으로는 모든 심판유형에서, 가처분이 인정되거나 가처분과 유사한 효과를 거둘 수 있는 법적 장치들이 구비되어 있다고 할 수 있다.

III. 가처분의 심리와 결정

가처분은 재판관 7인 이상의 출석으로 심리하고 종국심리에 관여한 재판관 과반수의 찬성으로 사건에 관한 결정을 한다(법 제23조 참조).

헌법소원심판에서는 지정재판부를 두고 있는데 이 지정재판부에서도 가처분신청에 대한 각하결정 외에 다수의 기각결정을 내리고 있다.[23) 그러나 지정재판부에서 가처분신청을 인용한 결정은 없고 가처분신청을 인용한 사례는 모두 전원재판부의 결정이다.[24)

19) 허영, 헌법재판소법, 박영사, 2011, 182쪽.
20) 헌재 1993.12.20. 93헌사81, 소송절차정지 가처분신청(기각). 이 결정에서는 그러나 이유 없는 이유를 밝히고 있지는 않다. 재판관 8인의 기각의견 외에 한병채 재판관의 인용의견이 있었다.
21) 성낙인 외, 헌법소송론, 법문사, 2012, 136쪽.
22) 헌법재판실무제요, 제2판, 헌법재판소, 2008, 66쪽.
23) 헌재 2019.4.15. 2019헌사260, 효력정지가처분신청(기각) 외 다수의 결정 참조.
24) 헌재 2018.6.28. 2018헌사213, 효력정지가처분신청(인용, 기각) 등 다수의 결정 참조.

제7항 종국결정

I. 결정정족수

1. 재판관 6인 이상의 찬성을 요하는 결정

헌법재판소법에 따르면 재판관 6인 이상의 찬성을 요하는 결정은 법률의 위헌결정, 탄핵의 결정, 정당해산의 결정, 헌법소원 인용결정이다. 그 외 헌법재판소법에서는 종전에 헌법재판소가 판시한 헌법 또는 법률의 해석적용에 관한 의견을 변경하는 경우도 재판관 6인 이상의 찬성을 요구하고 있다(법 제23조 제2항 단서 및 각 호).

2. 종국심리에 관여한 재판관 과반수의 찬성을 요하는 결정

재판관 6인 이상의 찬성을 요하는 결정 외의 결정은 종국심리에 관여한 재판관 과반수의 찬성을 요한다(법 제23조 제1항 본문). 결국은 심판의 유형 중에는 권한쟁의심판만이 이에 해당한다.

II. 결정의 효력이 미치는 판결문의 범위

헌법재판소 결정의 효력이 미치는 판결문의 객관적인 범위에 대해서는 명시적인 규정이 존재하지 않는다. 따라서 헌법재판소법 제40조 제1항에 따라 기판력의 객관적 범위를 정하고 있는「민사소송법」제216조 제1항("확정판결은 주문에 포함된 것에 한하여 기판력(既判力)을 가진다.")을 준용하면 원칙적으로 헌법재판소의 결정의 효력도 주문에 한하여 미치는 것으로 볼 수 있을 것이다.

그러나 그렇다고 하여 판결의 이유 부분이 국가권력을 기속할 수 없다는 것이 명백한 것은 아니다. 헌법재판소도 이유 부분에 대해 효력을 인정하는 것을 부인하고 있는 것은 아니고 다만 신중하여야 한다고 하고 있다. 그리고 이유 부분도 위헌효력을 가지려면 각 이유도 6인 이상의 찬성이 있어야 한다는 입장이다. 따라서 각 6인 미만의 재판관이 동의한 두 가지의 판결 이유가 합하여 6인 이상의 찬성으로 위헌이 된 후 어느 하나의 이유가 사후에 치유된 상태에서 재입법이 이루어졌다면 남은 이유만으로는

6인 이상의 찬성이 되지 아니하므로 새로운 입법을 위헌이라고 볼 수 없다는 것이 헌법재판소의 판례이다.[25]

III. 종국결정

재판부가 심리를 마쳤을 때에는 종국결정을 한다. 종국결정을 할 때에는 사건번호와 사건명, 당사자와 심판수행자 또는 대리인의 표시, 주문(主文), 이유, 결정일을 적은 결정서를 작성하고 심판에 관여한 재판관 전원이 이에 서명날인하여야 한다. 심판에 관여한 재판관은 결정서에 의견을 표시하여야 하기 때문에 반대의견도 결정서에 기록된다. 종국결정이 선고되면 서기는 지체 없이 결정서 정본을 작성하여 당사자에게 송달하여야 하고, 헌법재판소규칙으로 정하는 바에 따라 관보에 게재하거나 그 밖의 방법으로 공시한다(법 제36조).

제8항 재심

헌법재판소에 따르면 재심의 허용여부와 정도는 심판절차의 종류에 따라 개별적으로 판단하게 된다.[26] 재심허용 여부는 원칙적으로 재심을 허용하지 아니함으로써 얻을 수 있는 법적 안정성의 이익과 재심을 허용함으로써 얻을 수 있는 구체적 타당성을 비교형량하여 판단한다.[27]

헌법재판소는 정당해산심판에 대해서는 재심을 허용하고 있다.[28] 헌법재판소법 제68조 제1항의 권리구제형 헌법소원심판의 재심 허용여부에 대해서는 행정작용에 속하는 공권력 작용에 대한 헌법소원의 경우와 법령에 대한 헌법소원의 경우를 구분한다. **헌법재판소법 제68조 제1항에 따른 헌법소원 중 행정작용에 속하는 공권력 작용을 대상으로**

25) 헌재 2008.10.30. 2006헌마1098등, 의료법 제61조 제1항 중 「장애인복지법」에 따른 시각장애인 중 부분 위헌확인(기각, 3인의 반대의견).
26) 헌재 1995.1.20. 93헌아1, 불기소처분취소(재심)(각하).
27) 헌재 1995.1.20. 93헌아1; 1992.6.26. 90헌아1; 1992.12.8. 92헌아3.
28) 헌재 2016.5.26. 2015헌아20, 통합진보당 해산(재심)(각하).

하는 심판절차에서는, 그 결정의 효력이 원칙적으로 소송당사자 사이에서만 미치기 때문에 재심을 허용하고 있고,[29] 재심이 허용되는 경우로는 ① 재판부의 구성이 위법한 경우 등 절차상 중대하고도 명백한 위법이 있어 재심을 허용하지 아니하면 현저히 정의에 반하는 경우, ② 헌법재판소의 결정에 영향을 미칠 중대한 사항에 관하여 판단을 누락한 때(판단유탈)를 들고 있다.[30] 특히 판단유탈은 「민사소송법」 제451조 제1항 제9호를 준용한 요건인데 헌법재판소는 1995년 결정에서는 재심사유로 인정하지 않았다가 2001년 결정에서는 판례를 변경하여 재심사유로 인정하고 있다.[31] **헌법재판소법 제68조 제1항에 따른 헌법소원 중 법령에 대한 헌법소원 심판절차**에서는 그 인용결정이 위헌법률심판의 경우와 마찬가지로 일반적 기속력과 대세적·법규적 효력을 가지기 때문에 원칙적으로 재심을 허용하지 아니함으로써 얻을 수 있는 법적 안정성의 이익이 재심을 허용함으로써 얻을 수 있는 구체적 타당성의 이익보다 높으므로 그 성질상 재심을 허용할 수 없다는 것이 헌법재판소의 입장이다.[32] **헌법재판소법 제68조 제2항의 규범통제형 헌법소원심판**에 대해서도 인용결정의 효력이 소송당사자에게만 미치는 것이 아니라 일반적·대세적·법규적 효력을 가지는 것이어서 법적 안정성의 측면에서 재심을 허용하지 않고 있다.[33]

제9항 판례변경

판례를 변경할 때에는 재판관 6인의 찬성이 있어야 한다(법 제23조 제2항 제2호). 앞의 판결유탈을 재심사유로 인정할 것인지 여부에 대한 판례변경을 포함하여 다수의 판례변경의 사례가 있다.

---

29) 헌재 1995.1.20. 93헌아1.
30) 헌재 2007.6.28. 2006헌마1482, 헌법재판소법 제24조 제3항 등 위헌확인(기각, 각하).
31) 헌재 2001.9.27. 2001헌아3, 불기소처분취소(재심)(기각).
32) 헌재 1992.6.26. 90헌아1; 2002.9.19. 2002헌아5.
33) 헌재 1995.1.20. 93헌아1, 불기소처분취소(재심)(각하); 1992.6.26. 90헌아1, 민사소송법 제118조에 대한 헌법소원(각하).

제10항 기록의 공개

누구든지 권리구제, 학술연구 또는 공익 목적으로 심판이 확정된 사건기록의 열람 또는 복사를 신청할 수 있다. 사건기록을 열람하거나 복사한 자는 열람 또는 복사에 의하여 알게 된 사항을 이용하여 공공의 질서 또는 선량한 풍속을 침해하거나 관계인의 명예 또는 생활의 평온을 훼손하는 행위를 하여서는 안 된다(법 제39조의2).

제11항 심판비용

헌법재판소의 심판비용은 국가부담으로 한다. 다만, 당사자의 신청에 의한 증거조사의 비용은 헌법재판소규칙으로 정하는 바에 따라 그 신청인에게 부담시킬 수 있다. 헌법소원심판의 청구인에 대하여 헌법재판소규칙으로 정하는 공탁금의 납부를 명할 수 있다. 그런데 ① 헌법소원의 심판청구를 각하하는 경우 또는 ② 헌법소원의 심판청구를 기각하는 경우에 그 심판청구가 권리의 남용이라고 인정되는 경우에는 헌법재판소규칙으로 정하는 바에 따라 공탁금의 전부 또는 일부의 국고 귀속을 명할 수 있다(법 제37조).

제12항 심판기간

심판사건을 접수한 날부터 180일 이내에 종국결정의 선고를 하여야 한다. 다만, 재판관의 궐위로 7명의 출석이 불가능한 경우에는 그 궐위된 기간은 심판기간에 산입하지 아니한다(법 제38조). 그러나 사법기관에서는 이러한 심판기간 규정을 통상 훈시규정으로 해석하고 있기 때문에 심판기간은 실제에 있어서는 잘 준수되지 못하고 있다.

제13항 준용규정

심판절차에 관하여는 헌법재판소법에 특별한 규정이 있는 경우를 제외하고는 헌법재판의 성질에 반하지 아니하는 한도에서 민사소송에 관한 법령을 준용한다. 탄핵심판의 경우에는 형사소송에 관한 법령을 준용하고, 권한쟁의심판 및 헌법소원심판의 경우에는 「행정소송법」을 함께 준용한다. 형사소송에 관한 법령 또는 「행정소송법」이 민사소송에 관한 법령에 저촉될 때에는 민사소송에 관한 법령은 준용하지 아니한다(법 제40조 참조). 즉, 형사소송에 관한 법령과 「행정소송법」이 각각 민사소송에 관한 법령에 우선하여 적용된다.

제14항 전자정보처리조직을 통한 심판절차의 수행

I. 전자문서의 접수

전자정보처리조직을 통한 심판절차의 수행도 가능한데 이는 2009년에 헌법재판소법 제5장으로 신설되었다.

각종 심판절차의 당사자나 관계인은 청구서 또는 헌법재판소법에 따라 제출할 그 밖의 서면을 전자문서(컴퓨터 등 정보처리능력을 갖춘 장치에 의하여 전자적인 형태로 작성되어 송수신되거나 저장된 정보를 말함)화하고 이를 정보통신망을 이용하여 헌법재판소에서 지정·운영하는 전자정보처리조직(심판절차에 필요한 전자문서를 작성·제출·송달하는 데에 필요한 정보처리능력을 갖춘 전자적 장치를 말함)을 통하여 제출할 수 있고(법 제76조 제1항), 이렇게 제출된 전자문서는 이 법에 따라 제출된 서면과 같은 효력을 가진다(법 제76조 제2항). 전자문서의 접수시점은 전자정보처리조직에 전자적으로 기록된 때이다(법 제76조 제3항). 전자문서가 접수된 경우에 헌법재판소는 헌법재판소규칙으로 정하는 바에 따라 당사자나 관계인에게 전자적 방식으로 그 접수 사실을 즉시 알려야 한다(법 제76조 제4항).

II. 전자서명 등

당사자나 관계인은 헌법재판소에 제출하는 전자문서에 헌법재판소규칙으로 정하는 바에 따라 본인임을 확인할 수 있는 전자서명을 하여야 한다(법 제77조 제1항). 재판관이나 서기는 심판사건에 관한 서류를 전자문서로 작성하는 경우에 「전자정부법」 제2조 제6호에 따른 행정전자서명을 하여야 한다(법 제77조 제2항). 이상의 전자서명과 행정전자서명은 헌법재판소의 심판절차에 관한 법령에서 정하는 서명·서명날인 또는 기명날인으로 본다(법 제77조 제3항).

III. 전자적 송달 등

헌법재판소는 당사자나 관계인에게 전자정보처리조직과 그와 연계된 정보통신망을 이용하여 결정서나 이 법에 따른 각종 서류를 송달할 수 있다. 다만, 당사자나 관계인이 동의하지 아니하는 경우에는 그러하지 아니하다(법 제78조 제1항). 전자정보처리조직의 장애로 인하여 전자적 송달이 불가능하거나 그 밖에 헌법재판소규칙으로 정하는 사유가 있는 경우에는 「민사소송법」에 따라 송달할 수 있다(법 제78조 제5항). 전자정보처리조직을 이용한 서류 송달은 서면으로 한 것과 같은 효력을 가진다(법 제78조 제3항).

헌법재판소는 당사자나 관계인에게 송달하여야 할 결정서 등의 서류를 전자정보처리조직에 입력하여 등재한 다음 그 등재 사실을 헌법재판소규칙으로 정하는 바에 따라 전자적 방식으로 알려야 한다(법 제78조 제2항). 이 경우 송달받을 자가 등재된 전자문서를 헌법재판소규칙으로 정하는 바에 따라 확인한 때에 송달된 것으로 본다. 다만, 그 등재 사실을 통지한 날부터 1주 이내에 확인하지 아니하였을 때에는 등재 사실을 통지한 날부터 1주가 지난 날에 송달된 것으로 본다(법 제78조 제4항).

제15항 벌칙

　헌법재판소 심리의 효율적 진행을 위하여, 헌법재판소로부터 증인, 감정인, 통역인 또는 번역인으로서 소환 또는 위촉을 받고 정당한 사유 없이 출석하지 아니한 자(법 제 79조 제1호), 헌법재판소로부터 증거물의 제출요구 또는 제출명령을 받고 정당한 사유 없이 이를 제출하지 아니한 자(법 제79조 제2호), 헌법재판소의 조사 또는 검사를 정당한 사유 없이 거부·방해 또는 기피한 자(법 제79조 제3호)는 1년 이하의 징역 또는 100만원 이하의 벌금에 처한다.

제3장

헌법재판기능

헌법재판소가 수행하는 기능으로는 위헌법률심판, 탄핵심판, 정당해산심판, 권한쟁
의심판, 헌법소원심판이 있다. 이 관장사항은 헌법에 의해 열거된 것으로서 이 외의 기
능은 헌법재판소에 부여되어 있지 않다.

법원이 위헌법률심판을 제청한 경우에는 법원에서의 소송사건은 헌법재판소의 위
헌여부의 결정이 있을 때까지 정지하였다가(법 제42조 제1항 본문), 헌법재판소의 결정에
따라 재판을 하여야 한다. 물론 법원이 긴급하다고 인정하는 경우에는 종국재판 외의
소송절차를 진행할 수 있다(법 제42조 제1항 단서). 이때 재판정지기간은 「형사소송법」
제92조 제1항·제2항 및 「군사법원법」 제132조 제1항·제2항의 구속기간과 「민사소송
법」 제199조의 판결 선고기간에 산입하지 아니한다(법 제42조 제2항).

재판이 정지되는 것은 법원이 위헌법률심판을 제청한 경우여야 하므로 위헌법률심
판제청신청이 법원에 의해 기각(또는 각하)된 경우에 신청인이 헌법재판소법 제68조 제
2항에 따라 헌법소원을 제기하는 경우에는 재판은 정지되지 아니한다. 대법원의 확정
재판이 있은 경우에는 재판의 전제성이 없게 되어 원칙적으로 각하될 것이다.

제1항 적법요건

I. 제청권자

위헌법률심판을 하기 위해서는 당해 사건을 담당하는 법원의 제청이 있어야 한다. 위헌법률심판은 당해 사건을 담당하는 법원(군사법원을 포함)이 당사자의 신청에 의한 결정으로 또는 직권으로 헌법재판소에 제청한다(법 제41조 제1항). 여기의 법원은 대법원뿐만 아니라 각급법원이 포함된다. 당해 사건의 당사자이면 누구든지 신청권이 있다. 형사사건에서는 검사도 당사자에 포함된다. 행정청과 민사소송의 보조참가인도 당사자에 해당한다.[1]

법원은 제청권을 가지고 있을 뿐 위헌법률심판에서 적극적으로 법률의 위헌성을 주장하는 등 당사자로서 역할을 하는 것이 아니고 또 당사자로서의 소송상의 지위를 인정하기도 어렵기 때문에 법원을 위헌법률심판의 당사자로 보기는 어렵다. 또 제청신청인도 제청신청을 할 뿐 직접적인 심판청구를 청구한 주체가 아니므로 당사자라고 하기 어렵다. 국회도 실무상으로 위헌법률심판의 상대방 당사자로 보지 않고 있다. 그 외 당해 법률의 집행기관인 관계기관도 이해관계기관으로 볼 수는 있어도 당해 심판의 당사자라고 하기 어렵다.[2] 따라서 위헌법률심판에서는 당사자능력이라는 개념이 성립되기 어렵다.

위헌여부 심판의 제청에 관한 결정에 대하여는 항고할 수 없다(법 제41조 제4항). 대법원 외의 법원이 제청할 때에는 대법원을 거쳐야 한다(법 제41조 제5항). 이 경유는 형식적인 의미만을 지니는 것으로 보아야 한다. 법원의 제청서에는 제청법원의 표시, 사건 및 당사자의 표시, 위헌이라고 해석되는 법률 또는 법률의 조항, 위헌이라고 해석되는 이유, 그 밖에 필요한 사항을 적어야 한다(법 제43조).

당해 소송사건의 당사자 및 법무부장관은 헌법재판소에 법률의 위헌 여부에 대한 의견서를 제출할 수 있다(법 제44조).

당해 법원이 제청 신청을 기각하면 헌법재판소법 제68조 제2항에 따라 위헌소원심

---

1) 관련 판례는 후술하는 규범통제형 헌법소원의 청구인적격 부분 참조.
2) 헌법재판실무제요, 제2개정판, 28쪽 참조.

판을 제기할 수 있다. 위헌소원심판에서 위헌결정이 났지만 이때 이미 법원의 재판이
확정된 경우에는 재심을 청구할 수 있다.

제청법원이 제청을 하면 당해 사건의 소송은 헌법재판소의 결정이 있을 때까지 정
지된다.

II. 심판의 대상

1. 법률

가. 형식적 의미의 법률

위헌법률심판의 대상으로서의 법률은 원칙적으로 형식적 의미의 법률을 의미한다.
형식적 의미의 법률이란 국회에서 법률의 형식으로 제정한 규범이다. 그러므로 국회가
아닌 기관은 형식적 법률을 제정할 수 없다.

> **Q** 「국가보위입법회의법」(법률 제3260호, 1980.10.28. 제정, 1980.10.28. 시행)
> 에 의해 구성된 국가보위입법회의에서 제정한 법률은 위헌심판의 대상이 되는
> 법률인가.

> **A** 「국가보위입법회의법」은 1980년 제정·공포된 제8차 개정헌법 부칙 제6조 제1항에 따라 국
> 가보위입법회의에 입법권을 부여하는 합헌적인 근거를 마련하였기 때문에 국가보위입법회의
> 에서 마련한 법률은 제정주체가 국회가 아니라고 하여 형식적 법률이 아니라고 할 수 없게
> 되었다. 따라서 국가보위입법회의에서 제정한 법률도 위헌심판의 대상이 되는 법률이 된다.[3]

그런데 위헌심판의 대상이 되는 법률은 형식적 의미의 법률에 한정되는가. 위헌심
판의 대상이 되는 법률에 해당하는지 여부를 판단하는 기준에 대하여 대법원과 헌법재
판소의 입장이 다르다.

대법원은 원칙적으로 형식적 의미의 법률을 의미하는 것으로 보고 형식적 의미의
법률이 아닌 때에는 그와 동일한 효력을 갖는 데에 국회의 승인이나 동의를 요하는 등
국회의 입법권 행사라고 평가할 수 있는 실질을 갖춘 것이어야 위헌법률심판의 대상이
될 수 있다고 한다. 대법원의 기준은 국회가 제정하거나 적어도 승인이나 동의와 같은

---

3) 헌재 1995.1.20. 90헌바1, 소송촉진등에관한특례법 제11조 및 제12조의 위헌여부에 관한 헌법소원(합헌).

국회의 개입을 요구한다는 점에서 **국회승인설**이라고 할 수 있을 것이다. 그에 반하여 **헌법재판소는** 위헌심판의 대상이 되는 법률인지 여부는 효력에 따라 판단하여야 한다고 하였다. 위헌법률심판에서 '법률'이라고 함은 국회의 의결을 거친 형식적 의미의 법률뿐만 아니라 법률과 같은 효력을 갖는 조약 등도 포함된다는 것이다.[4] 이 견해는 형식적 의미의 법률뿐만 아니라 비록 형식은 국회제정의 법률이 아닐지라도 법률과 같은 효력을 갖는 규범의 경우에는 위헌법률심판의 대상이 된다는 견해이므로 **효력설**이라고 할 수 있다.

어느 견해에 따르더라도 국회가 승인 또는 동의의 형태로 개입되어 있고 법률적 효력을 가지는 헌법상 긴급명령, 긴급재정경제명령, 헌법에 의하여 체결·공포된 조약, 일반적으로 승인된 국제법규는 위헌심판의 대상이 되지만, 관습법과 관련하여서는 국회승인설은 위헌법률심판의 대상이 되지 않는다고 보고, 효력설은 위헌법률심판의 대상이 된다고 한다.[5] 이상과 같이 위헌심사의 대상이 되는 법률인지의 여부를 판단하는 기준에 대해서는 대법원과 헌법재판소가 다른 입장을 취하고 있지만 어느 쪽에 서더라도 위헌심사의 대상이 반드시 형식적 법률에 한정되는 것은 아니라는 점에서는 같다.[6]

생각건대 우선 국회제정의 형식적 의미의 법률은 당연히 위헌법률심판의 대상이 된다. 헌법은 위헌법률심판기관을 헌법재판소로 하고 있기 때문에 형식적 의미의 법률의 위헌성은 헌법재판소의 전속적인 관장사항이 된다. 그 외에도 형식적 법률은 아니지만 형식적 법률과 같은 효력을 가지는 규범을 헌법이 직접 명문으로 예정하고 있거나 헌법재판소의 판례에 의해 법률의 효력을 가지는 것으로 인정된 경우에는 위헌심판의 대상이 될 수 있는 것으로 보아야 한다. 따라서 긴급명령이나 긴급재정경제명령, 헌법재판소 판례상 인정되는 법률의 효력을 가지는 관습법[7] 등은 위헌심사의 대상이 될 수 있다.

---

4) 헌재 2016.4.28. 2013헌바396, 상속에 관한 관습법 위헌소원 등(합헌); 1999.4.29. 97헌가14; 2001.9.27. 2000헌바20; 2013.3.21. 2010헌바70등 참조.
5) 이에 대해서는 후술 참조.
6) 아래 긴급조치와 관련한 대법원과 헌법재판소의 판례 참조.
7) 이에 반하여 대법원은 관습법은 형식적 의미의 법률과는 다르고 법원에 의해 부인될 수 있는 것이므로 위헌심판의 대상이 될 수 없다고 하는 입장이다. 자세한 것은 아래 관습법 부분 참조.

Q 제7차 개정헌법(유신헌법) 제53조에 따른 긴급조치는 헌법재판소의 위헌법률심판의 대상이 되는가.

A 대법원은 긴급조치는 입법행위라고 볼 수 있는 정도의 국회의 승인 등이 사실상으로나 규정상으로나 전혀 없었기 때문에 입법으로 볼 수 있는 실질이 없어 이의 위헌 여부는 대법원이 최종적인 관할기관이 되는 것으로 본다.[8] 헌법재판소는 긴급조치는 사실상 법률과 같은 효력을 지니는 것으로 판단되기 때문에 헌법재판소의 위헌심사의 대상이 되는 것으로 보았다.[9]

이와 같이 긴급조치의 위헌성 판단의 관할이 법원인지 헌법재판소인지에 대해 양 기관은 서로 관할권을 주장하고 있지만, 결과적으로 양 기관 모두 긴급조치를 위헌으로 보았다는 점에서는 같다. 대법원이 만일 합헌 판단을 하였더라면 헌법재판소는 긴급조치의 위헌성을 근거로 대법원의 판결을 취소하였을 것이다.[10]

나. 현행법률

위헌법률심판의 대상이 되는 형식적 의미의 법률은 원칙적으로 현재 효력이 있는 법률이다.

다. 공포 전 법률

법률안이 국회를 통과하였으나 아직 공포 전인 경우에도 심판청구 후에 유효하게 공포·시행되고 있는 경우에는 위헌법률심판의 대상이 될 수 있다.[11]

라. 폐지된 법률, 개정 전 법률

폐지된 법률이나 개정 전의 법률도 위헌법률심판의 대상이 될 수 있다. ① 법원이 판단을 함에 있어서는 다툼이 있는 행위(예컨대 행정처분 등)를 할 당시에 적법한 근거 법률이 있어야 하기 때문에 구법이라고 하더라도 행위시법인 한 재판의 전제가 될 수 있고,[12] ② 피고인 등에게 유리한 신법을 적용하여야 하는 경우에는 구법의 위헌 여부

---

8) 대법원 2010.12.16. 2010도5986 판결. 이 판결은 대통령 긴급조치 제1호의 위헌성을 선언한 판결이다.
9) 헌재 2013.3.21. 2010헌바132등, 구 헌법 제53조 등 위헌소원(위헌).
10) 긴급조치가 판결에 따라 위헌·무효가 되면 긴급조치로 인해 침해를 받은 사람은 국가에 대해 불법행위에 대한 손해배상을 청구할 수 있는가. 대법원은 이를 부인하기도 하였으나(대법원 2015.3.26. 2012다48824; 2015.3.26. 2012다48824 판결) 최근에 판례를 변경하여 국가의 배상책임을 인정하고 있다(대법원 2022.8.30. 2018다212610 전원합의체 판결).
11) 헌재 2001.11.29. 99헌마494, 재외동포의출입국과법적지위에관한법률 제2조 제2호 위헌확인(헌법불합치).
12) 재판의 전제성이 인정된 예: 헌재 2021.1.28. 2018헌바88, 재조선미국육군사령부군정청 법령 제2

를 먼저 결정하지 않으면 안 되기 때문이다.[13]

마. 대상이 되지 않는 경우

1) 공포 후 시행된 적이 없이 폐지된 법률

현행 헌법상의 위헌법률심판은 당해 법률이 재판의 전제가 된 경우에 그 위헌 여부를 판단하여 효력을 상실시키는 것이므로 원칙적으로 법률은 현재 효력이 있거나, 폐지된 법률이라고 하더라도 적어도 당해 법률로 인하여 현재에도 불이익이 남아 있는 경우에 당해 법률의 무효로 하여 당시의 효력을 상실시킴으로써 현재의 불이익을 제거할 수 있는 것이어야 하므로 공포 후 시행된 적이 없이 현재 폐지된 상태의 법률은 원칙적으로 위헌법률심판의 대상이 되지 않는다.[14]

2) 위헌 선고된 법률

위헌이나 헌법불합치 선고된 법률에 대해서도 위헌심판을 제기할 수 없다. 위헌으로 선고한 법률 또는 법률조항은 헌법재판소법 제47조 제2항에 의하여 선고한 날부터 효력을 상실하므로 동일한 법률 또는 법률의 조항에 대한 위헌 여부는 더 이상 위헌 여부심판의 대상이 될 수 없기 때문이다.[15]

2. 관습법

관습법[16]은 사회의 거듭된 관행으로 생성된 사회생활규범이 사회의 법적 확신과

호 제4조 등 위헌소원(합헌).

13) 헌재 1989.7.14. 88헌가5, 사회보호법 제5조의 위헌심판제청(합헌); 1994.6.30. 92헌바18; 1996.4.25. 92헌바47.

14) 헌재 1997.9.25. 97헌가4, 노동조합및노동관계조정법 등 위헌제청(각하).

15) 헌재 2009.3.26. 2007헌가5등, 구 군인연금법 제21조 제5항 제2호 위헌제청(위헌, 각하); 1989.9.29. 89헌가86, 사회보호법 제5조 및 같은 법 부칙 제2조의 위헌심판(합헌, 각하); 1994.8.31. 91헌가1, 지방세법 제31조에 관한 위헌심판(한정합헌) 등 다수의 결정 참조.

16) 관습법이 위헌법률심판의 대상이 된다는 것은 관습법은 반드시 합헌은 아니라는 것을 전제로 하므로 합헌성은 관습법의 성립요건이 될 수 없음에도 불구하고 대법원은 헌법재판소와는 달리 합헌성을 관습법 성립요건으로 보고 있다("사회의 거듭된 관행으로 생성한 어떤 사회생활규범이 법적 규범으로 승인되기에 이르렀다고 하기 위하여는 그 사회생활규범은 헌법을 최상위 규범으로 하는 전체 법질서에 반하지 아니하는 것으로서 정당성과 합리성이 있다고 인정될 수 있는 것이어야 하고, 그렇지 아니한 사회생활규범은 비록 그것이 사회의 거듭된 관행으로 생성된 것이라고 할지라도 이를 법적 규범으로 삼아 관습법으로서의 효력을 인정할 수 없다고 할 것이다."(대법원 2003.7.24. 2001다48781 판결).

인식에 따라 법적 규범으로 승인되고 강행되기에 이르러 법원(法源)으로 기능하게 된 것을 말한다.[17]

위헌법률심판의 대상이 되는 법률의 의미에 대해 **국회승인설을 취하는 대법원**은, 관습법은 법원에 의하여 발견되고 성문의 법률에 반하지 아니하는 경우에 한하여 보충적인 법원이 되는 것에 불과하므로 관습법이 헌법에 위반되는 경우에는 법원이 그 관습법의 효력을 부인할 수 있기 때문에 헌법재판소의 **위헌법률심판의 대상이 되지 않는다고 보는 반면,**[18] **효력설을 취하고 있는 헌법재판소**는 법률이 없는 상황에서 적용된 관습법은 비록 형식적 법률은 아니지만 실질적으로는 법률과 같은 효력을 가지는 것으로 보아서 **위헌법률심판의 대상이 된다는 입장**이다. 헌법재판소는 법률과 동일한 효력을 갖는 조약 등을 위헌심판의 대상으로 삼음으로써 헌법을 최고규범으로 하는 법질서의 통일성과

---

17) 헌재 2016.4.28. 2013헌바396, 상속에 관한 관습법 위헌소원 등(합헌).

18) 대법원 2009.5.28. 2007카기134 결정, 위헌법률심판제청(각하). 헌법재판소의 3인의 반대의견도 대법원과 같은 의견이다. 이 반대의견은 "관습법은 사회의 거듭된 관행으로 생성한 사회생활규범이 사회의 법적 확신과 인식에 의하여 법적 규범으로 승인되고 강행되기에 이른 것을 말하는데, 그러한 관습법은 법원(法源)으로서 법령에 저촉되지 아니하는 한 법칙으로서의 효력이 있는 것이다(대법원 1983.6.14. 80다3231 판결 참조). 즉 성문법은 관습법을 폐지할 수 있지만 관습법은 성문법을 폐지할 수 없고, 민사에 관한 관습법은 법원(法院)에 의하여 발견되며 성문의 법률에 반하지 아니하는 경우에 한하여 보충적인 법원(法源)이 되는 것에 불과하다(민법 제1조). 따라서 관습법은 형식적 의미의 법률과 동일한 효력이 없으므로 헌법재판소의 위헌법률심판이나 헌법재판소법 제68조 제2항에 따른 헌법소원심판의 대상이 될 수 없는 것이다. … 다수의견은 헌법을 최고규범으로 하는 법질서의 통일성과 법적 안정성을 확보하기 위하여 관습법을 헌법재판소의 심판대상에 포함시킨다고 하나, 관습법이 존재하는지 여부, 즉 사회의 거듭된 관행과 그것이 법적 구속력을 가진다는 사회의 법적 확신이 있는지 여부에 관하여는 사실인정과 매우 밀접한 관련이 있기 때문에 법원이 판단하지 않을 수 없다. 뿐만 아니라 원래 관습법이란 고정된 것이 아니고, 계속 진화하고 변화하는 것이어서 사실인정의 최종심인 법원이 관습법의 존재는 물론 관습법의 변화를 파악하여 관습법을 발전시킬 수 있다. 법원이 사회의 거듭된 관행으로 생성된 어떤 사회생활규범이 법적 규범인 관습법으로 승인되기에 이르렀다고 선언하기 위하여는, 헌법을 최상위 규범으로 하는 전체 법질서에 반하지 아니하는 것으로서 정당성과 합리성이 있다고 인정될 수 있는 것이어야 한다(대법원 2003.7.24. 2001다48781 판결 등 참조). 나아가 사회생활규범이 관습법으로 승인되었다고 하더라도 사회 구성원들이 그러한 관행의 법적 구속력에 대하여 확신을 갖지 않게 되었다거나, 사회를 지배하는 기본적 이념이나 사회질서의 변화로 인하여 그러한 관습법을 적용하여야 할 시점에 있어서의 전체 법질서에 부합하지 않게 되었다면, 법원은 그러한 관습법에 대하여는 법적 규범으로서의 효력을 부정할 수밖에 없다(대법원 2005.7.21. 2002다1178 판결 등 참조). 이와 같이 관습법의 승인, 소멸은 그것에 관한 사실인정이 전제되어야 하고, 법원(法院)이 관습법을 발견하고 법적 규범으로 승인되었는지 여부를 결정할 뿐 아니라 이미 승인된 관습법의 위헌, 위법 여부는 물론 그 소멸 여부에 대하여도 판단하고 있으므로 관습법에 대한 위헌심사는 법원이 담당하는 것이 타당하다. 그렇기 때문에 재판소원이 인정되는 독일에서조차도 법원이 관습법의 위헌 여부 판단에 관하여는 헌법재판소에 결정을 구할 수 없다[헌재 2016.4.28. 2013헌바396, 상속에 관한 관습법 위헌소원 등(합헌)].

법적 안정성을 확보할 수 있을 뿐만 아니라, 헌법에 합치하는 법률에 의한 재판을 가능하게 하여 국민의 기본권 보장에 기여할 수 있는데, 그렇다면 법률과 같은 효력을 가지는 관습법도 헌법소원심판의 대상이 되고, 단지 형식적 의미의 법률이 아니라는 이유로 그 예외가 될 수는 없다고 한다.[19] 폐지된 관습법도 위헌심판의 대상이 된다.[20]

3. 긴급명령, 긴급재정경제명령

실질적으로 법률과 같은 효력을 가지는 긴급명령, 긴급재정경제명령은 효력설을 취하고 있는 헌법재판소는 위헌법률심판의 대상이 될 수 있는 것으로 보고 있다. 그러나 긴급명령 등은 사후에라도 국회의 승인을 얻는 경우에는 법률로 볼 수 있어서 국회승인설에 따르더라도 위헌법률심판의 대상이 될 수 있다.

긴급명령이나 긴급재정명령, 긴급경제명령은 공권력의 행사임에는 분명하므로 이 명령이 집행행위를 기다리지 아니하고 직접 개인의 기본권을 침해하는 경우에는 헌법소원의 대상이 된다.[21]

4. 조약

앞에서 살펴본 바와 같이 위헌심판의 대상이 되는 법률의 의미와 관련하여 대법원은 국회승인설을 취하고 있고 헌법재판소는 효력설을 취하고 있다. 그런데 헌법 제60조에서는 중요 입법사항과 관련된 조약에 대해서는 체결·비준의 동의권을 국회에 유보시키고 있기 때문에 실제 결론에 있어서는 큰 차이가 없게 될 것이다.

「대한민국과아메리카합중국간의상호방위조약제4조에의한시설과구역및대한민국에서의합중국군대의지위에관한협정」에 관한 1999년의 위헌제청사건에서 헌법재판소는 이 사건의 조약이 협정으로 되어 있어 국회의 관여 없이 체결되는 행정협정처럼 보이지만 외국군대의 지위에 관한 것이라는 점, 국가에게 재정적 부담을 지우는 내용과 근로자의 지위, 미군에 대한 형사재판권, 민사청구권 등 입법사항을 포함하고 있기 때문에 국회의 동의가

---

19) 헌재 2013.2.28. 2009헌바129, 상속에 관한 구 관습법 부분 위헌소원(각하). 이 결정은 재판관 8인 전원이 관습법의 위헌법률심판대상성을 인정하였지만, 사건은 재판의 전제성이 없어서 각하되었다. 이 결정에서 다수의견에 함께 하였던 재판관 이진성, 김창종은 뒤의 헌재 2016.4.28. 2013헌바396, 상속에 관한 관습법 위헌소원 등(합헌) 결정에서 기존의 견해를 변경하고 있다. 이 결정에서는 위헌심판의 대상이 된다는 의견이 6명, 위헌심판의 대상이 되지 않는다는 의견이 3명이었다.
20) 헌재 2016.4.28. 2013헌바396등, 상속에 관한 관습법 위헌소원 등(합헌).
21) 헌재 1996.2.29. 93헌마186, 긴급재정명령 등 위헌확인(기각, 각하).

필요한 조약이고 따라서 위헌법률심판의 대상이 된다는 취지의 결정을 하고 있다.[22]

이 결정에서 당해 협정이 입법사항을 담고 있으므로 국회의 동의를 요하는 조약이라고 설시하고 있는 점에서 볼 때 여전히 효력설의 입장에서 판단하고 있는 것으로 볼 수 있다. 따라서 결정의 방점은 법률적 효력을 갖는 내용을 담고 있는데 있는 것이고 국회의 동의에 있는 것이 아니라는 점을 주의하여야 한다. 그런데 이 사건의 협정은 법률과 동일한 효력을 갖는데 상응하는 국회의 동의를 거쳤다는 점에서 국회승인설의 입장에서 볼 때도 위헌심판의 대상이 될 수 있다고 할 것이다.

5. 심판대상의 축소 또는 한정

법률의 위헌 여부를 심사함에 있어서 다툼이 있는 법률규정의 특정한 한 적용례만이 문제가 된 경우에는 법률규정 전체를 위헌심판의 대상으로 삼지 않고 해당 부분으로만 한정하기도 한다. 예컨대 국회의원선거의 예비후보자 또는 그 배우자와 동행하지 않은 채 단독으로 예비후보자의 성명을 나타내는 명함을 배부하여 「공직선거법」 제93조 제1항 위반으로 재판을 받는 중 이 조항에 대해 위헌법률심판을 제기한 사건에서 심판대상조항인 「공직선거법」 제93조 제1항 본문은 "누구든지 선거일전 180일(보궐선거 등에 있어서는 그 선거의 실시사유가 확정된 때)부터 선거일까지 선거에 영향을 미치게 하기 위하여 이 법의 규정에 의하지 아니하고는 정당(창당준비위원회와 정당의 정강·정책을 포함한다. 이하 이 조에서 같다) 또는 후보자(후보자가 되고자 하는 자를 포함한다. 이하 이 조에서 같다)를 지지·추천하거나 반대하는 내용이 포함되어 있거나 정당의 명칭 또는 후보자의 성명을 나타내는 광고, 인사장, 벽보, 사진, 문서·도화, 인쇄물이나 녹음·녹화테이프 그 밖에 이와 유사한 것을 배부·첩부·살포·상영 또는 게시할 수 없다."라고 규정하고 있으나, 이 규정을 "누구든지 선거일 전 180일부터 선거일까지 선거에 영향을 미치게 하기 위하여 이 법의 규정에 의하지 아니하고는 후보자가 되고자 하는 자의 성명을 나타내는 명함을 배부할 수 없다는 부분"으로 심판대상을 한정한 경우가 있다. 그 이유로는 문제된 선거운동방법은 예비후보자의 성명을 나타내는 **명함**을 배부한 것이므로 심판대상을 이에 해당하는 부분으로 한정한다는 것이다.

---

22) 헌재 1999.4.29. 97헌가14, 대한민국과아메리카합중국간의상호방위조약제4조에의한시설과구역및 대한민국에서의합중국군대의지위에관한협정 제2조 제1의 (나)항 위헌제청(합헌).

III. 재판의 전제성

1. 개념

재판의 전제성이란 위헌심판제청이 된 법률의 위헌 여부가 당해 법원의 재판의 전제가 되어야 한다는 것을 말한다. 재판의 전제성은 반드시 직접 적용되는 법률규정에 한하지 않고 직접 적용되는 법률규정과 내적 관련이 있는 (즉, 간접 적용되는) 법률규정의 경우에도 인정될 수 있다. 따라서 당해 사건의 재판에 직접 적용되지는 않더라도 그 위헌 여부에 따라 당해 사건의 재판에 직접 적용되는 법률조항의 위헌 여부가 결정되거나 당해 사건 재판의 결과가 좌우되는 경우에도 재판의 전제성이 인정된다.[23]

여기의 재판은 판결, 결정, 명령 등 그 형식 여부와 본안에 관한 재판이거나 소송절차에 관한 재판이거나를 불문하며, 심급을 종국적으로 종결시키는 종국재판뿐만 아니라 중간재판도 포함한다.[24]

2. 재판의 전제성 충족요건

재판의 전제성을 갖추기 위해서는 다음의 3가지 요건, 즉 ① 구체적인 사건이 **법원에 계속**(繫屬, 係屬) 중이어야 하고, ② 위헌 여부가 문제되는 법률이 당해 소송사건의 **재판과 관련하여 적용되는** 것이어야 하며, ③ 그 법률이 헌법에 위반되는지의 여부에 따라 당해 사건을 담당한 법원이 **다른 내용의 재판**을 하게 되는 경우이어야 한다.

위 ②에서 재판에 적용되는 것이라는 의미는 앞에서 언급한 바와 같이 반드시 직접 적용되는 법률일 것만을 요구하고 있지는 않으며 직접 적용되는 법률과 내적 관련성이 있는 경우에는 간접 적용되는 법률규정에 대해서도 재판의 전제성을 인정하고 있다. 내적 관련성이 인정되기 위해서는 그 위헌 여부에 따라 당해사건의 재판에 직접 적용되는 법령조항의 위헌 여부가 결정되거나 당해 사건을 담당하는 법원이 다른 내용의 재판을 하게 될 정도의 밀접한 관련성이 존재하여야 한다.[25]

위 ③에서 법원이 "다른 내용의" 재판을 하게 되는 경우라 함은 ⓐ 재판의 **결론이나 주문에 어떠한 영향**을 주거나, ⓑ 재판의 결론을 이끌어내는 **이유를 달리 하는데 관련**

---

23) 헌재 2000.1.27. 99헌바23; 2001.10.25. 2000헌바5; 2010.2.25. 2007헌바131등(합헌, 각하).
24) 헌재 1996.12.26. 94헌바1, 형사소송법 제221조의2 위헌소원(위헌).
25) 헌재 1996.10.31. 93헌바14; 2000.1.27. 99헌바23; 2001.10.25. 2000헌바5 등 참조.

되거나, ⓒ 재판의 내용이나 효력에 관한 **법률적 의미가 전혀 달라지는 경우**를 말한다.[26]

재판의 전제성은 소송전체에 대해서 뿐만 아니라 청구의 일부에 대해서도 적용하여 일부의 청구가 재판의 전제성을 갖추지 못하면 그 부분에 대해서는 판단을 하지 아니하기도 한다. 예컨대 미신고 옥외집회의 주최자가 「집회 및 시위에 관한 법률」에 따라 처벌을 받아 소송 중 제기한 헌법소원심판에서 청구인이 옥외집회의 한 유형으로서 우발적 집회에 대한 사전신고의무 부과 및 처벌에 대해서도 위헌을 주장한데 대해 그 위헌 여부는 청구인에 대한 당해사건 재판의 전제가 되지 않으므로 독립된 쟁점으로 판단하지 아니한 사례가 있다. 그러나 이 헌법소원심판에서 위헌의견을 제시한 4인재판관의 반대의견에서는 "긴급집회에 대해서도 예외를 두지 않는 규율 방법을 통해 사전신고를 의무화하는 것은 과잉금지원칙에 위배되어 청구인의 집회의 자유를 침해한다."는 견해를 피력하고 있다.[27]

위에서 설명한 바와 같은 재판의 전제성 요건을 갖추지 못한 경우에도 **예외적으로 재판의 전제성이 인정**되기도 한다. 예를 들면 ① 재심개시결정이 있고 이에 대한 검찰의 즉시항고기간이 경과하여 재심개시결정이 확정되면 비록 재심사유가 없었다고 하더라도 재심에 적용될 법률의 위헌 여부를 다투는 경우,[28] ② 피고인이 재심대상사건의 재판절차에서 처벌조항의 위헌성을 다툴 수 없는 규범적 장애가 있었던 특수한 상황인 경우에, '재심의 청구에 대한 재판(=재심의 개시 여부를 결정하는 재판)'에 있어서 당해 처벌조항의 재판의 전제성이 예외적으로 인정되고 있다.[29]

---

26) 헌재 1992.12.24. 92헌가8, 형사소송법 제331조 단서규정에 대한 위헌심판(위헌).
27) 헌재 2018.6.28. 2017헌바373, 집회 및 시위에 관한 법률 제22조 제2항 등 위헌소원(합헌).
28) 헌재 2000.1.27. 98헌가9, 구 건축법 제54조 제1항 중 제5조 제1항 규정에 의한 제48조 부분 위헌제청(위헌).
29) 헌재 2013.3.21. 2010헌바132등, 구 헌법 제53조 등 위헌소원(위헌). 원칙적으로는 확정된 유죄판결에서 처벌의 근거가 된 법률조항은 '재심의 청구에 대한 재판'(즉, 재심의 개시 여부를 결정하는 재판)에서는 재판의 전제성이 인정되지 않는다. 그러나 이전의 재판에서 그 처벌조항의 위헌성을 다툴 수 없는 규범적 장애가 있었던 경우에는 재심의 청구에 대한 재판에서 예외적으로 당해 법률의 위헌성을 다툴 수밖에 없기 때문에 재심의 청구에 대한 재판과 본안에 관한 재판 전체를 당해사건으로 보아 예외적으로 재판의 전제성이 인정된다는 의미다.

3. 심판결정 시 재판의 전제성을 상실하였으나 심판청구의 적법성이 인정된 경우(재판의 전제성의 존재 시점)

위헌법률심판에 있어서 재판의 전제성은 심판청구 시 뿐만 아니라 결정 선고 시에도 존재하여야 하고 결정 선고 시에 재판의 전제성이 없게 되면 부적법 각하하는 것이 원칙이다. 그러나 헌법재판소는 ① 객관적인 헌법질서의 수호·유지를 위하여 결정 선고 시에 재판의 전제성을 상실한 경우에도 심판청구의 적법성을 인정한다. 구체적으로는 ⓐ 법률의 위헌 여부의 해명이 헌법적으로 중요성이 있는데도 그 해명이 없거나, ⓑ 기본권의 침해가 반복될 위험성이 있는데도 좀처럼 그 법률조항에 대한 위헌 여부심판의 기회를 갖기 어려운 경우[30] 등이 그러한 경우들이다. 또한 ② 법률의 개정으로 청구인에게 유리한 신법이 소급 적용될 수 있기 위해서 구법의 위헌 여부를 먼저 판단하여야 하는 경우에도 구법에 대해서 심판청구의 적법성을 인정하고 있다. 신법이 적용되는 경우는 구법은 원칙적으로 제청대상이 소멸된 것이므로 당해 사건에 적용될 법률은 아니어서 재판의 전제성이 없지만, 신법이 소급 적용될 수 있기 위해서 우선 구법의 위헌성여부를 먼저 판단하지 않으면 안 되는 경우에는 당해 구법에 대한 위헌 여부를 구하는 심판은 적법한 것으로 된다.[31]

4. 재판의 전제성이 부인된 경우

헌법재판소의 판례에 따르면 ① 공포 후 시행된 적이 없이 폐지된 법률, ② 헌법불합치결정 후 그 취지에 맞추어 개정된 법률조항, ③ 행정처분에 대한 쟁송기간 경과 후 그 행정처분의 근거법률에 대하여 헌법재판소법 제68조 제2항에 의한 위헌 여부의 심판청구를 한 경우에 있어서 당해 근거법률의 위헌 여부는 재판의 전제성이 인정되지 아니한다. ③의 경우 쟁송기간이 경과한 후에는 행정처분의 근거법률이 위헌임을 이유로 무효확인소송 등을 제기하더라도 행정처분의 효력에는 영향이 없으므로,[32] 행정처분에 대한 쟁송기간이 경과된 후에 그 행정처분의 근거가 된 법률에 대한 위헌 여부의 심판청구를 한 경우에는 그 법률에 대해 위헌결정을 하더라도 행정처분에는 영향을 미

---

30) 헌재 1993.12.23. 93헌가2, 형사소송법 제97조 제3항 위헌제청(위헌).
31) 헌재 1989.7.14. 88헌가5등, 사회보호법 제5조의 위헌심판(합헌).
32) 왜냐하면 행정처분의 근거 법률이 헌법에 위반된다는 사정은 헌법재판소의 위헌결정이 있기 전에는 객관적으로 명백한 것이라고 할 수는 없으므로 특별한 사정이 없는 한 그러한 하자는 행정처분의 취소사유에 해당할 뿐 당연무효사유는 아니기 때문이다[헌재 2021.9.30. 2019헌바149, 구 조세범 처벌법 제15조 제1항 본문 위헌소원(각하)].

칠 수 없으므로 재판의 전제성을 인정할 수 없다는 것이다.[33] ④ 공무원의 고의 또는 과실에 의한 위법행위를 이유로 국가를 상대로 손해배상을 구하는 당해 사건과 관련하여, 일반적으로 법률이 헌법에 위반된다는 사정은 헌법재판소의 위헌결정이 있기 전에는 객관적으로 명백한 것이라고 할 수 없어 법률이 헌법에 위반되는지 여부를 심사할 권한이 없는 공무원으로서는 행위 당시의 법률에 따를 수밖에 없다 할 것이므로, 행위의 근거가 된 법률조항에 대하여 위헌결정이 선고된다 하더라도 그 법률조항에 따라 행위한 당해 공무원에게는 고의 또는 과실이 있다 할 수 없어 국가배상책임은 성립되지 아니하고, 따라서 이 법률조항이 헌법에 위반되는지 여부에 따라 당해 사건 재판의 주문이 달라지거나 재판의 내용과 효력에 관한 법률적 의미가 달라진다고 볼 수 없으므로 재판의 전제성을 인정할 수 없다는 것이 헌법재판소의 일관된 판단이다.[34] ⑤ 법원이 당해사건에 적용되는 재판규범 중 위헌제청신청대상이 아닌 관련 법률에서 규정한 소송요건을 구비하지 못하였기 때문에 부적법하다는 이유로 소각하 판결을 선고하고 그 판결이 확정된 경우에는 당해사건에 관한 재판의 전제성 요건이 흠결된다.[35]

5. 재판의 전제성 판단에 있어서 제청법원의 견해

재판의 전제성 판단에 있어서 헌법재판소는 원칙적으로 제청법원의 판단을 존중하고, 다만 전제성에 관한 법원의 법률적 견해가 명백히 유지될 수 없는 것으로 판단되는 경우에만 헌법재판소가 직권으로 조사할 수도 있고,[36] 이를 부정할 수 있다.[37]

실제로는 제청법원의 재판의 전제성 인정과는 달리 헌법재판소가 이를 부인하는 경

---

33) 헌재 2005.3.31. 2003헌바113, 구 하천법 제33조 제4항 위헌소원(각하); 2021.9.30. 2019헌바149, 구 조세범 처벌법 제15조 제1항 본문 위헌소원(각하).

34) 헌재 2008.4.24. 2006헌바72; 2009.9.24. 2008헌바23; 2011.3.31. 2009헌바286; 2011.9.29.2010헌바65; 2014.4.24. 2011헌바56.

35) 헌재 2005.3.31. 2003헌바113; 2021.2.25. 2018헌바423등; 2023.5.25. 2022헌바36, 대한민국과 미합중국 간의 상호방위조약 제4조 등 위헌소원(각하) — 대한민국과 미합중국 간의 상호방위조약 등 관련사건[이 사건은 심판대상이 아닌 법률의 요건을 갖추지 못하다는 이유로 원심에서 각하되고 항소심 계속 중 위헌법률심판제청을 신청하였으나, 이후 항소기각과 함께 재판의 전제성이 없어 위헌법률심판제청신청도 각하되었고, 이후 상고심 계속 중 헌법재판소법 제68조 제2항의 헌법소원을 신청하였으나 심판 선고 전에 상고기각 판결이 있었던 사건이다. 청구인들은 성주군 주민들이고 고고도미사일방어체계(일명 사드) 배치 부지의 사용을 위한 부지 공여를 둘러 싼 분쟁과 관련된 사건이다].

36) 헌재 1996.10.4. 96헌가6, 공공자금관리기금법 제5조 제1항 등 위헌제청(합헌, 각하).

37) 헌재 2007.6.28. 2006헌가14, 구 지방세법 제22조 제2호 (3)목 위헌제청(위헌).

우[38])도 있고, 당해 법원이 제청신청을 기각하였다 하더라도 헌법재판소법 제68조 제2항에 따라 제기한 헌법소원에서 재판의 전제성이 인정되는 경우[39])도 있다.

제2항 심사 근거규범과 위헌심사기준

I. 심사 근거규범

1. 헌법전

위헌법률심판의 심사 근거 내지 기준이 되는 규범은 우선은 형식적 헌법전이다. 따라서 **현행 헌법인 제9차 개정헌법**이 위헌법률심판의 심사기준인 규범이 된다.

그런데 과거에 시행된 법률에 대한 위헌심판을 함에 있어서 당해 법률이 당시의 헌법전에는 명시적 근거를 가지지만, 현행 헌법전에 따르면 위헌임이 명백한 경우에 위헌심사기준은 구 헌법규정이 될 것인지 아니면 현행 헌법규정이 될 것인가. 결론적으로는 원칙적으로 현행 헌법전이 심사기준이 된다고 보아야 한다. 헌법재판소도 같은 견해다. 헌법재판소는 유신헌법에 근거하여 제정된 긴급조치의 위헌성을 판단함에 있어서 유신헌법을 기준으로 하지 않고 현행 헌법에 따라 판단하였다.[40]) 구 헌법규정은 현행 헌법규정에 비추어 위헌이 아닌 경우에 한하여 구 헌법규정도 위헌심사기준이 될 수 있다.[41])

그런데 앞에서 살펴본 바와 같이 현행의 관습법뿐만 아니라 폐지된 관습법도 위헌심판의 대상이 된다는 것이 헌법재판소의 입장인데, 폐지된 관습법을 심사할 경우 심사기준이 관습법 시행당시에 존재하던 합리성으로 족한지 아니면 현행 헌법을 기준으로 볼 때도 합헌적이어야 하는지가 문제될 수 있다. 이 문제는 2016년 상속에 관한 관

---

38) 헌재 1997.9.25. 97헌가4, 노동조합및노동관계조정법 등 위헌제청(각하).
39) 헌재 1999.12.23. 98헌바33, 구 국가유공자예우등에관한법률 제70조 등 위헌소원(위헌, 합헌).
40) 헌재 2013.3.21. 2010헌바132등, 구 헌법 제53조 등 위헌소원(위헌): 이 사건에서 헌법재판소는 유신헌법 하의 긴급조치의 위헌성을 검토함에 있어서 유신헌법이 아닌 현행 헌법이 심사기준임을 명백히 밝히고 있다. 이 결정에서는 유신헌법의 문제점에 대해서 지적하고 있다.
41) 과거 비상계엄시 특별한 조치로서 영장 없는 구속이 가능하도록 한 법률규정의 위헌 여부를 판단함에 있어서 구 헌법규정과 현행 헌법규정을 모두 심사기준으로 사용하고 있는 예로서는 헌재 2012.12.27. 2011헌가5, 구 인신구속 등에 관한 임시특례법 제2조 제1항 위헌제청(위헌, 전원합의) 참조.

습법 위헌소원 등 사건[42])에서 다루어졌다. 이 사건에서 3인 재판관의 각하의견을 제외하고 위헌법률심판의 대상이 된다는 의견을 낸 6인 재판관 중에 4인 재판관의 합헌의견은 특히 다음과 같은 의견을 제시하고 있다. "이미 폐지된 구 관습법에 대하여 역사적 평가를 넘어 현행 헌법을 기준으로 소급적으로 그 효력을 모두 부인할 경우 이를 기초로 형성된 모든 법률관계가 한꺼번에 뒤집어져 엄청난 혼란을 일으킬 수 있다. 헌법과 민법이 시행되기 전 사회 구성원의 법적 확신과 인식에 따라 법적 규범으로 승인되고 강행되어 온 구 관습법을 그 뒤 만들어지고 발전된 헌법이론에 따라 소급하여 무효라고 선언할 수는 없는 것이다. 만약 헌법재판소의 재판부가 새로 구성될 때마다 구 관습법의 위헌성에 관하여 달리 판단한다면, 구 관습법의 적용을 기초로 순차 형성된 무수한 법률관계를 불안정하게 함으로써 국가 전체의 법적 안정성이 무너지는 결과를 초래할 수도 있다." 그에 반하여 2인 재판관의 위헌의견은 폐지된 관습법의 위헌심사 기준은 심사 당시의 현행 헌법이라는 주장이다.[43]) 헌법재판소의 다수의견이 4인 의견에 불과하므로 향후 헌법재판소의 판단을 좀 더 지켜볼 필요가 있다.

2. 관습헌법

헌법재판소는 관습헌법도 심사기준으로 인정하고 있다.[44]) 이와 관련하여 헌법전의 테두리 내에서 이루어지는 헌법관습으로서 헌법관습법에 대해서는 심사기준으로서 인정하지만, 불문헌법으로서 관습헌법은 심사기준으로 인정하기 곤란하다는 견해가 있다. 이 견해는 헌법재판소의 관습헌법이라는 용어는 헌법관습법을 착각한 것이라고 한다.[45])

3. 자연법과 정의

자연법이나 정의에 대해서는 이를 심사기준이 될 수 있다고 보는 견해도 있고,[46]) 부인하는 견해도 있다.[47]) 부인하는 근거로서는 자연법과 정의가 이미 인간의 존엄과

---

42) 헌재 2016.4.28. 2013헌바396, 상속에 관한 관습법 위헌소원 등(합헌). 여기서 문제가 된 관습법은 "여호주가 사망하거나 출가하여 호주상속이 없이 절가된 경우, 유산은 그 절가된 가(家)의 가족이 승계하고 가족이 없을 때는 출가녀(出家女)가 승계한다."는 것이었다. 다른 가족에 비해서 출가녀를 차별하고 있다는 것이 문제된 사건이다.
43) 헌재 2016.4.28. 2013헌바396, 상속에 관한 관습법 위헌소원 등(합헌).
44) 헌재 2004.10.21. 2004헌마554등, 신행정수도의건설을위한특별조치법위헌확인(위헌).
45) 허영, 헌법소송법론, 박영사, 2011, 229쪽.
46) 성낙인 외, 헌법소송론, 법문사, 2012, 188쪽.
47) 한수웅, 헌법학, 법문사, 2011, 1336쪽 참조.

가치 등의 규정에 수용되어 있다는 점을 든다. 그렇다면 실제로는 긍정설이든 부정설이든 큰 차이는 없다.

4. 헌법적 효력을 가지는 국제조약

국제법상 헌법적 효력을 가지는 규범도 위헌법률심판의 심사기준이 될 수 있다. 1990년 우리나라가 가입한 국제인권규약(A 및 B 규약)이 그 예라고 할 수 있다. 그러나 헌법재판소와 대법원은 국제법의 헌법적 효력을 인정하는 것에 대해서는 신중한 입장이다.[48]

II. 위헌심사기준

위헌심사기준을 좁은 의미로 이해하면 위헌 여부를 판단하는 기준인 심사척도(Prüfungsmaßstab)를 말하는 것을 볼 수 있으나, 넓은 의미로는 성문의 헌법과 같이 법률 등을 위헌으로 판단할 수 있는 근거(준거)규범까지 포함하는 개념으로도 사용된다.

예컨대 헌법재판소의 판례에 따르면 헌법상의 명문 규정뿐만 아니라 각 명문 규정들에 대한 종합적인 검토 및 구체적인 논증을 통하여 도출될 수 있는 헌법원칙도 위헌심사기준이 될 수 있다.[49] 대표적인 것으로는 비례(성)원칙을 들 수 있고[50] 그 외에도 법치국가원리,[51] 국민주권주의·민주주의원칙[52] 등이 있다. 헌법원칙을 위헌심사기준으로 인정한다고 하더라도 명문의 규정이 없이 해석을 통하여 도출할 수 있는 헌법원칙은 헌법재판소가 인정한 경우에 위헌심사기준으로 될 수 있다.

---

48) 국제인권규약은 반대의견의 논거로 주로 많이 인용되고 있다. 예컨대 헌재 1990.9.10. 89헌마82, 형법 제241조의 위헌여부에 관한 헌법소원(합헌)결정의 반대의견(한병채, 이시윤)은 "우리나라는 1990.7.10. 발효한 세계인권규약 에이(A) 및 비(B) 규약에 가입하게 되었으며, 이제부터 기본권의 문제는 국내문제라기보다는 국제적 차원의 문제로 부상이 된 것을 잊어서는 안 된다는 것도 입법에서 고려하여야 한다."고 주장하고 있다.

49) 헌재 2003.12.18. 2002헌마593, 형사소송법 제201조 제1항 위헌확인(기각).

50) 헌재 1995.4.20. 91헌바11, 특정범죄가중처벌등에관한법률 제11조 및 마약법 제60조에 대한 헌법소원(합헌); 1998.3.26. 96헌마214, 헌법재판소법 제68조 제1항 위헌확인 등(각하) 등 다수의 판례 참조.

51) 헌재 1999.5.27. 98헌바70, 한국방송공사법 제35조 등 위헌소원(헌법불합치, 합헌).

52) 헌재 2004.5.14. 2004헌나1, 대통령(노무현)탄핵(기각); 1999.5.27. 98헌바70, 한국방송공사법 제35조 등 위헌소원(헌법불합치, 합헌).

Q 수사단계에서 한 번 체포·구속되었던 사람을 재체포·재구속하는 경우, 최초의 체포·구속사유에 일정한 요건을 가중해야 한다는 것을 헌법원칙으로 인정할 수 있는가.

A 피의자 등에 대한 재체포·재구속의 요건을 가중하는 것이 헌법 제27조의 '공정한 재판을 받을 권리' 및 '무죄추정의 원칙' 등을 이어받아 이를 '법률적 차원'에서 구현할 수 있는 성질의 것이라고 하더라도 이것만으로 그러한 헌법원칙이 존재한다고 할 수는 없다는 것이 헌법재판소의 입장이다.[53]

Q 헌법상 체계정당성(Systemgerechtigkeit)이 위헌심사의 기준으로 될 수 있는지 여부에 대해 설명하시오.

A 체계정당성이란 규범상호 간에 구조, 내용, 근거 등이 모순되어서는 안 된다는 헌법적 요청이다. 체계정당성 그 자체의 위반으로 위헌이 되는 것은 아니므로 위헌심사기준으로 된다고 보기는 어렵다는 것이 헌법재판소의 견해다.[54] 체계정당성의 헌법적 의미는 비례의 원칙이나 평등원칙위반 내지 입법의 자의금지위반 등의 위헌성을 시사하는 하나의 징후라고 한다. 예컨대 상속세및증여세법 조항이 조세범위확장조항을 통하여, 증여세가 아닌 다른 조세를 회피하려는 목적이 인정되는 경우에 회피하려는 조세와는 세목과 세율이 전혀 다른 증여세를 부과하도록 증여추정을 하게 되는데, 이 경우의 증여세가 비록 과징금의 성격을 갖는다고 하더라도 이는 체계정당성의 원칙에 위배되는 외관을 가질 수 있으나, 증여세가 아닌 다른 조세를 회피하려는 목적이 명의신탁에 인정되는 경우에도 명의신탁을 증여로 추정하여 증여세를 부과하도록 한 입법의 선택에는 합리적인 이유가 존재하고 여기에 입법재량의 한계를 현저히 일탈한 잘못이 있다고 볼 수 없으므로 체계부정합으로 인한 위헌의 문제는 발생하지 않는다.[55]

제3항 결정의 형식

I. 합헌결정

심판대상 법률조항에 대해 합헌결정을 하게 될 경우에는 "… 헌법에 위반되지 아니한다."라는 취지의 주문형식을 취하고 있다.

---

53) 헌재 2003.12.18. 2002헌마593, 형사소송법 제201조 제1항 위헌확인(기각).
54) 헌재 2004.11.25. 2002헌바66, 상속세및증여세법 제41조의2 위헌소원(합헌).
55) 헌재 2004.11.25. 2002헌바66.

과거 위헌의견이 5인인 경우에는 위헌불선언결정("…헌법에 위반된다고 선언할 수 없다."는 식의 주문)을 내리기도 하였으나,[56] 1996년 이후에는 이러한 결정을 하지 않고 단순히 합헌결정을 하고 있다.[57]

II. 위헌결정

1. 위헌결정의 정족수

위헌결정을 하는 경우에는 재판관 6인 이상의 찬성이 있어야 한다(제113조 제1항). 위헌판단의 이유가 다르더라도 6명 이상의 재판관이 위헌이라고 보면 위헌이 선언된다. 예컨대 재산권침해를 이유로 위헌이라고 보는 재판관이 4인이고 포괄위임금지원칙 위배를 이유로 위헌이라고 보는 재판관이 4인인 경우에도 위헌 선언하고 있다.[58]

5명의 재판관이 단순위헌으로 보고 있는데 반하여 1명의 재판관은 한정위헌으로

---

56) 헌재 1989.12.22. 88헌가13, 국토이용관리법 제21조의3 제1항, 제31조의2의 위헌심판(합헌) 결정의 주문은 다음과 같다. 【주문】 1. 국토이용관리법(1972.12.30. 법률 제2408호, 1978.12.5. 개정 법률 제3139호, 1982.12.31. 개정 법률 제3642호) 제21조의3 제1항은 헌법에 위반되지 아니한다. 2. 같은 법률(1989.4.1. 개정 법률 제4120호) 제31조의2는 헌법에 위반된다고 선언할 수 없다. 이에 대한 설명은 헌법재판소는 다음과 같이 하고 있다: "이 결정에 있어서 토지거래허가제규정(국토이용관리법 제21조의3 제1항)과 벌칙규정(같은 법률 제31조의2) 모두에 대하여 재판관 조규광, 재판관 이성렬, 재판관 변정수, 재판관 김양균은 합헌의견을, 재판관 이시윤은 5와 같이 토지거래허가제 규정에 대하여서는 합헌의견이로되 보충의견을, 벌칙규정에 대하여서는 위헌의견을, 재판관 한병채, 재판관 최광률, 재판관 김문희는 6과 같이 위헌의견을, 각 제시하였고, 재판관 김진우는 7과 같이, 재판관 이시윤, 재판관 한병채, 재판관 최광률, 재판관 김문희의 위헌의견에 원칙적으로 동조하였다. 따라서 토지거래허가제 규정은 헌법에 위반되지 아니하고, 벌칙규정은 위헌의견이 과반수이나 헌법재판소법 제23조 제2항 제1호 소정의 위헌결정의 정족수(定足數)에 미달이어서 헌법에 위반된다고 선언할 수 없는 것이다."
57) 허영, 헌법소송법, 박영사, 2010, 228쪽; 성낙인, 헌법학, 법문사, 2020, 816쪽 이하; 정재황, 신헌법개론, 박영사 2016, 777쪽 참조.
58) 헌재 2003.12.18. 2002헌가2, 구 문화예술진흥법 제19조 제5항 등 위헌제청(위헌): 이 결정의 주문은 "구 문화예술진흥법(2000.1.12. 법률 제6132호로 개정되기 전의 것) 제19조 제5항 및 제19조의2 제3항은 헌법에 위반된다."이고, 이러한 결정주문에 이르기까지에 대해 헌법재판소는 다음과 같이 판시하고 있다: "재판관 하경철, 재판관 권 성, 재판관 김효종, 재판관 송인준 등 4인의 의견은 심판대상 법조항들이 특별부담금의 헌법적 허용한계를 벗어나서 국민의 재산권을 침해하므로 위헌이라는 것이고 한편 재판관 윤영철, 재판관 김영일, 재판관 김경일, 재판관 전효숙 등 4인의 의견은 심판대상 법조항들이 포괄위임금지의 원칙에 위배되어 위헌이라는 것이다. 그렇다면 심판대상 법조항들을 위헌이라고 보는 이유는 두 개가 되어 비록 서로 다르지만 8인의 재판관 모두 심판대상 법조항들이 위헌이라는 결론에는 일치한다. 그러므로 심판대상 법조항들에 대하여 주문과 같이 위헌을 선고하기로 한다."

보고 있는 경우에는 한정위헌결정을 내린다. 왜냐하면 단순위헌은 한정위헌을 포함하기 때문이다.

5명의 재판관이 단순위헌의견이고 다른 4명의 재판관이 헌법불합치의견이면 헌법불합치결정을 선언을 한다.[59] 단순위헌은 헌법불합치를 포함하기 때문이다. 그런데 적용중지의 헌법불합치결정을 하는 경우에는 실질적으로는 위헌결정과 같은 효과가 있다.

2. 위헌결정의 범위

위헌 선언을 할 경우에는 원칙적으로 제청된 법률 또는 법률의 조항만을 위헌으로 한다. 다만, 당해 법률조항의 위헌으로 법률 전부를 시행할 수 없다고 인정될 때에는 그 전부에 대하여 위헌 결정을 할 수 있다(법 제45조).

재판의 실무에서는 제청된 법률조항도 양적으로나 질적으로 분리 가능한 경우에는 분리하여 일부에 대해서만 위헌 선언하기도 한다(소위 일부위헌결정). 예컨대 "누구든지 학교환경위생정화구역 안에서는 다음 각 호의 1에 해당하는 행위 및 시설을 하여서는 아니 된다. 다만, 대통령령이 정하는 구역 안에서는 제2호, 제4호, 제8호 및 제10호 내지 제14호에 규정한 행위 및 시설 중 교육감 또는 교육감이 위임한 자가 학교환경위생정화위원회의 심의를 거쳐 학습과 학교보건위생에 나쁜 영향을 주지 않는다고 인정하는 행위 및 시설은 제외한다. … 2. 극장, 총포화약류의 제조장 및 저장소, 고압가스·천연가스·액화석유가스 제조소 및 저장소 …"라고 규정하고 있는 학교보건법 제6조 제1항 제2호에 대해 헌법재판소는 다음과 같은 위헌 및 헌법불합치 주문을 내고 있다. 즉, "1. 학교보건법 제6조 제1항 본문 제2호 중 '극장' 부분 가운데 고등교육법 제2조에 규정한 각 학교에 관한 부분은 헌법에 위반된다. 2. 학교보건법 제6조 제1항 본문 제2호 중 '극장' 부분 가운데 초·중등교육법 제2조에 규정한 각 학교에 관한 부분은 헌법에 합치하지 아니한다. 법원 기타 국가기관 및 지방자치단체는 입법자가 개정할 때까지 이 부분 법률조항의 적용을 중지하여야 한다." 여기서 주문 1은 양적 일부위헌결정으로 볼 수 있다.[60]

제청되지 아니한 법률조항에 대해서도 위헌판단을 할 수 있는지와 관련하여 ① 합

---

59) 헌재 2003.9.25. 2003헌바16, 지방세법 제121조 제1항 위헌소원(헌법불합치).
60) 헌재 2004.5.27. 2003헌가1등, 학교보건법 제6조 제1항 제2호 위헌제청, 학교보건법 제19조 등 위헌제청(위헌, 헌법불합치).

헌으로 남아 있는 나머지 법률조항만으로는 법적으로 독립된 의미를 가지지 못하거나, ② 위헌인 법률조항이 나머지 법률조항과 극히 밀접한 관계에 있어서 전체적·종합적으로 양자가 분리될 수 없는 일체를 형성하고 있는 경우, ③ 위헌인 법률조항만을 위헌 선언하게 되면 전체규정의 의미와 정당성이 상실되는 경우에는 그에 대해서도 판단할 수 있다는 것이 헌법재판소의 판례이다.[61]

III. 변형결정

1. 변형결정의 의의 및 유형

헌법 제111조 제1항 제1호에서는 법원의 제청에 의한 법률의 위헌여부 심판이라고 하고 있고, 헌법재판소법 제45조 본문은 '헌법재판소는 제청된 법률 또는 법률조항의 위헌 여부만을 결정한다.'라고 규정하고 있음에도 불구하고 헌법재판소는 합헌, 위헌의 결정 유형 외에 변형된 결정도 하고 있다. 헌법재판소가 변형결정을 하는 이유는 ① 권력분립론에 입각할 때 국회의 입법은 최대한 존중되어야 하고, ② 단순위헌 선언할 경우 발생할 법적 공백이나 혼란을 방지하기 위한 것이라고 한다. 헌법재판소의 변형결정에 대해서는 학설에서는 일반적으로 수용되고 있지만, 대법원에서는 한정위헌결정의 기속력은 부인하고 있는 상황이다.[62]

헌법재판소가 채택하고 있는 변형결정의 유형으로는 헌법불합치결정(입법촉구 포함), 한정합헌결정, 한정위헌결정 등이 있다. 그 외 헌법재판의 초기에는 일부위헌결정이나 위헌불선언결정 등이 있었으나 현재는 거의 채택되고 있지 않다.

2. 헌법불합치결정

가. 주문형식

헌법불합치결정은 문제된 법률 또는 법률규정의 효력 상실 시기를 법률이 개정될 때까지 일정기간 뒤로 미루는 결정의 형식을 말하는데,[63] 헌법불합치결정은 법률의 효

---

61) 헌재 1999.9.16. 99헌가1, 음반및비디오물에관한법률 제17조 제1항 등 위헌제청(위헌, 각하); 1989.11.20. 89헌가102, 변호사법 제10조 제2항에 대한 위헌심판(위헌).
62) 대법원 2013.3.28. 2012재두299 판결.
63) 헌재 1989.9.8. 88헌가6, 국회의원선거법 제33조·제34조의 위헌심판(헌법불합치).

력 상실을 일정기간 유예하는 것이지만 기본적으로는 위헌결정이다.

헌법불합치결정에는 잠정적인 **적용중지의 헌법불합치결정**과 잠정적용(또는 계속적용)의 헌법불합치결정이 있다. ① 적용중지의 헌법불합치결정의 주문은 "1. ○○○ 법률 제○조는 헌법에 합치되지 아니한다. 2. 위 법률조항은 입법자가 ○○○까지 개정하지 아니하면 ○○○부터 그 효력을 상실한다. 법원 기타 국가기관 및 지방자치단체는 입법자가 개정할 때까지 위 법률조항의 적용을 중지하여야 한다."[64]라는 형식이다.

그런데 헌법불합치결정도 사실상은 위헌결정이기 때문에 적용중지의 헌법불합치결정이 원칙이 되어야 하고 특별한 사정이 있는 경우에 계속적용의 헌법불합치 결정을 하는 것이 타당할 것이다.[65] 적용중지의 헌법불합치결정이 내려지면 위헌결정의 기속력에 따라 법원은 당해 법률이나 법률조항을 재판에 적용할 수 없기 때문에 개선입법이 이루어질 때까지 재판은 중지되고, 국가 및 지방자치단체는 그에 근거하여 행정처분을 할 수 없다. 헌법재판소가 개선입법을 명하였음에도 불구하고 기한 내에 법 개선이 이루어지지 않아 당해법률이 위헌·무효로 되면, 헌법재판소가 단순위헌결정을 하지 아니하고 헌법불합치결정을 함으로써 회피하려고 했던 '공익의 훼손'이 발생하게 되기 때문에 입법부는 헌법재판소의 결정 취지에 따라 기한 내에 개선입법을 마련하지 않으면 안 된다.[66]

② **계속적용의 헌법불합치결정**은 "1. ○○○법 제○조는 헌법에 합치되지 아니한다. 2. 위 법률조항은 ○○○을 시한으로 입법자가 개정할 때까지 계속 적용된다."[67]라고 주문을 표시하거나, 적용시한을 명시하지 않고 예컨대 "구 상속세법 제9조 제1항 중 "상속재산의 가액……는 상속개시 당시의 현황에 의한다."는 부분은 헌법에 합치하지 아니한다. 이 법률조항은 입법자가 개정할 때까지 계속 적용된다."라고 주문을 내기도 한다.[68] 이 경우 심판대상 법률 또는 법률의 조항은 위헌으로 선언되었음에도 불구하

---

64) 예컨대 "1. 우체국예금·보험에 관한 법률(1999.12.28. 법률 제6062호로 개정된 것) 제45조 중 '압류'부분은 헌법에 합치되지 아니한다. 2. 위 법률조항은 입법자가 2009.12.31.까지 개정하지 아니하면 2010.1.1.부터 그 효력을 상실한다. 법원 기타 국가기관 및 지방자치단체는 입법자가 개정할 때까지 위 법률조항의 적용을 중지하여야 한다."[헌재 2008.5.29. 2006헌바5, 우체국예금·보험에 관한 법률 제45조 위헌소원(헌법불합치(적용중지))].

65) 전광석, 한국헌법론, 집현재, 2020, 856쪽 참조. 그런데 헌법재판소는 2018년 이후부터는 거의 계속적용의 불합치결정을 하고 있다.

66) 헌재 1999.10.21. 97헌바26, 도시계획법 제6조 위헌소원(헌법불합치).

67) 헌재 1999.10.21. 97헌바26.

68) 헌재 2001.6.28. 99헌바54, 구 상속세법 제9조 제1항 위헌소원(헌법불합치). 이 결정에서 잠정적용

고 개정 시까지 계속 적용된다. 따라서 법원은 당해 법률이나 법률조항을 적용하여 재판을 하게 된다.[69]

헌법불합치결정을 하는 경우 입법자에게는 입법개선의무가 있는지가 문제된다.[70]

나. 헌법불합치결정을 하는 이유

헌법재판소가 단순위헌결정을 하지 않고 당해 법률이나 법률조항을 형식적으로 존속시키는 (적용중지 또는 계속적용의) 헌법불합치결정을 하는 주된 이유는 ① 법률이나 법률조항에 대해 위헌 선언할 경우 법적 공백이나 혼란을 초래할 우려가 있는 때에 이러한 공백과 혼란을 방지하고,[71] ② 당해 법률 또는 법률조항의 위헌성을 어떤 방법으

의 헌법불합치 결정을 하게 되는 이유는 상속재산의 가액평가에 관한 구 상속세법(1993. 12. 31. 법률 제4662호로 개정되기 전의 것) 제9조 제1항 중 "상속재산의 가액 …… 는 상속개시 당시의 현황에 의한다."는 부분이 헌법상 조세법률주의 및 재산권보장의 원칙에 반하는 것으로서 원칙적으로 위헌결정을 하여야 할 것이나, 이는 단지 입법형식의 잘못에 기인하는 것인데, 단순위헌을 선고하여 당장 위 법조항의 효력을 상실시킬 경우에는, 이 사건 구 상속세법에 의한 상속세를 부과할 수 없게 되는 등 법적 공백 상태를 야기하게 되고, 이에 따라 조세수입을 감소시키고 국가재정에 상당한 영향을 주며, 이미 위 법조항에 따라 상속세를 납부한 납세의무자들과 사이에 형평에 어긋나는 결과를 초래함으로써, 위헌적인 이 사건 법률조항을 존속시킬 때보다 단순위헌의 결정으로 인해서 더욱 헌법적 질서와 멀어지는 법적 상태가 초래될 우려가 있는 점, 그리고, 위헌적인 규정을 합헌적으로 조정하는 임무는 원칙적으로 입법자의 형성재량에 속하는 점, 비록 1994.12.22. 법률 제4805호와 1996.12.30. 법률 제5193호에 의한 헌법합치적 개정이 행하여져 이미 위헌조항이 합헌적으로 개정되어 시행되고 있기는 하나, 이들 개정법률이 시행되기 이전에 상속이 개시된 본건 등에까지 이를 적용할 근거가 없는 점 등을 참작하면, 결국 위 법조항의 적용을 그대로 유지하는 것이 위헌결정으로 말미암아 발생하는 법적 공백의 합헌적인 상태보다 오히려 여러 가지 충격과 혼란을 방지하는 등 헌법적으로 더욱 바람직하다고 판단되고, 비록 이로 인하여 청구인들이 위헌법률의 적용금지를 통한 권리구제의 목적은 달성할 수 없게 되지만, 헌법소원의 기능은 권리구제라는 주관적 측면 이외에 헌법질서의 유지라는 객관적 측면도 있다는 점에서 이를 반드시 불합리한 결과라고는 할 수 없을 뿐만 아니라, 위 법조항의 계속 적용을 명한다고 하여 위헌 판단의 의미 및 효력이 없어지게 되는 것은 아니라고 할 것이므로, 결국, 입법자가 위 헌법합치적 개정법률이 시행되기 이전에 적용되는 위 법조항을 대체할 합헌적 법률을 입법할 때까지 일정 기간 동안 위헌적인 법규정을 존속케 하고 또한 잠정적으로 적용하게 할 필요가 있다는데 있다.

69) 헌재 1995.9.28. 92헌가11, 특허법 제186조 제1항 위헌제청[헌법불합치(계속적용)].

70) 이에 대해서는 후술 참조.

71) 예컨대 보험금 또는 환급금을 지급받을 권리를 양도하거나 압류할 수 없도록 함으로써 수급권자를 보호하고 있는 우체국예금·보험에 관한 법률(1999.12.28. 법률 제6062호로 개정된 것) 제45조가 보험금 및 환급금 청구채권 전액에 대하여 무조건 압류를 금지함으로써 우체국보험 가입자의 채권자를 일반 인보험 가입자의 채권자에 비하여 불합리하게 차별취급하여 평등원칙에 위반되는 것이라고 하더라도, 압류를 금지하고 있는 우체국보험의 수급권 중에는 그 보험상품별 또는 수급권자가 장애인인가 여부 등에 따라서는 여전히 압류금지를 통하여 수급권을 보호하여야 할 필요성이 있으므로 단순위헌 결정을 선고하여 효력을 상실시킬 경우에는 오히려 헌법재판소가 의도하지 않

로 제거하여 새로운 입법을 할 것인가에 관하여는 여러 가지 방안이 있을 수 있으며, 그 중에서 어떤 방안을 채택할 것인가는 입법자가 여러 가지 사정을 고려하여 입법정책적으로 결정할 사항이라고 판단하기 때문이다.[72]

다. 헌법불합치결정이 필요한 영역

헌법불합치결정은 주로 수혜적 법률의 평등원칙 위반의 경우에 있게 된다. 왜냐하면 평등원칙의 위반인 경우에는 차별을 해소할 수 있는 방법이 다양하게 존재하므로 이의 선택은 우선은 국회의 몫이기 때문이다.

그러나 자유권의 경우에도 그 침해하는 법률의 위헌부분과 합헌부분의 경계가 불분명하여 단순위헌결정을 하면 합헌인 부분까지 효력을 잃게 되는 경우에도 **입법권자에게 위헌상태 제거의 다양한 가능성을 부여하기 위해 필요한 경우**에는 헌법불합치결정을 하고 있다. 예컨대 유치원·초·중·고등학교와 관련하여 구「학교보건법」제6조 제1항 제2호에 대해 헌법불합치결정을 한 바 있는데,[73] 이는 극장의 유형에 따라 입법자가 다양한 방식으로 규율할 수 있기 때문이다.[74]

또 청구권과 관련하여서도 계속적용의 헌법불합치결정을 하기도 한다. 예컨대 디엔에이감식시료채취영장 발부 과정에서 채취대상자에게 자신의 의견을 밝히거나 영장 발부 후 불복할 수 있는 절차 등에 관하여 규정하지 아니한 「디엔에이신원확인정보의 이용 및 보호에 관한 법률」제8조가 재판청구권을 침해하는지 여부를 판단함에 있어서도 비록 영장절차 조항이 위헌적이지만, 위헌 선언으로 그 효력을 즉시 상실시킨다면, 디엔에이감식시료 채취를 허용할 **법률적 근거가 사라지는 심각한 법적 공백 상태가 발생하**

는 불평등한 상태가 초래될 우려가 있기 때문이다[헌재 2008.5.29. 2006헌바5, 우체국예금·보험에 관한 법률 제45조 위헌소원(헌법불합치(적용중지))]. 이 결정을 구체적으로 보면 보험금 등의 양도나 압류금지는 위헌이어서 더 양도나 압류를 금지시킬 수 없지만, 형식적으로는 아직 적용중지일 뿐 여전히 존재하는 법률이므로 양도나 압류를 위한 절차는 진행할 수 없게 된다.

72) 예컨대 헌재 2008.5.29. 2006헌바5 참조.
73) 이 사건은 직업의 자유, 학생들의 문화향유에 관한 행복추구권, 표현의 자유 및 예술의 자유의 제한과 관련되는 사건이다.
74) 또한 만일 단순위헌을 선언하면 규율입법이 존재하지 않게 되고 따라서 새로운 입법수단을 마련하기 전에 극장이 들어서서 나중에 개선입법이 마련되어 적용하려고 할 때 신뢰보호원칙을 주장하는 경우에는 국회가 새로운 입법수단을 마련하는데 제약이 초래될 수 있기 때문에도 헌법불합치결정을 할 필요가 있다고 하고 있다. 다만, 이 사건에서는 심판 대상 법률조항을 위반한 경우에는 벌칙이 부과되고 있기 때문에 결론적으로 적용중지의 헌법불합치결정을 하고 있다[헌재 2004.5.27. 2003헌가1등, 학교보건법 제6조 제1항 제2호 위헌제청(위헌, 헌법불합치(적용중지))].

게 되기 때문에 계속적용의 헌법불합치결정을 하고 있다.[75]

라. 헌법불합치로 결정된 법률을 개정한 경우 개정 법률의 소급효 문제
1) 소급적용 여부와 범위

헌법불합치결정에서 위헌결정의 소급효문제는 개선입법의 소급효를 의미한다. 개정 법률의 소급적용 여부와 범위는 입법형성의 범위에 속하는 것이기 때문에 원칙적으로 입법자의 재량에 달린 것이고, 헌법불합치결정에 따른 개선입법이 제한 없이 소급적용되어야 하는 것은 아니다.[76]

개선입법은 마련되었으나 소급과 관련한 경과규정이 마련되지 않은 경우에 그 위헌성을 판단함에 있어서는 헌법불합치결정의 취지나 위헌심판에서의 구체적 규범통제의 실효성 보장이라는 측면을 고려하여 판단하여야 한다. 이에는 다음의 두 경우로 나누어 살펴보는 것이 필요하다.

첫째, 적용중지를 명하는 헌법불합치결정 후 헌법재판소가 제시한 심판대상조항의 효력 상실 시점까지 개선입법이 이루어진 경우에는 그 개선입법은 당연히 헌법불합치결정의 선고시점으로 소급하여 적용되는 것으로 보아야 한다.[77] 개선된 법률이 소급적용되는 범위는 단순위헌결정의 소급효가 미치는 범위와 같다.[78]

둘째, 계속적용을 명하는 헌법불합치결정 후 개선입법이 이루어진 경우에는 소급하게 되면 법적안정성을 해칠 수 있으므로 원칙적으로 소급하지 않는다고 보아야 하지만, 헌법재판소는 계속적용을 명하는 헌법불합치결정을 하면서도 개선입법이 마련되면 청구인에게도 개선입법이 소급적용되어야 함을 밝힌 경우도 있다. 예컨대「고엽제후유의증환자지원등에관한법률」제8조 제1항이 월남전에 참전하고 전역된 자로서 법률규정에 의한 등록의 신청을 한 후 법적용대상자인지의 여부가 결정되기 전에 사망한 자(법률규정에 의한 진료과정에서 고엽제후유증환자로 판단된 자로서 고엽제후유증환자인지의 여부가 결정되기 전에 사망한 자 포함) 중 고엽제로 인한 질병에 의하여 사망하였음이 인정

---

75) 헌재 2018.8.30. 2016헌마344등, 디엔에이감식시료채취영장 발부 위헌확인 등[헌법불합치(계속적용), 기각, 각하].

76) 헌재 2004.1.29. 2002헌바40등, 민법 부칙 제3항 위헌제청, 민법 부칙 제3항 위헌소원, 민법 부칙 제3항 등 위헌소원[헌법불합치(적용중지)].

77) 헌재 2000.1.27. 96헌바95등, 법인세법 제59조의2 제1항 등 위헌소원[헌법불합치(적용중지), 각하] 등 참조.

78) 허영, 헌법소송법론, 박영사, 2010, 250쪽; 헌법재판실무제요, 제2개정판, 207쪽.

되는 자의 유족에 대해서는 전몰군경의 유족으로 보아 유족보상을 시행하도록 규정하고 있었기 때문에, 월남전에 참전한 자가 생전에 고엽제후유증환자로 등록신청을 하지 아니하고 사망한 경우에는 유족(청구인)에게 유족등록신청자격을 부인하는 것으로 해석되었는데, 이 법률조항을 단순위헌결정하게 되면 그나마 일정한 범위의 유족이 유족등록신청을 할 수 있는 길을 막아 버리게 되므로 이 법률조항의 요건에 맞아 유족등록신청을 할 수 있는 자에게는 이 규정을 잠정적으로 적용한다는 결정을 하면서 입법자는 이 헌법불합치결정에 따라 조속한 시일 내에 법률조항을 헌법에 합치하는 내용으로 개정하여 청구인들과 같은 유족에게 등록신청의 기회를 주어야 한다고 설시하였다.[79] 그런데 이 결정은 현재 규정된 내용은 합헌이고 청구인을 배제한 것이 위헌이라는 취지이므로 위헌인 부분에 관해서는 개선입법을 소급적용하여야 한다는 취지다. 따라서 계속적용을 명하는 헌법불합치결정을 하였다고 하더라도 소급적용 여부는 사안에 따라 달리 해석될 수 있다.

셋째, 심판대상조항의 효력 상실 시점을 도과하여 개선입법이 이루어진 경우에는 개선기한을 도과함으로써 헌법불합치결정이 선고되었던 법률은 단순 위헌으로 되는 것이므로, 위헌으로 된 법률을 개선하여 소급하여 적용하는 것이 소급입법금지원칙에 위배되는 경우에는 위헌이 된다.[80]

---

79) 헌재 2001.6.28. 99헌마516, 고엽제후유의증환자지원등에관한법률 제8조 제1항 제1호 등 위헌확인 [헌법불합치(계속적용), 각하].

80) 헌재 2013.8.29. 2010헌바354등, 공무원연금법 제64조 제1항 제1호 등 위헌소원(위헌, 합헌). 이 사건의 경위는 다음과 같다. 헌법재판소가 2007.3.29. 2005헌바33 사건에서 구 공무원연금법(1995.12.29. 법률 제5117호로 개정되고, 2009.12.31. 법률 제9905호로 개정되기 전의 것) 제64조 제1항 제1호가 공무원의 '신분이나 직무상 의무'와 관련이 없는 범죄에 대해서도 퇴직급여의 감액 사유로 삼는 것이 퇴직공무원들의 기본권을 침해한다는 이유로 2008.12.31.을 시한으로 하는 계속적용의 헌법불합치결정을 하였다. 국회는 개선입법시한을 지나서 공무원이 '직무와 관련 없는 과실로 인한 경우' 및 '소속상관의 정당한 직무상의 명령에 따르다가 과실로 인한 경우'를 제외하고 재직 중의 사유로 금고 이상의 형을 받은 경우, 퇴직급여 등을 감액하도록 개선하여 공무원연금법(2009.12.31. 법률 제9905호로 개정된 것) 제64조 제1항 제1호를 마련하였다. 이 사건은 이 개선입법을 2009.1.1.까지 소급하여 적용하도록 규정한 공무원연금법(2009.12.31. 법률 제9905호) 부칙 제1조 단서, 제7조 제1항 단서 후단이 소급입법금지원칙에 위배되는지 여부에 대한 것이다. 이에 대해 헌법재판소는 소급입법금지원칙 위배로 헌법에 위반된다는 결정을 하였다. 판결이유에서 헌법재판소는 소급함으로써 얻는 공익상의 사유(공무원연금공단의 재정 보전)와 소급하지 못하게 함으로써 얻는 신뢰보호의 이익을 비교형량하여 신뢰보호의 요청이 우선한다고 보았다(소급함으로써 보전되는 재정적 이익이 그리 크지 않다는 점, 입법개선의무의 준수나 신속한 입법절차를 통한 법률관계의 안정 및 사법기관에 대한 객관적 신뢰). 따라서 입법개선시점을 도과하여 위헌무효가 된 법률에 대한 개선입법은 무조건 소급이 금지되는 것이 아니라 형량의 결과에 따라 위헌 여

대법원은 계속적용 헌법불합치결정의 경우 심판대상조항의 효력 상실은 장래를 항하여 미친다고 보고, 당해사건뿐 아니라 병행사건[81]의 경우에도 헌법불합치된 법률조항을 원칙적으로 그대로 적용하고 있다.[82] 그러나 형벌에 대한 헌법불합치결정의 개정시한을 도과한 경우에는 헌법불합치결정이 위헌결정임을 이유로 처음부터 형벌에 관한 단순위헌결정이 있었던 것과 마찬가지로 소급하여 효력을 상실시키고 있다.[83]

NOTE **계속적용 헌법불합치결정 소급효의 의미**

계속적용을 명하는 헌법불합치결정의 소급효의 의미에 대해서는 명확한 해석이 필요하다. ① "군인이 공무상 질병 또는 부상으로 인하여 폐질상태로 되어 퇴직한 때에는 그때부터 사망할 때까지 다음의 구분에 따라 상이연금을 지급한다."라고 규정하고 있는 구「군인연금법」제23조 제1항에 대해 헌법재판소는 계속적용의 헌법불합치결정을 하였다.[84] 헌법재판소의 결정 취지는 복무 중 공무상 질병에 대한 연금지급이 잘못된 것이라는데 있는 것이 아니고, "퇴직 후 공무상 질병 등으로 폐질 상태로 된 경우"에 대해서는 규정하지 않은 점이 위헌이라는데 있었다. 단순위헌결정을 하지 않은 이유는 상이연금수급권의 요건 및 수준을 결정하는 것은 종국적으로 군인연금 기금의 재정 상태와 수급 구조, 경제 상황 등을 고려하여 입법자가 결정해야 할 사항으로 보았기 때문이다. 그러면 "퇴직 후"의 경우를 규정하지 않고 있는 이 심판대상조항의 계속적용으로 말미암아 "퇴직 후"의 경우에 해당하는

부를 판단하고 있는 것이다.

81) 따로 위헌제청신청을 아니하였지만 당해 법률 또는 법률의 조항이 재판의 전제가 되어 법원에 계속 중인 사건을 말한다. 위헌결정이 있기 전에 이와 동종의 위헌 여부에 관하여 헌법재판소에 위헌제청을 하였거나 법원에 위헌제청신청을 한 사건은 동종사건이라고 한다.

82) 대법원 2009.1.15. 2008두15596 판결; 2012.10.1. 2012도745 판결. 그러나 최근에는 헌법재판소의 헌법불합치결정[헌재 2018.4.26. 2015헌바370등, 형사소송법 제216조 제1항 제1호 위헌소원 등(잠정적용 헌법불합치) ─ 체포영장 집행시 별도 영장 없이 타인의 주거 등을 수색할 수 있도록 한 형사소송법 조항 위헌소원 및 위헌제청 사건]의 취지를 반영한 개선입법의 소급효를 병행사건인 민사사건(손해배상청구사건)에 적용한 최초의 대법원 판결이 등장하였다(대법원 2021.9.9. 2017다259445, 이에 대해서는 법률신문 2021.9.27.자 5면 참조). 이 사건에서 대법원의 판단이유를 보면, 이 사건 헌법불합치결정에 나타나는 구법 조항의 위헌성, 구법 조항에 대한 헌법불합치결정의 잠정적용의 이유 등에 의하면, 헌법재판소가 구법 조항의 위헌성을 확인하였음에도 불구하고 일정 시한까지 계속 적용을 명한 것은 구법 조항에 근거하여 수색영장 없이 타인의 주거 등을 수색하여 피의자를 체포할 긴급한 필요가 있는 경우에는 이를 허용할 필요성이 있었기 때문이고, 따라서 구법 조항 가운데 그 해석상 '수색영장 없이 타인의 주거 등을 수색하여 피의자를 체포할 긴급한 필요가 없는 경우' 부분은 영장주의에 위반되는 것으로서 개선입법 시행 전까지 적용중지 상태에 있었다고 보아야 한다는 것이다.

83) 대법원 2011.6.23. 2008도7562 판결; 2018.10.25. 2015도17936 판결.

84) 헌재 2010.6.24. 2008헌바128, 군인연금법 제23조 제1항 위헌소원[헌법불합치(계속적용)].

사람들에 대해서는 여전히 연금을 지급하지 말라는 의미인지가 문제된다. 이 사건 헌법불합치결정의 취지는 "복무 중"의 경우 연금지급은 합헌이고, "퇴직 후"의 경우 연금배제는 위헌이라는 의미이므로 계속적용은 전자에만 해당하고 후자에는 해당사항이 없다고 보아야 한다.[85] 대법원도 이 결정의 의미를 이러한 취지로 해석하고 있다. 후자의 경우 대법원은 여전히 적용중지의 상태에 있는 것으로 이해한다.[86]

② 사업주가 제공한 교통수단이나 그에 준하는 교통수단을 이용하는 등 사업주의 지배관리하에서 출퇴근 중 발생한 사고에 대해서만 업무상 재해로 본 「산업재해보상보험법」 규정에 대해서 계속적용의 헌법불합치결정을 하였으나(헌재 2016.9.29. 2014헌바254), 국회가 후에 개선입법을 마련하면서 개정규정을 개선입법 시행 후 최초로 발생하는 재해부터 적용하는 것으로 정한 부칙 조항에 대하여 다시 제기된 헌법소원(헌재 2019.9.26. 2018헌바218등)에서 헌법재판소는 헌법불합치결정일인 2016.9.29. 이후에 통상의 출퇴근 사고를 당한 근로자에 대해서는 신법 조항을 소급적용하도록 하여 심판대상조항의 위헌성을 제거할 의무가 입법자에게 있음을 확인한 바 있다.

③ 헌법재판소는 구 「국회의원선거법」상 "지역구 후보자 등록을 신청하는 자는 등록신청 시에 2천만원을 대통령령이 정하는 바에 따라 관할지역구 선거관리위원회에 기탁하여야 한다. 다만, 정당의 추천을 받아 지역구후보등록을 신청하는 자는 1천만원을 기탁하여야 한다."는 국회의원 입후보자의 기탁금제도(제33조)와, "후보자가 사퇴하거나 등록이 무효로 된 때 또는 후보자의 득표수가 당해지역구의 유효투표총수의 3분의 1을 초과하지 못하는 때에는 … 그 후보자의 기탁금은 제58조 제1항의 비용을 공제한 후 국고에 귀속한다. 다만, 지역구 후보자가 당선된 때와 후보자가 사망한 때에는 그러하지 아니하다."는 기탁금의 국고 귀속에 관한 규정에 대해 잠정적용을 명하는 헌법불합치결정을 한 바 있다.[87] 그런데 잠정적용을 명한 것이므로 당해 사건의 청구인에게 실질적으로는 위헌인 「국회의원선거법」 제33조와 제34조를 계속적용하여야 할까. 이 헌법불합치결정의 의미를 해석하면서 대법원은 잠정적용의 헌법불합치결정의 경우에도 위헌결정과 같이 당해사건에 대해 예외적 소급효를 인정하고 있다. 그 이유로서는 ⓐ 이 잠정적용의 헌법불합치결정도 위헌결정의 일종으로서 다만 위헌결정으로 인한 법률조항의 효력 상실 시기만을 일정기간 뒤로 미루고 있음에 지나지 아니하고, ⓑ 법률 또는 법률조항에 대한 위헌결정은 장래효를 가짐이 원칙이나 법률의 위헌 여부의 심판제청은 그 전제가 된 당해 사건에서 위헌으로 결정된 법률조항

---

85) 헌재 2016.12.29. 2015헌바208등, 구 군인연금법 제23조 제1항 등 위헌소원 등(헌법불합치). 이 결정에서는 당해 법률조항이 현재 규정하고 있는 내용은 헌법에 위반된다고 볼 수 없고 심판대상도 아니므로 이에 대하여 위헌이나 헌법불합치를 선언해서는 안 되고, 군인이 공무상 질병 또는 부상으로 퇴직한 후에 폐질상태로 된 경우에 상이연금을 지급하도록 규정하지 아니한 입법부작위에 대해서만 위헌을 선언하여야 한다는 견해가 있었다(조대현 재판관). 그러나 이 규정의 부작위 유형은 부진정입법부작위에 해당하므로 이 규정이 헌법에 위반된다는 적극적인 위헌심판을 하여야 하므로 타당한 것으로 보기는 어렵다.

86) 대법원 2011.9.29. 2008두18885 판결; 2021.9.9. 2017다259445 판결.

87) 헌재 1989.9.8. 88헌가6, 국회의원선거법 제33조, 제34조의 위헌심판(헌법불합치).

을 적용받지 않으려는 데에 그 목적이 있고, ⓒ 헌법 제107조 제1항에도 위헌결정의 효력
이 일반적으로는 소급하지 아니하더라도 당해 사건에 한하여는 소급하는 것으로 보아, 위
헌으로 결정된 법률 조항의 적용을 배제한 다음 당해 사건을 재판하도록 하려는 취지가 포
함되어 있다고 보이고, ⓓ 만일 제청을 하게 된 당해 사건에 있어서도 소급효를 인정하지
않는다면, 제청 당시 이미 위헌 여부 심판의 전제성을 흠결하여 제청조차 할 수 없다고 해
석되어야 하기 때문에, 구체적 규범통제의 실효성을 보장하기 위하여서라도 적어도 당해
사건에 한하여는 위헌결정의 소급효를 인정하여야 한다고 해석되기 때문이라고 한다.[88] 잠
정적용의 헌법불합치결정에 대한 이 대법원 판결의 논거는 일반적으로 위헌결정의 예외적
소급효를 인정하는 헌법재판소의 결정에서도 나타난다.[89]

2) 헌법불합치로 결정된 경우 국회의 입법개선의무 존재여부

일정한 기한이 경과함으로써 효력을 상실하게 된다는 취지의 헌법불합치결정이 있
는 경우 국회는 입법개선의무를 부담하는가. 헌법불합치결정은 입법개선시한까지 심판
대상 법률 또는 법률조항의 잠정적용 또는 적용중지를 명하는데 그 의미가 있고 그로
부터 국회에게 당연히 입법개선의무가 발생하는 것은 아니다. 다만 헌법불합치결정이
있은 뒤에 입법개선시한까지 개선입법이 이루어지지 않은 경우에,[90] 법률은 당연히 위
헌·무효가 됨으로써 입법의 흠결이 있게 되는데 이것을 진정입법부작위로 다투는 것
은 가능하다. 진정입법부작위가 헌법소원의 대상이 되려면 "헌법에서 기본권보장을 위
해 법률에 명시적으로 입법위임을 하였음에도 불구하고 입법자가 이를 이행하지 않고
있는 경우, 또는 헌법 해석상 특정인의 기본권을 보호하기 위한 국가의 입법의무가 발
생하였음에도 불구하고 입법자가 아무런 입법조치를 취하지 않고 있는 경우"이어야 한
다.[91] 입법개선의무가 인정된 사례로는 헌법재판소가 국회의원 선거구구역표에 대해
헌법불합치결정을 하였으나 개선입법이 이루어지지 않아 국회의원 선거구에 관한 법률
이 존재하기 않게 된 경우에 국회에 국회의원의 선거구를 입법할 헌법상의 의무를 인
정한 사례를 들 수 있다.[92]

---

88) 대법원 1991.6.11. 90다5450 판결.
89) 이에 관한 자세한 것은 후술하는 위헌결정의 효력 부분 참조.
90) 입법개선시한을 넘겨서 개정하는 경우가 종종 있다. 이는 법적 공백상태를 의미하고 결국 국민의
기본권보장의 측면에서는 문제가 있기 때문에 독일연방헌법재판소의 비상입법제도의 도입이 논의
된다.
91) 헌재 2003.5.15. 2000헌마192등(각하); 2016.4.28. 2015헌마1177등(각하).
92) 헌재 2016.4.28. 2015헌마1177 등, 입법부작위 위헌확인 등(각하). 이 사건은 그러나 심판청구 이

3. 입법촉구결정

입법촉구만을 주문에 명시하여 내린 결정은 없다. 다만, 헌법불합치결정을 하면서 개정시한을 제시한 것은 입법촉구의 의미가 있는 것으로 이해된다.

4. 한정합헌결정

가. 개념

한정합헌결정은 법률조항의 일정한 해석을 합헌으로 확인하는 결정으로서 일종의 질적 일부위헌결정이다.[93] 질적 일부위헌결정이라는 점에서는 아래에서 설명하는 한정위헌결정과 같다. 헌법재판소는 한정합헌결정 내지 한정위헌결정의 의미에 대해 다음과 같이 설명하고 있다. "법률의 다의적(多義的)인 해석가능성이나 다기적(多岐的)인 적용범위가 문제될 때 위헌적인 것을 배제하여 합헌적인 의미 혹은 적용범위를 확정하기 위하여 한정적으로 합헌 또는 위헌을 선언할 수 있다. 양자는 다 같이 질적인 부분위헌 선언이며 실제적인 면에서 그 효과를 달리하는 것은 아니다. 다만 양자는 법문의 미가 미치는 사정거리를 파악하는 관점, 합헌적인 의미 또는 범위를 확정하는 방법 그리고 개개 헌법재판사건에서의 실무적인 적의성 등에 따라 그중 한 가지 방법을 선호할 수 있을 따름이다. 헌법재판소가 한정위헌 또는 한정합헌선언을 한 경우에 위헌적인 것으로 배제된 해석가능성 또는 축소된 적용범위의 판단은 단지 법률해석의 지침을 제시하는 데 그치는 것이 아니라 본질적으로 부분적 위헌 선언의 효과를 가지는 것이며, 헌법재판소법 제47조에 정한 기속력을 명백히 하기 위하여는 어떠한 부분이 위헌인지 여부가 그 결정의 주문에 포함되어야 하므로, 이러한 내용을 결정의 이유에 설시하는 것만으로는 부족하고 결정의 주문에까지 등장시켜야 한다."[94]

나. 주문의 형식

한정합헌결정의 주문형식은 "…법률조항은 … 이러한 해석 하에 헌법에 위반되지 아니한다."라는 형식을 취하고 있다. 예컨대 군사기밀보호법 제6조 등에 대한 위헌심판

후 국회가 국회의원의 선거구를 획정함으로써 청구인들의 주관적 목적이 달성되어 권리보호이익이 소멸하였다고 판단하였다.

93) 헌재 1992.2.25. 89헌가104.

94) 헌재 1994.4.28. 92헌가3, 보훈기금법 부칙 제5조 및 한국보훈복지공단법 부칙 제4조 제2항 후단에 관한 위헌심판(한정위헌, 한정합헌).

결정[95])의 "군사기밀보호법(1972.12.26. 법률 제2387호) 제6조, 제7조, 제10조는 같은 법 제2조 제1항 소정의 군사상의 기밀이 비공지의 사실로서 적법절차에 따라 군사기밀로서의 표지(標識)를 갖추고 그 누설이 국가의 안전보장에 명백한 위험을 초래한다고 볼 만큼의 실질가치를 지닌 경우에 한하여 적용된다고 할 것이므로 그러한 해석하에 헌법에 위반되지 아니한다."라고 한 주문을 들 수 있다. 이 주문의 의미는 군사기밀보호법 제6조, 제7조, 제10조, 제2조 제1항 소정의 군사상의 기밀의 개념 및 그 범위에 대한 한정축소해석을 통하여 얻어진 일정한 합헌적 의미를 천명한 것이며 그 의미를 넘어선 확대해석은 바로 헌법에 합치하지 아니하는 것으로서 채택될 수 없다는 것을 뜻한다.[96])

다. 정족수

심리결과 단순위헌 1명, 한정합헌의견 5명, 단순합헌 3명인 경우에 단순위헌의견은 한정합헌의견을 포함하는 것이므로 한정합헌결정을 내리게 된다.

5. 한정위헌결정

가. 개념

한정위헌결정은 법률조항의 일정한 해석을 위헌으로 확인하는 결정유형이다. 한정위헌결정도 한정합헌결정과 마찬가지로 일종의 질적 일부위헌결정이다.

나. 주문의 형식

"…라고 해석하는 한 헌법에 위반된다."라는 주문의 형식을 갖게 된다. 예컨대 "헌법재판소법 제68조 제1항 본문의 '법원의 재판'에 헌법재판소가 위헌으로 결정한 법령을 적용함으로써 국민의 기본권을 침해한 재판도 포함되는 것으로 해석하는 한도 내에서, 헌법재판소법 제68조 제1항은 헌법에 위반된다."라는 주문은 한정위헌의 주문이다.[97])

다. 한정위헌결정의 청구

한정위헌(결정)청구는 구체적 규범통제절차에서 법률조항에 대한 특정적 해석이나

---

95) 헌재 1992.2.25. 89헌가104.
96) 헌재 1992.2.25. 89헌가104.
97) 헌재 1997.12.24. 96헌마172등, 헌법재판소법 제68조 제1항 위헌확인 등[한정위헌, 인용(취소)].

적용부분의 위헌성을 다투는 것을 말한다.98) 원래 헌법재판소는 "…로 해석·적용하는
한 헌법에 위반된다."는 형식의 주문을 구하는 한정위헌청구에 대해서, "헌법재판소법 제
68조 제2항이 "법률의 위헌여부 심판의 제청신청이 기각된 때에는"이라고 규정하고 있어
심판의 대상을 '법률'에 한정하고 있으므로, 헌법재판소법 제68조 제2항의 청구로서 적절
치 아니하다."고 보았다.99) 다만, ① 법률조항 자체의 불명확성을 다투는 것으로 볼 수
있는 경우,100) ② 심판대상규정에 대한 일정한 해석이 상당기간에 걸쳐 형성·집적되어
법원의 해석에 의하여 구체화 된 심판대상규정이 위헌성을 지닌 경우,101) ③ 위 두 가지
경우에 해당되지는 않지만 법률조항 자체에 대한 위헌의 다툼으로 볼 수 있는 경우102)의
3가지의 경우에는 예외적으로 적법한 청구로 보아왔다.103)

그런데 헌법재판소는 2012년 12월 결정에서 판례를 변경하여 한정위헌의 주문을
구하는 청구를 원칙적으로 허용하기 시작했다.104)

대법원은 일반적으로는 헌법재판소의 한정위헌결정의 효력을 부인하고 있다.105) 그
러나 사죄광고에 대한 한정위헌판결106) 이후에는 대법원은 사죄광고를 명하고 있지 않은
것을 볼 때 완전히 부인하고 있는 것으로는 보이지 않는다. 한정위헌의 기속력을 부인하
는 대법원의 판결에 대해서는 헌법재판소는 이를 취소하는 것으로 대응하고 있다.107)

---

98) 헌재 2012.12.27. 2011헌바117, 구 특정범죄 가중처벌 등에 관한 법률 제2조 제1항 위헌소원 등
(한정위헌, 3인의 반대의견 있음).
99) 헌재 1995.7.21. 92헌바40, 지방세법 제111조 제5항 제3호 위헌소원(합헌).
100) 헌재 2000.6.1. 97헌바74.
101) 헌재 1995.5.25. 91헌바20.
102) 헌재 2000.6.29. 99헌바66등.
103) 헌재 2012.12.27. 2011헌바117, 구 특정범죄 가중처벌 등에 관한 법률 제2조 제1항 위헌소원 등
(한정위헌, 3인의 반대의견 있음)에 설명된 종래 판례의 설명 참조.
104) 헌재 2012.12.27. 2011헌바117, 구 특정범죄 가중처벌 등에 관한 법률 제2조 제1항 위헌소원 등
(한정위헌, 3인의 반대의견 있음).
105) 대법원 1996.4.9. 95누11405 판결; 2001.2.15. 96다42420 판결; 2001.4.27. 95재다14 판결; 2009.2.12.
2004두10289 판결; 2013.3.28. 2012재두299 판결 등 참조. 이 판결들에 대한 자세한 소개는 허완중,
한정위헌결정의 기속력을 부정하는 대법원 판례에 대한 비판적 고찰, 헌법연구 1-1, 헌법이론실무학
회, 2014, 257-263쪽 참조. 그러나 개별적으로 검토해 보면 수용하는 경우도 없지 않다고 한다. 예
컨대 대법원 1991.12.24. 90다8176 판결; 2005.8.2. 2004마494 결정; 2003.10.20. 2002모402 결정 등
참조. 이 연구에 따르면 법률 또는 법률의 조항의 해석가능성 일부를 한정위헌으로 선언한 것은 기속
력을 부인하고, 적용 가능성의 일부를 한정위헌으로 선언한 결정은 기속력을 인정하고 있다고 한다
(허완중, 사법부의 합헌적 법률해석, 헌법재판연구원, 2014, 60-61쪽 참조).
106) 헌재 1991.4.1. 89헌마160, 민법 제764조의 위헌여부에 관한 헌법소원(한정위헌).
107) 최근의 주요한 취소결정으로는 헌재 2022.6.30. 2014헌마760등; 2022.7.21. 2013헌마496; 2022.7.21.
2013헌마497; 2022.7.21. 2013헌마242가 있다.

NOTE **한정위헌청구의 원칙적 허용 이유 및 허용되지 않는 경우**

헌법재판소가 한정위헌 청구를 허용하는 이유는 다음과 같다.[108]

① 규범통제절차에 있어서 한정위헌결정은 법리상 당연하면서도 불가피한 것이고, 이에 따라 헌법재판소는 한정위헌결정을 계속해 오면서도 제청법원이나 헌법소원청구인은 원칙적으로 한정위헌청구를 할 수 없고, 위 본문에서 본 바와 같은 예외적인 경우에만 한정위헌청구를 할 수 있다고 하는 종래의 선례들은 사리상으로도 합당하지 않다.

② 제청법원이나 헌법소원청구인이 당해 사건 재판의 근거가 되는 법률조항 그 자체나 그 전체의 위헌성을 주장하지 않고 당해 법률조항의 특정한 해석 가능성이나 적용 가능성에 대하여만 제한적·한정적으로 위헌을 주장한다면 헌법재판소로서는 제청법원 등이 주장하는 범위 내에서 위헌여부를 심판하는 것이 원칙이며, 그 이외의 부분까지 위헌여부를 심판하게 된다면 그것은 헌법재판에서 요구되는 직권주의를 감안하더라도, 헌법재판소법상의 신청주의나 적법요건으로서의 재판의 전제성에 위반될 수 있다. 그러므로 제청법원 등이 하는 한정위헌청구는 자칫 헌법재판소가 소홀히 할 수 있는 당해 법률조항에 대한 한정위헌결정 여부를 헌법재판소로 하여금 주의깊게 심사하도록 촉구하여 위헌의 범위와 그에 따른 기속력의 범위를 제한적으로 정확하게 한정할 수 있게 하고, 그 결과 규범통제절차에 있어서 위헌여부심판권의 심사지평을 넓힐 수 있게 되므로, 한정위헌청구는 금지되어서는 안될 뿐만 아니라 오히려 장려되어야 한다.

③ 한정위헌청구는 입법권에 대한 자제와 존중의 표현이다. 즉 헌법재판소를 포함한 모든 국가기관과 국민은 헌법상의 권력분립원리에서 파생된 입법권에 의한 입법을 존중하여야 하는 것인바, 한정위헌청구에 따른 한정위헌결정은 당해 법률조항 중 위헌적인 해석이나 적용부분만을 제거하고 그 이외의 (합헌인) 부분은 최대한 존속시킬 수 있는 것이어서 입법권에 대한 자제와 존중의 결과가 되고 따라서 헌법질서에도 더욱 부합하게 된다.

다만, 한정위헌청구가 원칙적으로 적법하다고 하더라도, 재판소원을 금지하고 있는 헌법재판소법 제68조 제1항의 취지에 비추어 한정위헌청구의 형식을 취하고 있으면서도 ⓐ 실제로는 당해 사건 재판의 기초가 되는 사실관계의 인정이나 평가 또는 개별적·구체적 사건에서의 법률조항의 단순한 포섭·적용에 관한 문제를 다투거나 ⓑ 의미있는 헌법문제를 주장하지 않으면서 법원의 법률해석이나 재판결과를 다투는 경우 등은 모두 현행의 규범통제제도에 어긋나는 것으로서 허용될 수 없다.

---

108) 헌재 2012.12.27. 2011헌바117, 구 특정범죄 가중처벌 등에 관한 법률 제2조 제1항 위헌소원 등 (한정위헌, 3인의 반대의견 있음).

Q 한정위헌결정과 한정합헌결정의 이동(異同)에 대해 설명하시오.

A 한정위헌결정과 한정합헌결정은 부분위헌결정이라는 점에서 본질적으로 같다. 다만, 당해 조항의 위헌적인 해석 가능성과 그에 따른 법적용을 소극적으로 배제하느냐(한정합헌) 적극적으로 배제하느냐(한정위헌)에 차이가 있을 뿐이다.[109]

Q "「진실·화해를 위한 과거사정리 기본법」 제2조 제1항 제4호에 규정된 '중대한 인권침해사건과 조작의혹사건'은 위 법의 규정에 의하여 처음부터 국가가 진실을 규명하고 또 그 결과에 따라 피해자들의 피해와 명예를 회복시키기 위한 적절한 조치를 취할 책임이 예정되어 있는 사건이다. 그럼에도 불구하고 일반적인 소멸시효에 관한 심판대상조항들을 피해자들에게 그대로 적용하도록 규정하는 것은 국가권력이 중대한 인권침해를 저지르고도 그에 대한 손해배상책임을 소멸시킨 채 그에 상응하는 피해자의 재산권을 박탈하는 것으로서 헌법에 위배된다."라고 주장하면서 제기한 헌법소원심판사건(헌바 사건)에서,
1. 이 청구가 한정위헌을 구하는 청구인지 여부를 검토하시오.
2. 이 청구가 헌법에 위반되는지 여부를 검토하시오.
3. 이 청구에 대한 헌법재판소의 결정이 한정위헌결정인지 여부를 검토하시오.

A 1. 이 청구를 한정위헌을 구하는 청구라고 하면 우선 헌법재판소가 허용하고 있는 한정위헌청구인지를 살펴보아야 한다. 헌법재판소는 한정위헌을 청구하고 있으면서 실제로는 당해 사건 재판의 기초가 되는 사실관계의 인정이나 평가 또는 개별적·구체적 사건에서의 법률조항의 단순한 포섭·적용에 관한 문제를 다루거나 의미 있는 헌법문제를 주장하지 않으면서 법원의 법률해석이나 재판결과를 다투는 경우 등은 모두 현행의 규범통제제도에 어긋나는 것으로서 허용될 수 없는 것으로 보고 있다. 이 청구에 대한 결정에서 헌법재판소의 3인 재판관은 반대의견에서 이 청구를 "심판대상조항들 자체의 위헌 여부를 다투는 것이 아니라, 당해사건 재판의 기초가 되는 사실관계의 인정이나 평가 또는 개별적·구체적 사건에서의 법률조항의 단순한 포섭·적용에 관한 법원의 해석·적용이나 재판결과를 다투는 것에 불과"하다고 보고 있다.[110] 즉, 허용되지 않는 한정위헌청구라는 의미이다. 그러나 6인의 위헌 법정의견은 청구를 "사건 유형의 특수성을 고려하지 아니한 채 일반적인 손해배상채권의 소멸시효를 동일하게 적용하도록 한 소멸시효 조항들의 위헌성을 주장하는 취지로 파악"하고 본안판단으로 나아가고 있다. 즉, 한정위헌으로 보지 않고 있는 것이

---

109) 헌재 1997.12.24. 96헌마172등, 헌법재판소법 제68조 제1항 위헌확인 등[한정위헌, 인용(취소)].
110) "과거사정리법의 민간인 집단희생사건이나 중대한 인권침해·조작의혹사건은 국가권력이 저지른 중대한 인권침해에 해당하여 일반적인 손해배상청구권과 다른 특수성을 지니고 있으므로, 소멸시효에 관한 일반 조항인 심판대상조항들을 적용하여서는 아니 된다는 것이다. 이는 민간인 집단희생사건이나 중대한 인권침해·조작의혹사건과 같이 시효완성 전에 객관적으로 권리를 행사할 수 없는 사실상의 장애사유가 있어 권리행사를 기대할 수 없는 특별한 사정이 있는 경우에는 소멸시

2. 이 청구에 대하여 헌법재판소는 일반적인 국가배상청구권에 적용되는 소멸시효 기산점과 시효기간에 합리적 이유가 인정된다 하더라도, 과거사정리법 제2조 제1항 제3호에 규정된 '민간인 집단희생사건', 제4호에 규정된 '중대한 인권침해·조작의혹사건'의 특수성을 고려하지 아니한 채 「민법」 제166조 제1항, 제766조 제2항의 '객관적 기산점'이 그대로 적용되도록 규정하는 것은 국가배상청구권에 관한 입법형성의 한계를 일탈한 것으로서 국가배상청구권을 침해하여 헌법에 위반된다고 결정하였다.
3. 대법원은 헌법재판소의 한정위헌결정의 구속력을 부인하고 있는 반면에 일부위헌결정은 위헌결정으로 수용하고 있다(대법원 1991.12.24. 90다8176 판결; 2005.8.2. 2004마494 결정; 2014.7.10. 2011도1602 판결 등 참조). 따라서 청구인의 입장에서 대법원이 헌법재판소의 이 결정을 일부위헌결정으로 받아들인다면 이 결정에 기초한 재심 청구를 받아들이게 될 것이다. 만일 대법원이 그 효력을 부인하고 있는 한정위헌결정으로 받아들인다면 재심 청구를 받아들이지 않고 청구인들은 또 다시 헌법소원을 제기하는 순환에 빠지게 될 것이다.[112] 이 결정의 법정의견은 한정위헌청구로 보지 않고 심판대상규정의 위헌 여부를 판단하여 "민법(1958.2.22. 법률 제471호로 제정된 것) 제166조 제1항, 제766조 제2항 중 「진실·화해를 위한 과거사정리 기본법」 제2조 제1항 제3호, 제4호에 규정된 사건에 적용되는 부분은 헌법에 위반된다."고 결정하고 있다.

제4항 결정서와 그 송달

　　헌법재판소는 결정일로부터 14일 이내에 결정서 정본을 제청한 법원에 송달한다. 제청한 법원이 대법원이 아닌 경우에는 대법원을 거쳐야 한다(법 제46조). 종국결정은 헌법재판소규칙으로 정하는 바에 따라 관보에 게재하거나 그 밖의 방법으로 한다(법 제36조 제5항).
　　헌법재판소는 종국결정이 법률의 제정 또는 개정과 관련이 있으면 그 결정서의 등본

효조항을 적용하여서는 안 된다거나 재심에서 무죄판결이 확정될 때까지 시효가 진행되어서는 안 된다는 주장으로, 이와 다르게 판단한 대법원이나 당해사건 법원의 법령 해석·적용은 잘못된 것이고, 그렇게 해석하면 청구인들의 재산권 등을 침해하여 헌법에 위반된다는 취지에 불과하다. 결국, 청구인들의 심판청구는 심판대상조항들 자체의 위헌 여부를 다투는 것이 아니라, 당해사건 재판의 기초가 되는 사실관계의 인정이나 평가 또는 개별적·구체적 사건에서의 법률조항의 단순한 포섭·적용에 관한 법원의 해석·적용이나 재판결과를 다투는 것에 불과하므로, 재판소원을 금지하는 헌법재판소법 제68조 제1항의 취지에 비추어 부적법하다."[헌재 2018.8.30. 2014헌바 148, 민법 제166조 제1항 등 위헌소원(위헌, 합헌) — 과거사 국가배상청구 '소멸시효' 사건의 부적법각하 반대의견].

111) 이와 같은 견해로는 박보영, 판례평석 과거사 사건에서 소멸시효의 적용, 법률신문 2019.8.26.자 참조(이 견해는 청구인들이 법률조항의 해석·적용이나 재판결과를 다툰 것이 아니라 대법원의 해석에 의해서 의미가 확정된 법률조항의 가분된 의미영역에 대해 위헌성을 다툰 것으로 본다).

112) 박보영, 판례평석 과거사 사건에서 소멸시효의 적용, 법률신문 2019.8.26.자 참조

을 국회로 송부하여야 한다. 국회의장은 이 등본을 해당 법률 소관 소위원회와 관련 위원회에 송부하고 위원장은 소관 법률의 제정 또는 개정이 필요하다고 판단하는 경우에는 소위원회에 회부하여 심사하도록 하고 있다(국회법 제58조의2).

제5항 위헌결정의 효력

헌법재판소는 제청된 법률 또는 법률 조항의 위헌 여부만을 결정한다. 다만, 법률 조항의 위헌결정으로 인하여 해당 법률 전부를 시행할 수 없다고 인정될 때에는 그 전부에 대하여 위헌결정을 할 수 있다(법 제45조). 여기서 위헌 여부만을 결정한다는 의미는 위헌으로 인한 법률 또는 법률규정의 유·무효의 효력까지 정하는 것은 아니라는 의미로 이해된다. 이에 따라 위헌법률심판의 결정의 효력에 대해서는 헌법재판소법 제47조에서 규정하고 있다. 이에 따르면 위헌으로 선언된 법률 또는 법률의 조항은 결정이 있는 날부터 효력을 상실하게 된다. 위헌결정의 효력을 구분하여 설명하면 다음과 같다.

I. 일반효

위헌결정된 심판대상 법률 또는 법률조항의 효력의 존속여부와 관련하여서 구체적 규범통제절차로서 위헌법률심판은 재판의 전제가 된 경우에 하는 것이므로 원래는 당해 사건에의 적용을 배제하는 것으로 되어야 하지만 헌법재판소법은 **위헌결정이 있는 법률 또는 법률조항을 그 결정이 있는 날부터 효력을 상실**시키고 있다(법 제47조 제2항). 이를 법규적 효력이라고도 한다.[113]

II. 기속력

헌법재판소의 위헌결정은 법원 기타 국가기관 및 지방자치단체를 기속한다(법 제

---

113) 성낙인, 헌법학, 법문사, 2015, 780쪽 참조.

47조 제1항). 헌법재판소법은 위헌결정의 일반효를 규정하고 있기 때문에 법원 등을 기속하는 것은 당연한 귀결이다.

그런데 국회는 입법상황의 변화에 따라서는 위헌결정된 내용과 동일한 내용의 법률을 재입법할 수 있기 때문에 위헌결정이 국회를 기속하지는 않는다고 보아야 한다.[114]

결정주문뿐만 아니라 결정이유에까지 기속력을 인정할지 여부에 대해서는 헌법재판소는 아직 명시적인 판시를 하고 있지 않지만, 적어도 재판관 5인만이 찬성한 위헌이유에 대해서는 기속력을 인정할 여지가 없다는 점은 분명히 하고 있다.[115]

III. 장래효 및 소급효

1. 원칙적 장래효

헌법재판소 위헌결정의 **시간적 효력범위**와 관련하여 헌법재판소법에는 위헌으로 결정된 법률 또는 법률의 조항은 그 결정이 있는 날로부터 효력을 상실하도록 되어 있기 때문에(법 제47조 제2항), **위헌결정의 효력은 원칙적으로 장래에 대한 것이다.** 여기서 위헌결정이 있은 날로부터란 위헌결정이 있은 날의 0시부터를 의미한다.[116]

2. 예외적 소급효

가. 형벌조항

그러나 원칙적 장래효에도 불구하고, 형벌에 관한 법률 또는 법률의 조항은 소급하여 그 효력을 상실한다. 다만, 해당 법률 또는 법률의 조항에 대하여 종전에 합헌으로 결정한 사건[117]이 있는 경우에는 그 결정이 있는 날의 다음 날로 소급하여 효력을 상실한다(법 제47조 제3항).[118] 위헌으로 결정된 형벌조항에 근거하여 공소가 제기된 사

---

114) 같은 견해로는 정종섭, 헌법학원론, 박영사, 2010, 1476-1477쪽; 정연주, "안마사 결정의 재검토: 위헌결정 기속력의 주관적·객관적 범위의 문제를 중심으로", 홍익법학 10-2, 2009, 326-328쪽 참조.
115) 헌재 2008.10.30. 2006헌마1098등, 의료법 제61조 제1항 중 「장애인복지법」에 따른 시각장애인 중 부분위헌확인(기각, 3인의 반대의견).
116) 헌법재판실무제요, 제2개정판, 182쪽.
117) 합헌결정이 복수로 존재하는 경우에는 최후의 합헌결정을 의미하는 것으로 이해된다.
118) 이 조항은 2014.5.20. 신설되었다. 과거 합헌 결정해 온 형벌조항에 대해 헌법재판소가 입장을 바꾸어서 위헌으로 선언할 경우에 효력의 소급범위와 관련한 논쟁을 피하기 위한 것이다. 예컨대

건에서 법원은 면소의 판결이 아닌 「형사소송법」 제325조 전단에 따라 무죄의 판결을 선고하여야 하고,[119] 위헌으로 결정된 법률 또는 법률의 조항에 근거한 유죄의 확정판결에 대하여는 재심을 청구할 수 있으며(법 제47조 제4항),[120] 이에 대해서는 「형사소송법」을 준용한다(법 제47조 제5항).

헌법재판소는 소급효가 인정되는 형벌조항의 범위는 가급적 좁게 해석하여 형사실체법 규정만을 의미하고 형사소송절차에 관한 법률은 소급효가 적용되지 않는 것이 타당하다고 한다.[121]

또 소급함으로써 오히려 형사상 불이익이 생기는 경우에는 소급효가 인정되지 않는다. 예컨대 불처벌의 특례를 규정한 조항에 대한 위헌결정의 효력을 소급하면 오히려 형사처벌을 받지 않은 사람들에게 형사상 불이익이 발생할 수 있기 때문이다.[122]

헌법불합치결정의 경우에도 심판대상조항은 소급하여 효력을 상실하므로 법원은 무죄의 판결을 선고한다. 그런데 형벌조항에 대하여 잠정(또는 계속)적용을 명하는 헌법불합치결정[123]의 경우에는 문제가 있다. 형벌관련 법률이나 법률조항에 대해 계속적용의 헌법불합치결정을 하는 경우에는 원칙적으로 헌법불합치결정 선고된 법률 또는 법률조항을 계속 적용할 수가 있게 되기 때문이다.[124] 대법원은 헌법불합치결정을 위헌결정으로 보기 때문에 형벌조항에 대하여 잠정적용을 명하는 헌법불합치결정의 경우에도 심판대상조항은 소급하여 효력을 상실하는 것으로 본다.[125] 이에 따르면 헌법재판소가 제시한 적용시점까지 유죄판결을 받은 사람들은 모두 재심을 청구할 수 있게 된다.

헌재 2015.2.26. 2009헌바17등, 형법 제241조 위헌소원 등(위헌) 결정에 의하여 형법상 간통죄 규정인 형법 제241조가 위헌결정되었으나 이 조항은 마지막으로 합헌결정(헌재 2008.10.30. 2007헌가17등)이 있었던 날의 다음 날인 2008.10.31.로 소급하여 그 효력을 상실하였다.

119) 적용 법률이 무효가 되면 무죄사유에 해당하므로 무죄를 선고하여야 한다. 면소의 판결에 대해 규정하고 있는 「형사소송법」 제326조가 "다음 경우에는 판결로써 면소의 선고를 하여야 한다. 1. 확정판결이 있은 때 2. 사면이 있은 때 3. 공소의 시효가 완성되었을 때 4. 범죄후의 법령개폐로 형이 폐지되었을 때"라고 규정하고 있는 취지를 보면 면소판결은 무죄의 취지라고 할 수 없다. 따라서 면소판결을 한 경우에는 상소가 가능하다(대법원 2010.12.16. 2010도5986 판결). 대법원 2011.6.23. 2008도7562 전원합의체 판결; 2021.4.15. 2017도12473 판결도 참조.

120) 따라서 위헌결정으로 인하여 법원의 유죄판결이 당연 무효가 되는 것은 아니다.

121) 헌재 1992.12.24. 92헌가8.

122) 헌재 1997.1.16. 90헌마10등; 2009.2.26. 205헌마764등 참조.

123) 아래 헌재 2019.4.11. 2017헌바127, 형법 제269조 제1항 등 위헌소원(계속적용 헌법불합치) 참조.

124) 이에 대해서는 아직 의견이 분분하다.

125) 대법원 2011.6.23. 2008도7562 판결. 이 판결은 헌재 2009.9.24. 2008헌가25, 집회 및 시위에 관한 법률 제10조 등 위헌제청(계속적용 헌법불합치) 결정과 관련된 사안이다.

Q 낙태죄를 규정한 「형법」 제269조와 제270조에 대해 헌법재판소가 2012.8.23. 합헌결정을 하였으나,[126) 2019.4.11. 판례를 변경하여 2020.12.31.까지 계속 적용을 명하는 헌법불합치결정을 내렸다.[127) 결정에는 명시되지 않은 이 헌법불합치결정의 소급효의 범위와 재심가능성에 대해 판단하시오.

A 형벌조항에 대해 계속적용의 헌법불합치결정을 한다는 것은 문제가 있다. 대법원은 형벌조항에 관한 헌법불합치결정을 단순위헌결정으로 보기 때문에 헌법재판소법 제43조 제3항에 따라 합헌결정이 있은 날의 다음 날인 2012.8.24.로 소급하여 그때부터 효력을 상실하게 된다. 따라서 2012년 합헌 결정된 이후 유죄판결을 받은 사람과 2020.12.31.까지 유죄판결을 받은 사람은 모두 재심을 청구할 수 있다.

나. 비형벌조항

헌법재판소법은 형벌과 관련하여서만 소급효를 규정하고 있지만, 형벌 이외의 법률에 대해서도 헌법재판소는 **예외적으로 소급효를 인정**하고 있다. 원칙적 장래효를 규정하고 있는 구 헌법재판소법 제47조 제2항 본문규정의 위헌성이 문제된 사건에서 헌법재판소는, 비록 헌법재판소법이 형벌규정 이외에는 장래효를 규정하였다고 하더라도 법률이 헌법에 위반되는 모습은 다양할 수 있기 때문에 형벌법규 이외의 일반 법규에 관하여 위헌결정에 불소급의 원칙을 채택한 것 자체의 합헌성에 대해서는 의문이 없으나, 효력이 다양할 수밖에 없는 위헌결정의 특수성 때문에 예외적으로 그 적용을 배제시켜 부분적인 소급효의 인정을 부인해서는 안 된다고 보고, ① 구체적 규범통제의 실효성의 보장의 견지에서 법원의 제청·헌법소원의 청구 등을 통하여 헌법재판소에 **법률의 위헌결정**을 위한 계기를 부여한 당해사건, ② 위헌결정이 있기 전에 이와 동종의 위헌 여부에 관하여 헌법재판소에 위헌제청을 하였거나 법원에 위헌제청신청을 한 사건(동종사건), 그리고

---

126) 헌재 2012.8.23. 2010헌마402(합헌).
127) 헌재 2019.4.11. 2017헌바127, 형법 제269조 제1항 등 위헌소원(헌법불합치). 이 결정은 헌법불합치의견 4인, 단순위헌의견이 3인, 합헌의견이 2인이었다. 헌법불합치결정의 이유는 단순위헌결정을 할 경우 임신 기간 전체에 걸쳐 행해진 모든 낙태를 처벌할 수 없게 됨으로써 용인하기 어려운 법적 공백이 생기게 되고, 태아가 모체를 떠난 상태에서 독자적으로 생존할 수 있는 시점인 임신 22주 내외에 도달하기 전이면서 동시에 임신 유지와 출산 여부에 관한 자기결정권을 행사하기에 충분한 시간이 보장되는 시기(결정가능시간)를 어떻게 정할 것인가 등은 헌법재판소가 설시한 한계 내에서 입법재량을 가지기 때문이라는 것이다. 그런데 용인하기 어려운 법적 공백을 메우기 위해 계속적용의 헌법불합치결정을 하는 것이라면, 계속적용의 헌법불합치결정을 함으로써 또 다른 용인하기 어려운 위헌적 법적용이 있게 된다는 점이 문제다. 양자의 경계가 명확한 경우에는 법원이 이를 구별하여서 계속적용에도 불구하고 적용중지로 이해하여 사건마다 달리 처리할 수 있겠지만, 낙태의 경우에는 그 경계가 분명하지 않다는 점이 문제.

③ 따로 위헌제청신청을 아니하였지만 당해 법률 또는 법률의 조항이 재판의 전제가 되어 법원에 계속 중인 사건(병행사건)에 대하여는 소급효를 인정하여야 하고, 그 외에 ④ 당사자의 권리구제를 위한 구체적 타당성의 요청이 현저한 반면에 소급효를 인정하여도 법적 안정성을 침해할 우려가 없고 나아가 구법에 의하여 형성된 기득권자의 이익이 해쳐질 사안이 아닌 경우로서 소급효의 부인이 오히려 정의와 형평 등 헌법적 이념에 심히 배치되는 때에는 소급효를 인정할 수 있고 이렇게 해석하더라도 구법 제47조 제2항 본문의 근본취지에 반하지 않는다고 판시하였다.[128] 이 중 어떤 경우가 ④의 경우에 해당할 것인가에 대해서는 헌법재판소가 위헌 선언을 하면서 직접 그 결정주문에서 밝혀야 하고, 그렇지 않은 경우에는 일반 법원이 구체적 사건에서 해당 법률의 연혁·성질·보호법익 등을 검토하고 제반 이익을 형량에서 합리적·합목적적으로 정하여 대처할 수밖에 없을 것이라고 하였다.[129]

헌법불합치결정도 위헌결정의 일종이므로 그 결정의 효력은 결정이 있는 날로부터 발생하고, 위헌결정의 경우와 같은 범위에서 소급효가 인정된다. 따라서 헌법불합치결정에 따른 개선입법이 소급 적용되는 범위도 특별한 사정이 없는 한 헌법불합치결정 당시의 시점까지 소급되는 것이 원칙이라는 것이 헌법재판소 입장이다.[130] 헌법불합치결정의 소급

---

128) 이로써 볼 때 이와 같이 해석을 통해 소급효가 인정되는 것은 위헌법률에 근거한 법률관계가 재판상 확정되기 전의 경우에 한정됨을 알 수 있다[헌재 2021.12.3. 2019헌바384, 헌법재판소법 제47조 제2항 위헌소원(합헌)].

129) 헌재 1993.5.13. 92헌가10, 헌법재판소법 제47조 제2항 위헌제청(합헌); 2008.9.25. 2006헌바108, 헌법재판소법 제47조 제2항 위헌소원(합헌).

130) 헌재 2004.1.29. 2002헌바40등, 민법부칙 제3항 위헌제청, 민법부칙 제3항 위헌소원, 민법부칙 제3항 등 위헌소원(적용중지 헌법불합치). 따라서 헌법불합치결정 이후 개선입법이 마련되기 전에 제소된 사건에 대해서 소급적용하는 경과규정을 마련하지 않은 것은 위헌이 된다. 예컨대 헌재 2019.9.26. 2018헌바218등, 산업재해보상보험법 제37조 제1항 제3호 등 위헌소원 등(적용중지 헌법불합치) 결정에서 헌법재판소는, 이전 결정[헌재 2016.9.29. 2014헌바254(계속적용 헌법불합치)]에서 근로자가 사업주의 지배관리 아래 출퇴근하던 중 발생한 사고로 부상 등이 발생한 경우만 업무상 재해로 인정하던 구법 조항에 대하여 (단지 단순위헌으로 선고하는 경우 출퇴근 재해를 업무상 재해로 인정하는 최소한의 법적 근거마저도 상실되는 부당한 법적 공백상태와 혼란이 발생할 우려가 있기 때문에 계속적용을 명하였을 뿐) '통상의 출퇴근 재해를 업무상 재해로 인정하지 아니한 것은 헌법에 합치되지 않는다.'는 취지의 헌법불합치결정을 하였는데, 이에 따라 입법자가 개선입법을 마련하였으나 신법 조항의 소급적용을 위한 경과규정을 두지 않음으로써 개정법 시행일 전에 통상의 출퇴근 사고를 당한 비혜택근로자를 보호하기 위한 최소한의 조치도 취하지 않은 것은, 산재보험의 재정상황 등 실무적 여건이나 경제상황 등을 고려한 것이라고 하더라도, 그 차별을 정당화할 만한 합리적인 이유가 있는 것으로 보기 어렵고, 이 사건 헌법불합치결정의 취지에도 어긋난다는 취지의 헌법불합치결정을 내렸다. 계속적용의 헌법불합치결정이었음에도 개선입법이 헌법불합치선언 후 개선입법 마련 전에 제소된 사건에 대한 소급적용을 규정하지 않은 것은 위헌이라는 것이다.

효는 '개선입법'의 소급이라는 점에서 단순위헌과 구별된다.

대법원도 헌법재판소와 같이 헌법재판소법 제47조 제2항의 문언에도 불구하고 헌법재판소의 위헌결정에 대해 소급효를 인정하고 있다.[131] 그러나 대법원은 당해사건, 동종사건, 병행사건을 넘어 위헌결정 이후에 제소된 사건(일반사건[132])까지 위헌결정의 소급효를 인정하고 예외적으로 법적 안정성 등이 침해될 때 소급효를 제한하고 있다.[133]

IV. 기판력

종국판결에서의 판결의 내용은 당사자와 법원을 구속하고 뒤에 동일사항이 문제되는 경우에도 당사자는 되풀이 하여 다투는 소송이 허용되지 않고 법원에 대해서도 재심사하여 이전 판결과 모순·저촉되는 판단을 하여서는 아니 된다는 것을 말하는 것으로서[134] 구체적이고 개별적인 판결의 고유한 효력이라고 할 수 있다. 실질적 확정력이라고도 한다. 따라서 헌법소송의 당사자인 청구인과 피청구인은 동일한 사건에 대하여 다시 심판을 청구하지 못하며 헌법재판소 자신도 그 결정내용에 구속된다.

---

131) 대법원 2003.7.24. 2001다47871 판결; 2009.5.14. 2007두16202 판결; 2011.4.14. 2010도5606 판결.
132) 위헌결정 후에 법원에 제소된 사건은 일반사건이라고 한다[헌재 2013.6.27. 2010헌마535, 재판취소(각하)]. 헌법재판실무제요, 제2개정판, 186쪽 참조.
133) 헌법재판실무제요, 제2개정판, 186쪽에서 재인용. 당해사건에 대해서는 대법원 1991.6.11. 90다5450 판결; 1991.6.28. 90누9346 판결, 일반사건으로까지 전면적으로 소급효를 확대한 경우로는 대법원 1992.2.14. 91누1462 판결 참조.
134) 이시윤, 민사소송법, 박영사, 2012, 585쪽.

탄핵심판

제1항 의의

　　탄핵심판이란 고급공무원에 의한 헌법 침해로부터 헌법을 수호하기 위해 마련된 제도다. 헌법재판소가 설립되기 이전에는 탄핵무용론이 주장되기도 하였으나 2004년 대통령(노무현) 탄핵사건 이후에는 탄핵심판제도에 대하여 새로운 인식이 자리 잡게 되었다고 할 수 있다. 이 사건에 대한 헌법재판소의 판결을 통하여 탄핵심판의 규범적 의미가 매우 상세히 규명되었다.

제2항 탄핵의 소추

　　탄핵심판을 하기 위해서는 먼저 국회에서의 탄핵소추 의결절차를 거쳐야 한다. 탄핵소추여부의 의결이란 국회가 헌법재판소에 탄핵심판을 청구할지 여부를 다수의 의사에 따라 결정하는 것을 말한다.

I. 탄핵소추 기관

탄핵소추기관은 국회의원이 아니라 국회 그 자체이다(제65조 제1항 참조). 국회 상임위원회 중 하나인 법제사법위원회의 소관이고(국회법 제37조 제2호 바목), 법제사법위원회 위원장이 소추위원이 된다(국회법 제49조). 소추위원은 탄핵심판을 청구하고 심판의 변론에서 피청구인을 신문할 수 있다(국회법 제49조).

II. 탄핵소추의 발의와 의결

1. 탄핵소추의 발의에 따른 절차

탄핵소추의 발의가 있은 때에는 의장은 발의된 후 처음 개의하는 본회의에 보고하고, 본회의는 의결로 법제사법위원회에 회부하여 조사하게 할 수 있다(국회법 제130조 제1항). 본회의가 법제사법위원회에 회부하기로 의결하지 아니한 때에는 본회의에 보고된 때로부터 24시간 이후 72시간 이내에 탄핵소추의 여부를 무기명투표로 표결한다. 이 기간 내에 표결하지 아니한 때에는 그 탄핵소추안은 폐기된 것으로 본다(국회법 제130조 제2항). 따라서 탄핵소추가 발의되었다고 하여 반드시 표결에 부치지 않으면 안 되는 것은 아닌데, 이는 정치적 협상의 가능성을 열어두고 있는 것으로 보인다. 탄핵소추의 발의에는 피소추자의 성명·직위와 탄핵소추의 사유·증거 기타 조사상 참고가 될 만한 자료를 제시하여야 한다(국회법 제130조 제3항).

법제사법위원회가 발의를 회부 받았을 때에는 지체 없이 조사·보고하여야 하고, 조사에 있어서는 「국정감사 및 조사에 관한 법률」이 규정하는 조사의 방법 및 조사상의 주의의무규정을 준용한다(국회법 제131조). 조사를 받는 국가기관은 그 조사를 신속히 완료시키기 위하여 충분한 협조를 하여야 한다(국회법 제132조).

2. 탄핵소추의 의결 절차 및 효력

본회의의 탄핵소추의 의결은 피소추자의 성명·직위 및 탄핵소추의 사유를 표시한 문서(소추의결서)로 하여야 한다(국회법 제133조). 탄핵소추의 의결이 있은 때에는 의장은 지체 없이 소추의결서의 정본을 법제사법위원장인 소추위원에게, 그 등본을 헌법재판소·피소추자와 그 소속기관의 장에게 송달한다(국회법 제134조 제1항).

소추의결서가 송달된 때에는 피소추자의 권한행사는 정지되며, 임명권자는 피소추자의 사직원을 접수하거나 해임할 수 없다(국회법 제134조 제2항). 피소추자의 권한 행사 정지는 헌법재판소의 심판이 있을 때까지이다(제65조 제3항, 법 제50조).

탄핵소추는 국회재적의원 3분의 1 이상의 발의와 국회재적의원 과반수의 찬성으로 의결한다(제65조 제2항 본문). 그러나 대통령에 대한 탄핵소추의 의결은 국회재적의원 과반수의 발의와 국회재적의원 3분의 2 이상의 찬성이 있어야 한다(제65조 제2항 단서).[135]

NOTE	헌법상 탄핵소추 발의와 의결 정족수 변천			

		제7-9차 개정헌법	제6차 개정헌법	제2-5차 개정헌법	제정헌법
발의	일반	국회재적의원 1/3 이상의 발의	국회의원 30인 이상의 발의	민의원(제5차에서는 국회의원) 30인 이상의 발의	의원(제1차 개정헌법에서는 민의원) 50인 이상의 연서
	대통령	국회재적의원 과반수의 발의	국회의원 50인 이상의 발의		
의결	일반	국회재적의원 과반수의 찬성	국회재적의원 과반수의 찬성	양원에서 각각 그 재적의원(제5차에서는 국회의원) 과반수의 찬성	재적의원(제1차 개정헌법에서는 양원합동회의에서 각원 재적의원) 2/3 이상의 출석과 출석의원 2/3 이상의 찬성
	대통령	국회재적의원 2/3 이상의 찬성	국회재적의원 2/3 이상의 찬성		

---

135) 독일에서는 연방대통령에 대한 탄핵소추는 연방의회 또는 연방참사원의 4분의 1 이상의 발의와 연방의회 또는 연방참사원의 3분의 2 이상의 찬성으로 의결하고(독일기본법 제81조), 아일랜드에서는 대통령에 대한 탄핵은 국회의원 30인 이상의 발의와 3분의 2 이상의 찬성으로 의결하고 있다(아일랜드헌법 제12조).

III. 탄핵소추의 대상

헌법이 명시하고 있는 **탄핵소추의 대상**은 대통령, 국무총리, 국무위원, 행정각부의 장, 헌법재판소 재판관, 법관, 중앙선거관리위원회 위원, 감사원장, 감사위원 그리고 기타 법률이 정한 공무원이다(제65조 제1항). 헌법재판소법 제48조에서도 동일하게 규정하고 있다.

헌법재판소 재판관은 탄핵심판기관의 구성원이면서 탄핵소추의 대상이 된다. 탄핵심판의 인용 결정을 위해서는 6인 이상의 찬성이 있어야 하는데(제113조 제1항), 헌법재판소 재판관 4인이 동시에 탄핵심판의 대상이 된다고 가정한다면 탄핵심판의 인용결정이 사실상 불가능하게 되는 문제점이 있다.

그리고 헌법상으로나 개별 법률상으로나 **국회의원**은 탄핵소추의 대상으로 하고 있지 않다. 국회의원은 제명할 수 있기 때문에(제64조 제3항) 별도로 탄핵소추의 대상으로 하지 않은 것으로 보인다. 국회의원을 제명하기 위해서는 국회재적의원 3분의 2 이상의 찬성이 있어야 한다(제64조 제3항). 이에 따라 「국회법」 제163조 제1항 제4호에서는 국회의원의 징계의 한 종류로서 제명을 규정하고 있다. 국회의원의 제명 외에 「국회법」에서는 국회의원의 자격심사도 규정하고 있다. 자격심사는 국회의원이 다른 의원의 자격에 대해 이의가 있을 때 제기하는 것으로서 국회의원 30명의 연서로 발의하고 본회의에서 국회재적의원 3분의 2 이상의 찬성으로 자격이 없는 것으로 의결할 수 있다(제64조 제3항, 국회법 제138조, 제142조 제3항). 국회의원이 국무위원을 겸직하는 경우에는 국무위원의 자격에 대해서는 탄핵을, 국회의원의 자격에 대해서는 제명함으로써 공직으로부터 파면할 수 있다.

기타 법률이 정한 공무원은 이를 정한 별도의 법률이 없기 때문에 개별 법률에서 정하는 바에 따른다. 이에 따라 개별 법률에서는 검사(검사징계법 제37조, 검찰청법 제33조), 경찰청장(경찰법 제11조 제6항), 법관(법관징계법 제20조), 방송통신위원회 위원장(방송통신위원회법 제6조 제5항), 각급선거관리위원회 위원(선거관리위원회법 제9조 제2호), 원자력안전위원회 위원장(원자력안전위원회의 설치 및 운영에 관한 법률 제6조 제5호), 특별검사 및 특별검사보(특별검사의 임명 등에 관한 법률 제16조), 고위공직자범죄수사처 처장·차장·수사처검사(고위공직자범죄수사처 설치 및 운영에 관한 법률 제14조) 등을 탄핵대상자로 규정하고 있다.

IV. 탄핵소추 사유

탄핵소추의 사유는 탄핵소추대상이 되는 공무원이 그 직무집행에 있어서 헌법이나 법률을 위배한 때이다(제65조 제1항). 직무집행과 관련하여 헌법재판소는 '**직무**'란 법제 상 소관 직무에 속하는 고유 업무 및 통념상 이와 관련된 업무를 말하고, 따라서 **직무 상의 행위란**, 법령·조례 또는 행정관행·관례에 의하여 그 지위의 성질상 필요로 하거 나 수반되는 모든 행위나 활동을 의미한다고 한다.

따라서 대통령의 경우 그 직무상 행위는 법령에 근거한 행위뿐만 아니라, '대통령 의 지위에서 국정수행과 관련하여 행하는 모든 행위'를 포괄하는 개념으로서, 예컨대 각종 단체·산업현장 등 방문행위, 준공식·공식만찬 등 각종 행사에 참석하는 행위, 대통령이 국민의 이해를 구하고 국가정책을 효율적으로 수행하기 위하여 방송에 출연 하여 정부의 정책을 설명하는 행위, 기자회견에 응하는 행위 등을 모두 포함한다. 직무 상의 행위이어야 하므로 「대통령직 인수에 관한 법률」에 따라 법적 신분이 '대통령당 선인'으로 인정되어 대통령직의 인수에 필요한 준비 작업을 할 수 있는 권한에 근거하 여 이루어진 행위에 대해서는 탄핵소추사유로 인정되지 아니한다.[136]

그리고 여기서 **헌법에는** 명문의 헌법규정뿐만 아니라 헌법재판소의 결정에 의하여 형성되어 확립된 불문헌법도 포함되고, **법률에는** 단지 형식적 의미의 법률뿐만 아니라 그와 동등한 효력을 가지는 국제조약, 일반적으로 승인된 국제법규 등도 포함된다.[137]

헌법재판소는 소추의결서에 기재되지 아니한 새로운 사실을 탄핵심판절차에서 소 추위원이 임의로 추가하는 것은 허용하지 않고 있다.[138]

---

136) 헌재 2004.5.14. 2004헌나1, 대통령(노무현) 탄핵(기각).
137) 헌재 2004.5.14. 2004헌나1.
138) 헌재 2004.5.14. 2004헌나1.

제3항 적법요건

I. 청구권자

탄핵심판의 청구인은 국회이다.[139] 국회 법제사법위원장인 소추위원이 탄핵심판을 수행한다. 소추위원은 변호사를 대리인으로 선임하여 탄핵심판을 수행하게 할 수 있다 (헌법재판소 심판 규칙 제57조). 소추위원인 국회 법제사법위원회의 위원장이 그 자격을 잃은 때에는 탄핵심판절차는 중단되고, 새로 국회법제사법위원회의 위원장이 된 사람이 탄핵심판절차를 수계하여야 한다(헌법재판소 심판 규칙 제58조 제1항). 그러나 소추위원의 대리인이 있는 경우에는 탄핵심판절차는 중단되지 아니한다(헌법재판소 심판 규칙 제58조 제2항).

그런데 탄핵심판의 구두변론이라는 심리방식(법 제30조 제1항), 탄핵소추위원의 피청구인에 대한 신문권(법 제49조 제2항), 권한행사의 정지(법 제50조), 당사자의 불출석과 심리(법 제52조), 결정의 내용 및 효력(법 제53조, 제54조) 등에 비추어 탄핵심판절차는 대립당사자구조로 이해할 수 있다.[140]

헌법재판소에 하는 심판청구는 해당 청구서를 제출하는 것으로써 하는데, 탄핵심판의 경우에는 국회의 소추의결서의 정본으로 청구서를 갈음한다(법 제26조).

II. 심판의 이익

헌법재판소의 확립된 판결에 따르면 위헌법률심판, 권한쟁의심판, 헌법소원심판의 경우에 재판의 전제성이나 주관적 권리보호이익이 존재하지 않는 경우에도 반복위험성이 있고 헌법적 해명이 필요한 경우에 적법요건을 갖추지 못한 경우에도 심판의 이익을 인정하고 있다.[141]

---

139) 헌재 2004.5.14. 2004헌나1, 대통령(노무현) 탄핵(기각).
140) 헌법재판실무제요, 제2개정판, 29쪽 참조.
141) 헌재 1989.7.14. 88헌가5등, 사회보호법 제5조의 위헌심판(합헌) 등 다수의 위헌법률심판 결정; 2009.5.28. 2006헌라6, 서울특별시와 정부 간의 권한쟁의(인용, 반대의견 있음); 2003.10.30. 2002 헌라1, 국회의원과 국회의장간의 권한쟁의(기각); 1993.12.23. 93헌가2, 형사소송법 제97조 제3항 위헌제청(위헌); 1992.1.28. 91헌마111, 변호인의 조력을 받을 권리에 대한 헌법소원(위헌확인,

탄핵심판의 피청구인이 탄핵심판청구 이후 임기만료로 이미 공직에서 퇴직하여 더 이상 해당 공직을 보유하지 않게 되어 더 이상 파면할 수 없는 경우에도 이러한 심판의 이익이 인정될 수 있을 것인가가 문제된 바 있다.

2021년 법관탄핵심판에서 재판관 4인의 다수의견(각하)[142]은 헌법소원결정에서 주관적 권리보호이익이 부정되는 경우에도 객관적 심판의 이익이 인정될 수 있는 것은, 인용결정이 있을 경우 모든 국가기관과 지방자치단체를 기속하는 효력을 통해 헌법질서의 수호·유지라는 목적에 기여하는 헌법소원심판의 기능과 연관되기 때문이라고 판시하고 있다. 따라서 이 견해는 탄핵심판은 직무집행에 있어 중대한 위헌·위법행위를 저지른 공직자에 대한 파면 여부를 결정함으로써 헌법을 수호하는 것을 제도적 목적으로 하고, 그 결정에 피청구인 이외에 모든 국가기관이나 지방자치단체를 일반적으로 기속하는 효력이 없으므로, 공직의 박탈은 불가능한 상황에서 단지 탄핵사유 유무만을 확인하는 결정을 상정한다면, 이러한 결정은 헌법질서의 수호·유지에 기여할 수 있는 어떤 법적 기능을 갖지 않는다고 보았다. 헌법소송에서 재판의 전제성이나 주관적 권리보호이익이 존재하지 않는 경우에도 반복가능성이 있어서 헌법적 해명이 필요하여 심판이익이 인정되는 것은 헌법재판소법이 당해 심판의 효력을 어떻게 정하고 있는가의 문제에 따라 달라지는 것은 아니다. 이 점에서 보면 헌법재판소의 위의 재판관 4인의 다수의견은 타당하다고 할 수 없다.

이 탄핵심판결정의 3인의 반대의견(인용의견)에서는 피청구인의 행위가 얼마나 중대한 헌법 또는 법률 위반인지를 규명하는 것은 헌법질서의 수호·유지의 관점에서 파면 여부 그 자체에 대한 판단 못지않게 탄핵심판에서 핵심적인 부분이라고 하면서 헌법적 해명의 필요성과 함께 심판의 이익을 인정하고 있다.

위헌) 등 참조.

142) 헌재 2021.10.28. 2021헌나1, 법관(임성근)탄핵(각하) 결정에서 재판관 이선애, 이은애, 이종석, 이영진의 각하의견. 재판관 이미선은 4인 재판관의 의견과 같이 각하의견을 내었으나 그것은 심판절차 도중 어떠한 사유로든 공무원의 신분을 상실하게 되는 경우에는 탄핵심판절차가 종결되어야 한다는 입장이고, 탄핵심판절차 유지의 전제조건으로 피청구인의 공직 보유를 전제조건으로 하지 않는다는 입장에서는 4인의 각하의견과는 그 이유를 달리하고 있다. 재판관 문형배는 피청구인이 더 이상 공직을 보유하지 않게 된 경우에는 심판절차가 종료된 것으로 보아야 한다는 입장에서 심판절차종료선언 의견을 내었다. 나머지 3인 재판관(유남석, 이석태, 김기영)은 인용의견을 내었다.

제4항 심판절차

I. 심리의 방식

탄핵심판은 구두변론에 의한다(법 제30조 제1항). 변론을 열 때에는 기일을 정하여 당사자와 관계인을 소환하여야 한다(법 제30조 제3항).

II. 증거조사와 신문

재판부는 사건의 심리를 위하여 필요하다고 인정하는 경우에는 직권 또는 당사자의 신청에 의하여 당사자의 신문 등 일정한 증거조사(법 제31조 제1항 각호)와 자료제출 요구 등을 할 수 있다(법 제32조).

1. 증거조사

재판부가 필요에 의하여 직권 또는 당사자의 신청에 의하여 할 수 있는 증거조사로 는 ① 당사자 또는 증인을 신문(訊問)하는 일, ② 당사자 또는 관계인이 소지하는 문서 · 장부 · 물건 또는 그 밖의 증거자료의 제출을 요구하고 영치(領置)하는 일, ③ 특별한 학 식과 경험을 가진 자에게 감정을 명하는 일, ④ 필요한 물건 · 사람 · 장소 또는 그 밖의 사물의 성상(性狀)이나 상황을 검증하는 일 등이 있다(법 제31조 제1항 각호). 그런데 증거 조사들은 예시로 보이므로 이 외에도 재판부가 필요한 경우에는 증거조사를 할 수 있다 고 보는 것이 타당하다. 왜냐하면 헌법재판이 갖는 국가 통합적 중요성 때문이다.

재판장, 즉 헌법재판소장은 필요하다고 인정하는 경우에는 재판관 중 1명을 지정 하여 위의 증거조사를 하게 할 수 있다.

2. 자료제출 요구 등

재판부는 결정으로 다른 국가기관 또는 공공단체의 기관에 심판에 필요한 사실을 조회하거나, 기록의 송부나 자료의 제출을 요구할 수 있다. 다만, 재판 · 소추 또는 범죄 수사가 진행 중인 사건의 기록에 대하여는 송부를 요구할 수 없다(법 제32조). 재판이나 소추 또는 범죄수사가 진행 중인 경우에는 재판 등에 방해가 될 수 있을 뿐만 아니라 당사자의 공격·방어권 행사에 지장을 초래할 수 있기 때문이다. 자료의 제출을 요구할 것인지 여부는 재판부가 판단할 일이지만 자료의 제출을 요구받은 기관은 헌법재판소의 사실조회, 기록송부, 자료제출의 요구에 응하여야 한다.

III. 심판절차

피청구인에 대한 탄핵심판 청구와 동일한 사유로 형사소송이 진행되고 있는 경우에는 재판부는 심판절차를 정지할 수 있다(법 제51조). 당사자가 변론기일에 출석하지 아니하면 다시 기일을 정하여야 하고 다시 정한 기일에도 출석하지 아니하면 출석 없이 심리할 수 있다(법 제52조). 변론기일은 사건과 당사자의 이름을 부름으로써 시작한다(헌법재판소 심판 규칙 제59조). 소추위원은 먼저 소추의결서를 낭독하여야 하고, 이 경우 재판장은 원활한 심리를 위하여 필요하다고 인정하면 소추사실의 요지만을 진술하게 할 수 있다(헌법재판소 심판 규칙 제60조).

재판장은 피청구인에게 소추에 대한 의견을 진술할 기회를 주어야 한다(헌법재판소 심판 규칙 제61조). 소추위원 또는 피청구인은 증거로 제출된 서류나 물건 등을 증거로 하는 것에 동의하는지 여부에 관한 의견을 진술하여야 한다(헌법재판소 심판 규칙 제62조). 당사자가 출석하지 아니한 경우에도 종국결정을 선고할 수 있다(헌법재판소 심판 규칙 제64조).

헌법재판소법에 특별한 규정이 있는 경우를 제외하고는 헌법재판의 성질에 반하지 아니하는 한도 내에서 민사소송에 관한 법령의 규정을 준용하는데, 탄핵심판의 경우에는 형사소송에 관한 법령을 함께 준용한다(법 제40조).

제5항   심판사유의 범위

탄핵소추의 사유는 국회의 탄핵소추의결서에 기재되어 있다. 그런데 소추의결서에 기재되지 아니한 사유도 탄핵심판의 대상으로 할 수 있는지 그리고 탄핵소추의결서에 기재된 법적 판단에 헌법재판소가 기속되는지가 문제된다. 헌법재판소는 탄핵소추의결서에 기재되지 아니한 사유에 대해서는 판단할 수 없고, 탄핵소추의결서에 기재된 법적 판단에는 기속되지 않는다는 입장이다.143)

제6항 탄핵결정의 이유와 내용

탄핵심판청구가 이유 있는 경우에는 헌법재판소는 재판관 6인 이상의 찬성으로(제113조 제1항) 피청구인을 당해 공직에서 파면하는 결정을 선고한다(제65조 제4항, 법 제53조). 여기서 "이유 있는 경우"가 탄핵결정의 이유가 된다. "이유 있는 경우"란 공직자의 파면을 정당화할 정도로 중대한 법위반의 때를 의미한다.144) 이에 대해서는 헌법이나 법률의 위반이 존재하면 파면의 사유가 되는 것이지 비례성심사를 하여 법 위반의 중대성을 판단하는 것은 헌법재판소의 정치화를 초래할 것이라는 비판이 있다.

피청구인이 결정 선고 전에 해당 공직에서 파면되었을 때에는 헌법재판소는 심판청구를 기각하는 결정을 하여야 한다(법 제53조 제2항).

탄핵결정의 이유와 관련하여 대통령과 법관의 경우 다른 공무원과 비교하여 특히 고려하여야 할 점을 기술하시오

1. 대통령은 다른 공무원과 달리 ① 행정부수반이고, ② 직접적인 민주적 정당성이 있는 대의기관이므로 대통령에 대한 파면 결정은 이를 압도할 수 있는 정도의 중대한 법위반이어야 한다.

2. 대통령에 있어서 이와 같은 중대한 법위반은 다음과 같은 두 가지 관점에서 판단되어야 한다. ① 대통령에 대한 탄핵은 헌법을 수호하기 위한 절차이기 때문에 '헌법수호의 관점에서 중대한 법위반'이란, 자유민주적 기본질서를 위협하는 행위로서 법치국가원리와 민주국가원리를 구성하는 기본원칙에 대한 적극적인 위반행위를 의미하고, ② 파면결정으로 국민의 신임을 박탈하는 것이라는 관점에서 '국민의 신임을 배반한 행위'란 '헌법수호의 관점에서 중대한 법위반'에 해당하지 않는 그 외의 행위유형까지도 모두 포괄하는 것으로서, 자유민주적 기본질서를 위협하는 행위 외에도, 예컨대, 뇌물수수, 부정부패, 국가의 이익을 명백히 해하는 행위를 말한다.

---

143) 헌재 2004.5.14. 2004헌나1, 대통령(노무현)탄핵(기각).
144) 헌재 2004.5.14. 2004헌나1.

3. 법관의 경우 중대한 법위반 여부를 판단함에 있어서는 다른 공직자와 비교하여 다음과 같은 점을 고려하여야 한다. ① 헌법 제105조와 제106조가 보장하는 법관의 신분보장의 취지를 고려하여 법위반 행위가 헌법질서에 심각한 위해를 가한 경우에만 예외적으로 파면 결정이 이루어져야 한다. ② 따라서 법관이 법치국가원리의 중요 구성 요소인 사법권의 독립이나 법관의 재판상 독립에 위협이 되는 행위를 하여 사법과 재판에 대한 신뢰를 훼손함으로써 사법기능에 심각한 장애를 초래한 경우는 중대한 법위반으로 볼 수 있다.145)

제7항 탄핵결정의 효력

탄핵결정으로 공직에서 파면되는 경우에도 피청구인의 민사상 또는 형사상의 책임은 면제되지 않는다(제65조 제4항, 제54조 제1항). 파면된 공무원은 결정 선고가 있는 날부터 5년이 지나지 아니하면 공무원이 될 수 없다(법 제54조 제2항). 탄핵심판의 결정은 공직에서 파면함에 그치므로 사면은 불가능하다고 보아야 한다.

제8항 심판의 공개

심판의 변론과 결정의 선고는 공개하도록 하면서 서면심리와 평의는 공개하지 아니 한다(법 제34조 제1항). 그러나 심판의 변론도 예외적으로 공개하지 않을 수 있다(법원조직법 제57조 제1항 단서, 제2항, 제3항 준용).

그런데 개정 전 헌법재판소법에서는 "법률의 위헌심판, 권한쟁의심판 및 헌법소원심판에 관여한 재판관은 결정서에 의견을 표시하여야 한다."고 규정하여 평의의 공개와 관련한 특별한 예외를 두고 있었다(개정 전 법 제36조 제3항). 이에 따라 2004년 대통령 탄핵결정에서 평결의 공개에 대해 논쟁이 있었고, 결국은 공개되지 못했다.146) 그러

---

145) 헌재 2021.10.28. 2021헌나1, 법관(임성근)탄핵(각하)의 재판관 3인의 반대의견(인용의견)의 설시 참조.

146) 헌재 2004.5.14. 2004헌나1, 대통령(노무현) 탄핵(기각): "나. 헌법재판소법 제34조 제1항에 의하면 헌법재판소 심판의 변론과 결정의 선고는 공개하여야 하지만, 평의는 공개하지 아니하도록 되어 있다. 이때 헌법재판소 재판관들의 평의를 공개하지 않는다는 의미는 평의의 경과뿐만 아니라

나 2005년에 "심판에 관여한 재판관은 결정서에 의견을 표시하여야 한다."(법 제36조 제
3항)고 개정함으로써 모든 심판결정에서 관여재판관은 의견표시의무를 지게 되었다.

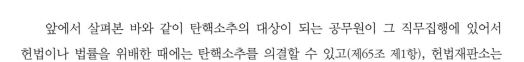

제9항 재심

앞에서 살펴본 바와 같이 탄핵소추의 대상이 되는 공무원이 그 직무집행에 있어서
헌법이나 법률을 위배한 때에는 탄핵소추를 의결할 수 있고(제65조 제1항), 헌법재판소는
탄핵심판의 청구가 이유 있는 경우에는 파면결정을 선고한다(법 제53조).

그런데 형법규정을 위배하였다는 이유로 탄핵심판을 거쳐 파면되었으나, 동일한
사유로 형사재판에서는 무죄의 판결이 확정된 경우에는 당사자는 형사재판을 근거로
탄핵심판의 재심을 청구할 수 있는가가 문제될 수 있다.

헌법재판소법은 헌법재판소의 결정에 대한 재심의 허용 여부에 관하여 명문의 규
정을 두고 있지 않다. 헌법재판소의 기본적인 입장은 심판의 종류에 따라 그 절차의 내
용과 결정의 효과가 한결같지 않기 때문에 **재심의 허용여부 내지 허용정도 등은 심판의 종**
류에 따라 개별적으로 판단하여야 한다는 것이다.[147]

재판관 개개인의 개별적 의견 및 그 의견의 수 등을 공개하지 않는다는 뜻이다. 그러므로 개별
재판관의 의견을 결정문에 표시하기 위해서는 이와 같은 평의의 비밀에 대해 예외를 인정하는 특
별규정이 있어야만 가능하다. 그런데 법률의 위헌심판, 권한쟁의심판, 헌법소원심판에 대해서는
평의의 비밀에 관한 예외를 인정하는 특별규정이 헌법재판소법 제36조 제3항에 있으나, 탄핵심판
에 관해서는 평의의 비밀에 대한 예외를 인정하는 법률규정이 없다. 따라서 이 탄핵심판사건에
관해서도 재판관 개개인의 개별적 의견 및 그 의견의 수 등을 결정문에 표시할 수는 없다고 할
것이다. 그러나 위의 견해에 대하여, 헌법재판소법 제34조 제1항의 취지는 최종결론에 이르기까
지 그 외형적인 진행과정과 교환된 의견 내용에 관하여는 공개하지 아니한다는 평의과정의 비공
개를 규정한 것이지, 평의의 결과 확정된 각 관여재판관의 최종적 의견마저 공개하여서는 아니
된다는 취지라고 할 수는 없으며, 동법 제36조 제3항은 탄핵심판과 정당해산심판에 있어 일률적
으로 의견표시를 강제할 경우 의견표시를 하는 것이 부적절함에도 의견표시를 하여야만 하는 문
제점이 있을 수 있기 때문에 이를 방지하고자 하는 고려에 그 바탕을 둔 법규정으로서, 탄핵심판
에 있어 의견을 표시할지 여부는 관여한 재판관의 재량판단에 맡기는 의미로 보아 해석해야 할
것이므로 다수의견과 다른 의견도 표시할 수 있다는 견해가 있었다."

[147] 헌재 1995.1.20. 93헌아1, 불기소처분취소(재심)(각하). 이 결정은 헌법재판소법 제68조 제2항의
헌법소원에서는 원칙적으로 재심이 허용되지 아니함을 선언하고 있다. 그런데 헌법재판소법 제
68조 제1항의 헌법소원에서는 ① 재판부의 구성이 위법한 경우 등 절차상 중대하고도 명백한 위
법이 있어 재심을 허용하지 아니하면 현저히 정의에 반하는 경우, ② 헌법재판소의 결정에 영향

그런데 아직은 형사재판에서 무죄판결이 탄핵심판의 재심허용사유로 될 것인지에 대해서는 헌법재판소가 판단한 바가 없다. 이론적으로는 재심을 허용하는 것이 타당한 것으로 볼 수 있으나 예컨대 대통령의 경우 새로운 대통령이 선출되어 있을 수도 있으므로 재심을 허용할 수 없는 경우도 있다.148)

반대로 형사재판에서는 유죄의 확정판결이 있었으나 동일한 사유로 탄핵심판에서는 기각결정이 된 경우도 상정할 수 있는데, 이 경우에는 헌법재판소의 기각결정을 이유로 형사재판의 재심이 허용될 것인가가 문제될 수 있다. 그러나 이는 어디까지나 형사소송 상의 문제이다. 「형사소송법」은 재심사유를 법정하고 있다(형사소송법 제420조).149) 따라서 단순히 탄핵심판의 기각결정이 형사소송상 재심사유가 된다고 할 수는 없으나, 탄핵심판과 형사재판이 다른 내용의 결정을 한 사유가 재심사유에 해당하는 경우에는 재심이 허용될 수 있을 것이다.

을 미칠 중대한 사항에 관하여 판단을 유탈한 때에는 재심을 허용하고 있다[헌재 2007.6.28. 2006헌마1482, 공129, 793, 795, 헌법재판소법 제24조 제3항 등 위헌확인(기각, 각하)].

148) 이효원, 헌법재판강의, 박영사, 2022, 212쪽 참조.

149) 형사소송법 제420조(재심이유) 재심은 다음 각 호의 어느 하나에 해당하는 이유가 있는 경우에 유죄의 확정판결에 대하여 그 선고를 받은 자의 이익을 위하여 청구할 수 있다.
  1. 원판결의 증거가 된 서류 또는 증거물이 확정판결에 의하여 위조되거나 변조된 것임이 증명된 때
  2. 원판결의 증거가 된 증언, 감정, 통역 또는 번역이 확정판결에 의하여 허위임이 증명된 때
  3. 무고(誣告)로 인하여 유죄를 선고받은 경우에 그 무고의 죄가 확정판결에 의하여 증명된 때
  4. 원판결의 증거가 된 재판이 확정재판에 의하여 변경된 때
  5. 유죄를 선고받은 자에 대하여 무죄 또는 면소를, 형의 선고를 받은 자에 대하여 형의 면제 또는 원판결이 인정한 죄보다 가벼운 죄를 인정할 명백한 증거가 새로 발견된 때
  6. 저작권, 특허권, 실용신안권, 디자인권 또는 상표권을 침해한 죄로 유죄의 선고를 받은 사건에 관하여 그 권리에 대한 무효의 심결 또는 무효의 판결이 확정된 때
  7. 원판결, 전심판결 또는 그 판결의 기초가 된 조사에 관여한 법관, 공소의 제기 또는 그 공소의 기초가 된 수사에 관여한 검사나 사법경찰관이 그 직무에 관한 죄를 지은 것이 확정판결에 의하여 증명된 때. 다만, 원판결의 선고 전에 법관, 검사 또는 사법경찰관에 대하여 공소가 제기되었을 경우에는 원판결의 법원이 그 사유를 알지 못한 때로 한정한다.
  [전문개정 2020.12.8.]

제3절

정당해산심판

제1항 의의와 연혁

　정당해산심판은 방어적 민주주의 내지 투쟁적 민주주의의 관점에서 도입된 헌법보 장제도의 하나이다. 우리나라에서는 1960년의 제3차 개정헌법에서 처음으로 도입되었 다. 4·19혁명으로 이승만 정부를 축출하고 개정된 헌법에 따라 새로운 민주정부를 구 성하면서 헌법재판소제도를 규정하였는데, 이때 정당해산심판은 법률의 위헌 여부 심 사, 헌법에 관한 최종적 해석, 국가기관간의 권한쟁의, 탄핵심판, 대통령·대법원장·대 법관의 선거에 관한 소송과 함께 헌법재판소의 6가지 관장사항 중의 하나로 도입되었 다(제3차 개정헌법 제83조의3 제4호). 이래 정당해산심판제도는 역대헌법에서 계속적으로 규정되어 왔다.150)

　헌법재판소는 지난 2014.12.19. 통합진보당에 대해 관여 재판관 8대1로 해산을 명하 는 결정을 선고한 바 있다.151) 이 결정에서 헌법재판소는 정당해산결정의 헌법적 심각성 을 고려하여 이를 계기로 민주주의가 한층 성숙할 수 있기를 희망하기도 하였다.152)

---

150) 위헌정당해산심판의 헌법적 의의에 대해서는 특히 헌재 2014.12.19. 2013헌다1, 통합진보당 해산 [인용(해산)] 참조.

151) 이 결정에서는 통합진보당을 해산하고 소속 국회의원 4명 전원의 의원직을 상실시키는 결정을 하였다. 이 결정에는 재판관 김이수의 반대의견과 재판관 안창호, 재판관 조용호의 보충의견이 있다.

152) "이 사건은 우리 헌정사 초유의 정당해산심판사건이지만, 세계적으로 볼 때 정당해산제도가 없는 국가들도 많다. 끊임없는 대화와 토론, 그리고 설득과 같은 민주적 방식이야말로 헌법의 근본 질 서를 파괴하려는 정당을 제어하고 그들의 정치적 기반을 허물어뜨릴 수 있는 효과적인 수단이라 고 볼 수 있기 때문이다. 그러나 그와 인식을 달리 하여, 우리의 헌법제정자들이 헌법에 정당해산

제2항 적법요건

I. 청구권자

정당해산심판의 청구권자는 정부이다(제8조 제4항, 법 제55조). 여기서 정부는 단순한 행정부가 아니라 대통령을 포함하는 집행부의 개념으로서 헌법 제4장에서 규정하고 있는 바의 정부를 의미한다.

정당해산심판의 심판절차에 관한 관련 조항들을 보면, 심리방식이 구두변론에 의한다는 점(법 제30조 제1항), 청구서에 해산을 요하는 정당을 표시하는 점(법 제56조 제1호), 가처분을 할 수 있는 점(법 제57조), 결정의 효력으로 당해 정당이 해산된다는 점(법 제59조) 등에 비추어 볼 때 정당해산심판은 대립당사자구조를 가지고 있는 것으로 볼 수 있다.[153]

헌법 제8조 제4항에서는 정부가 정당해산을 제소할 수 있다고 하고 있으므로, 정부가 정당의 목적이나 활동이 민주적 기본질서에 위배되는 것으로 판단하는 경우에도 정당해산심판을 청구할 것인가는 **정부의 재량적 판단**에 따른다. 그러나 대통령에게는 헌법준수의무와 국가보위의무가 부여되어 있으므로(제69조), 그 범위 내에서는 정부의 재량에도 한계가 있다고 보아야 한다. 따라서 정당의 목적이나 활동이 민주적 기본질서

제도를 규정해 두었다면, 이는 민주적 기본질서를 부정하는 정당에 대한 우리 헌법의 해법이 그렇지 않은 헌법의 해법과 다를 수 있다는 점을 의미하는 것이다. 우리 재판소는 이 결정으로 인해 우리의 민주주의가 후퇴하고 진보정당의 활동이 위축될 것이라는 우려가 있음을 알고 있다. 그러나 이 사건 해산결정은 북한식 사회주의 이념을 추구하는 정당이 다원적 세계관에 입각한 우리의 민주 헌정에서 보호될 수 없음을 선언한 것일 뿐이며, 민주적 기본질서에 위배되지 않는다면 우리 사회에서 새롭고 대안적인 생각들이 얼마든지 제기되고 논의될 수 있다는 점을 분명히 하고 있다. 오히려 이 결정을 통해 북한식 사회주의 이념이 우리의 정치영역에서 배제됨으로써, 그러한 이념을 지향하지 않는 진보정당들이 이 땅에서 성장할 수 있는 계기가 될 수 있으리라 믿는다. 한편, 우리는 피청구인의 해산이 또 다른 소모적인 이념 논쟁으로 비화될 가능성을 경계한다. 피청구인 주도세력이 북한식 사회주의를 추구한다는 우리의 결론은 많은 시간과 노력을 투입한 지난 1년간의 오랜 심리 끝에 나온 것이고 우리 재판부에서도 다른 시각이 있는 만큼, 과거에 위 주도세력과 무관했던 피청구인의 일반 당원들 및 경우에 따라 피청구인과 우호적인 관계를 맺기도 했던 다른 정당들에 대한 사회적 낙인과 이념 공세는 있어서는 안 될 것이다. 이 결정을 통해 향후 민주적 기본질서의 존중 아래 한층 더 성숙한 민주적 토론과 우리 사회의 이념적 다양성이 실현될 수 있기를 희망한다."

153) 헌법재판실무제요, 제2개정판, 29쪽 참조.

에 위배된다고 정부가 명백히 판단한 경우에는 정당해산심판을 제소할 헌법적 의무가 있다고 할 것이다. 그러나 실제에 있어서는 정당해산을 제소하지 않는 것이 대통령에게 부여된 헌법적 의무를 위배하는 것인지를 판단하기는 쉽지 않을 것이다. 정당해산심판을 청구하지 않음으로써 대통령이 헌법준수의무를 위배한 것으로 판단되는 경우에는 국회는 대통령에 대해 탄핵소추를 할 수 있을 것이다.

II. 심판의 이익

앞의 탄핵심판에서 살펴본 바와 같이 헌법재판소의 확립된 판결에서는 위헌법률심판, 권한쟁의심판, 헌법소원심판에서 반복위험성이 있고 헌법적 해명이 필요한 경우에는 적법요건을 갖추지 못한 경우에도 심판의 이익이 인정되고 있다.[154] 탄핵심판결정에 대해서는 반대(인용)의견을 낸 3인의 재판관만이 같은 의견을 피력하였다.[155]

정부의 청구로 정당해산심판 진행 중에 피청구인 정당이 자진해산을 한 경우와 같이 피청구인의 실체가 존재하지 않게 된 때에도 심판의 이익이 인정될 것인가가 문제된다. 이에 대해서는 아직 헌법재판소의 결정례가 없으나 2021년 각하 결정된 법관탄핵심판결정에 따라 이해하면, 이미 피청구인 정당이 해산되었으므로 심판청구의 이익이 없어 각하될 것으로 보인다.

III. 청구서의 기재사항

정당해산심판의 청구서에는 해산을 요구하는 정당을 표시하여야 하고 청구의 이유를 적어야 한다(법 제56조).

---

154) 앞의 탄핵심판의 해당부분에 인용된 결정들 참조.
155) 헌재 2021.10.28. 2021헌나1, 법관(임성근)탄핵(각하)의 재판관 3인의 반대의견(인용의견) 참조.

제3항   심판의 절차

I. 심리의 방식

정당해산의 심판은 탄핵심판과 마찬가지로 구두변론에 의한다(법 제30조).

II. 가처분

헌법재판소는 정당해산심판의 청구를 받은 때에는 청구인의 신청 또는 직권으로 종국결정의 선고 시까지 피청구인의 활동을 정지하는 결정을 할 수 있다(법 제57조). 가처분은 심판 청구된 정당의 헌법적 기능을 잠정적으로 정지시키는 것이기 때문에 신중하게 판단하여야 한다.

III. 청구 등의 통지

정당해산심판의 청구가 있는 때, 가처분결정을 한 때 및 그 심판이 종료한 때에는 헌법재판소장은 그 사실을 국회와 중앙선거관리위원회에 통지하여야 한다(법 제58조). 청구의 취하가 있는 때도 마찬가지다(헌법재판소 심판 규칙 제66조 제1항).

IV. 민사소송관련 법령의 준용

헌법재판소의 심판절차에서는 헌법재판소법에 특별한 규정이 있는 경우를 제외하고는 헌법재판의 성질에 반하지 아니하는 한도에서 민사소송에 관한 법령을 준용하도록 하고 있기 때문에, 정당해산심판에서도 민사소송법 등 민사소송에 관한 법령의 규정이 준용될 수 있다(법 제40조 제1항 제1문). 형사소송에 관한 법령이나 「행정소송법」을 준용할 때 민사소송에 관한 법령과 저촉이 일어나면 민사소송에 관한 법령은 준용하지 않는다(법 제40조 제2항).

그런데 헌법재판소법 제40조 제1항 제2문에서 탄핵심판의 경우에는 형사소송에 관한 법령을, 권한쟁의심판과 헌법소원심판에서는 「행정소송법」을 함께 준용하도록 규정하면서 정당해산심판의 경우에는 민사소송에 관한 법령과 함께 적용할 법령에 대해서는 별도의 규정을 두고 있지 않다. 정당해산심판에 있어서는 민사소송 관련 법령만을 준용하도록 하고 있는 것은 문제로 보인다. 정당해산사유로서 민주적 기본질서에 위배될 때란 많은 경우에 사적자치의 영역에서 조정적 해결을 하는 민사소송적 특성보다는, 오히려 국가적 법익이나 사회적 법익의 침해를 이유로 한 형사소송적 특성을 가지는 것으로 보이기 때문이다.

제4항 해산결정

I. 해산결정 사유

헌법재판소는 피청구인 정당의 목적이나 활동이 민주적 기본질서에 위배된 것으로 판단한 경우에는 정당의 해산을 명하는 결정을 하고 이때 정당은 해산된다(법 제59조).[156] 따라서 중앙선거관리위원회가 정당을 해산하는 것은 정당해산을 명하는 헌법재판소의 결정을 집행하는 것에 불과하고 그로써 비로소 해산되는 것이 아니다(법 제60조).

헌법재판소는 2014년 12월 19일 통합진보당 해산결정[157]을 통해 정당해산심판의 사유에 대해 상세하게 기술하고 있으므로 아래에서는 그에 따라 정당해산사유를 살펴본다.

---

156) 그러나 통합진보당 해산결정에서 헌법재판소는 주문에 "해산을 명한다."는 표현을 쓰지 않고 "해산한다."라는 표현을 사용하고 있다: "피청구인 통합진보당을 해산한다."[헌재 2014.12.19. 2013헌다1, 통합진보당 해산(인용(해산))].

157) "피청구인의 목적이나 활동이 민주적 기본질서에 위배되고, 피청구인의 목적과 활동에 내포된 위헌적 성격의 중대성과 대한민국이 처해 있는 특수한 상황 등에 비추어 피청구인의 위헌적 문제성을 해결할 수 있는 다른 대안적 수단이 없으며, 정당해산결정으로 초래되는 불이익보다 이를 통하여 얻을 수 있는 사회적 이익이 월등히 커서 피청구인에 대하여 해산결정을 해야 할 사회적 필요성(법익 형량)도 있다고 인정된다. 따라서 피청구인은 해산되어야 한다."[헌재 2014.12.19. 2013헌다1, 통합진보당 해산(인용(해산))].

1. 정당의 목적이나 활동

헌법에 따르면 정당해산사유는 '정당의 목적이나 활동이 민주적 기본질서에 위배되는 때'이므로 목적이나 활동 중 어느 하나만이라도 민주적 기본질서를 위배하는 때이면 정당해산사유를 충족하게 된다.[158] 그러나 헌법재판소가 판시하고 있는 바와 같이 목적 그 자체만으로는 후술하는 바의 구체적인 위험성에 해당하는 것으로 보기에는 어려운 점이 많을 것이기 때문에, 실제에 있어서는 활동으로부터 사실상의 목적을 찾아낼 수밖에 없다는 점을 고려하면 목적과 활동은 매우 밀접한 관계에 있다. 헌법재판소도 피청구인의 진정한 목적과 활동이 민주적 기본질서에 위배되는지 여부를 함께 검토하고 있다.

가. 정당의 목적
1) 개념

정당의 목적이란 어떤 정당이 추구하는 정치적 방향이나 지향점 혹은 현실 속에서 구현하고자 하는 정치적 계획 등을 통칭한다.

2) 목적의 존재 형식

정당의 목적은 주로 정당의 공식적인 강령이나 당헌의 내용을 통해 드러나겠지만, 그 밖에 정당대표나 주요 당직자 및 정당관계자(국회의원 등)의 공식적 발언, 정당의 기관지나 선전자료와 같은 간행물, 정당의 의사결정과정에서 일정한 영향력을 가지거나 정당의 이념으로부터 영향을 받은 당원들의 행위 등도 정당의 목적을 파악하는 데에 도움이 될 수 있다.

3) 진정한 목적

만약 정당의 진정한 목적이 숨겨진 상태라면 공식 강령은 이른바 허울이나 장식에 불과할 것이기 때문에, 강령 이외의 자료를 통해 진정한 목적을 파악하여야 할 것이다.

---

158) 헌법재판소도 "동 조항의 규정형식에 비추어 볼 때, 정당의 목적이나 활동 중 어느 하나라도 민주적 기본질서에 위배된다면 정당해산의 사유가 될 수 있다고 해석된다."라고 하고 있다[헌재 2014.12.19. 2013헌다1, 통합진보당 해산(인용(해산))].

나. 정당의 활동

1) 개념

정당의 활동이란 정당 기관의 행위나 주요 정당관계자, 당원 등의 행위로서 그 정당에게 귀속시킬 수 있는 활동 일반을 의미한다.

2) 인정범위

문제는 정당에게 귀속시킬 수 있는 활동의 범위, 즉 정당과 관련한 활동 중 어느 범위까지를 그 정당의 활동으로 볼 수 있는가이다. 헌법재판소의 결정에 따라 이를 구체적으로 살펴보면 다음과 같다.

① **정당기관의 활동**은 정당 자신의 활동으로서 정당의 활동으로 볼 수 있다. 예컨대 당대표의 활동, 대의기구인 당대회와 중앙위원회의 활동, 집행기구인 최고위원회의 활동, 원내기구인 원내의원총회와 원내대표의 활동 등이 이에 속한다.

② 정당의 최고위원 등 **주요 당직자의 공개된 정치활동**은 일반적으로 그 지위에 기하여 한 것으로 볼 수 있으므로 원칙적으로 정당에 귀속시킬 수 있다.

③ **정당 소속의 국회의원**은 정당 소속원으로서의 활동과 국민대표기관으로서의 활동이 중복될 수 있으므로 정당에 속한 유력한 정치인의 지위에서 행한 활동으로서 **정당과 밀접하게 관련되어 있는 행위들**은 정당의 활동이 될 수 있다.

④ **정당에 속한 개인이나 단체의 활동**은 그러한 활동이 이루어진 경위를 구체적으로 살펴 전체적이고 종합적으로 판단해야 한다. 여기서 고려할 만한 기준으로서는 ⓐ 활동을 한 개인이나 단체의 지위 등에 비추어 볼 때 정당이 그러한 활동을 할 권한을 부여하거나 그 활동을 독려하였는지 여부, ⓑ 설령 그러한 권한의 부여 등이 없었다 하더라도 사후에 그 활동을 적극적으로 옹호하는 등 그 활동을 사실상 정당의 활동으로 추인한 것과 같다고 볼 수 있는 사정이 있는지 여부, ⓒ 사전에 그 정당이 그러한 활동의 계획을 알았더라도 이를 정당 차원에서 지원하고 지지했을 것이라고 가정적으로 판단할 수 있는 사정이 있는지 여부 등을 들 수 있다.

반면 정당대표나 주요 관계자의 행위라 하더라도 개인적 차원의 행위에 불과한 경우에는 정당해산심판에서의 정당의 활동으로 보기 어렵다.

2. 민주적 기본질서에 위배될 때

가. 민주적 기본질서

헌법재판소가 판시하고 있는 민주적 기본질서의 의미 내지 내용은 다음과 같이 요약할 수 있다. ① 정당해산심판에 있어서 민주적 기본질서는 **최대한 좁고 엄격하게 해석**되어야 한다. 따라서 ② 민주적 기본질서의 중심적 내용 내지 요소는 **민주주의에 필요불가결한 요소와 법치주의에 필요불가결한 요소들을** 말한다.[159]

이렇게 보면 **민주적 기본질서의 개념은** ③ 개인의 자율적 이성을 신뢰하고 모든 정치적 견해들이 각각 상대적 진리성과 합리성을 지닌다고 전제하는 다원적 세계관에 입각한 것으로서, 모든 폭력적·자의적 지배를 배제하고, 다수를 존중하면서도 소수를 배려하는 민주적 의사결정과 자유·평등을 기본원리로 하여 구성되고 운영되는 정치적 질서를 말하며, 구체적으로는 국민주권의 원리, 기본적 인권의 존중, 권력분립제도, 복수정당제도 등이 현행 헌법상 주요한 요소라고 할 수 있다.[160]

나. 위배될 때

헌법재판소는 민주적 기본질서에 위배되는 경우와 단순히 저촉되는데 불과한 경우를 구별하고 있다. 그 이유는 정당에 대한 해산결정은 민주주의 원리와 정당의 존립과 활동에 대한 중대한 제약이라는 점에 있다. 따라서 정당의 목적이나 활동이 민주적 기본질서와 부합하지 않는 부분이 있다고 하여 언제나 민주적 기본질서에 위배된다고 할 수는 없고, 민주 사회의 불가결한 요소인 정당의 존립을 제약해야 할 만큼 그 정당의 목적이나 활동이 우리 사회의 민주적 기본질서에 대하여 **실질적인 해악을 끼칠 수 있는 구체적 위험성을 초래하는 경우에** 비로소 민주적 기본질서에 위배된다고 할 수 있다.[161]

3. 비례(성)원칙의 적용여부 및 지위

헌법재판소는 헌법 제8조 제4항의 명문규정상 요건이 구비된 경우에도 해당 정당의 위헌적 문제성을 해결할 수 있는 다른 대안적 수단이 없고, 정당해산결정을 통하여 얻을 수 있는 사회적 이익이 정당해산결정으로 인해 초래되는 정당의 정당활동 자유

---

159) 헌재 2014.12.19. 2013헌다1, 통합진보당 해산[인용(해산)].
160) 헌재 2014.12.19. 2013헌다1.
161) 헌재 2014.12.19. 2013헌다1.

제한으로 인한 불이익과 민주주의 사회에 대한 중대한 제약이라는 사회적 불이익을 초과할 수 있을 정도로 큰 경우에 한하여 정당해산결정이 헌법적으로 정당화될 수 있다고 판시하였다.

그런데 비례(성)원칙은 원래 법치국가원리 내지는 헌법 제37조 제2항으로부터 도출할 수 있는 대표적인 일반적 위헌심사기준이다. 이 비례성원칙은 기본적으로 판례상 인정된 것이다.[162] 그러나 헌법재판소는 정당해산심판에서 요구되는 비례원칙 준수 여부는 그것이 **통상적으로 기능하는 위헌심사의 척도가 아니라 헌법재판소의 정당해산결정이 충족해야 할 일종의 헌법적 요건 혹은 헌법적 정당화 사유라고 보고 있다.**[163]

헌법 제8조 제4항은 정당의 목적이나 활동이 민주적 기본질서에 위배될 때에 헌법재판소의 심판에 의하여 해산되는 것으로 규정하고 있으므로, 민주적 기본질서의 위배 여부를 엄격히 심사하면 족하고 비례성심사를 할 필요는 없는 것으로 보아야 하나, 헌법재판소가 정당해산을 엄격하게 해석하기 위해서 추가적으로 비례성심사를 하는 것으로 이해할 수 있을 것이다.[164]

II. 심판정족수

정당해산심판은 재판관 7명 이상의 출석으로 심리하고 종국심리에 관여한 재판관 6인 이상의 찬성으로 정당해산심판결정을 한다(법 제23조).

III. 결정서의 송달

결정서는 피청구인인 정당 외에도 국회, 정부 및 중앙선거관리위원회에 송달하여야 한다(법 제58조 제2항). 정부에 송달할 경우에는 법무부장관에게 송달하여야 한다(헌법재판소 심판 규칙 제66조 제2항).

---

162) 이에 대해서는 후술하는 비례성원칙 부분 참조.
163) 헌재 2014.12.19. 2013헌다1, 통합진보당 해산[인용(해산)].
164) 정당강제해산을 통하여 정당의 자유가 본질적으로 제한된다. 그러나 이는 헌법이 규정하고 있는 것이므로 헌법 제37조 제2항의 자유와 권리의 본질적 내용 침해금지 원칙에 위배되지 않는다. 기본권의 본질적 내용 침해금지 원칙은 입법권의 한계를 설정한 것이기 때문이다.

제5항 해산결정의 효력

I. 해산의 효력발생 시점

정당해산심판의 결정에서 해산결정이 나면 정당은 그 즉시 해산된다. 중앙선거관리위원회가 「정당법」의 규정에 의하여 이를 집행한다(법 제60조). 헌법재판소의 해산결정의 통지가 있게 되면 중앙선거관리위원회는 당해 정당의 등록을 말소하고 지체 없이 당해 정당이 해산됨을 공고하여야 한다(정당법 제47조).

II. 대체정당의 창당금지

정당이 헌법재판소의 결정으로 해산된 때에는 해산된 정당의 강령(또는 기본정책)과 동일하거나 유사한 정당, 즉 대체정당은 창당할 수 없다(정당법 제40조). 그럼에도 불구하고 해산된 정당의 대체정당이 창당된 경우에는 이를 규제하는 다른 방법은 존재하지 않고 다시 정당해산심판을 통하여 해산시키는 방법이 있을 뿐이다.

III. 동일명칭 사용금지

헌법재판소의 결정에 의하여 해산된 정당의 명칭과 같은 명칭은 정당의 명칭으로 다시 사용하지 못한다(「정당법」 제41조 제2항). 이 규정의 의미는 강제해산된 정당과 동일한 명칭을 향후로는 사용할 수 없다는 것을 의미한다.

그러면 강제해산된 정당의 명칭과 동일하지는 않지만 유사한 명칭은 사용가능한가. 「정당법」 제41조의 표제는 유사명칭 등의 사용금지라고 하고 있으나 유사명칭의 사용금지는 같은 조 제3항의 경우에 적용되는 것이다. 즉, 창당준비위원회 및 정당의 명칭(약칭 포함)은 이미 신고된 창당준비위원회 및 등록된 정당이 사용 중인 명칭과 뚜렷이 구별되어야 하므로 유사명칭을 사용하여서는 안 된다는 의미다. 따라서 정당해산심판에 의해 해산된 정당의 명칭을 이후 창당과정에서 재사용하는 것과 관련하여서는 동일한 명칭을 사용할 수 없을 뿐이고 유사한 명칭까지 사용이 금지되는 것은 아니라고 보아야 한다. 이러한 해석은 「정당법」 제59조 제2항이 제41조 제1항(등록정당 외에는 정당명칭을 사용할 수 없도록 한 규정) 또는 제2항(강제해산된 정당과 동일명칭 사용금지 규정)을 위반한 자에 대하여만 1년 이하의 징역이나 100만 원 이하의 벌금에 처하도록 규정하고 유사명칭 사용금지 규정을 위반한 것에 대해서는 벌하지 않는 것으로 볼 때도 타당한 해석으로 보인다.

IV. 당원자격의 상실

정당이 해산되면 당원의 자격도 그에 따라 당연히 상실된다.

V. 잔여재산의 국고 귀속

「정당법」에 따르면 위헌정당으로 해산된 정당의 잔여재산은 국고에 귀속한다(정당법 제48조 제2항). 정당은 해산일부터 2월 이내에 국고에 귀속시켜야 하는 잔여재산("국고귀속대상 잔여재산")에 관한 상세내역을 중앙선거관리위원회에 보고하고, 그 잔여재산을 납부하여야 하며, 국고귀속대상 잔여재산을 납부하지 아니한 때에는 중앙선거관리위원회는 납부기한을 정하여 해당 정당에 독촉장을 발부하고, 그 기한까지 납부하지 아니한 때에는 지체 없이 관할 세무서장에게 징수를 위탁하여야 한다. 중앙선거관리위원회 또는 관할 세무서장이 징수한 국고귀속대상 잔여재산의 국가에의 납입절차에 관하여는 「국고금관리법 시행규칙」을 준용한다(정당사무관리규칙[165] 제24조).

VI. 보조금 잔액의 반환

보조금을 받은 정당의 경우에는 지체 없이 보조금의 지출내역을 중앙선거관리위원회에 보고하고 그 잔액을 반환하여야 한다(정치자금법 제30조 제1항). 중앙선거관리위원회는 정당이 반환하여야 할 보조금을 반환하지 아니한 때에는 국세체납처분의 예에 의하여 강제징수할 수 있고 이 보조금의 징수는 다른 공과금에 우선한다. 보조금 잔액의 반환 그 밖에 필요한 사항은 중앙선거관리위원회규칙으로 정한다(정치자금법 제30조 제2

---

[165] 중앙선거관리위원회규칙 제419호.

항·제3항·제4항). 중앙선거관리위원회는 「정치자금법」 제30조 제1항·제2항의 보고 또는 반환을 받은 때에는 그 사실을 공고하여야 한다(정치자금사무관리 규칙 제31조).

VII. 소속 국회의원의 의원직 상실 여부

해산된 정당의 소속 국회의원의 의원직 상실여부와 관련하여서는 명문의 규정이 없기 때문에 견해가 대립하고 있다. 독일에서는 연방헌법재판소가 판결로 의원자격상실을 판시한바 있고,[166] 그에 따라 현재는 연방선거법에서 의원직상실의 명문규정을 두게 되었다.[167]

우리나라의 경우 헌법(제64조)이나 「국회법」에서는 국회의원의 자격심사(법 제138조)나 제명처분(법 제164조)에 의해서만 비로소 국회의원직을 상실하도록 규정되어 있고, 정당해산으로 국회의원직을 상실하는지 여부에 대해서는 규정하고 있지 않다. 「공직선거법」 제192조 제4항[168]에서는 비례대표국회의원 및 비례대표지방의원과 관련하여 강제해산의 경우에 국회의원직을 상실하는지 여부에 대해서는 불분명하게 규정되어 있다.

그러나 헌법재판소는 통합진보당 해산결정에서 정당해산과 함께 소속 국회의원의 의원자격도 함께 상실하는 것은 정당해산심판제도의 본질로부터 인정되는 기본적 효력이라고 선언하였다. 그 이유는 ① 국회의원이 헌법기관으로서 정당기속과 무관하게 자유위임에 따라 정치활동을 할 수 있는 것은 민주적 기본질서를 존중하고 실현하는 경우에만 가능하고, ② 소속 국회의원의 자격까지 상실시키는 것이 정당해산제도가 가지는 헌법수호기능이나 방어적 민주주의 이념에 부합하고, ③ 정당해산결정의 실효성을 확보할 수 있기 때문이라고 한다.[169] 또 헌법재판소는 정당해산결정으로 인하여 신분유지의 헌법적인 정당성을 잃게 되는 것은 지역구국회의원인지 비례대표국회의원인지에 따라

---

166) BVerfGE 2, 73; 5, 392.
167) 연방선거법 제46조 제1항 제5호: "국회의원은 기본법 제21조 제2항 제2문에 따라 그가 속하는 정당이나 정당조직의 위헌성이 연방헌법재판소에 의하여 확정되는 경우에 연방의회 의원의 자격을 상실한다."
168) 공직선거법 제192조 ④ 비례대표국회의원 또는 비례대표지방의회의원이 소속정당의 합당·해산 또는 제명외의 사유로 당적을 이탈·변경하거나 2 이상의 당적을 가지고 있는 때에는 「국회법」 제136조(退職) 또는 「지방자치법」 제90조(의원의 퇴직)의 규정에 불구하고 퇴직된다. 다만, 비례대표국회의원이 국회의장으로 당선되어 「국회법」 규정에 의하여 당적을 이탈한 경우에는 그러하지 아니하다.
169) 헌재 2014.12.19. 2013헌다1, 통합진보당 해산[인용(해산)].

다르지 않으므로 이를 구분할 필요는 없다고 한다.[170] 대법원도 같은 견해다.[171]

VIII. 소속 지방의원의 의원직 상실 여부

강제해산된 정당 소속의 지방의원의 의원직 유지 여부에 대해서는 법률상 규정이 없을 뿐만 아니라, 헌법재판소 결정에서도 국회의원에 대한 결정만 하였고 해산되는 정당소속의 지방의회 의원의 의원직 상실여부에 대해서는 언급하지 않았다.

한편, 통합진보당 소속 비례대표지방의회의원이 지방의회로부터 의원직 상실의 통지를 받고 제기한 퇴직처분 취소소송에서 1심[172]에서는 당연퇴직 되는 것은 아니라고 판시하였고, 이 판결은 항소심[173]과 상고심에서도 유지되었다. 상고심인 대법원은 「공직선거법」 제192조 제4항은 강제 해산된 정당 소속 비례대표지방의회의원의 퇴직을 규정한 조항이라고 볼 수 없다고 판시하였다.[174]

제6항   재심

재심 허용여부에 대한 헌법재판소의 기본적인 입장은 헌법재판은 심판의 종류에 따라 그 절차와 결정의 효과에 차이가 있으므로 재심의 허용여부 내지 허용정도 등은 심판절차의 종류에 따라 개별적으로 판단할 수밖에 없다는 것이다.[175] 그리고 재심 허

---

170) 헌재 2014.12.19. 2013헌다1.
171) 대법원 2021.4.29. 2016두39856 판결. 통합진보당 해산 결정으로 통합진보당 소속 국회의원 5명
  의 자격이 상실되면서 3명의 지역구국회의원은 보궐선거가 시행되었고 2명의 비례대표국회의원
  은 궐원된 상태로 되었다. 이에 대해 의원직이 상실된 5명의 국회의원들은 서울행정법원에 국회
  의원 지위 확인 청구를 하였으나 서울행정법원은 헌법재판소와 다른 판단을 한다는 것은 권력분
  립의 원리 등에 비추어 법원이 심리·판단할 수 없는 사항에 대하여 제기된 소송으로서 부적법
  각하하였다(서울행정법원 2015.11.12. 2015구합50320 판결). 이 판결은 서울고등법원의 항소심에
  서 모두 기각되었고(서울고등법원 2016.4.27. 2015누68460 판결), 상고심도 위 대법원의 판결에
  서 모두 기각되었다.
172) 전주지방법원 2015.11.25. 2015구합407 판결.
173) 광주고법 2016.4.25. (전주)2015누1125 판결.
174) 대법원 2021.4.29. 2016두39825 판결.
175) 헌재 1995.1.20. 93헌아1, 불기소처분취소(재심)(각하).

용여부의 판단기준은 원칙적으로 재심을 허용하지 아니함으로써 얻을 수 있는 법적 안정성의 이익과 재심을 허용함으로써 얻을 수 있는 구체적 타당성을 비교형량 하는 것이다.176)

그런데 정당해산심판은 일반적 기속력과 대세적·법규적 효력을 가지는 법령에 대한 헌법재판소의 결정과 달리 원칙적으로 해당 정당에게만 그 효력이 미치고, 정당해산결정은 해당 정당의 해산에 그치지 않고 대체정당이나 유사정당의 설립까지 금지하는 효력을 가지므로, 오류가 드러난 결정을 바로잡지 못한다면 현 시점의 민주주의가 훼손되는 것에 그치지 않고 장래 세대의 정치적 의사결정에까지 부당한 제약을 초래할 수 있기 때문에, 재심을 허용하지 아니함으로써 얻을 수 있는 법적 안정성의 이익보다 재심을 허용함으로써 얻을 수 있는 구체적 타당성의 이익이 더 크다고 보아 재심을 허용하고 있다.177) 이 재심절차에서는 원칙적으로 민사소송법의 재심에 관한 규정이 준용된다(법 제40조 제1항).178)

---

176) 헌재 1995.1.20. 93헌아1; 1992.6.26. 90헌아1; 1992.12.8. 92헌아3.
177) 헌재 2016.5.26. 2015헌아20, 통합진보당 해산(재심)(각하).
178) 헌재 2016.5.26. 2015헌아20.

제4절

권한쟁의심판

제1항 의의

권한쟁의심판은 국가기관 상호간, 국가기관과 지방자치단체 간 및 지방자치단체 상호간에 권한의 유무 또는 범위 등과 관련한 분쟁을 해결하는 헌법재판의 일종이다.

이미 행정소송의 일종으로서 기관소송이 마련되어 있는 상황에서 별도로 헌법이 권한쟁의심판제도를 둔 것은 헌법재판소가 헌법해석을 통하여 기관간의 분쟁을 해결함으로써 국가기능의 원활한 수행을 도모하고 국가권력 간의 균형을 유지하여 헌법질서를 수호·유지하고자 하기 때문이다.[179]

제2항 종류

헌법에 따르면 권한쟁의심판의 종류는 국가기관간 권한쟁의심판, 국가기관과 지방자치단체간 권한쟁의심판, 지방자치단체 상호간의 권한쟁의심판의 3가지이다.

이에 따라 헌법재판소법은 ① 국가기관 상호간의 권한쟁의심판으로는 국회, 정부 및 중앙선거관리위원회 상호간의 권한쟁의심판으로 구분하고 있고, ② 국가기관과 지방자치단체 간의 권한쟁의심판으로는 정부와 특별시·광역시·도 또는 특별자치도 간

---

179) 헌재 1997.7.16. 96헌라2, 국회의원과 국회의장간의 권한쟁의(인용, 기각).

의 권한쟁의심판과 정부와 시·군 또는 지방자치단체인 구간의 권한쟁의심판으로 구분하고 있으며, ③ 지방자치단체 상호간의 권한쟁의심판으로는 특별시·광역시·도 또는 특별자치도 상호간의 권한쟁의심판, 시·군 또는 자치구 상호간의 권한쟁의심판, 특별시·광역시·도 또는 특별자치도와 시·군 또는 자치구 간의 권한쟁의심판으로 구분하고 있다(법 제62조 제1항).

권한쟁의가 「지방교육자치에 관한 법률」 제2조에 따른 교육·학예에 관한 지방자치단체의 사무에 관한 것인 경우에는 ②와 ③의 심판에서 교육감이 당사자가 된다(법 제62조 제2항).

제3항 적법요건

I. 청구권자

권한쟁의심판의 청구인과 피청구인에 대해서는 헌법재판소법 제61조와 제62조에 명확히 규정되어 있다.

권한쟁의심판은 심리를 구두변론에 의한다는 점(법 제30조 제1항), 청구사유(법 제61조), 권한쟁의삼판의 종류(법 제62조), 피청구인의 처분을 취소하거나 무효로 결정할 수 있고 피청구인은 결정 취지에 따라 재처분을 하여야 한다는 점(법 제66조) 등으로 볼 때 대립당사자구조를 가지고 있다고 할 수 있다.

1. 당사자능력

소송법상 당사자능력(Parteifähigkeit)이란 소송당사자가 될 수 있는 능력을 말한다. 즉, 자기의 이름으로 재판을 청구하거나 재판을 받을 수 있는 자격을 당사자능력이라고 한다.[180] 구체적인 사건과 관련된 개념이 아니라 일반적으로 소송의 당사자가 될 수 있는 자격을 의미한다. 당사자능력이 없는 자가 제기하거나 당사자능력이 없는 자를 상대로 제기한 소송은 부적법하게 된다.[181]

---

180) 법원실무제요 행정, 법원행정처, 2016, 48쪽 참조.
181) 법원실무제요 행정, 법원행정처, 2016, 48쪽 참조.

권한쟁의심판에 있어서 당사자능력은 구체적·개별적 권한쟁의심판사건과 관계없이 일반적으로 권한쟁의심판의 청구인과 피청구인이 될 수 있는 자격을 말한다. 헌법재판소는 당사자능력이라고도 하고 청구인능력이라고도 한다.[182]

헌법 제111조 제1항 제4호는 권한쟁의심판을 국가기관 상호간, 국가기관과 지방자치단체간 및 지방자치단체 상호간의 권한쟁의에 관한 심판으로 명시하고 있는데, 이에 따르면 권한쟁의심판의 당사자능력은 국가기관과 지방자치단체가 갖는다. 헌법재판소법 제62조 제1항에서는 이를 구체화하고 있다.

가. 국가기관 상호간의 권한쟁의심판의 경우

헌법재판소법 제62조 제1항에 따르면 국가기관 상호간의 권한쟁의심판에서는 국회, 정부, 법원 및 중앙선거관리위원회가 당사자능력이 있다. 그런데 헌법 제111조 제1항 제4호에서는 국가기관으로만 규정되어 있을 뿐 권한쟁의심판의 당사자가 될 수 있는 국가기관의 종류와 범위에 관하여 아무런 언급을 하고 있지 않을 뿐만 아니라 법률로 정하도록 위임하고 있지도 않다. 따라서 헌법 제111조 제1항 제4호의 국가기관의 종류와 범위에 대해서는 헌법해석을 통해서 정해야 한다는 것이 헌법재판소의 결정이다. 이에 따라 헌법재판소법 제62조 제1항에서 국가기관으로서 국회, 정부, 법원 및 중앙선거관리위원회를 나열하고 있다고 하더라도 이를 한정적으로 이해할 필요가 없다고 한다.[183]

헌법재판소는 국가기관에 해당하는지 여부는 ① 헌법에 의하여 설치되고 헌법과 법률에 의하여 독자적인 권한을 부여받고 있는지 여부, ② 국가기관 상호간의 권한쟁의를 해결할 수 있는 적당한 기관이나 방법이 있는지 여부 등을 종합적으로 고려하여 판단하고 있다.[184] 이에 따라 국회나 정부와 같은 전체기관 뿐만 아니라 그 부분기관도 상대당사자와의 관계에서 독자적인 지위를 인정해줄 필요가 있을 때에는 당사자능력을 인정하고 있다.[185]

---

182) 헌재 2020.5.27. 2019헌라6등, 국회의원과 국회의장 간의 권한쟁의(기각) – 국회의장의 무제한 토론 거부행위와 공직선거법 본회의 수정안의 가결선포행위에 관한 권한쟁의 사건; 2020.5.27. 2019헌라4, 국회 행안위 제천화재관련평가소위 소위원장과 국회 행안위 위원장 간의 권한쟁의 (각하) – 국회 행안위 제천화재관련평가소위원회 위원장과 국회 행안위 위원장 간의 권한쟁의.
183) 헌재 1997.7.16. 96헌라2, 국회의원과 국회의장간의 권한쟁의[인용(권한침해), 기각].
184) 헌재 1997.7.16. 96헌라2.
185) 헌법재판실무제요, 제2개정판, 400쪽 참조.

국회와 관련하여 헌법재판소가 해석을 통하여 독립한 헌법기관으로서 권한쟁의심판의 당사자능력을 인정한 국가기관으로는 국회, 국회의원(헌법 제41조 제1항)과 국회의장(헌법 제48조),186) 국회의 각위원회(헌법 제62조), 국회 상임위원회 위원장187) 등이 있다.188)

NOTE **국회의원의 당사자능력에 관한 판례 변경 및 제기된 관련 문제**

1. 판례의 변경
판례의 변경 국회의원은 헌법상 국가기관이다(제41조 제1항 참조).189) 그러나 헌법재판소는 1995년 결정190)에서 국회의원(및 국회교섭단체)은 권한쟁의심판을 청구할 수 있는 국가기관이 아니라고 판단한 바 있다. 헌법 제111조 제1항 제4호 및 헌법재판소법 제62조 제1항 제1호에 열거되지 아니한 기관이나 그에 열거된 국가기관 내의 각급기관은, 비록 공권적 처분을 할 수 있는 지위에 있다고 하는 경우에도 권한쟁의심판의 당사자가 되는 국가기관이라고 할 수 없다는 것이었다. 이 입장은 헌법 제111조 제1항 제4호 및 「헌법재판소법」 제62조 제1항 제1호를 열거조항으로 본 것이다.
그러나 1997년 결정191)에서는 국회의원에 대해서는 판례를 변경하여 권한쟁의심판을 청구할 수 있는 국가기관으로 보았다.192) 이 결정에서 해석을 통하여 위에서 언급한 국가기관 해당여부 판단기준을 제시하였던 것이다. 헌법재판소는 이러한 기준에서 볼 때 국회의원과 국회의장은 헌법 제41조와 제48조에 따라 국민과 국회에 의해 선출되는 헌법상 국가기관이라고 볼 수 있기 때문에, 두 기관의 다툼은 단순히 국회라는 국가기관 내부기관 간의 다툼으로 볼 수 없는데다가, 「행정소송법」상 기관소송으로도 해결할 수 없고,193) 권한

---

186) 헌재 1997.7.16. 96헌라2. 국회부의장이 국회의장으로부터 의사진행을 위임받거나 국회의장을 대리하여 법률안 가결선포를 하는 경우에는 국회의장이 당사자이고 국회부의장은 당사자가 될 수 없다(헌재 1997.7.16. 96헌라2; 2000.2.24. 99헌라1; 2009.10.29. 2009헌라8등 참조).
187) 헌재 2010.12.28. 2008헌라6등[인용(권한침해), 기각, 각하, 취하].
188) 교섭단체에 대해서는 헌법에 규정이 없을 뿐만 아니라 교섭단체의 권한 침해는 소속 국회의원 개개인의 심의·표결권의 침해로 될 가능성이 높아 분쟁해결에 적당한 기관이나 방법이 없다고 할 수 없다는 점을 들어 교섭단체의 당사자능력을 부인하고 있다[헌재 2020.5.27. 2019헌라6등, 국회의원과 국회의장 간의 권한쟁의(기각) - 국회의장의 무제한토론 거부행위와 공직선거법 본회의 수정안의 가결선포행위에 관한 권한쟁의 사건].
189) 헌재 1997.7.16. 96헌라2, 국회의원과 국회의장간의 권한쟁의[인용(권한침해), 기각].
190) 헌재 1995.2.23. 90헌라1, 국회의원과 국회의장간의 권한쟁의(각하).
191) 헌재 1997.7.16. 96헌라2, 국회의원과 국회의장간의 권한쟁의[인용(권한침해), 기각]. 이 결정에 대해서는 3인 재판관의 반대의견이 있다. 이 반대의견은 기존의 부정설을 유지한 것인데, 다만 이렇게 부정설을 취할 경우에는 국회의 기관내부 분쟁에 대해서는 해결할 방법이 없으므로 조속한 입법이 있어야 할 것이라는 견해를 피력하고 있다.
192) 이 결정에서는 교섭단체에 대해서는 언급이 없다. 따라서 1995년 결정이 그대로 유지되는 것으로 볼 수 있는데, 최근의 결정에서도 이를 확인하고 있다[헌재 2020.5.27. 2019헌라6등, 국회의원과 국회의장 간의 권한쟁의(기각) - 국회의장의 무제한토론 거부행위와 공직선거법 본회의 수정안의 가결선포행위에 관한 권한쟁의 사건)].

쟁의심판 이외에 달리 해결할 적당한 기관이나 방법이 없기 때문에 권한쟁의심판의 당사자가 되는 국가기관이라고 보아야 한다고 판단하였다. 이 외에 대립과 타협에 의해 국회가 운영되는 점을 고려해볼 때도 분쟁을 해결하는 방법으로서 권한쟁의심판의 대상으로 볼 필요가 있다는 점, 헌법재판제도를 가지고 있는 독일에서도 국회의원과 국회의장을 당사자로 허용하고 있다는 점도 고려가 되었다.

헌법재판소의 변경된 판결은 국회의원이나 국회의장이 모든 경우에 권한쟁의심판을 청구할 수 있음을 선언한 것이 아니고, 국회의원과 국회의장간의 권한쟁의심판에서 청구권자 또는 피청구권자가 될 수 있음을 인정한 판결이다(변경된 결정은 국회의장이 국회의원들의 법률안 심의·표결의 권한을 침해한 것으로 본 사건이다).[194)]

2. 제기된 관련 문제

그동안 국회의원의 권한쟁의심판 당사자능력과 관련하여 다음과 같은 문제들이 제기되었다.

① 국회의원들의 법률안 심의·표결권[195)]이 동료 국회의원이나 국회의장 외에 다른 기관

---

193) 왜냐하면 「행정소송법」 제45조는 "민중소송 및 기관소송은 법률이 정한 경우에 법률에 정한 자에 한하여 제기할 수 있다."라고 하여 기관소송 법정주의를 규정하고 있는데, 현행법은 기관소송의 종류로는 ① 「지방자치법」상 기관소송[지방자치단체장이 행정안전부장관의 결정에 대하여 제기하는 소송(지방자치법 제5조 제9항), 지방의회의 의결에 대하여 지방자치단체장이나 주무부장관 또는 시·도지사가 제기하는 소송(제120조 제3항과 제192조 제4항·제5항), 주무부장관이나 시·도지사의 직무명령에 대해 지방자치단체장이 제기하는 소송(지방자치법 제188조 제6항), 주무부장관이나 시·도지사의 이행명령에 대하여 지방자치단체의 장이 제기하는 소송(제189조 제6항). 이에 대해서는 이견이 존재한다. 박균성, 행정법강의, 2011, 715쪽은 기관소송으로 보고 있다. 그 이유는 기관위임사무를 집행함에 있어서 지방자치단체의 장은 지방자치단체의 기관이 아니라 국가기관 또는 위임한 자치단체의 기관의 지위를 가지므로 이 소송은 동일한 행정주체 내부의 기관 상호간의 다툼을 대상으로 하는 소송이라고 볼 수 있기 때문이라고 한다]과 ② 「지방교육자치에 관한 법률」상 기관소송[교육감(교육감이 제소하지 아니할 경우 교육부장관)이 시·도의회 또는 교육위원회를 상대로 제기하는 소송(지방교육자치에 관한 법률 제28조 제3항)]을 두고 있을 뿐, 국가기관 상호간의 기관소송은 별도로 법률이 정한 바 없다. 따라서 「행정소송법」상 기관소송으로도 국회의원과 국회의장간의 권한다툼에 대해서는 해결할 수 없기 때문이다.

194) 권한쟁의심판의 당사자로서 국가기관을 반드시 헌법기관에 한정할 필요가 없다는 견해도 있다. 헌법재판소의 반대의견은 헌법 제111조 제1항 제4호의 국가기관이라는 용어를 반드시 헌법에 의하여 설치된 국가기관으로 보는 것은 전혀 근거가 없고 오히려 문언에 반한다고 주장한다. 「행정소송법」 제3조 제4호에는 헌법재판소의 관장사항으로 되어 있는 소송은 법원의 기관소송의 대상에서 제외한다고 규정하고 있고, 같은 법 제45조는 기관소송은 법률이 정한 경우에 법률이 정한 자에 한하여 제기할 수 있다고 하고 있는데, 관련 행정 법률을 살펴볼 때 국가기관 상호간의 기관소송은 법률에 별도로 정하고 있지 않으므로, 권한쟁의심판을 청구할 수 있는 국가기관을 법률에 의하여 설치된 국가기관을 포함하여 해석한다고 하더라도 기관소송에 관한 법원의 관할권을 침해하는 것도 아니라는 점을 강조하고 있다. 이 견해는 법률상의 국가기관을 포함하더라도 권한쟁의심판의 청구권자로서 국가기관으로 인정하기 위해서는 '헌법적 위상을 가진 독립적 국가기관'에 한정된다고 보고 있다[헌재 2010.10.28. 2009헌라6, 국가인권위원회와 대통령 간의 권한쟁의(각하) 결정에서 조대현, 김종대, 송두환 재판관의 반대의견 참조]. 이 반대의견은 결론적으로 법률상 국가기관인 국가인권위원회의 권한쟁의심판의 당사자적격을 인정하고 있다.

195) 심의·표결권에 대해서는 후술 국회의원의 권한과 의무 부분 참조.

에 의해서도 침해될 수 있는가.

헌법재판소는 부정설의 입장이다. 헌법재판소는 2006년도 민간투자사업 총한도액 제출행위가 국회의 '예산 외에 국가의 부담이 될 계약' 체결에 대한 청구인들의 심의·표결권 및 국회의 동의권을 침해하였는지 여부를 다투는 권한쟁의심판사건196)에서, 국회의원의 심의·표결권은 국회의원이나 국회의장에 대해서와 같이 내부적 관계에서만 침해될 수 있는 성질의 권한이고 대외적인 관계에서는 침해될 수 없는 것이라고 판시한 바 있다. 따라서 국회의원의 법률안 심의·표결권은 동료 국회의원이나 국회의장 이외에 다른 외부기관에 의해 침해될 수 없다. 이 결정에서 또한 헌법재판소는 비록 외부기관에 의해서 국회의 동의권이 침해되는 경우라고 하더라도 그것이 바로 국회의원의 심의·표결권이 침해된 것은 아니라고 보고 있다. 즉, 국회의 동의권의 침해여부와 국회의원의 표결·심의권 침해여부는 달리 판단할 문제이지 연동되어 있는 것이 아니라는 입장이다.197)

② 국회의 동의권이 정부나 대통령에 의해서 침해된 경우에 권한쟁의심판의 청구권자는 국회가 될 것인데, 이 경우 국회의원이 권한쟁의심판의 청구권자가 될 수 있는가.

판례에 따르면 이 경우 국회의원은 권한쟁의심판의 당사자가 될 수 없다. 왜냐하면 ⓐ 헌법 제58조의 동의권은 국회에 속하는 것이지 국회의원 개인에게 속하는 것이 아니고, ⓑ 권한쟁의심판에 있어서는 제3자 소송담당198)도 허용되지 않기 때문이다.199)

③ 국회의장의 직무를 대리하여 법률안 가결선포행위를 한 국회부의장을 상대로 권한쟁의심판을 청구할 수 있는가.

헌법재판소는 국회부의장은 국회의장의 위임에 따라 그 직무를 대리하여 법률안 가결선포행위를 할 수 있을 뿐이고, 법률안 가결선포행위에 따른 법적 책임을 지는 주체가 될 수 없기 때문에, 권한쟁의심판의 피청구인적격인 인정되지 않는 것으로 보고 있다.200)

④ 국회 교섭단체는 권한쟁의심판의 청구인이 될 수 있는가. 이에 대해서는 견해의 대립이 있다.201) 앞에서 언급한 바와 같이 헌법재판소는 부인하는 입장이다.202)

⑤ 또 다른 문제로 정당은 권한쟁의심판의 당사자가 될 수 있는가의 문제가 있다.

---

196) 헌재 2008.1.17. 2005헌라10, 국회의원과 대통령 등 간의 권한쟁의(각하) = 헌재 2007.7.26. 2005헌라8.
197) 이에 반하여 긍정설은 국회의원의 심의·표결권은 국회 외의 다른 기관에 의해서도 침해될 수 있다는 견해다. 국회의원의 심의·표결권은 대의민주주의의 실현을 위한 필수적 요소이므로 국회의원의 심의·표결행위를 단순히 국회의 내부적 행위로만 볼 수 없고 그 어느 누구에 대해서라도 그 침해를 주장할 수 있어야 한다는 논리다[헌재 2008.1.17. 2005헌라10, 국회의원과 대통령 등 간의 권한쟁의(각하)에서 이공현 재판관의 별개의견].
198) 권리주체가 아닌 제3자가 자신의 이름으로 권리주체를 위하여 소송을 수행할 수 있는 권능을 말한다. 권리는 원칙적으로 권리주체가 주장하여 소송수행을 하도록 하는 것이 자기책임의 원칙에 부합한다. 따라서 제3자 소송담당은 예외적으로 법률에 규정이 있는 경우에만 인정된다.
199) 헌재 2007.7.26. 2005헌라8; 2008.1.17. 2005헌라10.
200) 헌재 2009.10.29. 2009헌라8등, 국회의원과 국회의장 등 간의 권한쟁의[인용(권한침해), 기각, 각하].
201) 긍정하는 견해로는 헌법재판소, 헌법재판실무제요, 제2개정판, 2015, 400쪽 참조.
202) 헌재 2020.5.27. 2019헌라6등, 국회의원과 국회의장 간의 권한쟁의(기각) － 국회의장의 무제한 토론 거부행위와 공직선거법 본회의 수정안의 가결선포행위에 관한 권한쟁의 사건.

헌법재판소법 제62조의 국가기관이나 지방자치단체에 속하지 않기 때문에 정당은 권한쟁
의심판의 당사자가 될 수 없는 것으로 보인다. 헌법재판소가 판례 변경하여 판시하고 있는
권한쟁의심판의 당사자적격의 요건(ⓐ 그 국가기관이 헌법에 의하여 설치되고 헌법과 법률
에 의하여 독자적인 권한을 부여받고 있는지 여부, ⓑ 헌법에 의하여 설치된 국가기관 상
호간의 권한쟁의를 해결할 수 있는 적당한 기관이나 방법이 있는지 여부 등을 종합적으로
고려)을 고려하더라도 결국은 국가기관이어야 하므로 정당은 이에 해당한다고 보기 어려울
것이다.

독일의 경우에는 정당에 대해서도 권한쟁의심판(Organstreitigkeiten)의 청구인자격을 부
여하고 있다. 독일 기본법 제93조 제1항 제1호와 독일 연방헌법재판소법 제13조 제5호는
"연방헌법재판소는 연방최고기관의 권한과 의무의 범위에 관한 분쟁, 또는 이 기본법이나
연방최고기관의 사무규칙에 의하여 고유한 권리가 부여된 그 밖의 당사자(andere
Beteiligte)의 권한과 의무의 범위에 관한 분쟁을 원인으로 하는 이 기본법의 해석…… 에
관하여 판결한다."라고 규정하고 있는데, 독일연방헌법재판소는 정당이 자신의 특별한 헌법
상 지위에서 나오는 권리를 다투는 한 그 밖의 당사자에 정당이 포함되는 것으로 해석하고
있다.[203] 정당국가적 경향에 따라 정당도 권한쟁의심판에 의해 보호할 필요가 커지게 되어
서 독일연방헌법재판소는 초기부터 정당의 권한쟁의심판 당사자능력을 인정하여 왔다. 즉,
현대 대중민주주의에서는 정당 없이는 국가 최고공무원의 선출과 임명이 불가능하기 때문
이다. 그러나 정당은 권한쟁의심판을 청구할 수는 있지만, 권한쟁의심판의 상대방이 될 수
는 없다. 연방의회선거에서 연방정부가 그동안의 정부의 업적을 대대적으로 홍보하자 야당
이었던 기독교민주연합(CDU)은 그것이 집권당을 위한 선거운동이 되므로 선거에서의 기회
균등에 위반된다고 주장하면서 권한쟁의심판을 제기하였는데 연방헌법재판소는 이를 받아
들인 바 있다.[204] 독일은 기본법에 의해 고유한 권한을 부여받은 그 밖의 당사자라고 되어
있으므로 정당을 해석으로 포함할 여지가 있으나, 우리나라 헌법재판소법 제62조는 국가기
관 또는 지방자치단체로 못 박고 있다는 점에서 차이가 있다.

정부도 전체로서의 정부 외에 대통령(헌법 제66조)이나 국무총리(헌법 제86조), 행정
각부의 장(헌법 제94조),[205] 국무위원(헌법 제87조), 감사원(헌법 제97조) 등이 독립한 헌
법기관으로서 권한쟁의심판의 당사자능력이 인정되고 있다.[206] 이들 정부 내 기관들이
권한쟁의심판을 청구할 수 있는 경우는 대체로 국회나 지방자치단체 등 대외적 관계에
서이고, 대내적으로는 대통령의 명을 받아 분쟁을 해결하거나 국무회의를 통하여 조정

203) BVerfGE 44, 125, 137.
204) BVerfGE 44, 125.
205) 헌재 2008.3.27. 2006헌라1, 경상남도 등과 정부 간의 권한쟁의(각하).
206) 헌법재판실무제요 제2개정판, 400-401쪽 참조.

할 수 있을 것이므로207) 당사자능력을 인정할 수 없다고 보는 것이 타당하다.208)

법원도 대법원을 비롯한 각급법원 뿐만 아니라 개별 법관도 모두 권한쟁의심판의 당사자능력이 있다.209) 그러나 법원내부의 권한분쟁의 경우에 심급제도나 조직의 위계 질서에 따라 해결될 수 있는 경우에는 정부 내부의 권한분쟁과 마찬가지로 권한쟁의심판은 허용될 수 없다.210)

선거관리위원회와 관련하여 보면 중앙선거관리위원회(법 제62조 제1항 제1호)와 각급 선거관리위원회211)가 당사자적격이 인정된다.212)

헌법재판소가 권한쟁의심판의 당사자가 될 수 있는지에 대해서는 이견이 있다.213) 헌법재판소도 국가기관임에는 명백하므로 권한의 다툼이 있을 수 있다. 헌법재판소는 자신의 권한과 관련한 다툼을 스스로에게 심판을 청구하여야 하므로 자연적 정의(natural justice)에 위배될 수 있으나, 청구권자로서 헌법재판소와 심판권자로서 헌법재판소는 엄연히 구분될 뿐만 아니라 권한쟁의심판 이외에는 달리 방법이 없는 경우도 있을 수 있으므로, 권한쟁의심판의 당사자가 될 수 있다고 보아야 할 것이다.

국가인권위원회는 법률상 설치된 기관이므로 비록 법률에 의해 독자적인 지위를 부여받고 있다고 하더라도 헌법에 의하여 설치되지 않아서 법률개정에 의하여 존폐 및

---

207) 헌재 2010.10.28. 2009헌라6등.
208) 헌법재판실무제요, 제2개정판, 401쪽 참조.
209) 헌재 2010.7.29. 2010헌라1, 국회의원과 법원 간의 권한쟁의(각하). 이 사건은 국회의원이 서울남부지방법원 제51민사부를 피청구인으로 하여 권한쟁의심판을 청구한 사건이다. 이 사건은 종국적으로 각하되었는데 그 이유는, 특정 정보를 인터넷 홈페이지에 게시하거나 언론에 알리는 것과 같은 행위는 헌법과 법률이 특별히 국회의원에게 부여한 국회의원의 독자적인 권능이라고 할 수 없고 국회의원 이외의 다른 국가기관은 물론 일반 개인들도 누구든지 할 수 있는 행위로서, 그러한 행위가 제한된다고 해서 국회의원의 권한이 침해될 가능성은 없다는 점에서 부적법 각하된 것이다. 헌법재판소는 국회의원인 청구인은 피청구인 법원의 가처분재판과 간접강제재판으로 인해 입법에 관한 국회의원의 권한과 국정감사 또는 조사에 관한 국회의원의 권한이 침해되었다는 취지로 주장하나, 이 사건 가처분재판이나 이 사건 간접강제재판에도 불구하고 청구인으로서는 얼마든지 법률안을 만들어 국회에 제출할 수 있고 국회에 제출된 법률안을 심의하고 표결할 수 있어 입법에 관한 국회의원의 권한인 법률안 제출권이나 심의·표결권이 침해될 가능성이 없으며, 피청구인의 가처분재판과 간접강제재판은 국정감사 또는 조사와 관련된 국회의원의 권한에 대해서도 아무런 제한을 가하지 않고 있어, 국정감사 또는 조사와 관련된 국회의원으로서의 권한이 침해될 가능성 또한 없다. 따라서 이 사건 권한쟁의심판청구는 청구인의 권한을 침해할 가능성이 없어 부적법하다고 본 것이다.
210) 헌법재판실무제요 제2개정판, 401쪽 참조.
211) 헌재 2008.6.26. 2005헌라7, 강남구 등과 국회 등 간의 권한쟁의(기각, 각하).
212) 헌법재판실무제요, 제2개정판, 2015, 400쪽 참조.
213) 헌법재판실무제요, 제2개정판, 2015, 401쪽 참조.

권한범위 등이 좌우되므로 여기의 국가기관에 해당하지 않는다는 이유로 당사자능력을 부인한 바 있다.[214] 마찬가지 이유에서 「경찰법」상의 국가경찰위원회도 권한쟁의심판의 당사자능력이 부인되었다.[215]

NOTE | **권한쟁의심판에 있어서 소권의 남용 문제**

국가기관의 권한쟁의심판 청구를 소권의 남용이라고 평가하기 위해서는, 그것이 권한쟁의심판 제도의 취지와 전혀 부합되지 않는다고 볼 극히 예외적인 사정이 인정되어야 할 것인바, 권한쟁의심판 제도 자체가 헌법적 가치질서를 보호하는 객관적 기능을 수행하는 것이고, 특히 국회의원의 법률안 심의·표결권의 침해 여부가 문제되는 권한쟁의심판의

---

214) 헌재 2010.10.28. 2009헌라6, 국가인권위원회와 대통령 간의 권한쟁의(각하). 권한쟁의심판의 국가기관을 위 본문과 같이 그 범위에 일정한 한계가 있는 것으로 보면, 「행정소송법」 제45조에서는 기관소송은 법률이 정한 경우에 법률이 정한 자에 한하여 제기할 수 있도록 하고 있기 때문에 헌법상의 권한쟁의심판에 속하지 않으면서 기관소송의 대상이 되지 않는 경우도 생길 수 있다. 이런 경우에는 대법원 판례에 따르면 항고소송의 가능성이 열려 있다. 즉, 국민권익위원회가 경기도선거관리위원회 위원장에 대하여 신고자에 대한 중징계요구를 취소하고 향후 신고로 인한 신분상 불이익처분 및 근무조건상의 차별을 하지 말 것을 요구하는 내용의 조치요구를 한 사안에서 대법원은 다음과 같이 판시하고 있다: "국가기관 사이에 어느 일방(국민권익위원회)이 상대방(경기도선거관리위원회 위원장)에 대하여 일정한 의무를 부과하는 내용의 조치요구를 한 사안에서 그 조치요구의 상대방인 국가기관이 이를 다투고자 할 경우, 이는 국가기관 내부의 권한 행사에 관한 것이어서 기관소송의 대상으로 하는 것이 적절해 보이나, 행정소송법은 제45조에서 '기관소송은 법률이 정한 경우에 법률에 정한 자에 한하여 제기할 수 있다'고 규정하여 이른바 기관소송 법정주의를 채택하고 있고, 조치요구에 관하여는 국민권익위원회법 등 법률에서 원고에게 기관소송을 허용하는 규정을 두고 있지 아니하므로, 이 사건 조치요구를 이행할 의무를 부담하고 있는 원고로서는 기관소송으로 이 사건 조치요구를 다툴 수는 없다. 또한 이 사건 조치요구는 법률에 근거하여 설립된 행정부 소속의 국무총리 산하 기관인 피고 위원회가 헌법상의 독립기관인 중앙선거관리위원회 산하기관인 원고에 대하여 한 것으로서 정부 조직 내에서 그 처분의 당부에 대한 심사·조정을 할 수 있는 다른 방도가 없을 뿐만 아니라, 피고 위원회는 헌법 제111조 제1항 제4호 소정의 '헌법에 의하여 설치된 국가기관'이라고 할 수 없으므로(헌법재판소 2010.10.28. 2009헌라6 전원재판부 결정 참조), 원고와 피고 위원회 사이에 헌법 제111조 및 헌법재판소법 제62조 제1항에서 정한 권한쟁의심판이 가능해 보이지도 아니한다. 결국 앞서 본 바와 같이 국민권익위원회법이 원고에게 피고 위원회의 조치요구에 따라야 할 의무를 부담시키는 외에 별도로 그 의무를 이행하지 아니할 경우 과태료나 형사처벌의 제재까지 규정하고 있는데, 이와 같이 국가기관 일방의 조치요구에 불응한 상대방 국가기관에게 그와 같은 중대한 불이익을 직접적으로 규정한 다른 법령의 사례를 찾기 어려운 점, 그럼에도 원고가 피고 위원회의 조치요구를 다툴 별다른 방법이 없는 점 등에 비추어 보면, 피고 위원회의 이 사건 조치요구의 처분성이 인정되는 이 사건에서 이에 불복하고자 하는 원고로서는 이 사건 조치요구의 취소를 구하는 항고소송을 제기하는 것이 유효·적절한 수단이라고 할 것이므로, 비록 원고가 국가기관에 불과하더라도 이 사건에서는 당사자능력 및 원고적격을 가진다고 봄이 상당하다."(대법원 2013.7.25. 2011두1214 판결).

215) 헌재 2022.12.22. 2022헌라5, 국가경찰위원회와 행정안전부장관 간의 권한쟁의(각하).

경우는 국회의원의 객관적 권한을 보호함으로써 헌법상의 권한질서 및 국회의 의사결정체제와 기능을 수호·유지하기 위한 공익적 쟁송으로서의 성격이 강하므로, 설령 청구인들 중 일부가 자신들의 정치적 의사를 관철하려는 과정에서 본회의의 개의 자체를 방해하고자 물리력을 행사하고, 회의가 진행되는 동안에도 국회부의장의 의사진행을 방해하며 다른 국회의원들의 투표를 방해하는 등 자신들의 권한 침해를 유도한 측면이 있다고 하더라도, 그러한 사정만으로 이 사건 심판청구 자체가 권한쟁의심판 제도의 취지와 전혀 부합되지 않는 소권의 남용에 해당하여 부적법하다고 볼 수는 없다.216)

나. 국가기관과 지방자치단체 간의 권한쟁의심판

국가기관과 지방자치단체 간의 권한쟁의심판에서는 ① 정부와 특별시·광역시·특별자치시·도·특별자치도 간의 권한쟁의심판이 있고, ② 정부와 시·군·지방자치단체인 구(자치구) 간의 권한쟁의심판이 있다.

정부는 전체로서의 정부 외에 정부의 부분기관인 대통령,217) 장관,218) 등도 당사자능력이 인정된다.

그런데 정부도 국가기관과 마찬가지로 예시로 보아야 한다. 따라서 국회,219) 감사원,220) 각급 선거관리위원회,221) 등이 지방자치단체와의 권한쟁의심판의 당사자가 될 수 있다. 그러나 지방해양수산청은 독자적인 권한을 가지는 것이 아니고 해양수산부장관의 사무의 일부를 관장하는 것이므로 당사자능력이 없다.222)

지방자치단체의 장이 국가사무를 위임받아 집행하는 사무에 관하여 다른 지방자치단체가 제기한 권한쟁의심판은 국가기관과 지방자치단체간의 권한쟁의심판의 유형에 속한다.223)

---

216) 헌재 2009.10.29. 2009헌라8등, 국회의원과 국회의장 등 간의 권한쟁의[인용(권한침해), 기각, 각하].
217) 헌재 2002.10.31. 2001헌라1(기각).
218) 행정자치부장관 또는 행정안전부장관[헌재2002.10.31. 2002헌라2(기각); 2009.5.28. 2006헌라6등(인용(권한침해))], 건설교통부장관[헌재 2006.3.30. 2003헌라2(각하)], 해양수산부장관[헌재 2008.3.27. 2006헌라1(각하)], 교육부장관[헌재 2013.9.26. 2012헌라1(기각)].
219) 헌재 2008.6.26. 2005헌라7(기각, 각하).
220) 헌재 2008.5.29. 2005헌라3(기각, 각하).
221) 헌재 2008.6.26. 2005헌라7(기각, 각하).
222) 헌재 2008.3.27. 2006헌라1(각하).
223) 개정전 「행정심판법」에 따라 예컨대 경기도가 재결청의 지위에서 「행정심판법」 제37조 제2항의 규정에 따라 행한 직접처분이 청구인인 성남시의 권한을 침해하는지 여부를 다툰 권한쟁의심판은 지방자치단체인 청구인(성남시)과 국가기관인 재결청으로서의 피청구인(경기도지사) 사이의 권한쟁의 사건으로 보았다[헌재 1999.7.22. 98헌라4(인용(무효확인), 인용(권한침해), 각하)].

지방자치단체의 종류는 「지방자치법」에서 정하고 있기 때문에(제117조 제2항, 지방자치법 제2조), 헌법재판소법 제61조 제1항의 지방자치단체는 예시조항으로 볼 수 없고 열거된 것으로 보아야 한다.

다. 지방자치단체 상호간의 권한쟁의심판

헌법재판소법 제62조 제1항에서는 지방자치단체 상호간의 권한쟁의심판으로 특별시·광역시·특별자치시·도·특별자치도 상호간의 권한쟁의심판과 시·군·자치구 상호간의 권한쟁의심판, 특별시·광역시·특별자치시·도·특별자치도와 시·군·자치구 간의 권한쟁의심판을 규정하고 있다.

2. 당사자적격(청구인적격, 피청구인적격)

당사자적격(Sachlegitimation)은 구체적인 사건에서 소송을 수행하고 본안판단을 받을 수 있는 자격을 말한다. 구체적 사건을 전제로 한다는 점에서 당사자능력과 구별된다. 구체적인 사건에서 누가 누구를 대상으로 소송을 제기할 것인가라는 당사자적격의 문제는 구체적인 소송사건의 청구내용에 따라 판단하되, 헌법재판소가 직권으로 판단하게 된다.

구체적인 권한쟁의심판사건에서 당사자적격은 청구인적격과 피청구인적격으로 구분될 수 있다.[224] 물론 청구인적격, 피청구인적격이 인정되기 위해서는 그 전제로 당사자능력이 인정되어야 한다.

1) 청구인적격

권한쟁의심판에서는 "헌법 또는 법률에 의하여 부여받은 권한이 침해되었거나 침해될 현저한 위험이 있는 국가기관 또는 지방자치단체"가 권한쟁의심판의 청구인적격을 갖는다(법 제61조 제2항). 청구인적격이 인정되려면 침해당하였다고 주장하는 헌법상 내지 법률상 권한과 적절한 관련성이 있음이 인정되어야 한다.[225]

---

224) 헌재 2006.8.31. 2004헌라2[인용(취소), 인용(권한확인), 인용(위헌확인)].
225) 헌재 2006.8.31. 2004헌라2, 강서구와 진해시간의 권한쟁의[인용(취소), 인용(권한확인), 인용(위헌확인)]. 국회가 2022.5.9. 법률 제18861호로 「검찰청법」을 개정한 행위 및 같은 날 법률 제18862호로 「형사소송법」을 개정한 행위에 대한 권한쟁의심판에서, 이는 헌법상 소관 사무에 관하여 부령을 발할 수 있고 「정부조직법」상 법무에 관한 사무를 관장하는 이와 같은 법무부장관의 권한을 제한하지 아니하여 법무부장관의 청구인적격이 부인된 사례[헌재 2023.3.23. 2022헌라

국회의원은 국회의장이나 국회상임위원회 위원장과의 관계에서와 같은 내부관계
에서의 권한쟁의심판에서는 청구인적격을 가지나,²²⁶⁾ 대통령이나 정부에 대한 관계와
같은 외부관계에 있어서는 국회가 청구권자로 되고 국회의원은 청구권이 없다.²²⁷⁾

국회가 청구인적격을 가지는 경우에 국회의원도 청구인적격을 가질 수 있는가는
제3자 소송담당을 인정할 것인가의 문제로 된다.²²⁸⁾

특별시·광역시·도, 시·군·자치구 등 지방자치단체도 권한쟁의심판의 청구인적격
이 있다. 그런데 지방자치단체 '상호간'의 권한쟁의심판에서 말하는 '상호간'이란 '서로 상
이한 권리주체간'을 의미한다.²²⁹⁾ 따라서 지방자치단체의 장은 원칙적으로 권한쟁의 심
판청구의 당사자가 될 수 없다. 예외적으로 지방자치단체의 장이 국가위임 사무에 대해
국가기관의 지위에서 처분을 행한 경우에는 권한쟁의 심판청구의 당사자가 될 수 있다.
따라서 지방자치단체의 장의 과세처분은 지방자치단체사무의 집행기관으로서 한 과세처
분이므로, 지방자치단체의 장이 서로 특정 사인에 대한 과세처분의 권한이 있음을 권한
쟁의심판으로 다투려는 경우에 두 지방자치단체의 장 모두 당사자적격이 없어서 부적법
하다.²³⁰⁾ 또 지방의회와 지방자치단체의 집행기관인 지방자치단체장 간의 내부적 분쟁은
국가기관 상호간의 권한쟁의심판이나 국가기관과 지방자치단체 상호간의 권한쟁의심판
에 해당하지 아니함은 물론이고 지방자치단체 상호간의 권한쟁의심판의 범위에도 속하
지 아니한다.²³¹⁾

권한쟁의가 「지방교육자치에 관한 법률」 제2조에 따른 교육·학예에 관한 지방자
치단체의 사무에 관한 것인 때에는 교육감이 정부나 다른 지방자치단체와의 권한쟁의

4, 법무부장관 등과 국회 간의 권한쟁의(각하) – 검사의 수사권 축소 등에 관한 권한쟁의 사건]
참조.
226) 헌재 1997.7.16. 96헌라2, 국회의원과 국회의장간의 권한쟁의[인용(권한침해), 기각]; 2010.12.28.
2008헌라7등, 국회의원과 국회의장 등 간의 권한쟁의[인용(권한침해, 기각, 각하)].
227) 국회의원의 심의·표결권의 경우는 대통령 등 국회 이외의 기관과의 대외적 관계에서는 침해될
수 없다는 결정[헌재 2007.7.26. 2005헌라8, 국회의원과 정부 간의 권한쟁의(각하); 2015.11.26.
2013헌라3].
228) 이에 대해서는 후술 참조.
229) 헌재 2018.7.26. 2018헌라1, 거제시의회와 거제시장 간의 권한쟁의(기각); 2010.4.29. 2009헌라11;
2016.6.30. 2014헌라1 등 참조.
230) 헌재 2006.8.31. 2003헌라1, 광양시등과 순천시등 간의 권한쟁의[인용(무효확인), 인용(권한확인),
기각, 각하].
231) 헌재 2018.7.26. 2018헌라1; 2010.4.29. 2009헌라11; 2016.6.30. 2014헌라1 등 참조. 지방의회와
지방자치단체장(교육·학예에 관한 사무에 대해서는 교육감) 간의 권한다툼은 「행정소송법」상 기
관소송이 된다.

심판의 당사자가 된다(법 제62조 제2항). 이 조항의 의미는 교육감이 지방자치단체라는 의미가 아니라 교육감이 지방자치단체를 대표한다는 의미로 이해된다.[232] 그러나 동일한 광역지방자치단체 내에서 교육·학예에 관한 사무에 관한 당해 지방자치단체의 장과 교육감의 권한 다툼은 권한쟁의심판의 대상이 되지 않는다. 왜냐하면 지방자치단체 상호간의 권한쟁의심판은 서로 상이한 권리주체인 지방자치단체간의 권한쟁의심판을 의미하는데, 「지방교육자치에 관한 법률」 제18조 제1항에 따르면 교육감은 시·도의 교육·학예에 관한 사무의 집행기관에 불과하기 때문이다.

2) 피청구인적격

피청구인적격은 **처분 또는 부작위를 야기한 기관으로서 법적 책임을 지는 기관에게 있다.**[233] 예컨대 법률의 제·개정 행위를 다투는 권한쟁의심판의 경우에는 국회의원이 아니라 **국회**가 피청구인적격을 가지므로, 국회의장이나 상임위원회 위원장에 대하여 제기한 심판청구는 부적법하다.[234] 그에 반하여 **법률안 가결 선포행위**에 대한 권한쟁의심판에 있어서는 법률안 가결 선포 등의 권한(국회법 제10조, 제110조, 제113조 등)을 갖는 **국회의장**만이 피청구인적격이 있고 국회의장의 직무를 위임에 따라 대리하여 법률안 가결 선포행위를 한 국회부의장은 피청구인적격이 없다.[235]

권한쟁의가 「지방교육자치에 관한 법률」 제2조에 따른 교육·학예에 관한 지방자치단체의 사무에 관한 것인 때에는 교육감이 피청구인적격이 있다(법 제62조 제2항).

3. 제3자 소송담당

제3자 소송담당이란 권리주체가 아닌 제3자가 자신의 이름으로 권리주체를 위해 소송을 수행할 수 있는 권능을 말한다. 권리는 원칙적으로 권리주체가 주장하여 소송 수행을 하도록 하는 것이 자기책임의 원칙에 부합하기 때문에 제3자 소송담당은 예외

---

232) 헌법재판소, 헌법재판실무제요, 제2개정판, 407쪽 참조. 따라서 교육감이 청구인인 경우에 헌법재판소 결정에서는 "전라북도대표자 교육감 김○환"라고 표기하고 있다.
233) 헌재 2016.5.26. 2015헌라1, 국회의원과 국회의장 등 간의 권한쟁의(각하); 2010.12.28. 2008헌라7등, 국회의원과 국회의장 등 간의 권한쟁의[인용(권한침해), 기각, 각하, 취하]; 2006.8.31. 2004헌라2, 강서구와 진해시간의 권한쟁의[인용(취소),인용(권한확인), 인용(위헌확인)].
234) 헌재 2016.5.26. 2015헌라1, 국회의원과 국회의장 등 간의 권한쟁의(각하); 2005.12.22. 2004헌라3(기각, 각하); 2008.6.26. 2005헌라7(기각, 각하) 등 참조.
235) 헌재 2011.8.30. 2009헌라7, 국회의원과 국회의장 간의 권한쟁의[인용(권한침해), 기각] ― 방위사업법 날치기 권한쟁의 사건.

적으로 법률에 규정이 있는 경우에만 인정된다.

국회의 구성원인 국회의원이 국회의 권한침해를 주장하면서 권한쟁의심판을 청구할 수 있는가와 관련하여 헌법재판소는, '우리의 법제에는 제3자 소송담당을 인정하는 명문의 규정이 없기 때문에 국회의원은 권한쟁의심판의 청구인적격이 없다.'고 판시하고 있다.[236] 이와는 반대로 제3자 소송담담을 허용하여야 한다는 입장도 있다.[237]

II. 청구사유

권한쟁의심판이라고 하더라도 피청구인의 처분 또는 부작위가 "헌법 또는 법률에 의하여 부여받은 청구인의 권한을 침해하였거나 침해할 현저한 위험이 있는 경우에만" 청구할 수 있다(법 제61조 제2항).[238] 따라서 피청구인의 처분 또는 부작위가 헌법 또는 법률에 의하여 부여받은 청구인의 권한을 침해할 가능성이 없는 경우에는 부적법하게 된다.[239]

따라서 국가기관 등의 '헌법상 권한'은 국회의 입법행위를 비롯한 다양한 국가기관의 행위로 침해될 수 있지만, '법률상 권한'은, 다른 국가기관의 행위로 침해될 수 있음은 별론으로 하고, 국회의 입법행위로는 침해될 가능성이 없다. 국회의 입법에 의해서 부여된 법률상 권한이 개념적으로 국회의 입법권을 구속할 수는 없기 때문이다.[240]

지방자치단체는 헌법 또는 법률에 의하여 부여받은 그의 권한, 즉 지방자치단체의

---

236) 헌재 2007.7.26. 2005헌라8(각하). 같은 내용의 판결: 헌재 2008.1.17. 2005헌라10; 2015.11.26. 2013헌라3(각하). 제3자 소송담당 규정의 부재 외에 국회의원이 국회를 대신해 권한쟁의심판을 청구할 수 없는 이유로는 ① 국회의 의사가 다수결에 의하여 결정되었음에도 다수결의 결과에 반대하는 소수의 국회의원에게 권한쟁의심판을 청구할 수 있게 하는 것은 다수결의 원리와 의회주의의 본질에 어긋날 뿐만 아니라, ② 국가기관이 기관 내부에서 민주적인 방법으로 토론과 대화에 의하여 기관의 의사를 결정하려는 노력 대신 모든 문제를 사법적 수단에 의해 해결하려는 방향으로 남용될 우려가 있기 때문이라고 한다[헌재 2015.11.26. 2013헌라3, 국회의원과 대통령 간의 권한쟁의(각하)].

237) 허영, 헌법소송법론, 박영사, 2011, 313쪽; 정종섭, 헌법학원론, 2009, 974쪽; 한수웅, 헌법학, 법문사, 2011, 1391쪽; 성낙인 외, 헌법소송법, 법문사, 2012, 323쪽. 헌재 2015.11.26. 2013헌라3, 국회의원과 대통령간의 권한쟁의(각하) 결정의 김이수, 이진성, 강일원 재판관의 반대의견.

238) 헌재 2008.5.29. 2005헌라3, 강남구청 등과 감사원 간의 권한쟁의(기각, 각하).

239) 헌재 2016.5.26. 2015헌라1, 국회의원과 국회의장 등 간의 권한쟁의(각하); 2010.12.28. 2009헌라2(각하) 참조.

240) 따라서 검사의 수사권 축소를 다투는 권한쟁의심판 사건에서 국회의 법률개정행위로 인하여 검사의 권한침해가능성은 인정되지 않는다[헌재 2023.3.23. 2022헌라4, 법무부장관 등과 국회 간의 권한쟁의(각하) - 검사의 수사권 축소 등에 관한 권한쟁의 사건].

사무에 관한 권한이 침해되거나 침해될 우려가 있는 때에 한하여 권한쟁의심판을 청구할 수 있다.[241] 예컨대 도시계획사업실시계획인가사무는 국가사무로서 건설교통부장관으로부터 시·도지사에게 위임되었고 다시 시장·군수에게 재위임된 기관위임사무로서, 경기도의 도시계획 관련 인가처분이 시장·군수(여기서는 성남시)의 권한을 침해하였음을 주장하는 권한쟁의심판은 부적법하다.[242] 또 지적법은 임야대장 등 지적공부의 등록을 국가사무로 하고 이를 시장·군수에게 위임하고 있는 기관위임사무로서 다툼이 있는 섬에 대한 임야대장 등록사무에 관한 권한의 존부 및 범위에 관하여 북제주군이 완도군수를 상대로 청구한 권한쟁의심판은 국가사무에 관하여 다투는 것이므로 부적법하다.[243]

부작위에 의한 권한침해를 주장하는 경우에는 작위의무가 존재하여야 한다.[244]

국가기관 또는 지방자치단체가 자기의 권한이 아니라고 주장하면서 제기하는 소위 **소극적 권한쟁의심판청구**가 가능한지와 관련하여서는 명문의 규정이 없을 뿐만 아니라 헌법재판소의 명확한 판례도 존재하지 않기 때문에 문제가 될 수 있다. 그런데 이미 살펴본 바와 같이 권한쟁의심판의 청구사유는 청구인의 권한침해를 적극적으로 주장함으로써 하여야 하기 때문에 자신의 권한이 아님을 주장하면서 제기하는 권한쟁의심판은 허용되기 어렵다.

권한쟁의심판은 법률상 부여받은 권한에 대한 다툼에 대해서도 제기할 수 있기 때문에 「행정소송법」의 기관소송과 중첩될 수 있지만, 「행정소송법」 제3조 제4호 기관소송에서는 "국가 또는 공공단체의 기관 상호 간에 있어서의 권한의 존부 또는 그 행사에 관한 다툼이 있을 때에 이에 대하여 제기하는 소송. 다만, 헌법재판소법 제2조의 규정에 의하여 헌법재판소의 관장사항으로 되는 소송은 제외한다."라고 하여 헌법재판소법상 권한쟁의심판과의 충돌을 피하고 있다.

| NOTE | 청구사유가 없는 경우 기각 또는 각하 여부 | |

청구사유, 즉 헌법 또는 법률에 의하여 부여받은 청구인의 권한을 침해하였거나 침해할 현저한 위험이 없는 때에 헌법재판소는 기각결정을 하기도 하였으나,[245] 청구사유가 없다는

---

241) 헌재 2004.9.23. 2000헌라2, 당진군과 평택시 간의 권한쟁의[인용(권한확인), 각하].
242) 헌재 1999.7.22. 98헌라4, 성남시와 경기도 간의 권한쟁의[인용(무효확인), 인용(권한침해), 각하].
243) 헌재 2008.12.26. 2005헌라11, 북제주군과 완도군 등 간의 권한쟁의[인용(권한확인), 각하].
244) 헌재 1998.7.14. 98헌라3, 국회의장과 국회의원 간의 권한쟁의(각하).
245) 헌재 1996.4.15. 96헌라1, 시흥시와 정부 간의 권한쟁의(기각)결정의 재판관 5인의 다수의견: "피

것은 권한의 침해가 없다는 의미이므로 기각하는 것이 완전히 부당하다고 할 수는 없지만, 청구사유는 헌법재판소법 제61조 제2항에 따르면 명백히 적법요건에 해당하므로 청구사유를 갖추지 못한 경우에는 이 결정의 반대의견246)과 같이 각하함이 논리적이다.247) 최근의 헌법재판소 결정에서는 각하하고 있다.248)

 지방의회 의원과 그 기관의 대표자인 지방의회 의장 사이의 헌법 또는 법률상의 권한의 분쟁은 권한쟁의심판의 사유가 될 수 있는가.

 헌법재판소법 제62조에 따르면 이는 권한쟁의심판의 대상이 되지 아니한다. 이를 다투려면 「행정소송법」상의 기관소송을 제기하여야 한다.249)

III. 청구대상

권한쟁의심판의 청구대상은 **청구인의 권한을 침해한 것으로 주장되는 국가기관 등이 행한 처분 또는 부작위**이다.

처분이란 입법행위와 같은 법률의 제정과 관련된 권한의 존부 및 행사상의 다툼, 행정처분·행정입법과 같은 모든 행정작용 그리고 법원의 재판 및 사법행정작용 등을 포함하는 넓은 의미의 공권력처분을 의미한다.250) 기관 내부적 의결행위는 청구인들의 법적

청구인의 부작위에 의하여 청구인의 권한이 침해되었거나 침해될 현저한 위험이 있다고 할 수 없는 사건이므로 이 사건 심판청구는 헌법재판소법 제61조 제2항 소정의 요건을 갖추지 못한 것이라고 할 것이다. 그렇다면 청구인의 심판청구는 그 권한이 침해된 바 없어 이유 없으므로 이를 기각하기로 하여 주문과 같이 결정한다."

246) 헌재 1996.4.15. 96헌라1, 시흥시와 정부 간의 권한쟁의(기각)결정의 재판관 3인의 반대의견: "피청구인의 부작위에 의하여 청구인의 권한이 침해되었거나 침해될 현저한 위험이 있다고 할 수 없으므로, 이 사건 심판청구는 헌법재판소법 제61조 제2항 소정의 적법요건을 갖추지 못한 것이라고 할 것이다. 따라서 이 사건 심판청구는 부적법하므로 이를 각하하여야 할 것이다."

247) 헌법소원심판의 청구요건과 관련하여 헌법재판소법은 "헌법상 보장된 기본권을 침해받은 자"로 규정하고 있으나 헌법재판소 판례에서는 여기서의 침해는 확정적인 침해가 아니라 침해의 가능성을 의미하는 것으로 보고 그것이 인정되면 본안판단으로 나아가고 그렇지 않으면 부적법 각하된다. 권한쟁의심판에서도 이와 유사하게 "청구인의 권한이 침해하였거나 침해할 현저한 위험이 있는 경우"의 의미를 확정적인 의미가 아닌 침해의 가능성으로 이해하여서 이를 적법요건으로 보는 것이 가능할 것이고, 그 확정적 침해의 여부는 본안판단에서 하는 것도 생각해 볼 수 있다.

248) "피청구인의 처분 또는 부작위가 헌법 또는 법률에 의하여 부여받은 청구인의 권한을 침해할 가능성이 없는 경우에 제기된 권한쟁의심판청구는 부적법하다."[헌재 2016.5.26. 2015헌라1, 국회의원과 국회의장 등 간의 권한쟁의(각하); 2010.12.28. 2009헌라2(각하) 참조].

249) 헌재 2010.4.29. 2009헌라11, 경기도 안산시 의회 의원과 의회 의장 간의 권한쟁의(각하).

250) 헌재 2006.5.25. 2005헌라4, 강남구 등과 국회 간의 권한쟁의(각하).

지위에 직접 영향을 미치지 않아서 청구대상이 되지 않음이 원칙이나,[251] 청구인의 권한에 부정적인 영향을 주어서 법적으로 문제되는 경우에는 사실행위나 내부적인 행위도 권한쟁의심판의 대상이 되는 처분에 해당한다.[252] 법률제정과 관련하여서는 법률 자체가 아니라 법률제정행위가 청구대상이 된다.[253]

청구대상으로 인정된 예로는 ① 국회의원의 의사에 반하여 국회의장이 국회의원이 소속한 상임위원회를 보임 변경한 행위,[254] ② 건설교통부장관의 고속철명칭결정[255] 등이 있다.

그런데 처분이란 법적 중요성을 지닌 것에 한하므로, **청구인의 법적 지위에 구체적으로 영향을 미칠 가능성이 없는 행위는 처분이라 할 수 없어** 이를 대상으로 하는 권한쟁의심판청구는 허용되지 않는다. 따라서 행정자치부장관이 지방자치단체 등에 대하여 한 업무연락 또는 단순한 견해의 표명 등에 불과한 통보행위 등의 조치는 처분성이 인정되지 않는다.[256]

장래처분은 원칙적으로 청구대상이 되지 않는다.[257]

---

251) 헌재 2018.7.26. 2015헌라4, 경기도 성남시 등과 국무총리 등 간의 권한쟁의(각하).
252) 예컨대 건설교통부장관이 아산시의 주민투표결과를 반영하여 경부고속철도 제4-1공구역의 명칭을 "천안아산역(온양온천)"으로 한 결정[헌재 2006.3.30. 2003헌라2, 아산시와 건설교통부장관 간의 권한쟁의(각하)].
253) 헌재 2006.5.25. 2005헌라4, 강남구 등과 국회 간의 권한쟁의(각하); 2010.6.24. 2005헌라9등, 경상남도 등과 정부 등 간의 권한쟁의[인용(권한확인), 기각, 각하]. 그런데 헌재 2006.8.31. 2004헌라2, 18-2, 356, 강서구와 진해시 간의 권한쟁의[인용(취소), 인용(권한확인), 인용(위헌확인)]에서는 "적법요건으로서의 "처분"에는 개별적 행위뿐만 아니라 규범을 제정하는 행위도 포함되며, 입법영역에서는 법률의 제정행위 및 법률 자체를, 행정영역에서는 법규명령 및 모든 개별적인 행정적 행위를 포함한다."라고 판시하여 법률 자체도 포함시키고 있다.
254) 헌재 2003.10.30. 2002헌라1, 국회의원과 국회의장 간의 권한쟁의(기각).
255) 헌재 2006.3.30. 2003헌라2, 아산시와 건설교통부장관 간의 권한쟁의(각하).
256) 헌재 2006.3.30. 2005헌라1, 울산광역시 동구 등과 행정자치부장관간의 권한쟁의(각하). 이 사건의 심판대상은 피청구인(행정자치부장관)이 ① 2004.11.4. '행정부시장·부지사 회의'를 개최하여 행정자치부에서 마련한 「지방공무원복무조례중개정조례」 표준안대로 복무조례를 개정할 것을 요청한 것, ② 2004.11.4.경 「전공노 총파업관련징계업무처리지침」을 울산광역시를 비롯한 각 시·도에 이를 통보한 것(이에 따라 같은 달 9.에 울산광역시는 청구인들을 포함한 산하 기초자치단체에 같은 내용을 통보한 바 있다.), ③ 2004.11.10. 청구인들을 포함한 지방자치단체에「전공노 대책 관련 긴급 지시」중 "사태 종료 시까지 전공노 조합원의 병·연가 불허 - 자연보호·체육행사·야유회 등 파업참여수단으로 변질될 수 있는 외부행사개최도 금지"라는 부분을 통지한 것, ④ 2004.11.4. 법무부장관과 공동으로 발표한 담화문에서 "정부방침에 소극적이거나 안이한 대처로 국민에게 피해와 불편을 초래한 자치단체에 대하여는 특별교부세 지원 중단, 정부시책사업 선정 시 배제 등 범정부적 차원의 행정·재정적 불이익조치를 취할 것"이라고 선언한 것이 각 청구인들의 권한들을 침해하는지 여부였다.
257) 이에 대해서는 이하 권리보호이익 또는 심판청구의 이익 부분 참조.

권한쟁의심판의 적법요건으로서 부작위는 헌법상 또는 법률상의 작위의무가 있는데도 불구하고 이를 이행하지 아니하는 것을 말하고 단순한 사실상의 부작위는 포함되지 않는다.258) 예컨대 법률조항에 의하여 도로들, 제방, 섬들이 청구인의 관할구역으로 변경됨에 따라 이 토지들에 대한 자치권한이 청구인에게 귀속된 경우, 피청구인은 구「지방자치법」제5조에 따라 이 토지들에 대한 사무와 재산을 청구인에게 인계할 의무가 있음에도 이를 이행하지 않고 있는 것은 권한쟁의심판의 대상이 되는 부작위에 해당한다.259)

IV. 권리보호이익 또는 심판청구의 이익

권한쟁의심판의 권리보호이익 또는 심판청구의 이익은 심판청구 시와 심판결정 시에 모두 존재하여야 하는 것이 원칙이다. 그러나 심판청구 중 침해행위가 종료되는 등 청구인의 입장에서는 권리보호이익이 소멸되었다 하더라도 권한쟁의심판도 주관적 권리구제뿐만 아니라 객관적 헌법질서의 보장의 기능도 겸하고 있다는 점에서 ① 청구인에 대한 권한의 침해행위가 앞으로도 반복될 위험이 있고, ② 헌법질서의 수호·유지를 위하여 그에 대한 헌법적 해명이 긴요한 사항에 대하여는 예외적으로 심판청구의 이익을 인정할 수 있다.260)

현재의 처분이 아닌 **장래의 처분**에 대해서는 원칙적으로 심판청구이익이 인정되지 않는다. 그러나 헌법재판소는 ① 피청구인의 장래처분이 확실하게 예정되어 있고, ② 피청구인의 장래처분에 의해서 청구인의 권한이 침해될 위험성이 있어서 청구인의 권한을 사전에 보호해 주어야 할 필요성이 매우 큰 예외적인 경우에는 피청구인의 장래처분에 대해서도 권한쟁의심판을 청구할 수 있다고 한다. 그 이유는 권한의 존부와 범위에 대한 다툼이 이미 발생한 경우에는 피청구인의 장래처분이 내려지기를 기다렸다가 권한쟁의심판을 청구하게 하는 것보다는 사전에 권한쟁의심판을 청구하여 권한쟁의심판을 통하여 권한다툼을 사전에 해결하는 것이 권한쟁의심판제도의 목적에 더 부합되기 때문이다.261)

---

258) 헌재 1998.7.14. 98헌라3(각하); 2006.8.31. 2004헌라2[인용(취소), 인용(권한확인), 인용(위헌확인)].
259) 헌재 2006.8.31. 2004헌라2.
260) 헌재 2009.5.28. 2006헌라6, 서울특별시와 정부 간의 권한쟁의(인용, 반대의견 있음); 2003.10.30. 2002헌라1, 국회의원과 국회의장 간의 권한쟁의(기각). 그 외 헌재 1997.11.27. 94헌마60 등도 참조.
261) 헌재 2004.9.23. 2000헌라2, 당진군과 평택시간의 권한쟁의[인용(권한확인), 각하]; 2008.12.26.

V. 청구기간

권한쟁의심판은 그 사유가 있음을 안 날로부터 60일 이내에, 그 사유가 있은 날로부터 180일 이내에 청구하여야 하고 이 기간은 불변기간이다(법 제63조).[262] 따라서 「형사소송법」상의 항소기간·상소기간·즉시항고기간이나 「행정소송법」상의 출소기간과 같이 법원이 늘이거나 줄일 수 없고, 다만 천재·지변 등과 같이 당사자의 책임 없는 사유로 기간을 도과한 경우에는 사후에 추완할 수 있다(민사소송법 제173조 제1항 참조).

청구기간이 도과되더라도 정당한 사유가 있는 경우에는 적법한 청구로 받아들여질 수 있다. '정당한 사유'라 함은 청구기간이 경과된 원인 등 여러 가지 사정을 종합하여 지연된 심판청구를 허용하는 것이 사회통념상 상당한 경우를 의미한다.[263]

청구취지 변경이 이루어진 경우 청구기간의 준수 여부는 헌법재판소법 제40조 제1항이 준용하는 「민사소송법」 제265조[264]에 의하여 추가 또는 변경된 청구서가 제출된 시점을 기준으로 판단한다.[265] 따라서 새로 청구취지가 추가 또는 변경된 경우에는 추가 또는 변경된 청구서가 제출된 시점을 기준으로 추가 또는 변경된 청구취지의 청구기간 준수여부를 판단하게 된다.[266]

'그 사유가 있음을 안 날'은 다른 국가기관 등의 처분에 의하여 자신의 권한이 침해되었다는 사실을 특정할 수 있을 정도로 현실적으로 인식하고 이에 대하여 심판청구를 할 수 있게 된 때를 말하고,[267] 그 처분의 내용이 확정적으로 변경될 수 없게 된 것까

2005헌라11, 북제주군과 완도군 등 간의 권한쟁의[인용(권한확인), 각하].

262) 따라서 형사소송법상의 항소기간·상소기간·즉시항고기간이나 행정소송법상의 출소기간과 같이 법원이 늘이거나 줄일 수 없고 다만 천재·지변 등과 같이 당사자의 책임 없는 사유로 기간을 도과한 경우에는 사후에 추완할 수 있다.

263) 헌법재판실무제요, 제2개정판, 433쪽 참조.

264) 민사소송법 제265조(소제기에 따른 시효중단의 시기) 시효의 중단 또는 법률상 기간을 지킴에 필요한 재판상 청구는 소를 제기한 때 또는 제260조 제2항(피고의 경정)·제262조 제2항(청구의 변경) 또는 제264조 제2항(중간확인의 소1)의 규정에 따라 서면을 법원에 제출한 때에 그 효력이 생긴다.

265) 헌재 2016.5.26. 2015헌라1, 국회의원과 국회의장 등 간의 권한쟁의(각하); 2010.12.28. 2008헌라6등[인용(권한침해), 기각, 각하] 참조.

266) 예컨대 청구취지의 변경신청이 2016.1.11. 있었고, 추가된 심판대상인 행위가 2012.5.2.에 일어난 경우 이 심판청구는 그 사유가 있은 날인 2012.5.2.로부터 180일이 경과한 후에 이루어진 것이므로 청구기간을 도과하여 부적법하게 된다[헌재 2016.5.26. 2015헌라1, 국회의원과 국회의장 등 간의 권한쟁의(각하)].

267) 헌재 2002.10.31. 2002헌마520.

지를 요하는 것은 아니다.[268]

부작위의 경우에는 부작위가 계속됨으로써 청구인 주장의 권한침해상태가 계속되고 있어 청구기간이 계속 새롭게 진행되고 있으므로 **청구기간도과의 문제가 생기지 않는다**.[269]

장래 처분에 의한 권한침해의 위험성이 발생하는 경우에는 장래 처분이 내려지지 않은 상태로서 청구기간의 제한이 없다.[270]

VI. 청구서의 기재사항

권한쟁의심판의 청구서에는 ① 청구인 또는 청구인이 속한 기관 및 심판수행자 또는 대리인의 표시, ② 피청구인의 표시, ③ 심판 대상이 되는 피청구인의 처분 또는 부작위, ④ 청구 이유, ⑤ 그 밖에 필요한 사항을 기재하여야 한다(법 제64조).

VII. 심판청구의 취하

비록 권한쟁의심판이 객관적 기능을 수행하는 것으로 보더라도 권한쟁의심판을 청구한 당사자는 자유롭게 심판청구를 취하할 수 있다는 것이 헌법재판소의 판례이다.[271] 이 취하에는 소의 취하를 규정하고 있는 「민사소송법」 제266조가 준용된다.[272]

제4항 심판의 절차

권한쟁의심판은 구두변론에 의한다(법 제30조). 심판절차와 관련하여서는 헌법재판소법에 특별한 규정이 없는 경우에는 권한쟁의심판의 성질에 반하지 아니하는 한도에

---

268) 헌재 2007.3.29. 2006헌라7, 동래구청장과 건설교통부장관 간의 권한쟁의(각하).
269) 헌재 2006.8.31. 2004헌라2, 강서구와 진해시 간의 권한쟁의[인용(취소), 인용(권한확인), 인용(위헌확인)].
270) 헌재 2004.9.23. 2000헌라2, 당진군과 평택시 간의 권한쟁의[인용(권한확인), 각하]; 2008.12.26. 2005헌라11, 북제주군과 완도군 등 간의 권한쟁의[인용(권한확인), 각하].
271) 헌재 2001.5.8. 2000헌라1, 국회의장등과 국회의원 간의 권한쟁의(취하).
272) 헌재 2001.5.8. 2000헌라1.

서 민사소송에 관한 법령과 함께 「행정소송법」을 준용한다(법 제40조). 「행정소송법」이 민사소송에 관한 법령에 저촉될 때에는 민사소송에 관한 법령은 준용하지 않고 「행정소송법」을 준용한다(법 제40조 제2항).

권한쟁의심판이 제기된 경우에 헌법재판소는 직권 또는 청구인의 신청에 의하여 종국결정의 선고 시까지 심판 대상이 된 피청구인의 처분의 효력을 정지하는 가처분결정을 할 수 있다(법 제65조). 이 가처분결정을 함에 있어서는 「행정소송법」과 「민사소송법」 소정의 가처분 관련 규정이 준용된다(법 제40조). 권한쟁의심판에서 가처분은 "본안심판이 부적법하거나 이유 없음이 명백하지 않고, 권한쟁의심판에서 문제된 피청구인의 처분 등이나 그 집행 또는 절차의 속행으로 인하여 생길 회복하기 어려운 손해를 예방할 필요와 그 효력을 정지시켜야 할 긴급한 필요가 있으며, 가처분을 인용한 뒤 종국결정에서 청구가 기각되었을 때 발생하게 될 불이익과 가처분을 기각한 뒤 청구가 인용되었을 때 발생하게 될 불이익을 비교형량하여 후자의 불이익이 전자의 불이익보다 클 경우 가처분을 인용할 수 있다."[273]

「행정소송법」상 **소송참가제도**도 권한쟁의심판에 준용될 수 있는 것으로 보아야 한다. 따라서 헌법재판소는 다른 행정청을 소송에 참가시킬 필요가 있다고 인정할 때에는 당사자 또는 당해 행정청의 신청 또는 직권에 의하여 결정으로써 그 행정청을 소송에 참가시킬 수 있다(행정소송법 제17조 제1항). 헌법재판소가 소송참가결정을 하고자 할 때는 권한쟁의심판의 당사자 및 소송참가를 시킬 국가기관이나 지방자치단체 등의 의견을 들어야 한다(행정소송법 제17조 제2항). 소송에 참가한 행정청에 대하여는 「민사소송법」 제76조의 규정을 준용하는데(행정소송법 제17조 제3항), 이 규정에 따르면 참가인은 참가할 때의 소송의 진행정도에 따라 할 수 없는 소송행위를 제외하고는 소송에 관하여 공격·방어·이의 등 모든 소송행위를 할 수 있다. 다만, 참가인의 소송행위가 피참가인의 소송행위에 어긋나는 경우에는 그 참가인의 소송행위는 효력이 없다(민사소송법 제76조).

---

273) 헌재 1999.3.25. 98헌사98; 2022.6.3. 2022헌사448. 이 사건은 국회 법제사법위원장석을 점거하여 국회법 제156조 제7항에 따라 윤리특별위원회의 심사를 거치지 아니하고 국회임시회에서 징계처리된 청구인이 당해 「국회법」 조항 등을 위헌이라 주장하며 국회의원 법률안 심의·표결권 침해를 이유로 권한쟁의심판을 청구함과 동시에 신청인에 대하여 한 '30일 국회 출석정지 처분'의 효력정지를 신청한 가처분사건이다.

제5항 심판의 결정

I. 결정정족수

심판정족수는 일반심판절차의 정족수가 적용된다. 따라서 재판관 7인 이상의 출석으로 사건을 심리하고, 종국심리에 관여한 재판관의 과반수의 찬성으로 결정한다(법 제23조).

II. 결정의 유형

권한쟁의심판의 심리가 완료되면 종국결정을 하는데, 종국결정의 유형에는 청구인이 심판청구를 취하하는 경우에는 **심판절차종료선언결정**을 선언하고, 적법요건을 구비하지 못한 경우에는 **각하결정**을 하게 된다.

청구가 적법한 경우에는 본안판단에 들어가서 심판의 대상이 된 국가기관 또는 지방자치단체의 권한의 유무 또는 범위에 관하여 판단을 하게 되는데(법 제66조 제1항), 청구가 이유가 없거나 인용을 위한 결정정족수에 미치지 못하는 경우에는 **기각결정**을 하고, 청구인의 주장이 이유가 있는 경우에는 **인용결정**을 하게 된다.

인용결정을 하는 경우에는 권한침해의 원인이 된 피청구인의 처분을 취소하거나 그 무효를 확인할 수 있고, 부작위에 대한 심판청구를 인용하는 결정을 한 때에는 피청구인은 결정취지에 따른 처분을 하여야 한다(법 제66조). 이 문언에 따르면 인용결정을 하는 경우에 침해의 원인이 된 처분을 취소나 무효임을 반드시 확인하여야 하는 것은 아니므로, 법률제정절차의 하자를 다투는 권한쟁의심판에 있어서 인용결정을 하는 경우 언제나 법률의 무효를 선언하여야 하는 것은 아니다. 법규정상으로도 권한쟁의심판의 인용정족수는 일반정족수이므로 재판관 7인 이상의 출석으로 심리하고 종국심리에 관여한 재판관의 과반수의 찬성으로 인용결정이 가능한데 반하여, 위헌법률심판이나 헌법소원심판에서는 법률의 무효를 선언하기 위해서는 재판관 6인 이상의 찬성이 있어야 하기 때문에, 적어도 권한쟁의심판의 인용의견 재판관이 6인에 미치지 못하는 경우에는 법률을 무효로 하는 것은 불가능하다고 보아야 한다.

심판결정서에는 관여 재판관의 의견이 표시되어야 하므로(법 제36조 제3항) 반대의
견도 표시된다.

| NOTE | **권한쟁의심판에서 법률을 무효로 확인할 수 있는지 여부** | |

권한쟁의심판에서 법률안 가결선포행위가 위헌일 경우 법률을 무효로 할 수 있는지 여부에
대한 그동안의 판례를 분석해 보면 다음과 같이 설명할 수 있다.

헌재 96헌라2 (1997) 결정[274]에서는 재판관 6인의 다수의견이 명백한 흠이 있는 경우에
는 무효라는 입장이었다(명백설).[275] 그러나 13년 뒤 헌재 2008헌라7 (2010) 결정[276]에
서는 명백설의 입장은 논의되지 않고 다음과 같이 많은 의견으로 갈리었다. 편의상 소극설
과 적극설로 구분하여 설명하면, ① 소극설(무효선언을 하는데 소극적인 견해, 재판관 6인
의 의견)은 ⓐ 사정변경에 따른 유효가능설(무효가 원칙이지만 사정변경의 원칙이 유추적
용 될 수도 있다는 견해),[277] ⓑ 무효확인자제설(무효로 하는 것은 자제하여야 한다는 견
해),[278] ⓒ 무효확인불가능설[279]로 구분되고, ② 적극설은 중대설을 취한 것으로 볼 수

---

274) 헌재 1997.7.16. 96헌라2, 국회의원과 국회의장 간의 권한쟁의[인용(권한침해), 기각].
275) 이 중 ① 3인의 재판관(김용준, 김문희, 이영모)은 입법절차를 규정한 헌법을 명백히 위반한 흠이
　　　있는 경우에는 법률안 가결선포행위는 무효라고 보았다(다만 이 사건에서는 명백히 위반한 흠이
　　　있다고 할 수 없다는 입장을 취하였다). 이와 관련한 헌법상의 입법절차 규정으로 ㉠ 헌법 제49
　　　조의 다수결의 원칙, ㉡ 헌법 제50조의 회의공개의 원칙을 제시하고 있다. ② 또 다른 3인의 재
　　　판관(이재화, 조승형, 고중석)은 다수결원리를 규정한 헌법 제49조에 명백히 위반되므로 무효라
　　　는 주장을 하였다. 나머지 3인(황도연, 정경식, 신창언)의 견해는 국회의원은 권한쟁의심판의 청
　　　구인적격이 없어 각하되어야 한다는 것이었다.
276) 헌재 2010.12.28. 2008헌라7, 국회의원과 국회의장 등 간의 권한쟁의(각하, 권한침해확인, 기각).
　　　이 결정은 소극설(6인 재판관의 기각의견)과 적극설(1인 재판관의 인용의견) 그리고 각하의견(2
　　　인 재판관)으로 갈리었고 결론적으로는 기각결정이 되었다. 부적법각하의견(재판관 이동흡, 목영
　　　준)의 내용은 다음과 같다. "따라서 청구인들이 2008.12.18. 이후의 소위원회 및 전체회의에 참여
　　　하여 이 사건 상정 및 소위원회 회부행위의 위와 같은 하자를 시정하도록 요구한 후 그것이 받아
　　　들여지지 않아 '안건에 대한 문제점과 당부에 관한 일반적인 토론 및 제안자와의 질의·답변'을
　　　하지 못한 경우에 이 사건 동의안에 대한 상임위원회 심사절차 전체가 청구인들의 심의권을 침해
　　　하였다고 다투는 것은 별론으로 하더라도, 이 사건에서와 같이 상임위원회에서의 일련의 심사절
　　　차 중 일부인 위 대체토론에 참여하지 못하여 심의권이 침해되었다고 주장하는 경우에는 이를 독
　　　립적인 권한쟁의심판의 대상으로 삼아 판단하여야 할 심판청구의 이익이 없다고 할 것이다. 그렇
　　　다면 청구인들의 피청구인 외통위 위원장에 대한 이 사건 심판청구는 심판이익이 없어 부적법하
　　　므로 각하되어야 한다." 이 부적법각하의견은 국회의원이 권한쟁의심판의 청구인이 될 수 없다는
　　　의견이 아니고 상임위원회에서의 심의권의 부분적인 침해만을 문제 삼아 제기되는 권한쟁의심판
　　　은 허용할 수 없다는 의견이다.
277) 김희옥, 민형기, 송두환 재판관의 기각의견.
278) 재판관 이강국, 이공현의 기각의견.
279) 김종대 재판관의 의견.

있다.[280] 최근의 헌재 2022헌라2(2023) 결정[281]에서 4인 재판관의 반대의견은 중대설의 입장을 취한 것으로 볼 수 있다.[282]

결론적으로 소극설이 우세한 것으로 보인다. 그러나 헌법규정에 비추어 중대한 흠이 있는 경우에는 무효로 하는 것이 바람직할 것이다(중대설). 위헌 여부를 판단함에는 당해 하자의 헌법적 중대성이 기준이 되어야 할 것이기 때문이다. 다만, 권한쟁의심판의 경우에도 법률을 위헌으로 선언하기 위해서는 6인 이상의 찬성이 있어야 하는 것으로 해석하는 것이 바람직하다. 권한쟁의심판에서의 법률의 위헌결정의 효력은 「헌법재판소법」 제47조의 위헌법률심판의 위헌결정의 효력 규정을 준용할 수 있을 것이다.

III. 결정의 효력

권한쟁의심판의 결정에는 **기판력**과 **기속력**(모든 국가기관과 지방자치단체 기속)이 인정된다. 국가 또는 지방자치단체의 처분을 취소하는 결정은 그 처분의 상대방에 대하여 이미 생긴 효력에 영향을 미치지 않는다(법 제67조). 이는 선의의 제3자를 배려하기 위한 조항이다. 청구인은 선의의 제3자라고 할 수 없으므로 청구인은 여기의 상대방에는 포함되지 않는다.

---

280) 조대현 재판관의 의견.

281) 헌재 2023.3.23. 2022헌라2, 국회의원과 국회 법제사법위원회 위원장 등 간의 권한쟁의[인용(권한침해), 기각] – 검사의 수사권을 제한하는 검찰청법 등 개정과 관련된 국회의원과 국회 법제사법위원회 위원장 및 국회의장 간의 권한쟁의 사건.

282) 헌법재판소는 피청구인 국회의장이 2022.4.30. 제396회 국회(임시회) 제1차 본회의에서 「검찰청법」 수정안을 가결선포한 행위와 2022.5.3. 제397회 국회(임시회) 제1차 본회의에서 「형사소송법」 수정안을 가결선포한 행위에 대해서 5 대 4로 청구인들의 법률안 심의·표결권을 침해한 것이 아니라고 결정한 바 있는데, 무효확인결정을 하여야 한다는 4인의 반대의견은 모두 권한 침해 사유의 헌법적 중대성을 강조하고 있다[헌재 2023.3.23. 2022헌라2, 국회의원과 국회 법제사법위원회 위원장 등 간의 권한쟁의(인용(권한침해), 기각) – 검사의 수사권을 제한하는 검찰청법 등 개정과 관련된 국회의원과 국회 법제사법위원회 위원장 및 국회의장 간의 권한쟁의 사건]. 반대의견은 권한쟁의심판에서 처분을 취소하거나 그 무효를 확인할 것인지 여부는, 권한 침해 사유의 헌법적 중대성, 침해된 청구인의 권한과 그 원인이 된 피청구인의 처분이 헌법적 권한질서 내에서 가지는 의미, 권한쟁의심판의 결정을 통하여 달성될 수 있는 헌법적 권한질서 회복의 이익 등을 종합적으로 고려하여 판단하여야 할 것으로 보기 때문에, 이해의 편의상 중대설로 분류할 수 있을 것이다.

제5절

헌법소원심판

제1항 의의, 법적 성격, 유형

I. 의의

헌법소원심판은 무엇보다도 국민의 기본권구제수단으로서 의미를 가진다. 기본권은 원칙적으로 개인의 헌법상 권리이므로 기본권 보호는 사익의 보호라고 할 수 있다. 그러나 헌법이 지향하는 가치는 기본권에 표현되어 있으므로 기본권의 보호는 헌법이 지향하는 객관적인 가치질서를 수호하는 것으로도 이해된다. 이를 두고 헌법재판소는 헌법소원심판은 **주관적인 권리구제절차이면서 객관적인 헌법질서의 수호와 유지**라고 하는 **이중적 성격**을 가지는 것으로 설명하고 있다. 따라서 헌법소원에서도 청구인이 주장한 기본권 침해 여부에 관한 심사에 한정하지 않고 모든 헌법적 관점에서 심판대상의 위헌성을 심사하게 된다.[283] 그러나 헌법소원심판의 청구가 공소시효를 중지시키는 효력을 가지지는 않는다.[284]

II. 법적 성격

헌법소원심판은 공권력의 행사 또는 불행사로 인하여 헌법상 보장된 기본권을 침

---

283) 헌재 1997.12.24. 96헌마172등, 헌법재판소법 제68조 제1항 위헌확인 등[한정위헌, 인용(취소)].
284) 헌재 1995.1.20. 94헌마246, 불기소처분취소(기각, 각하).

해받은 자가 헌법재판소에 그 구제를 청구하는 심판이다. 공권력의 행사 또는 불행사에 대해 제기하는 심판이므로 행정소송과 유사하다. 가장 전형적인 행정소송인 항고소송도 행정청의 처분등이나 부작위에 대하여 제기하는 것이기 때문이다. 과거 검사의 불기소처분을 헌법소원심판에서 취소하는 경우들이 있었는데, 행정소송적 성격을 갖는 검사의 불기소처분까지 헌법소원심판의 관장사항으로 하는 것은 헌법재판을 행정소송화하는 것이라는 비판이 있었다.285)

헌법소원심판이 행정소송과 다른 점은 무엇보다도 ① 행정은 공익을 실현하는 것이 우선이고 행정소송은 원칙적으로 그로부터 발생하는 분쟁의 해결을 목적으로 하는 것인데 반하여, 헌법소원심판은 기본권의 보호를 직접적인 목적으로 하고 있다는 점, ② 행정소송은 행정청의 처분등이나 부작위를 대상으로 하는데 반하여, 헌법소원심판의 대상은 공권력의 행사 또는 불행사라고 하여 그 대상이 매우 광범위하여 반드시 행정청의 처분등이나 부작위에 한하지 않고, 또 반드시 법집행일 필요가 없다는 점 등이다. 이런 점에서 보면 헌법소원심판은 공권력에 의해 침해된 국민의 권리를 구제하는 최후의 제도적 방법이라고 할 수 있다.286)

그런데 헌법에서는 헌법소원을 "법률이 정하는 헌법소원에 관한 심판"이라고 하여 **헌법소원 법정주의**를 취하고 있다. 그렇다면 헌법이 규정하고 있는 헌법소원심판을 어떻게 형성할 것인가는 온전히 입법자의 권한에 속하는 것인지 의문이 생기게 된다. 헌법은 헌법소원 법정주의를 취하고 있으므로 헌법소원의 형성과 관련하여서는 국회는 광범위한 입법형성권을 가지는 것은 사실이다. 그러나 헌법소원심판은 어디까지나 헌법이 예정하고 있는 제도이므로 국회의 입법형성권도 일정한 한계가 있다고 하지 않을 수 없다. 이와 관련하여서는 소위 제도적 보장이론을 원용할 수 있을 것이다.287)

---

285) 검사의 불기소처분에 대해서는 후술 참조.

286) 이러한 점에서도 헌법소원을 반드시 변호사강제주의를 적용하여야 할 것인지에 대해서 헌법재판 초창기에 많은 논의가 있었다.

287) 헌법재판소의 6인의 다수의견은 다음과 같이 판시하고 있다. "헌법소원에 관한 헌법의 규정은 헌법 제111조 제1항 제5호가 '법률이 정하는 헌법소원에 관한 심판'이라고 규정하여 그 구체적인 형성을 입법자에게 위임함으로써, 입법자에게 헌법소원제도의 본질적 내용을 구체적인 입법을 통하여 보장할 의무를 부과하고 있다."[헌재 1997.12.24. 96헌마172등, 헌법재판소법 제68조 제1항 위헌확인 등(한정위헌, 인용(취소), 3인의 반대의견)]. 그러나 이 결정에서 6인의 다수의견은 "헌법이 입법자에게 공권력작용으로 인하여 헌법상의 권리를 침해받은 자가 그 권리를 구제받기 위한 주관적 권리구제절차를 우리의 사법체계, 헌법재판의 역사, 법률문화와 정치적·사회적 현황등을 고려하여 헌법의 이념과 현실에 맞게 구체적인 입법을 통하여 구현하게끔 위임한 것으로 보아야 할

III. 유형

헌법재판소법에 따르면 헌법소원제도는 권리구제형 헌법소원(제68조 제1항)과 규범통제형 헌법소원(제68조 제2항)이 있다. 특히 규범통제형 헌법소원은 우리나라의 특유한 헌법소원제도로서 위헌심사형 헌법소원 또는 위헌소원이라고도 한다.

제2항 권리구제형 헌법소원

권리구제형 헌법소원이란 원래의 의미의 헌법소원으로서 공권력의 행사 또는 불행사로 인하여 헌법상 보장된 기본권을 침해받은 자가 헌법재판소에 제기하는 헌법소원심판을 말한다.

I. 적법요건

헌법재판소법 제68조 제1항에 따르면 권리구제형 헌법소원심판이 성립하려면 ① 공권력의 행사·불행사에 해당하여야 하고(법원의 재판은 제외), ② 그로 인하여 청구인이 헌법상 보장된 기본권을 침해받아야 하고, ③ 보충성의 요건을 모두 갖추어야 한다.[288] 이를 구체적으로 살펴보면 다음과 같다.

것이므로, 헌법소원은 언제나 '법원의 재판에 대한 소원'을 그 심판의 대상에 포함하여야만 비로소 헌법소원제도의 본질에 부합한다고 단정할 수 없다 할 것이다."라는 입장이다. 나아가 3인의 반대의견은 헌법소원에서 재판을 제외한 것은 입법형성권의 범위를 벗어난 것이라고 아니라는 주장이다. 그러나 현대 민주적 헌법국가에서 공권력 행사 등으로 기본권을 침해받은 경우에 구제절차가 없는 경우란 매우 예외적인 것이며 그 구제절차는 대체로 법원의 재판으로 종결될 것인데, 법원의 재판을 헌법소원에서 제외하는 것은 헌법소원의 본래의 취지와 맞는 것인지에 대해서는 의문의 여지가 있다.

288) 예컨대 시행령제정행위는 공권력의 행사에 해당하지만 ① 매개행위(집행행위) 없이 직접 기본권을 침해하거나 매개행위를 전제로 하고 있더라도 그 집행행위를 대상으로 하는 구제절차가 없거나 구제절차가 있더라도 권리구제의 기대가능성이 없고 청구인에게 불필요한 우회절차를 강요하는 것으로 밖에 되지 않는 경우이거나 ② 시행령의 내용이 집행행위 이전에 이미 국민의 권리관계를 직접 변동시키거나 국민의 법적 지위를 결정적으로 정하는 것이어서 국민의 권리관계가 집행행위의 유무나 내용에 의하여 좌우될 수 없을 정도로 확정된 상태인 경우에 한하여 헌법소원의 대상이 된다[헌재 2008.6.26. 2005헌마506, 방송법 제32조 제2항 등 위헌확인(위헌)].

1. 대상적격

권리구제형 헌법소원의 대상은 공권력의 행사 또는 불행사이다. '공권력'이란 입법권·행정권·사법권을 행사하는 모든 국가기관·공공단체 등의 고권적 작용을 말한다.289) 헌법소원심판청구권은 대한민국헌법상 보장된 것이기 때문에 여기서의 공권력은 당연히 국내의 공권력을 말한다. 따라서 외국정부의 행위와 같은 외국의 공권력은 헌법소원심판의 대상이 될 수 없다. 따라서 국내의 공권력인 한 입법·집행·사법에 걸친 국가나 지방자치단체의 직·간접적인 모든 공권력 행사를 포괄한다. 나아가서 공법인290)이나 국·공립대학교와 같은 공법상의 영조물291)의 행위도 여기에 포함된다.292) 또한 공권력의 행사가 되려면 그에 응하지 않을 경우 상대방에게 법적 불이익이 따르는 경우라야 한다.293)

공권력의 불행사로 인한 헌법소원심판이 적법하기 위해서는 공권력에게 당해 작위의무가 있어야 한다.294)

헌법재판소는 헌법소원심판청구서에 기재된 공권력의 행사자인 피청구인과 관련하여 심판청구서 정정신청서에서 피청구인을 추가하는 것은 원칙적으로 허용되지 않는다고 본다. 왜냐하면 헌법소원심판에서 준용하게 되는 「민사소송법」과 「행정소송법」에는 피고의 경정(민사소송법 제260조, 행정소송법 제14조)을 인정하고 있고, 나아가서 「민사소송법」은 필수적 공동소송인과 예비적·선택적 공동소송인의 추가(민사소송법 제68조, 제70조)를 인정하는 외에 피고의 추가적 변경을 인정하는 규정은 존재하지 않기 때문이다.295)

---

289) 헌재 2001.3.21. 99헌마139등, 대한민국과일본국간의어업에관한협정비준등 위헌확인(각하).
290) 대한변호사협회를 공권력 행사의 주체로 판시한 사례: 헌재 2022.5.26. 2021헌마619, 변호사 광고에 관한 규정 제3조 제2항 등 위헌확인(위헌, 기각).
291) 예컨대 헌재 1992.10.1. 92헌마68등, 1994학년도 신입생선발입시안에 대한 헌법소원(기각).
292) 헌법재판소는 이를 공법인 등은 기본권의 수범자라고 표현하기도 한다(헌재 2006.2.23. 2004헌바50).
293) 헌법재판소는 「전기통신사업법」에 따른 수사기관 등에 의한 통신자료 제공요청은 임의수사에 불과하고 그에 불응한 경우 아무런 법적 불이익이 없으므로 여기의 공권력 행사에 해당하지 않는다고 결정하였다. 그러나 이는 전기통신사업자의 관점에서 판단한 것이다. 제공되는 정보의 주체인 청구인들의 입장에서는 수사기관 등의 통신자료 취득행위는 통신자료에 대하여 대물적으로 행하는 수사행위로서 권력적 사실행위에 해당하여 공권력 행사로 보는 5인 재판관의 반대의견이 있다[헌재 2022.7.21. 2016헌마388등, 통신자료 취득행위 위헌확인 등(2023.12.31.까지 잠정적용 헌법불합치, 각하) – 수사기관 등에 의한 통신자료 제공요청 사건].
294) 헌재 1994.6.30. 93헌마161, 재판의 지연 위헌확인 등(각하).
295) 헌재 2003.12.18. 2001헌마163, 계구사용행위 위헌확인[인용(위헌확인), 각하].

Q	정당원이 자기가 속한 정당이 행한 조치가 자신의 선거권 내지 평등권을 침해한 것으로 주장하면서 헌법소원심판을 청구할 수 있는가?
A	정당은 공권력의 주체가 아니므로 헌법소원심판을 청구할 수 없다.[296]

가. 입법권에 의한 공권력의 행사 · 불행사

1) 법률의 제 · 개정 행위

국회가 형식적 의미의 법률을 제 · 개정하는 행위도 공권력의 행사에 해당한다. 다만, 법률의 제 · 개정이 공권력의 행사로서 헌법소원심판의 대상이 되려면 특히 다른 적법요건인 직접성, 현재성, 자기관련성을 갖추어야 한다.

법률조항 자체의 위헌 여부를 다투는 것이 아닌 법원의 해석을 다투는 것에 지나지 않는 경우에도 2012년 판례변경을 하여 헌법소원의 대상이 될 수 있게 되었다. 다만, 재판소원을 금지하고 있는 헌법재판소법 제68조 제1항의 취지에 비추어 한정위헌청구의 형식을 취하고 있으면서도 실제로는 당해 사건 재판의 기초가 되는 사실관계의 인정이나 평가 또는 개별적 · 구체적 사건에서의 법률조항의 단순한 포섭 · 적용에 관한 문제를 다투거나 의미 있는 헌법문제를 주장하지 않으면서 법원의 법률해석이나 재판결과를 다투는 경우 등은 허용할 수 없다는 것이 헌법재판소의 입장이다.[297]

법률의 제 · 개정 행위 이외에도 법률과 같은 효력을 갖는 긴급명령 · 긴급재정경제명령의 제 · 개정 행위도 여기의 공권력의 행사에 해당한다.

2) 입법부작위

입법부작위는 진정입법부작위와 부진정입법부작위로 나눌 수 있다.

가) 진정입법부작위

입법부작위는 법률부재의 상태를 의미하는 것일 뿐이고, 그것이 헌법소원심판의 대상이 될 수 있기 위해서는 입법의무가 인정되어야 한다. 그리고 헌법재판소는 국회의

---

296) 헌재 2007.10.30. 2007헌마1128, 한나라당 대통령후보 경선 시 여론조사 적용위헌확인(각하).
297) 헌재 2012.12.27. 2011헌바117, 구 특정범죄 가중처벌 등에 관한 법률 제2조 제1항 위헌소원 등 (한정위헌, 3인의 반대의견 있음). 이 사건에서 청구인은 형법 제129조 제1항과 구 '특정범죄가중처벌 등에 관한 법률' 제2조 제1항의 '공무원'에 일반공무원이 아닌 지방자치단체 산하 위원회의 심의위원이 포함된다고 해석하는 한도에서 헌법에 위반된다는 취지의 주장을 하였다.

입법의무를 매우 예외적으로만 인정한다. 즉, 입법의무의 내용과 범위를 규정하는 명시적인 헌법위임이 있거나 또는 헌법해석을 통하여 기본권에서 유출할 수 있는 행위의무나 보호의무가 있어야만 한다는 것이다.298) 헌법재판소가 입법의무가 있는 것으로 보는 것은 ① 헌법에서 기본권보장을 위해 법률에 명시적으로 입법위임을 하였음에도 불구하고 입법자가 이를 이행하지 않고 있는 경우, ② 헌법해석상 특정인의 기본권을 보호하기 위한 국가의 입법의무가 발생하였음이 명백함에도 불구하고 입법자가 아무런 입법조치를 하지 않고 있는 경우이다.299)

진정입법부작위로서 헌법소원심판이 인용된 경우로는 조선철도(주) 주식의 보상금청구에 관한 헌법소원결정을 들 수 있다.300) 국회는 청원에 대하여 심사할 의무를 부담하므로 청원을 심사하지 않는 것도 부작위로서 헌법소원의 대상이 된다.301) 그러나 유엔의 자유권규약위원회가 양심적 병역거부로 유죄판결을 받은 청구인들의 개인통보에 대하여 2006년 11월 3일, 2011년 3월 24일 및 2012년 10월 25일에 각각 채택한 견해 (Views)에 따라 전과기록 말소 및 충분한 보상을 포함한 청구인들에 대한 효과적인 구제조치를 이행하는 법률을 국회가 제정하지 아니한 것에 대해서는 입법의무를 인정할수 없어 헌법소원의 대상이 될 수 없는 입법부작위라고 선언하였다.302)

나) 부진정 입법부작위

부진정 입법부작위는 입법이 존재하지 않는 것이 아니라 불완전하게나마 존재하는 것이므로 헌법소원의 대상으로서 입법부작위에는 해당하지 않는다. 따라서 부진정 입법

---

298) 헌재 1996.11.28. 93헌마258, 입법부작위 위헌확인(각하).
299) 헌재 2018.7.26. 2018헌바137, 집회 및 시위에 관한 법률 제11조 제1호 위헌소원(헌법불합치);
　　　1996.11.28. 93헌마258, 입법부작위 위헌확인(각하) 결정 외 헌재 88헌마1 등 다수의 결정 참조.
300) 헌재 1994.12.29. 89헌마2, 조선철도(주) 주식의 보상금청구에 관한 헌법소원[인용(위헌확인)].
301) 헌재 2000.6.1. 2000헌마18, 입법부작위 위헌확인(기각, 각하).
302) "자유권규약이나 선택의정서가 개인통보에 대한 자유권규약위원회의 견해(Views)의 법적 효력에
　　　관하여 명시적으로 밝히고 있지 않고, 개인통보에 대한 자유권규약위원회의 심리는 서면심리로
　　　이루어져 증인신문 등을 하지 않으며 심리가 비공개로 진행되는 점 등을 고려하면(선택의정서 제
　　　5조 제1항, 제3항), 개인통보에 대한 자유권규약위원회의 견해(Views)에 사법적인 판결이나 결정
　　　과 같은 법적 구속력이 인정된다고 단정하기는 어렵다. 또한, 자유권규약위원회의 견해가 그 내
　　　용에 따라서는 규약 당사국의 국내법 질서와 충돌할 수 있고, 그 이행을 위해서는 각 당사국의
　　　역사적, 사회적, 정치적 상황 등이 충분히 고려될 필요가 있다는 점을 감안할 때, 우리 입법자가
　　　반드시 자유권규약위원회의 견해(Views)의 구체적인 내용에 구속되어 그 모든 내용을 그대로 따
　　　라야만 하는 의무를 부담한다고 볼 수는 없다."[헌재 2018.7.26. 2011헌마306등, 입법부작위 위헌
　　　확인(각하)].

부작위는 입법부작위가 위헌이라는 이유로 헌법소원을 청구하는 경우에는 부적법 각하
된다. 예컨대 헌법재판소는 국회가 「1980년해직공무원의보상등에관한특별조치법」에 따
라 일정한 혜택을 주는 조치를 마련하면서 해직 공무원은 포함시키고 청구인과 같이
1980년 국가보위비상대책위원회의 정화계획에 의하여 강제해직된 정부산하기관 임직원
이었던 자를 포함시키지 않은 것은 헌법적 입법의무에 근거한 것이 아니라 단지 혜택부
여규정의 인적 범위의 제한에 따른 결과에 지나지 아니하여 이른바 부진정 입법부작위
에 해당할 뿐이므로 입법부작위위헌확인심판의 대상이 되지 아니한다고 보았다.303)

부진정 입법부작위에 대해서 헌법소원을 청구할 수 있는 경우는 입법행위에 대한
경우와 같다. 즉, 불완전하게나마 존재하는 입법 그 자체가 매개행위(집행행위) 없이도
직접 평등권 등 기본권을 침해하는 경우(예컨대 처분적 법률인 경우)나, 매개행위를 필요
로 하는 경우에도 일정한 구제절차가 없거나, 구제절차가 있다고 하더라도 권리구제의
가능성이 없고 다만 기본권침해를 당한 자에게 불필요한 우회절차를 강요하는 것밖에
는 되지 않는 경우에 헌법재판소법 제68조 제1항에 따라 적극적인 헌법소원을 청구할
수 있다. 예컨대 헌법재판소는 특별교통수단에 있어 표준휠체어만을 기준으로 휠체어
고정설비의 안전기준을 정하고 있는 「교통약자의 이동편의 증진법 시행규칙」(국토교통
부령) 소정의 조항은 휠체어를 이용하지 못하는 장애인을 위한 탑승설비에 관한 규정을
두지 않아서 평등권을 침해한다고 판시하고 있다.304)

3) 대상성이 부인된 경우

국회의장의 사회행위와 국회의원을 상임위원회 위원으로 배정하는 행위,305) 청구
인의 사건에서는 적용되지 않았던 신설조항 제정행위, 예산306) 등은 헌법소원의 대상
이 될 수 있는 공권력의 행사로서의 성격이 부인되었다.

---

303) 헌재 1996.11.28. 93헌마258, 입법부작위 위헌확인(각하).
304) 헌재 2023.5.25. 2019헌마1234, 입법부작위 위헌확인(헌법불합치) - 장애인 특별교통수단 사건.
305) "국회의원을 위원으로 선임하는 행위는 국민의 대표자로 구성된 국회가 그 자율권에 근거하여 내
　　부적으로 회의체 기관을 구성·조직하는 '기관내부의 행위'에 불과한 것이다. 따라서 피청구인의
　　이 사건 선임행위는 그 자체가 국회 내부의 조직구성행위로서 국민에 대하여 어떠한 직접적인 법
　　률효과를 발생시키지 않기 때문"이다[헌재 1999.6.24. 98헌마472등, 국회 보건복지위원회 위원
　　선임처분취소, 국회 교육위원회 위원 선임처분취소(각하)]. 국회의장의 상임위원회 사·보임 행위
　　(특정 상임위원회에서 사임시키고 다른 특정 상임위원회로 보임시키는 행위)는 권한쟁의심판의
　　대상이 된다[헌재 2003.10.30. 2002헌라1, 국회의원과 국회의장간의 권한쟁의(기각)].
306) 그 이유는 국가기관만 구속하고 일반국민을 구속하는 것은 아니기 때문이다.

나. 행정권에 의한 공권력의 행사·불행사

행정권에 의한 공권력의 행사 또는 불행사의 전형은 처분과 부작위이다. 그런데 행정상 처분과 부작위는 행정소송의 대상이 되기 때문에,[307] 보충성의 원칙에 따라 헌법소원심판의 대상이 되지 아니한다. 따라서 보충성의 원칙의 예외에 해당하는 등 보충성의 요건을 충족하는 경우에 한하여 헌법소원의 대상이 되는 공권력의 행사·불행사라고 할 수 있다.

1) 행정권의 행사
가) 명령·규칙·조례의 제·개정 행위

구체적 규범통제의 대상으로서 명령·규칙·조례의 제·개정 행위도 헌법소원의 대상이 될 수 있는 공권력의 행사에 해당함은 자명하나, 그 위헌·위법여부 판단은 원칙적으로 대법원을 최고법원으로 하는 법원의 관할에 속한다.

그러나 명령·규칙·조례가 매개행위 없이 직접 기본권을 침해하는 경우에는 헌법

---

307) 행정상 "처분등"이라 함은 행정청이 행하는 구체적 사실에 관한 법집행으로서의 공권력의 행사 또는 그 거부와 그 밖에 이에 준하는 행정작용(이하 "처분"이라 한다) 및 행정심판에 대한 재결을 말하고, "부작위"라 함은 행정청이 당사자의 신청에 대하여 상당한 기간 내에 일정한 처분을 하여야 할 법률상 의무가 있음에도 불구하고 이를 하지 아니하는 것을 말하는데, 이 처분등이나 부작위에 대해서는 항고소송을 제기할 수 있다(행정소송법 제2조 및 제3조 참조). 특히 대법원과 헌법재판소의 판결에 따르면 신청에 대한 행정청의 공권력 행사의 거부가 행정소송의 대상이 되는 처분이 되기 위해서는 ① 그 신청한 행위가 공권력 행사 또는 이에 준하는 행정작용이어야 하고, ② 그 거부행위가 신청인의 법률관계에 어떤 변동을 일으키는 것이어야 하며, ③ 그 국민에게 그 행위발동을 요구할 법규상 또는 조리상의 신청권이 있어야 하는바, 여기에서 '신청인의 법률관계에 어떤 변동을 일으키는 것'이라는 의미는 신청인의 실체상 권리관계에 직접적인 변동을 일으키는 것은 물론, 그렇지 않다 하더라도 신청인이 실체상 권리자로서 권리를 행사함에 중대한 지장을 초래하는 것도 포함한다[대법원 2007.10.11. 2007두1316 판결; 2009.9.10. 2007두20638 판결. 헌재 2015.3.26. 2013헌마214등(각하) 등 참조]. 나아가서 대법원은 어떠한 처분의 근거나 법적인 효과가 행정규칙에 규정되어 있다고 하더라도, 그 처분이 행정규칙의 내부적 구속력에 의하여 상대방에게 권리의 설정 또는 의무의 부담을 명하거나 기타 법적인 효과를 발생하게 하는 등으로 그 상대방의 권리 의무에 직접 영향을 미치는 행위라면, 이 경우에도 항고소송의 대상이 되는 행정처분에 해당한다고 본다[대법원 2021.2.10. 2020두47564 판결 - 이 판결은 검찰총장이 사무검사 및 사건평정을 기초로 「대검찰청 자체감사규정」(대검찰청 훈령) 제23조 제3항, 「검찰공무원의 범죄 및 비위 처리지침」(대검찰청예규) 제4조 제2항 제2호 등에 근거하여 검사에 대하여 하는 '경고조치'는 일정한 서식에 따라 검사에게 개별 통지를 하고 이의신청을 할 수 있으며, 검사가 검찰총장의 경고를 받으면 1년 이상 감찰관리 대상자로 선정되어 특별관리를 받을 수 있고, 경고를 받은 사실이 인사자료로 활용되어 복무평정, 직무성과금 지급, 승진·전보인사에서도 불이익을 받게 될 가능성이 높아지며, 향후 다른 징계사유로 징계처분을 받게 될 경우에 징계양정에서 불이익을 받게 될 가능성이 높아지므로, 검사의 권리 의무에 영향을 미치는 행위로서 항고소송의 대상이 되는 처분이라고 본 사례다].

소원의 대상이 되는 공권력의 행사로도 볼 수 있다.[308] 왜냐하면 "법령자체에 의한 직접적인 기본권침해가 문제될 때에는 그 법령 자체의 효력을 직접 다투는 것을 소송물로 하여 일반법원에 소송을 제기하는 길이 없어,[309] 구제절차가 있는 경우가 아니므로 바로 헌법소원을 청구할 수 있"기 때문이다.[310]

그런데 헌법재판소가 1990년 법무사법시행규칙에 대해 위헌 선언한 후,[311] 대법원은 명령·규칙의 처분성을 인정하고(소위 처분적 명령) 행정소송의 대상으로 인정하는 경향을 띄고 있다. 즉, 1996년 두밀분교폐지조례사건[312]에서 조례의 처분성을 인정하여 항고소송의 대상으로 한 바 있다. 이러한 경향이 일반화된다면 보충성의 요건을 충족할 수 없어서 헌법소원의 대상에서 배제되어야 할 것이다.

나) 행정규칙 · 고시 · 공고

「행정업무의 효율적 운영에 관한 규정」(대통령령)상 훈령·지시·예규·일일명령 등과 같은 행정규칙은 원칙적으로 대외적으로 구속력이 인정되지 않기 때문에 헌법소원의 대상이 될 수 있는 공권력의 행사라고 할 수 없다.

그러나 행정규칙의 경우에도 그것이 상위법령의 위임한계를 벗어나지 아니하는 한, 상위법령과 결합하여 대외적인 구속력을 갖는 법규명령으로서 기능하게 되는데, 이러한 경우 직접 기본권을 침해받았다면 헌법소원의 대상이 된다.[313] 즉, 행정규칙이 법령의 위임에 근거하여 법적 구속력을 가지면 **법령보충규칙**으로서 직접 기본권을 침해하는 경우에는 헌법소원심판의 대상이 될 수 있다. 또 **재량권행사의 준칙**으로서 그 정한 바에 따라 되풀이 시행되어 행정관행이 형성됨으로써 평등의 원칙이나 신뢰보호의 원칙에 따라 행정기관이 그 상대방에 대한 관계에서 그 규칙에 따라야 할 자기구속을 당

---

308) 헌재 1996.10.4. 94헌마68등, 사행행위등규제법시행령 제7조 등 위헌확인(각하).
309) "항고소송의 대상이 되는 행정처분은 행정청의 공법상의 행위로서 특정사항에 대하여 법률에 의하여 권리를 설정하고 의무를 명하며, 기타 법률상효과를 발생케 하는 등 국민의 권리·의무에 직접관계가 있는 행위이어야 하고, 그 자체로서 국민의 구체적인 권리·의무에 직접적인 변동을 초래케 하는 것이 아닌 일반적, 추상적인 법령 또는 내부적 내규 및 내부적 사업계획에 불과한 것 등은 그 대상이 될 수 없다고 할 것이다."(대법원 1994.9.10. 94두33 판결; 1983.4.26. 82누528 판결; 1987.11.24. 87누761 판결 등 참조).
310) 헌재 2006.5.25. 2003헌마715등; 1990.10.15. 89헌마178 등 다수의 결정과 헌법재판실무제요, 제1개정증보판, 255쪽 참조.
311) 헌재 1990.10.15. 89헌마178, 법무사법시행규칙에 대한 헌법소원(위헌).
312) 대법원 1996.9.20. 95누8003 판결.
313) 헌재 1992.6.26. 91헌마25, 공무원임용령 제35조의2 등에 대한 헌법소원(각하).

하게 되는 경우에는 헌법소원의 대상이 되는 공권력이 될 수 있다.314)

행정기관이 일정한 사항을 일반에게 알리는 문서인 **고시**의 경우에는 성격에 따라 법규명령이나 행정규칙으로 되는 경우도 있고, 행정처분의 성격을 가지는 경우도 있다.

헌법재판소는 고시가 일반적 추상적으로 적용되는 규범의 형식으로서 행정규칙으로 인정되는 경우라고 할지라도 상위법령과 결합하여 대외적 구속을 갖는 법규로서 기능하여 직접 기본권을 침해하는 경우에는 헌법소원의 대상이 된다고 본다.315) 대법원의 경우 일반적으로 근거법령과 결합하여 대외적으로 구속력을 갖는 법령보충적 고시인 경우에는 법규명령의 효력을 인정하고 있다.316) 고시가 법령보충적 고시로서 효력상 법규명령으로서 집행행위의 매개 없이 그 자체로서 직접 국민의 구체적인 권리의무나 법적 이익에 영향을 미치는 등의 법률상 효과를 발생하는 경우에는 항고소송의 대상이 되는 처분에 해당할 수 있고, 또한 헌법소원의 대상이 되는 공권력의 행사로 볼 수도 있다. 이 경우에는 법원과 헌법재판소의 관할이 경합하게 되는 것처럼 보이지만, 법원이 명령·규칙의 항고소송대상성을 점차 확대하고 있는 경향에 있기 때문에 이러한 경향이 일반적 구제방법으로 확립되는 경우에는 헌법재판소법 제68조 제1항 단서에 규정된 헌법소원심판의 보충성과 헌법 제101조 제1항을 함께 고려하면 원칙적으로 법원의 관할이 될 것이다.

다른 한편 코로나바이러스감염증−19의 예방을 위하여 음식점 및 PC방 운영자 등에게 영업시간을 제한하거나 이용자 간 거리를 둘 의무를 부여하는 서울특별시고시들은 구「감염병예방법」제49조 제1항 제2호에 근거하여 행정처분을 발하려는 의도에서 발령한 고시로서 항고소송의 대상인 행정처분에 해당한다고 판시하고 있다.317) 대법원도 유사한 취지의 서울시의 대면예배 제한 고시가 항고소송의 대상인 행정처분에 해당함을 전제로 판단한 바 있다.318) 또 2003년 보건복지부 약가고시사건319)에서도 고시의 처분성을 인정하여 취소하고 있는데, 이 결정에서의 고시가 법규명령인지 행정규칙인지에 대해서는 언급이 없다.

---

314) 헌재 1990.9.3. 90헌마13; 2013.8.29. 2012헌마767; 2021.11.25. 2019헌마534.
315) 헌재 1992.6.26. 91헌마25; 2003.12.28. 2001헌마543; 2006.7.27. 2004헌마924.
316) 대법원 1999.11.26. 97누13474 판결.
317) 헌재 2023.5.25. 2021헌마21, 서울특별시고시 제2020−415호 등 위헌확인(각하). 따라서 헌법소원사건은 보충성 요건을 갖추지 못하여 부적법 각하되었다.
318) 대법원 2022.10.27. 2022두48646 판결.
319) 대법원 2003.10.9. 2003무23 결정.

공고의 경우에도 그 성격을 일률적으로 판단할 수 없고 개별 공고의 내용과 관련 법령의 규정에 따라 구체적으로 판단하여야 하기 때문에 원칙적으로 고시의 경우와 같 이 판단할 수 있다.

「병역법」 제33조 제2항 본문 제2호(이하 "이 사건 법률조항")에서 사회복무 요원에 대해서 금지하고 있는 "정당이나 그 밖의 정치단체에 가입하는 등 정 치적 목적을 지닌 행위"의 의미 중의 하나를 사회복무요원 복무관리 규정 (2013.12.19. 병무청훈령 제1158호로 개정된 것)에서는 "시위(1인 시위를 포 함한다)운동을 기획·조직·지휘하거나 이에 참가 또는 원조하는 행위"(규정 제27조 제1호. 이하 "이 사건 관리규정")로 규정하고 있는데 이 규정이 공권 력행사에 해당하는지 여부를 판단하시오.

이 사건 관리규정은 병무청훈령으로서 행정규칙에 해당한다. 그런데 이 사건 관리규정은 이 사건 법률조항 등 상위법령의 직접적인 위임 없이 제정되었으므로, 법령의 규정에 의하여 행정관청에 법령의 구체적 내용을 보충할 권한을 부여한 경우에 해당하지 않고, 또한 그 정 한 바에 따라 되풀이 시행되어 행정관행이 형성되었다고 인정할 만한 자료가 없으므로 행 정기관이 그 규칙에 따라야 할 자기구속을 당하게 되는 경우에도 해당한다고 보기 어려워 이 사건 관리규정은 헌법소원의 대상이 되는 '공권력의 행사'에 해당한다고 볼 수 없다.[320]

다) 검사의 불기소처분 등[321]

검사의 불기소처분도 헌법소원심판의 대상이 될 수 있는 공권력의 행사에 해당한 다. 그러나 2007년 「형사소송법」 개정[322]으로 검사의 불기소처분 등에 대해서 당해 사

---

320) 헌재 2021.11.25. 2019헌마534, 사회복무요원 복무관리 규정 제27조 등 위헌확인(위헌, 기각, 각 하) - 사회복무요원의 정치적 행위 금지사건.

321) 이하 헌법재판실무제요 제2개정판, 316-317쪽의 내용 참조. 검사의 기소유예처분을 취소한 헌법 소원결정도 다수 존재한다(헌재 2022.9.29. 2020헌마1204, 빌딩 관리단 대표자의 개인정보보호법 위반 사건; 2022.9.29. 2022헌마819; 2023.5.25. 2019헌마1253, 임대사업자의 보증가입의무에 관 한 구 임대주택법 사건 등 참조).

322) 형사소송법 제260조(재정신청) ① 고소권자로서 고소를 한 자(「형법」 제123조부터 제126조까지 의 죄에 대하여는 고발을 한 자를 포함한다. 이하 이 조에서 같다)는 검사로부터 공소를 제기하 지 아니한다는 통지를 받은 때에는 그 검사 소속의 지방검찰청 소재지를 관할하는 고등법원(이하 "관할 고등법원"이라 한다)에 그 당부에 관한 재정을 신청할 수 있다. 다만, 「형법」 제126조의 죄 에 대하여는 피공표자의 명시한 의사에 반하여 재정을 신청할 수 없다. <개정 2011.7.18.>
  ② 제1항에 따른 재정신청을 하려면 「검찰청법」 제10조에 따른 항고를 거쳐야 한다. 다만, 다 음 각 호의 어느 하나에 해당하는 경우에는 그러하지 아니하다.
  1. 항고 이후 재기수사가 이루어진 다음에 다시 공소를 제기하지 아니한다는 통지를 받은 경우
  2. 항고 신청 후 항고에 대한 처분이 행하여지지 아니하고 3개월이 경과한 경우
  3. 검사가 공소시효 만료일 30일 전까지 공소를 제기하지 아니하는 경우

건을 **고소한 피해자**는 법원에 재정신청을 할 수 있게 되어 보충성의 원칙에 따라 헌법소원심판을 제기할 수 없게 되었다.[323] 피해자의 재정신청이 기각되는 경우에도 헌법소원심판을 청구할 수 없는데, 그것은 재판에 대한 소원이 되기 때문이다.

검사의 불기소처분 등에 대해 헌법소원심판의 청구가 허용되는 자로는 고소하지 않은 범죄피해자,[324] 고소권자로서 적법하게 고소를 하였으나 검찰이 이를 단순한 진정사건으로 보아 공람종결처분을 한 경우,[325] 고발인,[326] 고소인의 지위에 있지 아니한 자,[327] 형사피의자[328] 등이다.

군검찰관의 불기소처분에 대해서는 재정신청 및 즉시항고절차를 거치지 않고 제기한 헌법소원은 허용되지 않고, 재정신청이나 즉시항고가 기각된 후에는 재판소원금지로 인하여 역시 헌법소원이 허용되지 않는다.[329] 그러나 군검찰관의 기소유예처분은 다른 구제절차가 마련되어 있지 않으므로 곧바로 헌법소원심판을 청구할 수 있다.[330]

---

323) 따라서 ① 모든 범죄에 대하여 고소권자로서 고소를 한 자, ② 형법상 공무원의 직무에 관한 죄 중 직권남용(형법 제123조), 불법체포·감금(형법 제124조), 폭행·가혹행위(형법 제125조), 피의사실공표(형법 제126조)에 대하여 고발을 한 자는 불기소처분에 대해 재정신청을 할 수 있으므로 헌법소원을 청구할 수 없게 되었다.

324) 고소하지 않은 범죄피해자는 불기소처분에 대한 검찰청법상의 항고, 재항고 또는 형사소송법상의 재정신청 절차에 의한 구제를 받을 방법이 없으므로 헌법소원심판을 청구할 수 있다(헌재 1992.1.28. 90헌마227; 2008.11.27. 2008헌마399등; 2008.12.26. 2008헌마387).

325) 고소인이라고 하더라도 다른 구제절차 없이 헌법소원심판을 청구할 수 있다(헌재 1999.1.28. 98헌마85; 2000.11.30. 2000헌마356).

326) 고발인도 재정신청을 할 수 있는 자가 아니므로 검찰청법 제10조에 따른 항고, 재항고를 거쳐 헌법소원심판을 청구할 수 있다(헌재 2011.12.29. 2011헌마2; 2013.8.29. 2011헌마613등 참조).

327) 고소인의 지위에 있지 아니한 자의 고소에 대한 불기소처분도 검찰청법에 따른 항고, 재항고를 거쳐 헌법소원심판을 청구하는 것이 가능하다(헌재 2014.3.27. 2013헌마750; 2014.6.26. 2014헌마14 등 참조).

328) 형사피의자는 재정신청을 할 수 없으므로 보충성의 예외로서 검사의 불기소처분에 대해서 여전히 헌법소원심판을 청구할 수 있다. 예컨대 기소유예처분을 받은 피해자가 무죄를 주장하면서 기소유예처분의 부당성을 주장하는 헌법소원을 하는 경우가 이에 해당한다(헌재 1992.11.12. 91헌마146; 1995.3.23. 94헌마254; 2021.9.30. 2015헌마349; 2022.6.30. 2019헌마205; 2022.6.30. 2021헌마916; 2022.5.26. 2018헌마1029 등 참조).

329) 군검찰관의 불기소처분에 대해서는 검찰항고제도가 없고, 불복이 있는 고소인·고발인에게 모든 범죄에 대하여 고등군사법원에 당해 불기소처분의 당부에 대한 재정신청을 허용하고 있으며(군사법원법 제301조 이하), 고등군사법원의 결정에 대하여는 재판에 영향을 미친 헌법·법률·명령 또는 규칙의 위반이 있음을 이유로 하는 때에 대법원에 즉시항고를 할 수 있도록 하고 있기 때문이다(군사법원법 제464조)(헌재 1991.1.25. 90헌마222; 1990.10.8. 89헌마278; 2002.2.19. 2002헌마66 등 참조).

330) 헌재 1989.10.27. 89헌마56, 군검찰관의 공소권행사에 관한 헌법소원[인용(취소)].

라) 감사원의 국민감사청구에 대한 기각결정

「부패방지 및 국민권익위원회의 설치와 운영에 관한 법률」 제72조가 규정한 감사원에 대한 국민감사청구제도는 일정한 요건을 갖춘 국민들이 감사청구를 한 경우에 감사원장으로 하여금 감사청구된 사항에 대하여 감사실시 여부를 결정하고 그 결과를 감사청구인에게 통보하도록 의무를 부과하고 있기 때문에(법 제74조·제75조), 이러한 국민감사청구에 대한 기각결정은 공권력주체의 고권적 처분이라는 점에서 헌법소원심판의 대상이 될 수 있는 공권력행사에 해당한다.331)

마) 행정청의 권력적 사실행위

행정청의 사실행위는 경고·권고·시사(示唆)와 같은 정보제공 행위나 단순한 행정지도와 같이 대외적 구속력이 없는 '비권력적 사실행위'와 행정청이 우월적 지위에서 일방적으로 강제하는 '권력적 사실행위'로 나눌 수 있고, 이 중에서 권력적 사실행위만 헌법소원의 대상이 되는 공권력 행사에 해당하고 비권력적 사실행위는 공권력 행사에 해당하지 아니한다는 것이 헌법재판소의 판례다.332) 다시 말하면 단순한 사실행위는 헌법소원의 대상이 되는 공권력의 행사가 아니지만, 행정청이 우월적 지위에서 일방적으로 강제하는 성격을 가진 권력적 사실행위333)는 헌법소원의 대상이 될 수 있는 공권력의 행사에 해당한다.

헌법재판소의 판례에 따르면 일반적으로 어떤 행정상 사실행위가 권력적 사실행위에 해당하는지 여부는 당해 행정주체와 상대방과의 관계, 그 사실행위에 대한 상대방의 의사·관여정도·태도, 그 사실행위의 목적·경위, 법령에 의한 명령·강제수단의 발동 가부 등 그 행위가 행하여질 당시의 구체적 사정을 종합적으로 고려하여 개별적으로 판단하여야 한다.334)

그런데 사실행위는 그 성격상 단시간 내에 종료되어 버리므로 취소를 구할 이익, 즉 권리보호이익이 없는 경우가 많다. 따라서 이 경우에는 별도로 침해의 반복위험성

---

331) 헌재 2006.2.23. 2004헌마414, 국민감사청구기각결정취소(기각).
332) 헌재 2019.2.12. 2019헌마82, 기본권 침해 위헌확인(각하).
333) 헌재 2001.7.19. 2000헌마546, 유치장내 화장실설치 및 관리행위 위헌확인[인용(위헌확인)]; 2003.12.18. 2001헌마754, 과다감사 위헌확인(기각).
334) 헌재 1994.5.6. 89헌마35(각하); 2009.12.29. 2008헌마617(각하); 2012.10.25. 2011헌마429(각하); 2017.11.30. 2016헌마503, 변호인 참여신청서 요구행위 등[인용(위헌확인), 각하]; 2019.2.12. 2019헌마82, 기본권 침해 위헌확인(각하) 등 참조.

이나 헌법적 해명의 필요성과 같은 심판청구의 이익이 있음이 인정되어야 헌법소원의
적법요건을 갖추게 된다.335)

　헌법소원의 대상이 되는 권력적 사실행위라고 하더라도 보충성의 원칙의 예외에 해당
하는지는 또 다른 문제다.336) 이에 대해서는 뒤의 보충성의 요건에서 설명한다.

| NOTE | 헌법소원심판의 대상이 되는 권력적 사실행위의 예 | |

① 재무부장관의 제일은행장에 대한 국제그룹해체준비착수지시와 언론발표지시,337) ②
「행형법」에 따른 교도관의 서신 검열이나 발송거부,338) ③ 유치장 내의 공개된 화장실 사
용 강제,339) ④ 「형의 집행 및 수용자의 처우에 관한 법률」 등에 따른 교도관의 수용자에
대한 구체적인 보호장비 사용행위340) 및 교도소장의 수용자 접견내용 청취·기록·녹음 또
는 녹화라는 구체적인 집행행위,341) ⑤ 피의자신문에 참여한 변호인에게 피의자 후방에
않으라고 요구한 검찰수사관의 행위,342) 육군훈련소장이 훈련병들로 하여금 육군훈련소 내
종교행사에 참석하도록 한 조치343)

바) 비구속적 행정계획안

　대학입시기본계획 중 일정한 권고와 같은 비구속적 행정계획안도 원칙적으로는 공
권력의 행사는 아니지만, 그것이 국민의 기본권에 직접적으로 영향을 끼치고, 앞으로

---

335) 헌재 2001.7.19. 2000헌마546, 유치장내 화장실설치 및 관리행위 위헌확인[인용(위헌확인)].
336) 권력적 사실행위에 해당하더라도 행정소송의 대상이 되는 것으로 보는 경우에는 헌법소원은 허
　　용되지 않는다. 종로구청장의 단수조치(대법원 1979.12.28. 79누218 판결)와 미결수용자의 교도
　　소이송조치(대법원 1992.8.7. 92두30 판결)는 권력적 사실행위로서 행정소송의 대상이 된다고 한
　　다(유상현·조인성, 행정법총론, 형설출판사, 2007, 447쪽). 권력적 사실행위로 파악하면서 보충
　　성의 예외가 된다고 판단한 사례로는 피의자신문에 참여한 변호인에게 피의자 후방에 않으라고
　　요구한 행위가 있다. "형사소송법 제417조는 제243조의2에 따른 변호인의 참여 등에 관한 처분
　　에 대하여 불복이 있으면 준항고를 제기할 수 있다고 규정하고 있지만, 이 사건 후방착석요구행
　　위와 같은 행위에 대하여 준항고가 제기된 사례가 발견되지 아니하는데다가, 실제로 형사소송법
　　제417조의 준항고로 다툴 수 있는지 여부도 불명확하므로, 보충성의 예외가 인정된다."[헌재
　　2017.11.30. 2016헌마503, 변호인 참여신청서 요구행위 등(인용(위헌확인), 각하)].
337) 헌재 1993.7.29. 89헌마31, 공권력행사로 인한 재산권침해에 대한 헌법소원[인용(위헌확인)].
338) 헌재 1998.8.27. 96헌마398, 통신의 자유 침해 등 위헌확인(기각, 각하).
339) 헌재 2001.7.19. 2000헌마546, 유치장내 화장실설치 및 관리행위 위헌확인[인용(위헌확인)].
340) 헌재 2012.7.26. 2011헌마426, 형의 집행 및 수용자의 처우에 관한 법률 제97조 제1항 등 위헌확
　　인(기각, 각하).
341) 헌재 2013.11.28. 2011헌마529, 형의 집행 및 수용자의 처우에 관한 법률 제88조 위헌확인(각하).
342) 헌재 2017.11.30. 2016헌마503, 변호인 참여신청서 요구행위 등[인용(위헌확인), 각하].
343) 헌재 2022.11.24. 2019헌마941, 육군훈련소 내 종교행사 참석 강제 위헌확인[인용(위헌확인)].

법령의 뒷받침에 의하여 그대로 실시될 것이 틀림없을 것으로 예상될 수 있을 때에는 헌법소원의 대상이 되는 공권력의 행사로 보고 있다. 비구속적 행정계획안으로서 헌법소원심판의 대상이 된 것으로는 서울대학교 94학년도 대학입학고사주요요강[344]을 들 수 있다.

사) 기타 헌법소원의 대상성이 문제된 사례들

(1) 헌법소원의 대상성이 인정된 경우

그 외 공권력의 행사로서 인정된 경우들로는 조약체결행위,[345] 행정청의 지목변경신청반려처분,[346] 공정거래위원회의 불공정거래혐의에 대한 무혐의조치,[347] 교육인적자원부장관의 국·공립대학총장에 대한 학칙시정요구,[348] 선거방송토론위원회가 선거방송토론의 대상후보자에서 제외하는 처분,[349] 중앙선거관리위원회의 대통령에 대한 경고처

---

344) 헌재 1992.10.1. 92헌마68등, 1994학년도 신입생선발입시안에 대한 헌법소원(기각).
345) 헌재 2001.3.21. 99헌마139등, 692대한민국과일본국간의어업에관한협정비준등 위헌확인(각하).
346) 헌재 1999.6.24. 97헌마315[인용(취소)]. 그러나 대법원이 2004.4.22. 판례를 변경하여 지목변경신청반려처분에 대해 항고소송의 대상이 되는 행정처분으로 보게 됨으로써 헌법소원심판 청구는 부적법하게 되었다.
347) 헌재 2002.6.27. 2001헌마381, 불공정거래행위무혐의처분취소(기각): 불공정거래혐의에 대한 공정거래위원회의 무혐의 조치는 혐의가 인정될 경우에 행하여지는 중지명령 등 시정조치에 대응되는 조치로서 공정거래위원회의 공권력 행사의 한 태양에 속하여 헌법재판소법 제68조 제1항 소정의 '공권력의 행사'에 해당한다는 취지의 결정이다.
348) 헌재 2003.6.26. 2002헌마337등, 학칙시정요구 등 위헌확인(각하): 교육인적자원부장관의 대학총장들에 대한 이 사건 학칙시정요구는 고등교육법 제6조 제2항, 동법시행령 제4조 제3항에 따른 것으로서 그 법적 성격은 대학총장의 임의적인 협력을 통하여 사실상의 효과를 발생시키는 행정지도의 일종이지만, 그에 따르지 않을 경우 일정한 불이익조치를 예정하고 있어 사실상 상대방에게 그에 따를 의무를 부과하는 것과 다를 바 없으므로 단순한 행정지도로서의 한계를 넘어 규제적·구속적 성격을 상당히 강하게 갖는 것으로서 헌법소원의 대상이 되는 공권력의 행사라고 볼 수 있다는 취지의 결정이다.
349) 헌재 2006.6.29. 2005헌마415, 선거방송 대담토론 초청대상 후보자 제외결정 위헌확인(각하): 이 사건 법률조항(피청구인 김해시선거방송토론위원회가 '지역구국회의원선거 후보자 초청 대담·토론회'의 초청대상 후보자의 범위를 정한 공직선거및선거부정방지법 제82조의2 제4항 제3호 다목)과 선거방송토론위원회의구성및운영에관한규칙 제23조는 선거방송토론위원회가 선거방송토론을 개최함에 있어서 '중앙선거관리위원회규칙이 정하는 언론기관이 선거기간 개시일 전 30일부터 선거기간 개시일 전일까지의 사이에 실시하여 공표한 여론조사결과를 평균한 지지율이 100분의 5 이상인 후보자를 초청대상자로 선정하고, 이를 초청대상 후보자에게 통지'하도록 규정하고 있으므로, 이 사건 결정(국회의원재선거에 입후보한 청구인을 초청대상 후보자에서 제외한 결정)은 선거방송토론을 주관·진행하는 행정관청인 피청구인이 이 사건 법률조항과 선거방송토론위원회의구성및운영에관한규칙 제23조에 근거하여 청구인을 선거방송토론의 초청대상 후보자에서 제외하는 개별·구체적인 행정처분으로서의 법적 성격을 가진다는 취지의 결정이다.

분,350) 국공립대학총장의 임용제청이나 그 철회행위,351) 대통령선거방송토론위원회의 결정 및 공표행위,352) 경찰청장의 지문보관행위,353) 국가인권위원회의 진정 기각결정354) 및 대법원장에 대한 진정에 대한 각하결정,355) 취소된 재판의 경우에 있어서 원행정처분,356) 「변호사법」 제23조 제2항 제7호의 위임을 받아 변호사 광고에 관한 구체적인 규제 사항 등을 정한 대한변호사협회의 '변호사 광고에 관한 규정'357) 등이 있다.

(2) 헌법소원의 대상성이 부인된 경우

헌법소원의 대상성이 부인된 경우로는 다음을 예로 들 수 있다.

① 2003년 노무현 대통령의 **신임국민투표시행계획 발표행위**는 단순한 정치적 제안의 피력에 불과하다.358)

---

350) 헌재 2008.1.17. 2007헌마700, 대통령의 선거중립의무 준수요청 등 조치 취소(기각): "이 사건 조치('대통령의 선거중립의무 준수 재촉구 조치)는 선거관리위원회법 제14조의2에 근거한 것이라고 볼 수밖에 없고, 청구인의 과거 발언이 공직선거법을 위반하였다고 확인한 후 재발방지를 촉구하는 내용이 주를 이루고 있으므로 위 조항에 열거된 행위유형 중 '경고'에 해당한다고 봄이 상당하다. 설사 피청구인이 아무런 법적 근거 없이 이 사건 조치를 하였다고 하여도, 공권력의 주체인 피청구인이 뒤에서 보는 바와 같이 청구인의 기본권을 제한하는 처분을 한 것이므로 이는 기본권 침해 가능성이 있는 공권력의 행사라고 하는 취지의 결정이다.

351) 헌재 1993.5.13. 91헌마190, 교수재임용추천거부 등에 대한 헌법소원(기각).

352) 헌재 1998.8.27. 97헌마372등, 방송토론회진행사항결정행위 등 취소(기각): 헌법소원의 대상이 되는 공권력은 입법·행정·사법 등의 모든 기관뿐만 아니라, 간접적인 국가행정, 예를 들어 공법상의 사단, 재단 등의 공법인, 국립대학교와 같은 영조물 등의 작용도 포함된다. 대통령선거방송위원회는 「공직선거법」 규정에 의해 설립되고 동법에 따른 법적 업무를 수행하는 공권력의 주체이므로, 이 사건 결정 및 공표행위는 헌법소원의 대상이 되는 공권력의 행사라는 취지의 결정이다.

353) 헌재 2005.5.26. 99헌마513등, 주민등록법 제17조의8 등 위헌확인 등(기각): 경찰청장이 지문정보를 보관·전산화하여 이를 경찰행정목적에 사용하는 것은 개인정보의 하나인 지문정보의 보관·처리·이용을 의미하고, 이는 헌법상 기본권의 하나로 인정되는 이른바 개인정보자기결정권을 제한하는 공권력의 행사로 보아야 한다는 취지의 결정이다.

354) 헌재 2009.2.26. 2008헌마275, 보조장구 사용요구 심의·의결 취소(기각): "국가인권위원회는 국가인권위원회법에 따라서 설립된 인권보호기구이자 독립된 국가기관으로서 공권력을 행사하는 주체에 해당"한다.

355) 헌재 2009.9.24. 2009헌마63, 진정각하결정취소(기각): 국가인권위원회는 공권력을 행사하는 주체에 해당하므로, 피청구인 국가인권위원회의 진정각하결정은 헌법재판소법 제68조 제1항에서 규정하는 공권력의 행사로서 헌법소원심판의 대상이 된다는 취지의 결정이다.

356) 헌재 1998.7.16. 95헌마77, 양도소득세 및 방위세 부과처분 취소 등(각하): 법원의 재판을 거쳐 확정된 행정처분인 경우에는 당해 행정처분을 심판의 대상으로 삼았던 법원의 재판이 예외적으로 헌법소원심판의 대상이 되어 그 재판 자체가 취소되는 경우에 한하여 헌법소원심판이 허용된다는 취지의 결정이다. 그 외에도 헌재 2022.7.21. 2013헌마242, 재판취소 등[인용(취소), 각하] 등 다수의 결정 참조.

357) 헌재 2022.5.26. 2021헌마619, 변호사 광고에 관한 규정 제3조 제2항 등 위헌확인(위헌, 기각).

358) 헌재 2003.11.27. 2003헌마694등, 대통령신임투표를 국민투표에 붙이는 행위 위헌확인, 대통령

② **진정사건에 대한 수사기관의 내사종결처리**라는 것은 구속력이 없는 진정사건에 대한 수사기관의 내부적 사건처리방식에 지나지 아니하고, 처리결과에 대하여 불만이 있으면 진정인은 따로 고소나 고발을 할 수 있으므로 진정인의 권리행사에 아무런 영향을 미치는 것이 아니어서 공권력의 행사에 해당하지 않는다.[359]

③ **국가기관의 내부적 행위**에 불과한 경우에는 국민에게 직접 효력을 가진다고 볼 수 없어서 공권력행사에 해당하지 않는다. 이에는 국무회의의 의결,[360] 국회의 동의가 있기 전의 대통령의 국군 외국 파견결정,[361] 교육부장관의 '교장임용 제청 기준 강화방안(안)[362] 등이 있다. 정부의 법률안 제출권의 행사도 공권력성은 가지고 있으나 그렇게 하여 제출된 법률안이 법률로써 확정되기 위해서는 국회의 의결, 대통령의 공포절차를 거쳐야 하므로 정부의 법률안 제출은 국가기관 간의 내부적 행위에 불과하고 국민에 대하여 직접적인 법률효과를 발생시키는 행위가 아니어서 헌법소원의 대상이 되는 공권력의 행사에 해당하지 않는다.[363]

④ 대통령의 국군 외국 파견에 대한 국회의 파견동의도 그 대상인 대통령의 행위에 법적 효력을 부여하는 것이고 그 자체만으로는 대국민 관계에서 법적인 효과를 발생시킬 수 있는 공권력의 행사가 아니다.[364]

⑤ 법원의 재판이 취소되지 아니하는 경우에는 확정판결의 기판력으로 인하여 **원행정처분**은 헌법소원심판의 대상이 되지 않는다.[365]

⑥ 피청구인 중앙선거관리위원회가 2020.2.6. '선거권이 없는 학생을 대상으로 하더라도 선거가 임박한 시기에 교원이 교육청의 계획 하에 모의투표를 실시하는 것은 행위

재신임 국민투표실시계획 위헌확인, 대통령 재신임을 국민투표에 붙이는 결정취소(각하). 그러나 헌법상 허용되지 않는 재신임국민투표를 국민들에게 제안한 것은 헌법 제72조에 반하는 것으로 헌법을 실현하고 수호해야할 대통령의 의무를 위반한 것이라고 보았다[헌재 2004.5.14. 2004헌나1, 대통령(노무현) 탄핵(기각)].

359) 헌재 1990.12.26. 89헌마277, 진정사건 내사종결처리에 대한 헌법소원(각하).
360) 헌재 2003.12.18. 2003헌마225등, 이라크전쟁 파견결정 등 위헌확인, 이라크전쟁 파견동의안 동의 위헌확인(각하).
361) 헌재 2003.12.18. 2003헌마255등.
362) 헌재 2018.6.28. 2015헌마1072, 교장임용 제청 기준 강화방안 등 위헌확인(각하).
363) 헌재 1994.8.31. 92헌마174, 지방자치단체의 장 선거일 불공고 위헌확인 등(각하)을 비롯한 다수의 결정 참조.
364) 헌재 2003.12.18. 2003헌마255등.
365) 헌재 1997.12.24. 96헌마172등, 헌법재판소법 제68조 제1항 위헌확인 등[한정위헌, 인용(취소)]; 1998.5.28. 91헌마98등, 양도소득세등부과처분에 대한 헌법소원(각하).

양태에 따라 선거에 영향을 미치게 하기 위한 행위에 이르러 공직선거법에 위반될 수 있다'고 결정한 것 및 피청구인의 위원장이 서울특별시 교육감의 관련 질의에 대하여 2020.3.9. 위 결정과 유사한 취지로 한 회신은, 교육청의 계획 하에 교원이 선거권이 없는 학생을 대상으로 하는 모의투표를 실시하는 것이 관련 법령상 허용되는지 여부'라는 법률적 문제에 관한 피청구인의 비권력적인 의견 제시에 불과하다. 피청구인의 위원·직원이 위와 같은 모의투표 실시 행위에 대하여 「선거관리위원회법」에 따라 중지·경고·시정명령 등의 조치를 하더라도, 이는 위 결정·회신 위반이 아닌 「공직선거법」 등 법령 위반을 이유로 하는 것이고, 위 결정·회신에서 피청구인이나 피청구인의 위원장이 모의투표 실시 행위에 대하여 위와 같은 조치를 취할 것임을 표명한 바도 없기 때문에 위 결정·회신은 그 자체만으로 청구인들의 법적 지위에 영향을 준다고 보기 어려워 공권력의 행사에 해당한다고 할 수 없다.366)

⑦ 「전기통신사업법」상 수사기관 등에 의한 통신자료 제공요청은 임의수사에 해당하는 것으로, 전기통신사업자가 이에 응하지 아니한 경우에도 어떠한 법적 불이익을 받는다고 볼 수 없기 때문에 수사기간 등이 통신자료 제공요청하여 취득한 행위는 헌법소원의 대상이 되는 공권력의 행사에 해당하지 않는다.367)

⑧ 일반 국민에 대하여 가상통화공개(ICO)를 금지하기로 한 '가상통화 관계기관 합동 TF'의 방침368)과 금융위원회가 시중 은행들을 상대로 가상통화 거래를 위한 가상계좌의 신규제공을 중단하도록 한 조치369)는 모두 법적 구속력이 없는 **행정상의 안내·권고·정보제공행위**에 불과하므로 공권력의 행사에 해당하지 않는다.

2) 행정권의 불행사

행정권의 불행사는 행정권의 부작위를 의미한다. 행정권의 부작위가 헌법소원의 대상될 수 있는 공권력의 불행사가 되기 위해서는 작위의무가 규정되어 있음에도 이를 해태한 경우라야 한다.370) 즉 공권력의 주체에게 헌법에서 유래하는 작위의무가 특별히

---

366) 헌재 2021.9.30. 2020헌마494, 모의투표 불가 결정 등 위헌확인(각하).
367) 헌재 2022.7.21. 2016헌마388등, 통신자료 취득행위 위헌확인 등(헌법불합치, 각하) − 수사기관 등에 의한 통신자료 제공요청 사건.
368) 헌재 2022.9.29. 2018헌마1169, 가상통화공개(ICO)를 금지하기로 한'가상통화 관계기관 합동 TF'의 방침 등에 대한 위헌소원 사건(각하).
369) 헌재 2021.11.25. 2017헌마1384등, 정부의 가상통화 관련 긴급대책 등 위헌확인 결정(각하).
370) 헌재 1996.11.28. 92헌마237, 도로예정지 미수용 위헌확인(각하).

구체적으로 규정되어 이에 의거하여 기본권의 주체가 행정행위 내지 공권력의 행사를 청구할 수 있음에도 공권력의 주체가 그 의무를 해태하는 경우에만 허용된다. 여기서 '헌법에서 유래하는 작위의무'는 첫째, 헌법상 명문으로 공권력 주체의 작위의무가 규정되어 있는 경우, 둘째 헌법의 해석상 공권력 주체의 작위의무가 도출되는 경우, 셋째 공권력 주체의 작위의무가 법령에 구체적으로 규정되어 있는 경우 등을 포괄한다.[371]

그런데 행정권의 부작위에 대해서는 행정소송(부작위위법확인소송)을 제기할 수 있으므로 보충성의 원칙에 따라 기본적으로 헌법소원심판청구가 인정되지 않는다.

행정입법의 부작위와 관련하여서는 시행명령을 제정·개정할 법적 의무가 있고, 상당한 기간이 지났음에도 불구하고 명령제정·개정권이 행사되지 않은 경우에 행정입법부작위가 존재하게 된다. 예컨대 ① 치과전문의제도의 실시를 법률과 대통령령이 규정하고 있음에도 불구하고 절차를 마련하지 않은 보건복지부장관의 부작위행위,[372] ② 법률이 군법무관의 봉급과 그 밖의 보수를 법관 및 검사의 예에 준하여 지급하도록 하는 대통령령을 제정할 것을 규정하고 있음에도 불구하고 대통령이 해당 대통령령을 제정하지 않은 것은 헌법소원의 대상이 될 수 있는 행정입법부작위에 해당한다.[373]

Q 행정입법부작위에 대해서 국가배상소송이 가능하다고 할 경우에 행정입법부작위를 대상으로 하는 헌법소원심판에 있어서 보충성의 원칙을 충족하는 것으로 인정될 수 있는지 여부 및 인정되는 경우 그 이유를 설명하시오.

A ① 대법원은 행정입법부작위에 대해서는 행정소송의 대상이 되지 않는다고 보고 있기 때문에 다른 구제절차가 없는 경우에 해당한다. ② 행정입법부작위에 대해서 국가배상청구가 가능하다고 하더라도 국가배상청구는 "다른 권리구제절차"에 해당하지 않는다.[374]

다. 사법권에 의한 공권력의 행사·불행사

사법권에 의한 공권력 행사의 전형은 재판이다. 그러나 설령 재판을 통하여 기본권 침해가 일어나더라도 재판은 헌법재판소법 제68조 제1항에 따라 헌법소원의 대상이 되지 않는다. 따라서 헌법소원의 대상이 되는 사법권에 의한 공권력의 행사·불행사는 주로 사법행정과 관련되어 일어나는 정도이다.

---

371) 헌재 2018.1.23. 2018헌마10(지정재판부). 헌재 2011.8.30. 2006헌마788등 결정도 참조.
372) 헌재 1998.7.16. 96헌마246, 전문의 자격시험 불실시 위헌확인 등[인용(위헌확인), 각하].
373) 헌재 2004.2.26. 2001헌마718, 입법부작위 위헌확인[인용(위헌확인)].
374) 헌재 1998.7.16. 96헌마246, 전문의자격시험불실시 위헌확인 등[인용(위헌확인), 각하].

1) 사법권의 행사

가) 대상성이 인정된 경우

사법부의 입법, 즉 대법원규칙을 제정하는 행위도 헌법소원의 대상이 되는 공권력의 행사에 해당한다.[375]

나) 대상성이 부인된 경우

(1) 법원의 재판

법원의 재판을 헌법소원의 대상에서 배제하는 것은 재판청구권뿐만 아니라 사법부에 대한 특권이 아니냐는 관점에서 비판되고 있으나 헌법재판소는 이를 합헌으로 보고 있다.[376]

그러나 법원의 재판이라고 할지라도, **헌법재판소가 위헌이라고 선언한 법률의 규정을 적용한 재판**은 예외적으로 헌법소원의 대상이 된다.[377] 따라서 법원의 판결이 비록 헌법재판소가 위헌으로 결정한 법률과 관련한 국가배상청구를 배척하였다 하더라도 당해 법률을 적용하여 판결한 것이 아니라면 예외적으로 헌법소원의 대상이 되는 재판이라고 할 수 없다.[378] 그런데 헌법재판소는 이에서 더 나아가 한정위헌결정에 따라 법원에 제기한 재심청구를 받아들이지 않은 재심기각판결도 **"법률에 대한 위헌결정의 기속력에 반하는 재판"**으로서 취소하고 있다.[379] 이는 "헌법재판소가 위헌이라고 선언한 법률의

---

375) 헌재 1990.10.15. 89헌마178, 법무사법시행규칙에 대한 헌법소원(위헌).
376) 헌재 1997.12.24. 96헌마172등, 헌법재판소법 제68조 제1항 위헌확인 등[한정위헌, 인용(취소), 3인의 반대의견].
377) 헌재 1997.12.24. 96헌마172등[한정위헌, 인용(취소)].
378) 예컨대 긴급조치 제1호와 제9호가 헌법재판소에 의해 위헌결정되었음에도 불구하고 피해자들이 제기한 국가배상청구소송에서 피해자들의 청구를 배척한 대법원판결과 재판소원을 금지하고 있는 헌법재판소법 제68조 제1항 부분이 청구인들의 기본권을 침해한다고 제기한 헌법소원심판사건에서 헌법재판소는 청구를 기각하고 있다. 그 이유는 당해 대법원판결은 헌법재판소가 위헌으로 결정한 법령을 적용하여 청구를 배척한 것이 아니라 긴급조치의 위헌성에도 불구하고 국가배상책임이 성립하지 않는다는 대법원의 해석론에 따른 것이기 때문이라고 하였다[헌재 2019.2.28. 2016헌마56, 재판취소 등(기각, 각하, 재판관 2인의 반대의견)]. 이에 대해서는 당해 대법원판결은 국가가 권력을 남용해 국민의 자유와 권리를 '의도적이고 적극적으로' 침해하는 '총체적' 불법행위를 자행한 경우에도 국가의 불법행위 책임을 부인함으로써 예외적으로 헌법소원심판의 대상이 되는 판결에 해당하며 헌법재판소의 위헌결정의 기속력에 반하거나 도저히 그 부정의함을 묵과할 수 없는 수준으로 헌법상 보장된 기본권인 국가배상청구권을 침해하므로 취소되어야 한다는 반대의견이 제시되었다(재판관 이석태, 김기영).
379) 헌재 2022.6.30. 2014헌마760등, 헌법재판소법 제68조 제1항 등 위헌확인[위헌, 인용(취소), 각하] 및 헌재 2022.7.21. 2013헌마496. 재판취소 등[인용(취소), 각하] - 재판취소사건 참조. 특히 헌재 2013헌마496 결정은 청구인이 지에스칼텍스 주식회사이고 구 「조세감면규제법」에 따른 법

규정을 적용한 재판"을 넘어서서 한정위헌결정의 효력을 확대한 것인데, 이는 한정위헌결정의 효력을 부인하는 법원의 재심판결까지 모두 포함하여 취소할 수 있도록 하기 위한 것이다.

법령의 위헌결정 이전에 그에 근거하여 행하여진 행정처분에 대하여 당해 법령의 위헌결정 이후에 행하여진 재판에서 이를 무효라고 보지 않았다고 하더라도, 그 재판은 헌법재판소가 위헌으로 결정한 법령을 적용함으로써 국민의 기본권을 침해한 경우라고는 할 수 없다. 왜냐하면 법령은 헌법재판소에 의하여 위헌·무효로 결정되기 이전에는 당연무효라고 할 수는 없고 단지 취소사유가 될 뿐이기 때문이다.[380]

헌법재판소는 법원의 재판이 취소되는 경우에는 원행정처분에 대한 헌법소원심판 청구를 받아들여 인용하고 있다.[381]

그러나 헌법재판소는 법원의 판결이 법률에 대한 위헌결정의 기속력에 반하는 재판으로 인정되어 취소되는 경우에는 원행정처분도 취소될 수 있지만, 법원의 재판 이후에 적용 법률조항이 한정위헌으로 결정되어 해당 법원의 재판이 재심의 대상이 된 경우(이하 '재심대상판결')에는 재심대상판결은 법률에 대한 위헌결정의 기속력에 반하는 재판에 해당하지 아니하여 취소대상이 되는 재판이 되지 않기 때문에, 재심대상판결을 취소하지 않은 상태에서 재심기각판결을 하면서 동시에 원행정처분을 취소할 수는 없다고 한다.[382]

인세 납부 관련 사건이다. 이 사건의 흐름은 다음과 같다. 1990.10.1. 세무서장의 법인세 및 자산재평가세 등 약 700억 부과, 서울고등법원 파기환송심 계속 중 부과처분의 근거가 된 구 「조세감면규제법」 부칙 제23조에 대한 헌법소원심판 청구, 파기환송심 확정, 한정위헌결정, 파기환송심판결에 대한 재심청구, 서울고등법원의 재심기각판결(2013년), 대법원의 재심상고기각판결(2013년), 재심기각판결 등 관련 판결과 원행정처분인 과세부과처분의 취소를 구하는 헌법소원심판 청구. 동일한 취지의 결정으로는 헌재 2022.7.21. 2013헌마242. 재판취소 등[인용(취소), 각하]; 2022.7.21. 2013헌마497. 재판취소 등[인용(취소), 각하]가 있다.

380) 헌재 2001.2.22. 99헌마605, 재판취소(각하).
381) 헌재 1997.12.24. 96헌마172등, 헌법재판소법 제68조 제1항 위헌확인 등[한정위헌, 인용(취소)]. 과세처분의 취소와 함께 헌법재판소의 한정위헌결정에 반하여 위헌으로 결정된 법률을 적용한 재판의 취소를 청구한 이 헌법소원심판에서 재판을 취소하면서 원행정처분인 과세처분에 대해서도 인용하여 취소하고 있다.
382) 헌재 2022.7.21. 2013헌마242, 재판취소 등[인용(취소), 각하].

| NOTE | 재심대상판결의 취소 없이도 원행정처분을 취소할 수 있다는 견해 |

헌법재판소의 반대견해(2013헌마242결정에서 3인의 재판관)는 과세처분의 취소와 관련하여 과세처분의 취소를 구하는 행정소송 계속 중 처분의 근거가 되는 법률조항에 대하여 헌법재판소법 제68조 제2항의 헌법소원을 제기하여 (법원의 기각판결(이하 '재심대상판결')이 있은 후) 헌법재판소로부터 인용결정을 받고 헌법재판소법 제75조 제7항에 따라 법원에 재심대상판결에 대한 재심을 청구하였으나, 법원은 한정위헌결정의 기속력을 부인하여 재심청구를 기각함으로써 헌법 및 그 위임에 따라 마련된 헌법소원제도에 의하여 보장되는 청구인의 재판청구권을 침해하였고 따라서 재심기각판결이 '법률에 대한 위헌결정의 기속력에 반하는 재판'으로서 예외적으로 취소되어야 한다고 보았다. 반대견해의 구체적인 논증은 다음과 같다. "엄밀히 말해 원행정처분인 이 사건 과세처분을 심판의 대상으로 삼았던 법원의 재판은 이 사건 재심대상판결이고, 이 사건 재심대상판결은 이 사건 한정위헌결정 이전에 확정된 법원의 재판으로서 오로지 헌법재판소법이 정한 재심절차에 의하여서만 취소가 가능하다. 그런데 이 사건 재심기각판결은 이 사건 한정위헌결정의 기속력을 부인하여 이를 재심사유로 받아들이지 않았고, 이로써 이 사건 재심대상판결이 취소될 수 있는 유일한 절차가 차단되었다. 이와 같이 법원의 재판절차를 통해서는 원행정처분에 의하여 침해된 국민의 기본권이 더 이상 구제될 가능성이 없고 나아가 원행정처분을 심판의 대상으로 삼았던 법원의 재판이 취소될 수 있는 절차가 마련되어 있음에도 법원 스스로 이를 위반하여 해당 재판이 취소될 수 없는 결과를 초래한 경우에는, 법원의 재판을 거친 원행정처분이라 하더라도 예외적으로 그에 대한 헌법소원심판을 허용할 필요가 있다. 헌법재판소는 이러한 경우 국민의 기본권을 신속하고 효율적으로 구제하기 위해서 그리고 법원에 의해 부정된 위헌결정의 기속력을 회복시키기 위하여, 원행정처분을 직접 심판의 대상으로 삼았던 법원의 재판인 이 사건 재심대상판결을 직접 취소할 수 없는 경우라 하더라도, 원행정처분인 이 사건 과세처분을 직접 취소할 필요가 있는 것이다. 이는 헌법에 대한 최종 해석권한을 가진 헌법재판소를 통하여 최고 규범인 헌법의 우위를 확보할 필요성에 따른 것임은 물론, 나아가 이러한 예외적인 경우에는 확정판결의 기판력을 통한 법적 안정성보다 헌법의 우위에 따라 마련된 제도인 헌법소원심판청구를 통한 국민의 기본권에 대한 실효적 보장을 중요시하는 것이 우리 헌법의 정신에 부합하기 때문이다."[383]

(2) 법원행정처장의 민원인에 대한 법령질의회신

법원행정처장의 민원인에 대한 법령 질의회신이란 법령해석에 관한 의견진술에 지나지 않고, 법규나 행정처분과 같은 법적 구속력을 갖는 것이라고도 할 수 없어서 공권력의 행사라고 볼 수 없다.[384]

---

383) 헌재 2022.7.21. 2013헌마242.
384) 헌재 1989.7.28. 89헌마1, 사법서사법시행규칙에 관한 헌법소원(각하).

(3) 법원 재판장의 부당한 변론지휘권행사

재판장의 소송지휘권의 행사에 관한 사항은, 그 자체가 재판장의 명령으로서 법원의 재판에 해당하거나, 또는 그것이 비록 재판의 형식이 아닌 사실행위로 행하여졌다고 하더라도 종국판결이 선고된 이후에는 종국판결에 흡수·포함되어 그 불복방법은 위 항소심 판결에 대한 상고에 의하여만 가능하기 때문에, 재판장의 변론지휘권의 부당한 행사를 그 대상으로 하는 헌법소원심판청구는, 결국 법원의 재판을 직접 그 대상으로 하여 헌법소원심판을 청구하는 것으로 되어 부적법하다.385) 말하자면 법원 재판장의 부당한 변론지휘권행사도 헌법소원의 대상이 될 수 있는 공권력 행사에는 해당되나 이는 결국 법원의 재판을 헌법소원심판의 대상에서 제외하고 있는 헌법규정으로 인해서 헌법소원의 대상성이 부인된다는 의미다.

2) 사법권의 불행사

대법원장의 예비판사임용결정은 예비판사임용신청자 중 일정 인원에 대한 임용하는 결정으로서 나머지 임용대상자에 대해서는 예비판사임용거부처분을 한 것과 같아서 공권력의 행사에는 해당되지만, 대법원의 판례386) 등에 따를 때 이는 행정소송의 대상이 되는 처분이기 때문에 헌법소원심판의 대상이 되지 않는다.387)

라. 기타 대상성이 부인된 경우

그 외에도 헌법재판소의 판결에 따르면 헌법규정은 헌법소원의 대상이 되지 않고, **헌법재판소의 결정**도 자기기속력 때문에 헌법소원이 허용되지 않는다. 헌법재판소의 결정에 대한 재심에 대한 헌법소원도 법적 안정성의 측면에서 허용되지 않는다. **어린이헌장의 제정·선포행위**도 공권력의 행사라고 할 수 없기 때문에 헌법소원의 대상이 되지 않는다.388)

---

385) 헌재 1992.6.26. 89헌마271, 변론의 제한에 대한 헌법소원(각하).
386) 대법원은 1991.2.12. 90누5825 검사임용거부처분취소 사건.
387) 헌재 2001.12.20. 2001헌마245, 예비판사임용거부처분취소(각하).
388) 헌재 1989.9.2. 89헌마170, 대한민국어린이 헌장에 관한 헌법소원(각하).

2. 청구권자

가. 청구인능력(청구인의 기본권주체성)

헌법소원심판을 청구하기 위해서는 청구인능력이 있어야 한다. 헌법재판소법 제68조 제1항에 따르면 헌법재판소법 제68조 제1항의 헌법소원심판은 "헌법상 보장된 기본권을 침해받은 자"가 청구할 수 있으므로 청구인능력이 인정되기 위해서는 청구인이 기본권주체이어야 한다. 일반적으로는 자연인인 국민과 법인 또는 단체가 기본권의 주체가 되므로 청구인능력이 인정될 수 있으나, 기본권주체인지 여부의 최종적인 판단은 일반적으로는 말할 수 없고 개별기본권과 관련하여 판단하여야 한다. 즉, 청구인의 기본권적 지위가 개별기본권의 인적 보호내용에 포섭될 때 기본권주체로서 인정되므로 이때 청구인능력이 인정되게 된다.[389]

대통령 등 정치적 공무원도 표현의 자유의 침해와 같이 개인의 기본권이 침해된 경우에는 기본권주체로서 청구인능력이 있다. 국회의원의 발언·표결권은 기본권이 아니기 때문에 발언·표결권 침해를 이유로 한 헌법소원은 성립할 수 없고, 대신 국회의장을 상대로 한 권한쟁의심판의 청구에 있어서는 당사자능력이 인정된다. 국가·국가기관·국가조직의 일부 및 공법인은 기본권을 보호하거나 실현할 책임과 의무를 지는 것이고 원칙적으로 기본권의 주체라고 볼 수 없다.[390]

정당(설립)의 자유는 정당에게도 인정되는 기본권이므로 정당의 자유의 침해를 이유로 할 때에는 정당에게도 헌법소원심판의 청구인능력이 인정된다. 등록정당이 아니더라도 권리능력 없는 사단의 실체를 가지고 있는 정당은 사단으로서 헌법소원심판청구능력이 인정된다. 단체도 해당 기본권의 성격에 따라서 기본권의 주체가 될 수 있기 때문에 헌법소원 청구인능력이 인정된다.

기본권에 따라서는 자연인인 외국인이나 외국법인도 주체가 될 수 있으나, 최종적으로는 당해 사안과 관련하여 개별적·구체적으로 판단하여야 한다. 헌법재판소는 '인간의 권리'로 볼 수 있는 기본권에 대해서는 외국인도 기본권의 주체로 보기 때문에, 인간의 권리인 변호인의 조력을 받을 권리의 침해를 다투는 헌법소원심판에서 외국인도 청구인능력이 인정된다.[391]

---

389) 헌법재판실무제요, 제1개정증보판, 헌법재판소, 2008, 228쪽 참조.
390) 헌재 2006.2.23. 2004헌바50.
391) 헌재 2018.5.31. 2014헌마346, 변호인접견불허처분 등 위헌확인[인용(위헌확인)].

나. 기본권 침해의 가능성

권리구제형 헌법소원심판의 청구인은 기본권을 침해받은 자이어야 한다.[392] 침해받은 것으로 주장되는 권리가 헌법상 보장되는 기본권이어야 한다. 기본권이란 헌법상 보장된 개인의 권리이다. 기본권은 헌법에 직접 규정되기도 하지만 불문의 권리도 기본권으로 인정될 수 있다(제37조 제1항). 불문의 기본권은 실제에 있어서는 그동안의 헌법재판소의 판례에 의해 확립된 것을 의미한다. 따라서 예컨대 「지방자치법」상의 주민투표권과 같이 단순히 특정한 지방자치단체의 주민의 권리에 불과한 경우에는 청구인적격이 없다.[393]

또 기본권을 침해받은 자라고 규정하고 있으나 확정적으로 침해받은 것인지 여부는 헌법재판소의 결정 선고에 의해 비로소 확인될 수 있는 것이므로 **기본권 침해의 가능성**이 있는 것으로 족하다. 헌법소원심판이 적법하기 위해서는 기본권 침해의 단순한 주장에 불과해서는 안 되고 그 침해의 가능성이 어느 정도 확인될 수 있을 정도의 구체적인 주장이 있어야 한다. 그렇지 않은 막연한 주장은 부적법하여 각하될 수 있다.[394]

다. 기본권 침해의 법적 관련성

기본권 침해의 가능성이 인정되더라도 기본권 주체와 기본권 침해 사이에는 일정한 법적 관련성이 있어야 한다. 헌법재판소가 판례로 확립한 법적 관련성 존재여부 판단의 요소로서는 기본권 침해의 직접성, 현재성, 자기관련성이 있다.

1) 직접성

문제가 되는 공권력의 행사 또는 불행사가 직접 청구인의 기본권을 침해하여야 한다. 통상 상대방에 대하여 자유를 제한하거나 의무를 부과하거나, 권리 또는 법적 지위를 박탈하는 공권력 담당자의 법집행행위는 직접성이 인정된다. 직접성요건은 헌법소원심판청구 시에 충족되어야 하고 사후에 치유될 수 없다.[395]

---

392) 헌법소원 청구인적격(Prozessfähigkeit)이란 헌법소원심판의 청구와 관련된 일련의 소송행위를 할 수 있는 능력을 말하는 것으로서 기본권능력을 가진 자에게 인정되는 헌법소원능력(Beschwerdefähigkeit)과는 구별되는 개념이다(허영, 헌법소송법, 박영사, 2010, 345쪽 참조).

393) 헌재 2007.6.28. 2004헌마643, 주민투표법 제5조 위헌확인(헌법불합치, 각하); 2005.12.22. 2004헌마530, 주민투표법 제7조 제1항 등 위헌확인(각하).

394) 헌재 2005.2.3. 2003헌마544, 대기환경보전법시행규칙 제8조 제1호 등 위헌확인(기각, 각하); 2007.1.16. 2006헌마1458 등 참조.

395) "헌법재판소법 제68조 제1항에 의한 헌법소원심판청구에 있어서 직접성 요건의 불비는 사후에

법률 또는 법률의 조항도 집행행위(매개행위)를 기다리지 않고 직접 청구인의 기본권을 침해하는 경우에는 직접성이 인정된다.396) 법령은 원칙적으로 집행행위가 있어서 비로소 기본권침해 여부가 문제될 수 있기 때문에 기본권침해의 직접성은 일반적·추상적인 법령에 대한 헌법소원(법령소원)의 경우에 특히 중요한 요건이 된다. 이 경우 기본권 침해의 직접성이란 구체적인 집행행위를 기다리지 아니하고 **법률 그 자체에 의하여 자유의 제한, 의무의 부과, 권리 또는 법적 지위의 박탈이 생긴 경우**를 뜻한다.397)

따라서 법령(법률과 명령)규정이 집행행위를 예정하고 있는 경우에는 당해 법령규정의 직접성은 부인된다.398) 그러나 ① 집행행위가 존재하더라도 그 집행행위를 대상으로 하는 구제절차가 없거나 구제절차가 있다고 하더라도 권리구제의 기대가능성이 없고, 다만 기본권침해를 당한 청구인에게 불필요한 우회절차를 강요하는 것밖에 되지 않는 경우이거나,399) ② 법규범의 내용이 집행행위 이전에 이미 국민의 권리관계를 직접 변동시키거나 국민의 법적 지위를 결정적으로 정하는 것이어서 국민의 권리관계가 집행행위의 유무나 내용에 의하여 좌우될 수 없을 정도로 확정된 상태일 경우400)에는 법령이나 법령의 조항이 집행행위를 예정하고 있는 경우에는 예외적으로 직접성이 인정된다. 여기서 말하는 집행행위에는 입법행위도 포함되므로 법률이나 시행령이 일정한 범위 내에서 하위규범으로 정할 것을 위임하고 있는 경우에는 하위규범의 기본권침해의 직접성이 인정되고 상위규범인 법률이나 시행령은 침해의 직접성이 인정되지 아니한다.401)

법령에 근거한 구체적인 집행행위가 **재량행위**인 경우에도 기본권 침해는 집행기관의 의사에 따른 집행행위, 즉 재량권의 행사에 의하여 비로소 이루어지고 현실화되기 때문에 법령에 의한 기본권 침해의 직접성이 인정되지 않는다.402)

치유될 수 있는 성질의 것이라 볼 수 없다."[헌재 2009.9.24. 2006헌마1298, 일제강점하 반민족행위 진상규명에 관한 특별법 위헌확인(각하)].
396) 헌재 1992.11.12. 91헌마192, 농촌근대화촉진법 제94조 등에 대한 헌법소원(각하) 참조.
397) 헌재 1998.5.28. 96헌마151, 상속세법시행령 부칙 제2항 위헌확인(각하); 2008.5.29. 2005헌마149, 누범 가중처우 위헌확인(각하).
398) 헌재 2008.6.26. 2005헌마506, 방송법 제32조 제2항 등 위헌확인(위헌).
399) 헌재 1997.8.21. 96헌마48, 국가보안법 제19조 위헌확인(기각).
400) 헌재 1997.7.16. 97헌마38, 종합생활기록부제도개선보완시행지침 위헌확인(기각).
401) 헌재 2016.5.26. 2014헌마374(기각, 각하); 2013.12.26. 2012헌마162등; 2001.1.18. 2000헌마66(각하).
402) 헌재 2016.5.26. 2014헌마374(기각, 각하): 이 결정에서는 학원의 심야학습금지를 규정한 조례에 대하여 합헌결정하면서 그 근거 법률인 심야 학원교습시간을 교육감이 정할 수 있도록 한 「학원의 설립·운영 및 과외교습에 관한 법률」 제16조 제2항(교육감은 학교의 수업과 학생의 건강 등에 미치는 영향을 고려하여 시·도의 조례로 정하는 범위에서 학교교과교습학원 및 교습소의 교

법률이나 법률조항의 기본권 침해의 직접성이 인정되는 경우에는 추가로 보충성의 원칙의 예외에 해당하여야 하는 것은 아니다. 왜냐하면 법률이나 법률조항 자체를 대상으로 하는 다른 권리구제수단이 존재하지 않아서 보충성의 원칙의 적용이 배제되기 때문이다.

법률의 **입법절차**가 헌법에 위반되는 경우라도 이러한 사유만으로는 직접성이 인정되지 않는다.[403] **정의(定義)조항**에 대해서도 그 자체로는 자유를 제한하거나 의무를 부과하는 등 법적 지위에 영향을 주지 않는다는 이유로 기본권 침해의 직접성이 부인되고 있다.[404]

처벌조항의 직접성과 관련하여 헌법재판소는 처벌조항에서 정한 법정형이 체계정당성에 어긋난다거나 과다하다는 등 그 자체의 고유한 위헌성을 다투는 것이 아니라, 단지 그 전제가 되는 금지조항이 위헌이어서 처벌조항도 당연히 위헌이라는 취지로 주장할 뿐인 경우에는 직접성을 인정하지 않고 있다.[405]

헌법재판소는 권력적 사실행위는 헌법소원의 대상이 되는 공권력의 행사에 해당하는 것으로 보고 있으므로 당해 권력적 사실행위를 대상으로 헌법소원을 제기하여야 하고, 따라서 **권력적 사실행위의 근거가 되는 법령**은 직접성을 부인하고 있다. 예컨대 ① 「행형법」제18조 제3항 본문은 "수용자의 …… 서신수발은 교도관의 …… 검열을 요한다."고 규정하고 있으므로, 이 법률조항에 따라 서신검열이나 발송거부라는 권력적

습시간을 정할 수 있다. 이 경우 교육감은 학부모 및 관련 단체 등의 의견을 들어야 한다)의 규정에 대해서는 기본권 침해의 법률효과는 조례 또는 교육감의 교습시간 지정행위에 의하여 비로소 발생하는 것이지, 학원법조항에 의하여 곧바로 발생하는 것이 아니므로 기본권 침해의 직접성이 인정되지 않는다고 결정하였다. 마찬가지의 결정으로는 헌재 2018.6.28. 2015헌마545, 전기통신사업법 제22조의3 제1항 등 위헌확인(기각)도 참조. 집행행위의 재량권이 있는 경우 침해의 직접성에 대한 같은 결정례로는 헌재 1998.4.30. 97헌마141; 2009.3.26. 2007헌마988등 참조.

403) 헌재 1998.8.27. 97헌마8등, 노동조합및노동관계조정법 등 위헌확인(각하).

404) 헌재 2004.9.23. 2002헌마563; 2018.6.28. 2012헌마191등, 통신비밀보호법 제2조 제11호 바목 등 위헌확인 등(헌법불합치, 기각, 각하). 이와 같은 입장에서 7인의 법정의견은 청탁금지법에서 사용하는 용어의 뜻을 정하면서 사립학교 관계자와 언론인이 공직자등에 포함된다고 정의한 규정에 대해 결국 청탁금지법이 사립학교 관계자와 언론인에게 공직자와 똑같은 청렴의무 등을 부과하고 이를 위반할 경우 제재를 가하는 것이 위헌이라는 취지로 해석하고 금품등의 수수를 금지하고 있는 제8조 제1항과 제2항 등의 규정의 위헌 여부만을 판단하고 있다. 이러한 법정의견에 대해서는 정의규정은 일반적으로 법령조항 자체에 의해서는 기본권의 침해가 발생하지 아니하므로 직접성 요건이 결여되는 것이 원칙이지만, 기본권 제한과 밀접하게 연관되어 있거나 형벌조항의 중요한 구성요건을 이루고 있는 경우에는 기본권 침해의 직접성을 인정할 수 있다는 반대견해가 있다[이에 대해서는 헌재 2016.7.28. 2015헌마236등, 부정청탁 및 금품등 수수의 금지에 관한 법률 제2조 제1호 마목 등 위헌확인 등(기각, 각하) 참조].

405) 헌재 2018.6.28. 2016헌마473, 신용정보의 이용 및 보호에 관한 법률 제40조 제4호 등 위헌소원(기각, 각하); 2006.11.30. 2004헌마431등; 2013.6.27. 2011헌마315등 참조.

사실행위인 구체적인 집행행위가 있을 때 비로소 통신의 자유 등의 기본권침해의 법률효과가 발생하고,[406] ② 계구의 종류와 사용요건을 정한 구 「계구의제식과사용절차에관한규칙」 제2조, 제4조, 제5조는 가죽수갑을 계구의 한 종류로 들고 있으면서 그 사용요건을 정해 놓은 것에 불과하여 교도소장과 교도관들의 구체적인 사용행위(권력적 사실행위임) 없이 그 자체만으로는 청구인의 어떠한 기본권을 제한하고 있는 것으로 볼 수 없고,[407] ③ 수용자 이송에 사용할 수 있는 보호 장비의 종류 및 사용요건 등에 관해 정하고 있는 「형의 집행 및 수용자의 처우에 관한 법률」 등의 조항은 보호장비 사용 여부에 대한 교도관의 재량적인 판단을 인정하고 있거나, 교도관의 구체적인 보호장비 사용행위(권력적 사실행위임)라는 집행행위의 매개 없이 그 자체 규정만으로 청구인의 기본권을 직접 제한하거나 침해하고 있는 것으로 볼 수 없고,[408] ④ 일정한 요건에 해당한다고 판단되는 경우에 수용자의 접견 내용을 청취·기록·녹음 또는 녹화할 수 있도록 하고 있는 '형의 집행 및 수용자의 처우에 관한 법률' 조항들은 구체적으로 교도소장의 접견내용 청취·기록·녹음 또는 녹화라고 하는 집행행위의 매개를 예정하고 있어서 이 사건 녹음·녹화조항에 근거한 교도소장의 접견내용 청취·기록·녹음 또는 녹화라는 구체적인 집행행위(권력적 사실행위임)를 통하여 비로소 청구인의 기본권 침해 문제가 발생한다고 보고 직접성을 부인하고 있다.[409]

 Q 청구인들은 다음 「전기통신사업법」 제83조 제3항에 대해 영장주의 및 적법절차원칙, 명확성원칙 위반, 과잉금지원칙위반 등을 주장하면서 헌법소원심판을 청구하였다. 적법요건 중 직접성 요건을 충족하는지 여부를 검토하시오.

전기통신사업법(2010.3.22. 법률 제10166호로 전부개정된 것) 제83조(통신비밀의 보호) ③ 전기통신사업자는 법원, 검사 또는 수사기관서의 장(군 수사기관의 장, 국세청장 및 지방국세청장을 포함한다. 이하 같다), 정보수사기관의 장이 재판, 수사(「조세범 처벌법」 제10조 제1항. 제3항.제4항의 범죄 중 전화, 인터넷 등을 이용한 범칙사건의 조사를 포함한다), 형의 집행 또는 국가안전보장에 대한 위해를 방지하기 위한 정보수집을 위하여 다음 각 호의 자료의 열람이나 제출(이하 "통신자료 제공"이라 한다)을 요청하면 그 요청에 따를 수 있다.

---

406) 헌재 1998.8.27. 96헌마398, 통신의 자유 침해 등 위헌확인(기각, 각하).
407) 헌재 2003.12.18. 2001헌마163, 계구사용행위 위헌확인[인용(위헌확인), 각하].
408) 헌재 2012.7.26. 2011헌마426, 형의 집행 및 수용자의 처우에 관한 법률 제97조 제1항 등 위헌확인(기각, 각하).
409) 헌재 2013.11.28. 2011헌마529, 형의 집행 및 수용자의 처우에 관한 법률 제88조 위헌확인(각하).

A 수사기관 등의 전기통신사업자에 대한 통신자료 제공요청이라는 행위를 예정하고 있으나, 수사기관 등의 통신자료 취득행위에 대한 직접적인 불복수단이 존재하는지 여부가 불분명하고, 청구인들이 영장주의 및 적법절차원칙 위반을 다투고 있는 부분과 관련하여서는 법률 그 자체에 의하여 청구인들의 법적 지위에 영향을 미친다고 볼 수 있다. 따라서 이 사건 법률조항은 직접성이 인정된다.410)

Q 행위의무 또는 행위금지의무를 부과하는 법규정을 정한 후 이를 위반할 경우 제재수단으로서 형벌 또는 행정벌 등을 부과할 것을 정한 경우에, 그 형벌이나 행정벌의 부과를 직접성에서 말하는 집행행위라고 할 수 있는가.

A 집행행위라고 할 수 없다. 왜냐하면 설령 형벌의 부과를 구체적인 집행행위라고 보더라도, 이러한 법규범을 다투기 위하여 국민이 이 법규범을 실제로 위반하여 재판을 통한 형벌이나 벌금부과를 받게 되는 위험을 감수할 것을 국민에게 요구할 수 없기 때문이다.411)

Q "「정치자금법」제42조(회계보고서 등의 열람 및 사본교부) ③ 누구든지 회계보고서, 정치자금의 수입·지출내역과 제40조제4항의 규정에 의한 첨부서류(제2호 및 제3호의 서류를 제외한다)에 대한 사본교부를 관할 선거관리위원회에 서면으로 신청할 수 있다. (제2문 생략)"에서 "제2호 및 제3호의 서류를 제외한다."부분(이하 "이 사건 사본교부제한 조항")이 청구인의 알 권리를 침해한다고 주장하는 헌법소원심판에서 기본권침해의 직접성 충족 여부를 검토하시오(제2호는 제39조(영수증 그 밖의 증빙서류) 본문의 규정에 의한 영수증 그 밖의 증빙서류 사본을, 제3호는 정치자금을 수입·지출한 예금통장 사본을 말함).

A 이 사건 사본교부제한 조항이 "… 제외한다."로 되어 있어서 영수증 및 예금통장을 사본교부 대상에서 제외하고 있어 직접성이 인정될 수 있을 것으로 오해할 수 있다. 그러나 "구체적으로 어떠한 서류에 대하여 사본교부를 청구할 수 있는지 여부는 이 사건 사본교부제한 조항에 의하여 미리 결정되는 것이 아니다. 관할 선거관리위원회에 회계보고 첨부서류 등의 사본교부를 신청하면, 관할 선거관리위원회가 사실확인의 과정을 거쳐 신청한 서류들이 교부대상에서 제외되는지 여부를 검토한 후 사본을 교부할지 여부를 결정한다. 따라서 기본권제한의 효과는 관할 선거관리위원회가 사본교부를 거부하는 집행행위를 하는 때에 비로소 발생하는 것이고, 이 사건 사본교부제한 조항으로 인하여 직접 발생하는 것이 아니다."412)

410) 헌재 2022.7.21. 2016헌마388등, 통신자료 취득행위 위헌확인 등(2023.12.31.까지 잠정 적용 헌법불합치, 각하) – 수사기관 등에 의한 통신자료 제공요청 사건. 근거조항에 대하여 직접성을 부정하여 각하한 선례(헌재 2012.8.23. 2010헌마439)를 변경한 결정이다. 과거 직접성을 부정한 이유는 수사관서의 장의 통신자료제공 요청과 이에 따른 전기통신사업자의 통신자료 제공행위가 있어야 비로소 통신자료와 관련된 이용자의 기본권제한 문제가 발생할 수 있는 것이지, 이 사건 법률조항만으로 이용자의 기본권이 직접 침해된다고 할 수 없다는 데 있었다.
411) 헌재 1998.3.26. 97헌마194, 관세법 제186조 제1항 위헌확인(기각).
412) 헌재 2021.5.27. 2018헌마1168, 정치자금법 제27조 제1항 등 위헌확인(위헌, 각하).

2) 현재성

권리구제형 헌법소원이 적법하기 위해서는 **헌법소원심판을 청구하는 현재** 기본권이 침해되어야 하고 장래의 침해가능성에 대해서는 원칙적으로 헌법소원이 허용되지 않는다.[413]

법령소원의 경우에 기본권침해를 받은 때를 기다렸다가 청구하라고만 요구한다면 기본권구제의 실효성을 기대할 수 없는 경우가 있으므로, 헌법소원의 적법요건 중 하나인 현재성 요건과 관련하여 구체적인 기본권의 침해가 있기 전이라도 그 침해가 확실히 예측될 때에는 이미 헌법판단에 적합할 정도의 실체적 요건이 성숙한 것으로 보아 미리 헌법소원을 청구할 수 있도록 하고 있다(이른바 상황성숙성 이론).[414] 따라서 법률의 경우 원칙적으로 **현재 시행 중인 법률**이어야 하지만 예외적으로 **공포 후 시행 전의 법률**이라고 하더라도 현재의 시점에서 청구인들이 불이익을 입게 될 수도 있다는 것을 **충분히 예측할 수 있는 경우**에는 현재성이 인정된다.[415] 폐지된 법률에 의한 효력이 현재도 기본권을 침해하고 있는 경우에는 침해의 현재성이 인정될 수 있다.[416]

이 현재성에 대해서는 구두변론 종결 시 또는 서면심리가 종결된 시점에도 여전히 존재해야 한다는 견해가 있다.[417] 그렇게 되면 구도변론 종결 시나 서면심리 종결 시에 현재성이 없는 경우에는 부적법 각하하여야 하는지가 문제된다. 권리보호이익이 없는 경우에도 심판청구의 이익이 있는 일정한 경우에는 본안판단에 들어가고 있는 헌법재판소의 판례로 볼 때, 현재성이 없다는 이유로 심판청구를 각하하는 것은 타당하지 못하다. 따라서 현재성은 헌법소원심판청구 시에만 요구되는 것으로 보는 것이 타당하고, 결정 선고 시에는 현재성이 없더라도 침해의 반복위험성과 헌법적 해명의 필요성이 인정되면 현재성의 예외로서 심판청구는 적법한 것으로 보아야 한다. [418]

---

413) 헌재 1989.7.21. 89헌마12; 2009.11.26. 2008헌마691 참조.
414) 헌재 1996.3.28. 93헌마198, 약사법 제37조 등 위헌확인(각하).
415) 헌재 1994.12.29. 94헌마201, 경기도남양주시등33개도농복합형태의시설치등에관한법률(기각). 헌재 2002.7.18. 2001헌마605; 2003.11.27. 2003헌마694등; 2015.3.26. 2014헌마372, 품질경영 및 공산품안전관리법 시행규칙 제2조 제3항 별표3 제2호 마목 등 위헌확인(기각)도 참조.
416) 허영, 헌법소송법, 박영사, 2010, 385쪽 참조.
417) 정문식, 주석 헌법재판소법, 헌법재판연구원, 2015, 1099쪽 참조.
418) 그에 반하여 현재성을 '심판청구 당시 기본권 침해가 구체적으로 현출되었다고 볼 수 있을 것'으로 이해하는 경우에는 침해행위가 종료되었다고 하더라도 현재성 충족에는 영향이 없다고 보는 견해로는 신미용, 헌법실무강의, 신조사, 2020, 240쪽 이하 참조.

Q 공직후보자 등록일 이전에, 초·중등학교 교육공무원의 정당가입 및 선거운동
을 금지하고 있는 「정당법」 규정이 자신의 기본권을 침해함을 주장하면서 헌
법소원심판을 청구한 경우에도 현재성이 인정될 수 있는가.

A 인정될 수 있다. 왜냐하면 그렇지 않으면 기본권 구제의 실효성이 없게 될 수 있기 때문
이다.[419]

3) 자기관련성

헌법소원이 적법하기 위해서는 **청구인 자기의 기본권**이 침해되어야 한다. 예컨대 교
육부장관의 교장임용 제청 기준 강화방안(안)에 따라 제청 배제된 청구인들이 제기한 헌
법소원심판사건에서 교장 자격을 취득하지 못하였고, 승진후보자 명부의 상위 3배수의
범위에도 포함된 바도 없는 청구인들은 교육부장관의 제청 배제로 인하여 어떠한 법적
불이익을 받았다고 할 수 없기 때문에 자기관련성 요건을 갖추었다고 할 수 없다.[420]

단순히 간접적·사실적 또는 경제적인 이해관계가 있을 뿐인 제3자는 헌법소원 청구
인적격이 인정되지 않는다.[421] 이와 같이 제3자는 기본권침해의 자기관련성이 인정될 수
없는 것이 보통이지만, 공권력작용의 직접 상대방이 아닌 제3자의 경우도 공권력작용이
그 제3자의 기본권을 직접적이고 법적으로 침해하는 경우에는 자기관련성이 인정된다.[422]

제3자의 자기관련성을 판단함에 있어서는 ① 입법의 목적, ② 실질적인 규율대상,
③ 법규정에서의 제한이나 금지가 제3자에게 미치는 효과나 진지성의 정도 및 ④ 규범의 직
접적인 수규자에 의한 헌법소원제기의 기대가능성 등을 종합적으로 고려하여 판단한다.[423]

공권력 작용으로 인하여 제3자가 입게 되는 불이익이 그동안 얻었던 반사적 이익
의 축소 내지 사실적인 불편에 해당하는 경우 이는 기본권 침해의 가능성과 자기관련
성이 모두 없는 경우인데, 앞에서 살펴본 바와 같이 기본권 침해의 가능성은 청구권자
의 자격요건에 해당하므로 공권력 작용의 직접 상대방이 아닌 제3자와 관련하여서는
자기관련성이 없다고 판단하여 각하하는 것이 타당하다.[424]

---

419) 헌재 2004.3.25. 2001헌마710, 정당법 제6조 제1호 등 위헌확인(기각).
420) 헌재 2018.6.28. 2015헌마1072, 교장임용 제청 기준 강화방안 등 위헌확인(각하).
421) 확립된 판례: 헌재 1992.9.4. 92헌마175; 2005.10.27. 2002헌마425; 2023.6.29. 2021헌마199.
422) 헌재 1993.3.11. 91헌마233; 1997.3.27. 94헌마277; 2008.11.27. 2006헌마352; 2014.3.27. 2012헌
    마404 등 참조.
423) 헌재 1997.9.25. 96헌마133, 공직선거및선거부정방지법 제60조 제1항 제5호 등 위헌확인(각하);
    2005.10.27. 2002헌마425; 2011.10.25. 2020헌마661 등 참조.
424) 예컨대 헌재 2021.6.24. 2020헌마651, 여객자동차 운수사업법 제34조 제2항 제1호 바목 위헌확인

Q 소비자에게도 기본권침해의 자기관련성이 인정될 수 있는가.

A 소비자의 경우도 자기관련성이 인정될 수 있다. 예컨대, 미국산 쇠고기 수입과 관련하여 헌법재판소는 생명·신체의 안전에 대한 국가의 보호의무를 위반하는 경우에는 소비자의 생명·신체의 안전과 관련되는 기본권 침해의 자기관련성을 인정하고 있다.[425]

Q 인구 50만 이상의 일반 시에는 자치구가 아닌 구(이하 '행정구'라 한다)를 두고 그 구청장은 시장이 임명하도록 한, 「지방자치법」(2011.5.30. 법률 제10739호로 개정된 것) 제3조 제3항 중 '특별시·광역시 및 특별자치시가 아닌 인구 50만 이상의 시에는 자치구가 아닌 구를 둘 수 있고' 부분, 「지방자치법」(2007.5.11. 법률 제8423호로 전부개정된 것) 제118조 제1항 중 '자치구가 아닌 구의 구청장은 시장이 임명한다' 부분으로 인해, 행정구의 구청장이나 구의원을 주민의 선거로 선출할 수 없는 행정구 주민이 평등권 침해를 이유로 제기한 헌법소원심판에서 자기관련성을 인정할 수 있는가.

A 행정구의 구청장이 시장의 지휘·감독을 받아 사무를 처리하도록 하는 권한조항의 수범자는 행정구의 구청장이고, 행정구에 거주하는 주민인 청구인의 법적 지위나 권리의무에 어떠한 불이익을 준다고 볼 수 없다. 행정구의 구청장이 시장의 지휘·감독을 받음에 따라 청구인이 주민으로서 행정서비스를 제대로 받지 못할 가능성은 간접적·사실적 이해관계에 불과할 뿐이어서 자기관련성이 없다.[426]

(기각, 각하) 참조.

425) 헌재 2008.12.26. 2008헌마419, 미국산 쇠고기 및 쇠고기 제품 수입위생조건 위헌확인(기각, 각하). 이 결정에서는 종래 심판대상조항의 직접적인 수범자와 계약관계를 매개로 하여 이해관계를 맺은 일반 소비자의 법적관련성을 인정함에 있어서는 헌법재판소는 대체로 소극적인 입장을 견지하여 왔음(헌재 2003.10.30. 2000헌마563; 2006.6.9. 2005헌마165등 참조)을 상기하면서, 미국산 수입쇠고기는 바로 국민의 식생활에 제공되는 먹거리로서 희소하긴 하나 치명적인 질병을 수반할 수 있는 특성이 있고, 이 사건 고시를 통한 사전 예방 외에는 그러한 질병으로부터 달리 국민의 생명을 보호할 적당한 방법이 없다고 하는 특별한 사정이 인정되므로 일반소비자인 청구인들에 대해서도 이 사건 고시에 대하여 자기관련성 및 현재관련성이 인정된다고 해야 할 것이지, 일반소비자인 청구인들의 구체적인 이해관계에 대한 해명 없이 만연히 특별한 사정이 없는 한 일반소비자들의 법적 관련성이 인정된다고 하는 것은 민중소송 내지 소비자소송을 인정하는 결과를 낳을 수도 있음을 지적하는 1인 재판관의 기각의견이 있어 주목할 만하다. 그 밖에 이 결정에서는 기본권 침해의 가능성이 없다는 2인 재판관의 각하의견, 기본권 침해의 가능성이 없을 뿐만 아니라 일반소비자들이 고시로 인하여 직접 기본권을 침해받는 지위에 있다고도 볼 수 없다는 1인 재판관의 각하의견, 기본권 침해라는 1인 재판관의 위헌의견이 있다.

426) 헌재 2019.8.29. 2018헌마129, 지방자치법 제3조 제3항 등 위헌확인(기각, 각하).

「변호사법」 제23조 제2항 제7호의 위임을 받아 변호사 광고에 관한 구체적인 규제 사항 등을 정한 대한변호사협회의 「변호사 광고에 관한 규정」(이하 "이 사건 규정")의 직접적인 수범자의 상대방으로서 법률서비스 온라인 플랫폼을 운영하며 변호사의 광고 등에 관한 영업행위를 하고 있는 업체가 제기한 심판 청구가 자기관련성 요건을 갖추었는지 여부

 업체는 이 사건 규정의 직접적인 수범자인 변호사의 상대방으로서 변호사가 준수해야 하는 광고방법, 내용 등의 제약을 그대로 이어받게 되어 실질적으로는 변호사등과 거래하는 업체의 광고 수주 활동을 제한하거나 해당 부문 영업을 금지하는 것과 다르지 않은 점, 이 사건 규정 개정 목적의 가장 주요한 것이 청구인 회사가 운영하는 것과 같은 온라인 플랫폼을 규제하는 것이었던 점 등에 비추어 이 사건 규정은 청구인 업체의 영업의 자유 내지 법적 이익에 불리한 영향을 주는 것이므로, 기본권침해의 자기관련성을 인정할 수 있다.427)

3. 권리보호이익

헌법소원을 통하여 침해된 권리의 회복가능성이 존재해야 한다. 이를 권리보호이익(Rechtsschutzinteresse, Rechtsschutzbedürfnis)이라고 한다. 헌법소원은 기본권을 침해받을 가능성이 있는 자만이 제기할 수 있으므로 헌법소원에 있어서 권리보호이익은 원칙적으로 기본권보호이익을 의미하고 따라서 사실상의 이익이나 기대이익은 이에 해당하지 않는다.428) 권리보호이익은 소송제도에 필연적으로 내재하는 요청으로 헌법소원제도의 목적상 필수적인 요건이다.429)

권리보호이익은 심판청구 시 뿐만 아니라 결정 선고 시에도 존재하여야 한다.430) 따라서 결정 선고 시에 권리보호이익이 탈락하면 부적법한 헌법소원으로서 각하되어야 하나, ① 앞으로도 **침해행위가 반복될 위험**이 있거나, ② 당해 분쟁의 해결이 헌법질서의 수호·유지를 위하여 긴요한 사항이어서 **헌법적으로 그 해명이 중대한 의미를 지니고 있는 경우**에는 권리보호이익의 부재에도 불구하고 심판청구의 이익이 인정된다. 헌법소원의 본질은 개인의 주관적 권리구제뿐 아니라 객관적인 헌법질서의 보장하는 데도 있으므

---

427) 헌재 2022.5.26. 2021헌마619, 변호사 광고에 관한 규정 제3조 제2항 등 위헌확인(위헌, 기각). 이 결정에는 이 사건 규정은 변호사 단체 자체적으로 제정한 것으로서 변호사만이 수범자임을 규정하고 있고, 이 규정에 의하여 발생하는 청구인 회사의 불이익은 간접적·경제적·사실적 불이익에 불과하므로, 기본권침해의 자기관련성이 인정되지 아니한다는 3인 재판관의 반대의견이 있다.
428) 헌재 2008.2.28. 2006헌마582(각하).
429) 헌재 2001.9.27. 2001헌마152(기각).
430) 헌재 2013.9.26. 2011헌마398; 2008.7.31. 2004헌마1010, 의료법 제19조의2 제2항 위헌확인(헌법불합치).

로 헌법소원에 있어서의 권리보호이익은 일반법원의 소송사건에서처럼 주관적 기준으로 엄격하게 해석하여서는 안 되기 때문이다.431) 헌법재판소가 합헌 결정을 함으로써 헌법적 해명을 한 이후에 제기된 유사한 소송에 있어서는 심판의 이익이 부인된다.

권리보호이익이 없는 경우에도 심판청구의 이익이 있는 경우에는 권리보호이익의 부재를 이유로 심판청구를 각하하는 것이 타당하지 않은 것은 특히 이미 침해가 종료되어 심판청구가 인용되더라도 청구인의 권리구제에 도움이 되지 아니하는 권력적 사실행위의 경우에 의미가 있다. 즉, 권력적 사실행위로서 침해행위가 종료되었다고 하더라고 침해의 반복위험성이 있거나 당해 분쟁의 해결이 헌법질서의 유지·수호를 위하여 긴요한 사항이어서 헌법적으로 그 해명이 중대한 의미를 지니는 때에는 예외적으로 심판청구의 이익이 인정된다.432)

심판 선고 시에 이미 **폐지된 법률조항**은 침해행위가 종료되어 더 이상 개인의 기본권 침해가 없게 된 경우에 해당하지만, 그러한 침해행위가 앞으로도 반복될 가능성이 있거나 당해 분쟁의 해결이 헌법질서의 수호·유지를 위하여 긴요한 사항이어서 헌법적으로 그 해명이 중대한 의미를 지니고 있는 경우에는 심판청구의 이익이 인정될 수 있다.433)

법률의 개정으로 동일한 사건이 반복될 우려가 없는 경우에는 헌법적 해명의 이익이 없다.434) 침해의 반복위험성이란 단순한 추상적·이론적 가능성이 아닌 구체적·실제적인 것이어야 하고 이는 **청구인이 입증**하여야 한다.435) 그러나 침해의 반복위험성을 너무 엄격하게 요구하는 것은 바람직하지 못하므로 이를 완화할 필요가 있다는 견해도 있다.436)

---

431) 헌재 1992.1.28. 91헌마111, 변호인의 조력을 받을 권리에 대한 헌법소원(위헌확인, 위헌). 이 결정은 보궐선거실시 전에 제기된 소원에 있어서 보궐선거가 종료된 경우에도 헌법적 해명이 필요하다고 본 경우이다. 그 외에 선거종료 후에도 선거운동 등에 대한 제한에 대한 헌법적 해명은 필요하다고 본 경우가 있다(헌재 2006.7.27 2004헌마217). 그 외 헌재 2013.9.26. 2011헌마398도 참조.
432) 헌재 2011.12.29. 2010헌마285; 2016.5.26. 2013헌마879; 2017.11.30. 2016헌마503, 변호인 참여신청서 요구행위 등[인용(위헌확인), 각하]; 2018.8.30. 2014헌마843, 채증활동규칙 위헌확인(기각, 각하); 2022.11.24. 2019헌마941, 육군훈련소 내 종교행사 참석 강제 위헌확인[인용(위헌확인)].
433) 헌재 1995.5.25. 91헌마67, 구 지방의회의원선거법 제35조 등에 대한 헌법소원(한정위헌, 기각).
434) 헌재 2008.2.28. 2005헌마396, 열람·등사 거부처분 위헌확인(각하).
435) 헌재 1991.7.8. 89헌마181, 수사기관의 기본권 침해에 대한 헌법소원(각하); 1997.6.26. 97헌바4, 형법 제314조 위헌소원(각하); 2018.8.30. 2014헌마681 참조.
436) 김철수, 헌법학(하), 2008, 2173쪽.

체포된 피의자의 변호인이 체포영장 등사를 신청하자 사법경찰관이 이를 거부하였고, 이에 대해 헌법소원심판청구가 계속중인 가운데 형사절차 및 손해배상청구소송이 모두 종료한 시점에서 권리보호이익을 인정할 수 있는지 여부

 청구인들에 관한 형사절차 및 손해배상청구소송이 모두 종료한 시점에서 이 사건 헌법소원심판청구가 인용된다고 하더라도 청구인들의 권리구제에는 아무런 도움이 되지 않으므로 권리보호이익이 없다. 헌법재판소의 선례들은 수사절차나 공판절차에서 피의자 또는 피고인과 그 변호인의 수사기록 열람·등사신청에 대한 검사, 경찰청장의 거부처분이나 정보 비공개결정이 기본권을 침해하여 위헌임을 확인하였고, 이를 변경할 사정이 없으므로, 이 사건에 관하여 같은 판단을 반복하여 밝힐 만큼 헌법적 해명이 중대한 의미를 지닌다고 보기 어려워 심판의 이익도 없다.437)

이에 대해서는 기본권침해로 헌법위반이라는 다음과 같은 반대의견이 있다. "이 사건 거부처분은 체포적부심사절차에서 체포의 근거가 된 체포영장의 등사를 거부한 것으로, 다른 수사기록의 열람·등사가 문제된 선례들과 차이가 있고, 헌법재판소가 이에 대해 해명한 적도 없으므로 심판의 이익이 인정된다. 체포영장은 체포 자체의 근거가 될 뿐만 아니라, 체포적부심사를 청구할 것인지 또는 체포적부심사절차에서 어떠한 공격·방어를 할 것인지 결정하기 위하여 필수적인 문서이므로, 변호인이 등사를 통하여 위 내용을 제한 없이 파악하는 것은 피체포자에게 보장된 변호인의 조력을 받을 권리의 가장 중요한 내용이고, 이에 대한 등사는 다른 수사기록의 등사와 비교하여 더욱 엄격하게 보장되어야 한다. 따라서 체포영장 등사는 체포영장 상의 범죄사실이 무엇이든지 간에 수사기밀 유지 등을 이유로 제한될 수 없음에도, 수사기밀 유지라는 명목으로 체포영장 등사를 제한한 이 사건 거부처분은 청구인들의 기본권을 침해하여 헌법에 위반된다."

| NOTE | **수사기록 열람·등사신청과 심판의 이익** | |

헌법재판소는 변호인의 수사기록의 열람·등사신청을 거부한 검사의 처분에 대한 헌법소원심판사건에서 권리보호이익이 소멸하였음에도 심판의 이익을 인정하고 위헌임을 확인한 바 있다.438) 별건으로 기소된 경우 변호인의 수사기록 열람·등사신청에 대해서도 심판의 이익을 인정하고 청구를 인용하였다.439)

---

437) 헌재 2015.7.30. 2012헌마610, 체포영장 열람·등사신청 거부처분 위헌확인(각하).
438) 헌재 2010.6.24. 2009헌마257; 2017.12.28. 2015헌마632.
439) 헌재 2022.6.30. 2019헌마356, 열람·등사신청 거부 위헌확인[인용(위헌확인)].

2004.3.9. 국회본회의에서 「정당법」, 「공직선거및선거부정방지법」, 「정치자금에 관한법률」 등 이른바 정치관계법이 통과되었으며, 이들은 모두 2004.3.12. 공포되어 효력을 발생하였다. 이날 법률 제7190호로 개정된 「정당법」에서는 정당의 등록요건으로 제25조에서 "정당은 5 이상의 시·도당을 가져야 한다."고 규정하였고, 제27조에서는 "시·도당은 1천 인 이상의 당원을 가져야 한다."고 규정하였다. 그리고 동법 부칙 제2조 및 제3조의 규정에 따르면, 동법 시행당시 종전의 규정에 의하여 등록된 정당은 제25조의 개정규정에 의한 법정시·도당 수 및 제27조의 개정규정에 의한 법정당원 수에 흠결이 있는 때에는 동법 시행일부터 180일 이내에 이를 보완하여야 하고, 보완하지 아니한 정당에 대하여는 동법 부칙 제4조에 따라 선거관리위원회가 등록을 취소하도록 규정되어 있다. 이에 청구인은 2004.3.26. 개정 「정당법」상의 이러한 요건들을 충족하는 것이 군소정당인 청구인의 입장에서는 거의 불가능하므로, 위 「정당법」 제25조 및 제27조의 규정으로 인해 헌법 제8조 제1항 정당설립의 자유, 제11조 평등권, 제21조 제1항 결사의 자유가 침해되었다고 주장하면서 헌법재판소법 제68조 제1항에 따라 헌법소원심판을 청구하였다. 이 경우 다음 주장의 당부에 대해 판단하시오.

"청구인은 이 사건 헌법소원심판을 청구한 이후 2004.4.15. 실시된 제17대 국회의원총선거에서 의석을 얻지 못하고, 유효득표총수의 100분의 2를 득표하지 못하였다는 이유로, 같은 달 20. 당시의 「정당법」 제38조 제1항 제3호에 따라 정당등록이 취소되었다. 이러한 등록취소로 인해 청구인은 헌법상 정당에 해당되지 않아 청구인능력이 인정되지 않는다. 또한 이 사건 법률조항이 위헌으로 선언되더라도 「정당법」 제38조 제1항 제3호에 따른 청구인의 등록취소에는 아무런 영향을 미칠 수 없어, 더 이상 청구인의 주관적 권리가 구제될 수 없으므로 권리보호이익도 존재하지 않는다. 따라서 이 사건 헌법소원은 부적법한 심판청구로서 각하되어야 한다."

정당의 헌법소원청구인능력은 「정당법」상의 등록요건을 구비함으로써 생기는 것이 아니고, 그 법적 성격이 권리능력 없는 사단이라는 점에서 인정되는 것이라는 점, 정당의 자유는 권리능력 없는 사단의 실체를 가지는 정당에게도 인정될 수 있다는 점, 다른 조항에 의해 등록취소되었기 때문에 등록취소에는 영향을 미칠 수 없다하더라도 정당의 등록요건을 갖추지 못하게 한 심판대상조항에 따라 기본권제한이 반복될 위험성이 있기 때문에 심판청구의 이익이 인정된다.[440)

---

440) 헌재 2006.3.30. 2004헌마246, 정당법 제25조 등 위헌확인(기각).

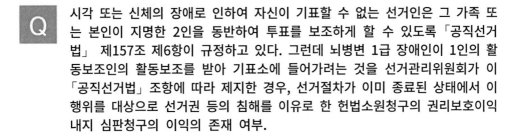

Q 시각 또는 신체의 장애로 인하여 자신이 기표할 수 없는 선거인은 그 가족 또는 본인이 지명한 2인을 동반하여 투표를 보조하게 할 수 있도록 「공직선거법」 제157조 제6항이 규정하고 있다. 그런데 뇌병변 1급 장애인이 1인의 활동보조인의 활동보조를 받아 기표소에 들어가려는 것을 선거관리위원회가 이 「공직선거법」 조항에 따라 제지한 경우, 선거절차가 이미 종료된 상태에서 이 행위를 대상으로 선거권 등의 침해를 이유로 한 헌법소원청구의 권리보호이익 내지 심판청구의 이익의 존재 여부.

A 선거절차가 이미 종료되었으므로 권리구제에 도움이 되지 못하고, 「공직선거법」의 해당 규정이 남아 있는 한 기본권 침해가 반복되는 것을 막을 수 없으므로 선거관리위원회의 제지행위를 대상으로 한 헌법소원심판청구는 권리보호이익이 없고, 심판청구의 이익도 없다. 이 경우에는 심판대상은 「공직선거법」 제157조 제6항이 된다.[441]

NOTE **반복위험성이나 헌법적 해명의 필요성이 인정되지 않는 경우**

원칙적으로 당해 사건에 국한하여서만 의미를 가지는 경우에는 반복위험성이나 헌법적 해명의 필요성이 인정되지 않는다. 예컨대 피청구인 경찰서장이 철거대집행을 실시하면서 대집행이 실시되는 동안 청구인들을 철거대상시설인 움막들 밖으로 강제 이동시킨 행위 및 그 움막들로 접근을 막은 행위(이하 '이 사건 강제조치')가 청구인들의 신체의 자유 등을 침해한다고 하면서 제기한 헌법소원심판에서 헌법재판소는 이 사건 강제조치는 … 원칙적으로 당해 사건에 국한하여서만 그 의미를 가질 수밖에 없고 그에 대한 위헌 여부의 판단이 일반적인 헌법적 의미를 부여할 수 있는 경우에 해당한다고 볼 수 없어 이 사건 강제조치는 특정한 상황에서의 개별적 특성이 강한 공권력행사로서 앞으로도 구체적으로 반복될 위험성이 있다고 보기 어렵고, 헌법재판소가 헌법적으로 해명할 필요가 있다고 볼 수 없다고 판시한 바가 있다."[442]

4. 보충성의 요건(보충성의 원칙과 그 예외)

헌법재판소법 제68조 제1항 단서에서는 "다만, 다른 법률에 구제절차가 있는 경우에는 그 절차를 모두 거친 후에 청구할 수 있다."라고 규정하여 헌법소원이 일반적 사법적 구제수단에 대하여 보충적 권리구제제도임을 분명히 하고 있다. 이를 보충성의 원칙이라고 한다. 이 원칙에 따르면 다른 권리구제절차가 있는 경우에는 그를 모두 거친 다음에 헌법소원을 제기할 수 있고,[443] 다른 구제절차가 있음에도 거치지 아니한 경

---

441) 헌재 2020.5.27. 2017헌마867, 공직선거법 제157조 제6항 후단 위헌확인 등(기각, 각하).
442) 헌재 2018.8.30. 2014헌마681, 신체의 자유 등 침해 위헌확인(각하).
443) 물론 이 경우에도 우리나라의 헌법소원제도상으로는 법원의 재판은 원칙적으로 헌법소원의 대상

우에는 보충성의 원칙을 위반한 것으로 되어 부적법 각하하게 된다.

여기서 **다른 법률에 의한 구제절차**란 헌법소원의 목적물인 공권력의 행사 또는 불행사를 직접 대상으로 하여 그 효력을 다툴 수 있는 절차를 의미하는 것이지 최종 목적을 달성키 위하여 취할 수 있는 모든 우회적인 구제절차를 의미하는 것은 아니기 때문에, 원상회복·금전적 손해배상·손실보상 등의 사후적·보충적 구제수단은 여기의 구제절차에 해당하지 않는다.[444]

그런데 현대의 민주적 헌법국가에서는 법적 권리구제제도가 매우 치밀하게 준비되어 있어서 헌법소원을 보충적 구제수단으로만 이해하면 헌법소원은 사실상·명목상의 구제제도로만 그칠 것이 분명하기 때문에,[445] 헌법재판소는 **보충성의 원칙의 예외**를 인정하고 있다. 헌법재판소가 보충성의 원칙의 예외로 인정하는 경우는 ① **헌법소원심판청구인**이 그의 불이익으로 돌릴 수 없는 정당한 이유 있는 착오로 전심절차를 밟지 않은 경우 또는 ② 전심절차로 권리가 구제될 가능성이 거의 없거나, 권리구제절차가 허용되는지 여부가 객관적으로 불확실하여 전심절차이행의 기대가능성이 없을 때를 말한다.[446]

으로 할 수 없고, 게다가 헌법재판소는 원행정처분에 대해서도 헌법소원을 인정하고 있지 않으므로, 다른 구제절차를 모두 거친 다음에 헌법소원을 제기할 수 있다고 하는 것은 실제에 있어서는 별의미가 없게 된다. 따라서 헌법재판소가 기본권의 보장을 위해서 보충성의 예외 법리를 발전시켜가고 있는 것이라고 할 수 있다.

444) 헌재 2006.5.25. 2003헌마715등, 안마사에관한규칙 제3조 제1항 제1호 등 위헌확인(위헌, 각하); 1989.4.17. 88헌마3; 1990.10.15. 89헌마178; 1993.7.29. 89헌마31.
445) 다른 구제수단을 거치게 하면 결국은 헌법소원심판의 대상에서 배제하고 있는 법원의 재판으로 종결될 것이기 때문에 헌법소원심판에 있어서 보충성의 원칙을 지나치게 강조하면 헌법소원심판을 부인하는 결과에 이르게 될 수 있다. 이러한 위험성에 대해서는 이미 1988년 서울대학교 법학연구소에서 주최한 헌법재판 관련 세미나에서 권영성 교수에 의해 제기된 바 있다.
446) 헌재 1989.9.4. 88헌마22, 공권력에 의한 재산권침해에 대한 헌법소원[인용(위헌확인), 기각] 등 다수의 판례 참조.

| NOTE | 보충성 원칙의 예외로 인정된 사례 | |

사례	예외로 인정된 이유
입국불허결정을 받은 후 난민인정신청을 하여 공항 환승구역 내에 설치된 송환대기실에 수용된 외국인의 변호인이 접견을 신청하자 피청구인(인천공항출입국·외국인청장)은 송환대기실 내에 수용된 입국불허자에게 변호인 접견권을 인정할 법적 근거가 없고, 피청구인은 송환대기실의 관리·운영 주체가 아니어서 청구인에 대한 변호인 접견을 허가할 권한이나 의무가 없다는 이유를 들어 청구인의 변호인의 접견신청을 거부하여 제기한 헌법소원심판 사건[헌재 2018.5.31. 2014헌마346, 변호인 접견불허처분 등 위헌확인(인용(위헌확인))].	청구인이 피청구인을 상대로 이 사건 변호인 접견신청 거부의 취소를 구하는 행정심판이나 행정소송을 제기한다 하더라도 이 사건 변호인 접견신청 거부가 구체적 사실에 관한 "법집행"이 아니어서 행정소송법상 "처분"에 해당되지 않는다는 이유로 각하될 가능성이 크기 때문에 이 심판청구는 행정심판이나 행정소송이라는 권리구제절차가 허용되는지 여부가 객관적으로 불확실하여 전심절차이행의 기대가능성이 없는 경우에 해당한다.
교도소장의 서신검열 후 발송 거부 행위[헌재 1998.8.27. 96헌마398, 통신의 자유 침해 등 위헌확인(기각, 각하)]	서신검열행위는 이른바 권력적 사실행위로서 행정심판이나 행정소송의 대상이 되는 행정처분으로 볼 수 있으나, 위 검열행위가 이미 완료되어 행정심판이나 행정소송을 제기하더라도 소의 이익이 부정될 수밖에 없으므로 헌법소원심판을 청구하는 외에 다른 효과적인 구제방법이 있다고 보기 어렵기 때문이다.
피의자신문에 참여한 변호인에게 피의자 후방에 않으라고 요구한 검찰수사관의 행위[헌재 2017.11.30. 2016헌마503, 변호인 참여신청서 요구행위 등(인용(위헌확인), 각하)]	피의자신문에 참여한 변호인에게 피의자 후방에 않으라고 요구한 검찰수사관의 행위는 권력적 사실행위로서 「형사소송법」 제417조는 제243조의2에 따른 변호인의 참여 등에 관한 처분에 대하여 불복이 있으면 준항고를 제기할 수 있다고 규정하고 있지만, 이 사건 후방착석요구행위와 같은 행위에 대하여 준항고가 제기된 사례가 발견되지 아니하는데다가, 실제로 「형사소송법」 제417조의 준항고로 다툴 수 있는지 여부도 불명확하므로, 보충성의 예외가 인정된다.

한편 헌법재판소법 제68조 제1항의 문언은 다른 법률에 구제절차가 있는 경우에는 그 절차를 우선 거친 후 헌법소원심판을 청구할 수 있다는 의미이므로, 규정에 의할 때 헌법소원을 제기할 수 있게 되는 경우로는 ① 다른 **법률에 구제절차가 있는 경우에 헌법**

제3장 헌법재판기능

소원을 제기하는 경우와 ② 다른 법률에 구제절차가 없어서 헌법소원을 제기하는 경우로 나누어 볼 수 있다. 보충성의 원칙과 그 예외는 개념 논리적으로 ①의 경우에 성립할 수 있을 뿐이다.447) ②의 경우는 보충성의 원칙의 예외와 구분하여 **보충성의 원칙의 적용이 배제되는 경우**라고 할 것이다.

　법률이 집행행위 또는 매개행위 없이 직접 기본권을 침해할 경우에는 헌법소원을 제외하고는 법률에 의한 직접적 기본권침해를 다툴 수 있는 다른 구제수단은 없는 경우에 해당하므로, 이 경우 헌법소원심판의 청구가 허용되는 것은 보충성의 원칙의 적용이 배제되기 때문이다(위의 ②의 경우에 해당한다).448)

　　그러나 법률이 아닌 **명령·규칙·조례 직접적 기본권 침해**를 이유로 한 헌법소원심판 청구에 있어서는 법률의 경우와는 구별할 필요가 있다. 왜냐하면 법원이 명령·규칙·조례가 직접 기본권을 침해하는 경우에 그 처분성을 인정하여 명령 등을 항고소송의 대상으로 받아들이면,449) 다른 법률에 구제절차가 있는 경우에 해당하여 보충성의 원칙의 예외에 해당하지 않는 한 헌법소원심판을 청구할 수 없다.450) 그런데 명령 등의 직접적 기본권 침해의 경우에 헌법재판소는 보충성의 원칙의 예외에 해당하는 것으로 보는가 하면,451) 다른 구제절차가 있는 경우가 아니라고 함으로써 보충성의 원칙의 적용을 처음부터 배제하는 듯한 판시를 하기도 한다.452) 생각건대, 명령·규칙·조례에 의한 직접적 기본권 침해의 경우는 현재로서는 "권리구제절차가 허용되는지 여부가 객관적으로 불확실하여 전심절차이행의 기대가능성이 없을 때"에 해당하는 것으로 보아 보충성의

---

447) 헌재 1989.9.4. 88헌마22, 공권력에 의한 재산권침해에 대한 헌법소원[인용(위헌확인), 기각] 결정에서 보더라도 보충성의 원칙과 예외는 다른 권리구제수단이 존재하는 것을 전제로 하는 개념임을 알 수 있다.

448) 같은 견해로 정재황, 신헌법입문, 박영사, 2015, 774쪽 참조. 이와 관련된 다수의 판례 소개로는 헌법재판실무제요 제2판, 312쪽 이하 참조,

449) 조례를 항고소송의 대상으로 삼은 예로는 대판 1996.9.20. 95누8003 판결: "조례가 집행행위의 개입 없이도 그 자체로서 직접 국민의 구체적인 권리의무나 법적 이익에 영향을 미치는 등의 법률상 효과를 발생하는 경우 그 조례는 항고소송의 대상이 되는 행정처분에 해당하고,…"

450) 지목변경신청 반려 내지 거부처분에 대해서 대법원은 2004.4.22. 종전의 판례를 변경하여 항고소송의 대상이 되는 행정처분에 해당한다고 판시하였다. 따라서 이후부터는 보충성의 요건을 충족하지 못하게 되어 헌법소원심판을 제기할 수 없게 되었다[헌재 2004.6.24. 2003헌마723, 지목변경신청반려처분취소(기각)].

451) 헌재 1996.10.4. 94헌마68등, 사행행위등규제법시행령 제7조 등 위헌확인(각하).

452) 헌재 2006.5.25. 2003헌마715등, 안마사에관한규칙 제3조 제1항 제1호 등 위헌확인(위헌, 각하); 2010.9.30. 2008헌마758, 요양급여의 적용기준 및 방법에 관한 세부사항(약제) 개정 고시 위헌확인(기각); 2008.6.26. 2007헌마1366, 여권의 사용제한 등에 관한 고시 위헌확인(기각).

원칙의 예외로서 청구의 적법성이 인정되는 것으로 보는 것이 타당할 것이다.

이미 앞에서 살펴본 바와 같이 재무부장관의 제일은행장에 대한 국제그룹해체준비 착수지시와 언론발표지시,[453] 유치장 내의 공개된 화장실 사용 강제[454] 등 **권력적 사실행위**에 대해서는 헌법소원심판의 대상이 되는 공권력의 행사로 인정하고 있는 것이 헌법재판소의 일관된 입장이다.[455] 그 이유는 이러한 권력적 사실행위가 의심의 여지없이 행정소송의 대상이 되는지가 판례상 명확하다고 할 수 없기 때문이다. 그러나 구체적으로 어떠한 권력적 사실행위가 보충성의 원칙의 예외에 해당할 것인가. 헌법재판소는 권력적 사실행위가 행정처분의 준비단계로서 행하여지거나 행정처분과 결합된 경우(合成的 行政行爲)에는 행정처분에 흡수·통합되어 불가분의 관계에 있는 것이므로 행정처분만이 취소소송의 대상이 된다고 보고 처분과 분리하여 따로 권력적 사실행위를 다툴 실익은 없다고 보고 있다. 그러나 권력적 사실행위가 항상 행정처분의 준비행위로 행하여지거나 행정처분과 결합되는 것은 아니므로 그러한 사실행위에 대하여는 다툴 실익이 있음에도 불구하고 법원의 판례에 따르면 일반쟁송 절차로는 다툴 수 없음이 분명하므로 보충성의 원칙의 예외에 해당한다고 보고 있다.[456] 그런데 권력적 사실행위라고 하더라도 **계속적 성질을 가지는 경우**에는 취소소송의 대상이 된다는 견해가 있다. 이에 따르면 계속적 성질을 가지는 권력적 사실행위에 대해서는 보충성의 원칙에 따라 헌법소원을 바로 청구할 수 없고 행정소송을 제기하여야 한다.[457]

---

453) 헌재 1993.7.29. 89헌마31, 공권력행사로 인한 재산권침해에 대한 헌법소원[인용(위헌확인)].
454) 이 사건 심판대상행위(차폐시설이 불충분하여 사용과정에서 신체부위가 다른 유치인들 및 경찰관들에게 관찰될 수 있고 냄새가 유출되는 실내화장실을 사용하도록 강제한 피청구인의 행위)는 피청구인이 우월적 지위에서 일방적으로 강제하는 성격을 가진 것으로서 권력적 사실행위라 할 것이며, 이는 헌법소원심판청구의 대상이 되는 헌법재판소법 제68조 제1항의 공권력의 행사에 포함된다[헌재 2001.7.19. 2000헌마546, 유치장내 화장실설치 및 관리행위 위헌확인(인용(위헌확인))].
455) 그 외에도 미결수용자의 서신의 지연발송·교부행위(헌재 1995.7.21. 92헌마144), 검사의 소송기록송부행위(헌재 1995.11.30. 92헌마44) 등 다수의 결정 참조.
456) 헌재 2003.12.18. 2001헌마754, 과다감사 위헌확인(기각).
457) 종로구청장의 단수조치(대법원 1979.12.28. 79누218 판결)와 미결수용자의 교도소이송조치(대법원 1992.8.7. 92두30 판결)는 권력적 사실행위로서 행정소송의 대상이 된다고 한다(유상현·조인성, 행정법총론, 형설출판사, 2007, 447쪽).

국가인권위원회의 진정 각하(또는 기각)결정이 헌법소원의 대상이 되는지 여부를 검토하시오.

 국가인권위원회의 진정 각하(기각)결정에 대한 헌법소원이 보충성의 원칙을 충족하는지 여부에 대해서는 헌법재판소는 다음과 같이 판례변경을 하고 있다.

① 변경 전 판례(긍정설)에서는 국가인권위원회는 법에 따라서 설립된 인권보호기구이자 독립된 국가기관으로서 공권력을 행사하는 주체에 해당하므로, 국가인권위원회의 진정 각하(기각)결정은 헌법재판소법 제68조 제1항에서 규정하는 공권력의 행사로서 헌법소원심판의 대상이 된다고 하면서 헌법재판소는 ⓐ 「국가인권위원회법」은 피청구인의 진정 각하 또는 기각 결정에 대한 불복수단으로 어떠한 구제절차도 마련해 놓고 있지 않으며, ⓑ 법원의 확립된 판례에 의하여 피청구인의 진정 각하 또는 기각 결정의 행정처분성이 인정되고 있다고 보기 어려워서 청구인에게 행정심판이나 행정소송 등의 사전 구제절차를 모두 경료하고 헌법소원을 청구할 것을 기대할 수는 없으므로 보충성 요건도 충족한다고 판시하고 있다.[458]

② 2015년 변경 후 판례(부정설)에서는 국가인권위원회는 법률상의 독립된 국가기관으로, 인권침해 등을 당한 피해자의 진정이 있으면, 각하사유 등 특별한 사정이 없는 한 진정내용에 대해 조사할 의무가 있고, 피청구인의 결정은 각하, 인용, 기각결정을 불문하고 진정권이라는 피해자 등의 법률상의 권리(법 제30조) 행사에 따른 진정의 수리·검토, 조사 등 일련의 법률상 권한을 행사한 결과를 대내외적으로 공표하는 것으로 법률에 근거한 고권적 작용이다. 또한, 피해자인 진정인에게는 「국가인권위원회법」이 정하고 있는 구제조치를 신청할 법률상 신청권이 있는데, 국가인권위원회가 진정을 각하 또는 기각할 경우 피해자로서는 자신의 인격권 등을 침해하는 인권침해 또는 차별행위 등이 시정되고 그에 따른 구제조치를 받을 권리를 박탈당하게 되므로, 각하 또는 기각결정을 받지 않았더라면 국가인권위원회의 권고조치 등을 통해 침해된 권리에 대해 구제받을 가능성이 있었을 것이라는 이익은 단순한 간접적인 이익이 아니라 「국가인권위원회법」이 정한 절차 및 그에 따른 효과를 향유할 수 있는 법률상 이익이기 때문에 진정에 대한 피청구인의 각하 및 기각결정은 법률상 신청권이 있는 피해자인 진정인의 권리행사에 중대한 지장을 초래하는 것으로서 **항고소송의 대상이 되는 행정처분에 해당**하므로, 그에 대한 다툼은 우선 행정심판이나 행정소송에 의하여야 한다고 판시하고 있다.[459]

---

458) 헌재 2012.7.26. 2011헌마829, 진정사건 기각결정 취소(기각); 2011.3.31. 2010헌마13, 진정사건 각하처분 취소(기각).

459) 헌재 2015.3.26. 2013헌마214등, 진정사건 각하결정 취소 등(각하). 대법원에서는 국가인권위원회의 진정기각 또는 각하결정의 처분성을 전제하고 본안판단을 하거나(대법원 2009.4.9. 2008두16070 판결), 명시적으로 인정(대법원 2005.7.8. 2005두487 판결; 2008.10.9. 2008두7854 판결)하고 있었다. 이러한 법원판례가 헌법재판소 판례변경의 원인이 되었다(윤영미, 2015년 헌법 중요 판례, 인권과정의 456, 16쪽 참조).

Q 국공립대학 총·학장의 임용제청이나 철회행위가 헌법소원심판의 보충성의 요건을 충족하는지 여부에 대해서 판단하시오.

A 헌법재판소의 판례에 따르면 세무대학장의 재임용추천거부행위와 같은 총·학장의 임용제청이나 그 철회는 "행정기관 상호간의 내부적인 의사결정과정일 뿐 행정소송의 대상이 되는 행정처분이라고 볼 수 없다."는 것이 대법원의 일관된 판례(대법원 1989.6.27. 88누9640 판결 등)이므로 다른 법률에 구제절차가 있는 경우에 해당하지 아니하여 행정소송을 거치지 아니하고 바로 헌법소원심판을 청구하였다고 하더라도 소원심판청구의 적법요건인 보충성의 원칙에 반하는 것이라고 볼 수 없다.[460)](#)

Q 법원, 검찰청, 구치소 등에서 장애인전용 주차구역, 장애인용 승강기 또는 화장실을 설치하지 아니한 부작위에 대하여 사전 구제절차를 거치지 아니하고 청구한 헌법소원이 보충성 요건을 충족하는지 여부를 판단하시오.

A 「장애인차별금지 및 권리구제 등에 관한 법률」에 따르면 장애인에 대한 차별행위가 존재하는지 여부에 대한 판단과 그러한 차별행위가 존재할 경우에 이를 시정하는 적극적 조치의 이행을 청구하기 위하여 법원의 판결을 구할 수 있으므로, 이러한 구제절차를 거치지 아니한 헌법소원심판청구는 보충성 요건을 갖추지 못하여 부적법하다.[461)](#)

5. 청구기간

헌법소원심판은 원칙적으로 그 사유가 있음을 안 날로부터 90일 이내에, 그 사유가 있는 날부터 1년 이내에 청구하여야 한다(법 제69조 제1항 본문). 두 기간 중 어느 하나라도 준수하지 못하게 되면 부적법한 청구가 된다.[462)](#) 다른 법률에 따른 구제절차를 거친 헌법소원심판은 그 최종결정을 통지받은 날부터 30일 이내에 청구하여야 한다(법 제69조 제1항 단서).

따라서 법령에 대한 헌법소원심판청구에 있어서 청구기간은 원칙적으로 법령이 시행된 사실을 안 날로부터 90일, 법령이 시행된 날로부터 1년 이내에 청구하여야 한다(법 제69조 제1항). 그러나 법령이 시행된 뒤에 비로소 그 법령에 해당하는 사유가 발생

---

460) 헌재 1993.5.13. 91헌마190, 교수재임용추천거부 등에 대한 헌법소원(기각).
461) 헌재 2023.7.20. 2019헌마709, 장애인 편의시설 설치 부작위 위헌확인(각하) − 장애인 편의시설 미설치 사건. 이 결정에서는 보건복지부장관으로 하여금 공공기관들에게 장애인전용 주차구역 등을 설치하거나 시정조치를 하도록 요청할 헌법상 또는 법령상의 작위의무를 도출할 수도 없다고 판시하고 있다.
462) 헌재 2004.4.29. 2004헌마93등, 군용물자부품개발관리규정 제3조 등 위헌확인(각하).

하여 기본권의 침해를 받게 된 자는 그 사유가 발생하였음을 안 날로부터 90일 이내에 그리고 그 사유가 발생한 날로부터 1년 이내 헌법소원을 청구하여야 한다.463)

"사유가 있음을 안 날"이라 함은 법령의 제정 등 공권력의 행사에 의한 기본권침해의 사실관계를 안 날을 뜻하는 것이고, 법률적으로 평가하여 그 위헌성 때문에 헌법소원의 대상이 됨을 안 날을 뜻하는 것은 아니다.464)

법 개정으로 **유예기간** 이후에는 더 이상 당해 기본권을 향유하지 못하게 된 때는 부칙의 유예기간이 경과되어 구체적이고 현실적으로 적용된 시점부터 청구기간을 기산한다.465) 이는 종래 법 시행일을 청구기간의 기산점으로 보아왔던 판례466)를 변경한 것이다.

공권력의 불행사의 경우는 공권력의 불행사가 계속되는 한 부작위에 의한 기본권침해가 계속되므로 청구기간에 제한이 없다.

「행정소송법」제20조 제2항 단서에는 정당한 사유가 있는 경우에는 처분등이 있은 날부터 1년을 경과하더라도 취소소송을 제기할 수 있도록 하고 있는데,「행정소송법」은 헌법소원심판의 경우에 준용되므로 「행정소송법」의 이 규정 단서는 헌법소원심판에도 적용된다.467) 헌법재판소의 결정에 따르면 여기서의 정당한 사유란 청구기간경과의 원인 등 여러 가지 사정을 종합하여 지연된 심판청구를 허용하는 것이 사회통념상으로 보아 상당한 경우를 뜻한다.468)

헌법소원심판청구에 대한 청구취지 변경이 이루어 진 경우 청구기간의 기산점은 청구취지 변경이 제출된 시점을 기준으로 판단한다(법 제40조 제1항 및 민사소송법 제238조 참조).469)

---

463) 헌재 1990.10.8. 89헌마89, 교육공무원법 제11조 제1항에 대한 헌법소원(위헌, 각하).
464) 헌재 1993.11.25. 89헌마36, 사형제도에 의한 생명권 침해에 대한 헌법소원(각하).
465) 헌재 2020.4.23. 2017헌마479, 여객자동차 운수사업법 제83조 제1항 제2호 등 위헌확인(기각, 각하). 이 결정의 청구기간 기산점에 대해서는 기존 결정에 따른 2인의 반대의견이 있다.
466) 헌재 1996.3.28. 93헌마198, 약사법 제37조 등 위헌확인(각하); 2003.1.30. 2002헌마516, 학교보건법시행령 부칙 제2항 위헌확인(각하).
467) 헌법재판실무제요, 제2개정판, 177쪽 참조.
468) 헌재 1993.7.29. 89헌마31, 공권력 행사로 인한 재산권침해에 관한 헌법소원[인용(위헌확인)] — 소위 국제그룹해체 사건.
469) 헌재 1998.5.28. 96헌마151(각하).

6. 변호사강제주의

헌법재판소법 제25조 제3항에서는 "각종 심판절차에서 당사자인 사인은 변호사를 대리인으로 선임하지 아니하면 심판청구를 하거나 심판 수행을 하지 못한다. 다만, 그가 변호사의 자격이 있는 경우에는 그러하지 아니하다."라고 규정함으로써 변호사강제주의를 규정하고 있다. 헌법소원심판의 청구는 청구서를 제출함으로써 하고, 또 국가의 소송제도로서는 최후적인 것이기도 하므로 헌법재판소법 제정 당시에는 변호사강제주의가 헌법에 위반된다는 주장이 있었다. 그러나 헌법재판소는 이를 합헌으로 판시하였다.

국선대리인의 선임은 신청에 의한 경우와 직권에 의한 경우가 있다. 헌법소원심판 청구인이 자력이 없는 경우[470]에는 국선대리인선임을 신청할 수 있다. 이 경우 헌법재판소는 헌법재판소규칙으로 정하는 바에 따라 변호사 중에서 국선대리인을 선정하고, 그 심판청구가 명백히 부적법하거나 이유 없는 경우 또는 권리의 남용이라고 인정되는 경우에는 국선대리인을 선정하지 아니할 수 있다. 국선대리인을 선정하지 아니한다는 결정을 한 때에는 지체 없이 그 사실을 신청인에게 통지하여야 한다. 이 경우 선임신청을 한 날부터 그 통지를 받은 날까지의 기간은 청구기간에 산입하지 않는다. 선정된 국선대리인은 선정된 날부터 60일 이내에 심판청구서를 헌법재판소에 제출하여야 한다. 국선대리인의 선임을 신청하는 경우에는 권리구제형 헌법소원의 심판청구기간은 국선대리인의 선임신청이 있는 날을 기준으로 정한다. 헌법재판소가 공익상 필요하다고 인정할 때에는 신청 없이도 국선대리인을 선임할 수 있다. 국선대리인에게는 헌법재판소규칙으로 정하는 바에 따라 국고에서 그 보수를 지급한다(이상 법 제70조 참조).

---

470) 헌법재판소 규칙에서는 무자력의 기준으로 "월평균수입이 300만 원 미만인 자,「국민기초생활보장법」에 따른 수급자 및 차상위계층,「국가유공자 등 예우 및 지원에 관한 법률」에 의한 국가유공자와 그 유족 또는 가족,「한부모가족지원법」에 따른 지원대상자,「기초연금법」에 따른 기초연금 수급자,「장애인연금법」에 따른 수급자,「북한이탈주민의 보호 및 정착지원에 관한 법률」에 따른 보호대상자, 위 어디에도 해당하지 아니하나, 청구인이 시각·청각·언어·정신 등 신체적·정신적 장애가 있는지 여부 또는 청구인이나 그 가족의 경제능력 등 제반사정에 비추어 보아 변호사를 대리인으로 선임하는 것을 기대하기 어려운 경우"로 규정하고 있다(헌법재판소국선대리인의 선임 및 보수에 관한 규칙 제4조 제1항).

II. 청구서의 기재사항, 공탁금과 국고 귀속

1. 청구서의 기재사항

권리구제형 헌법소원의 심판청구서에는 청구인 및 대리인의 표시, 침해된 권리, 침해의 원인이 되는 공권력의 행사 또는 불행사, 청구이유, 그 밖에 필요한 사항 등을 적는다(법 제71조).

2. 공탁금과 국고 귀속

헌법재판소는 헌법소원심판의 청구인에 대하여 헌법재판소규칙으로 정하는 공탁금의 납부를 명할 수 있고(법 제37조 제2항), 헌법소원의 심판청구를 각하하거나 또는 헌법소원의 심판청구를 기각하는 경우에 그 심판청구가 권리의 남용이라고 인정되는 경우에는 헌법재판소규칙으로 정하는 바에 따라 공탁금의 전부 또는 일부의 국고 귀속을 명할 수 있다(법 제37조 제3항).

제3항 규범통제형 헌법소원(=위헌심사형 헌법소원, 위헌소원)

I. 의의

헌법재판소법 제41조 제1항에 따른 위헌법률심판제청신청이 당해 법원에 의해 기각된 경우 신청인은 헌법재판소법 제68조 제2항에 따라 헌법소원을 청구할 수 있다. 따라서 이 점에 관한 한 법원의 결정 형식의 재판을 헌법재판소에서 다투는 길을 열어 둔 것이 된다.[471] 법원의 재판도 헌법재판소법 제68조 제1항의 공권력행사에 해당하지만, 동 조항은 법원의 재판에 대해서는 헌법소원을 불가한 것으로 규정하고 있으므로 별도로 제68조 제2항을 두어 위헌법률심판제청신청을 기각하는 법원의 재판에 대해서만 다툴 수 있게 한 것이다. 이는 세계적으로 입법례를 찾아보기 힘든 우리의 독특한 제도로 평가된다.

---

471) 재판을 헌법소원에서 배제하고 있는 취지에 비추어 체계정당성에 맞지 않다는 견해로는 허영, 헌법소송법론, 박영사, 2011, 372쪽 이하 참조.

헌법재판소의 결정에서는 헌법재판소법 제41조 제1항의 위헌법률심판과 제68조 제2항의 헌법소원심판을 성질상 동일한 구체적 규범통제제도로 분류하고 있다.[472] 이에 대해서는 학설도 같은 의견이다.

II. 적법요건

1. 심판의 대상

가. 법률 등

규범통제형 헌법소원을 헌법소원이라는 형식에서 보면 심판청구로 다투는 대상은 위헌심판제청신청에 대한 법원의 기각결정이다.[473] 그러나 규범통제형 헌법소원심판은 사실상은 법률의 위헌성을 다투는 것이므로 그 본질은 위헌법률심판이다. 따라서 위헌제청 신청이 기각된 형식적 법률과 법률의 효력을 갖는 긴급명령과 조약 등이 규범통제형 헌법소원의 대상이 된다. 따라서 법원이 위헌제청신청을 기각하지 않은 법률 등은 규범통제형 헌법소원의 대상이 될 수 없다.

진정입법부작위는 공권력의 불행사로서 권리구제형 헌법소원의 대상이 되고, 위헌법률심판이나 헌법재판소법 제68조 제2항의 위헌소원심판의 대상이 될 수는 없다.[474]

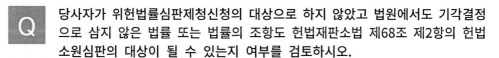

당사자가 위헌법률심판제청신청의 대상으로 하지 않았고 법원에서도 기각결정으로 삼지 않은 법률 또는 법률의 조항도 헌법재판소법 제68조 제2항의 헌법소원심판의 대상이 될 수 있는지 여부를 검토하시오.

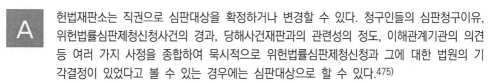

헌법재판소는 직권으로 심판대상을 확정하거나 변경할 수 있다. 청구인들의 심판청구이유, 위헌법률심판제청신청사건의 경과, 당해사건재판과의 관련성의 정도, 이해관계기관의 의견 등 여러 가지 사정을 종합하여 묵시적으로 위헌법률심판제청신청과 그에 대한 법원의 기각결정이 있었다고 볼 수 있는 경우에는 심판대상으로 할 수 있다.[475]

---

472) 헌재 2012.12.27. 2011헌바117, 특정범죄 가중처벌 등에 관한 법률 제2조 제1항 위헌소원 등(한정위헌, 3인의 반대의견 있음).
473) 헌법재판소의 판례에 따르면 법원이 각하 결정한 경우에도 헌법소원의 청구가 가능하다(헌재 1989.12.18. 89헌마32등).
474) 헌재 2000.1.27. 98헌바12, 구 상속세법 제4조 제1항 등 위헌소원(합헌, 각하).
475) 헌재 1998.3.26. 93헌바12, 하천법 제2조 제1항 제2호 다목 위헌소원(합헌).

나. 한정위헌결정을 구하는 청구의 허용여부

한정위헌결정을 구하는 청구, 즉 법률의 해석을 다투는 청구가 허용될 것인가와 관련하여 헌법재판소는 법률의 위헌 여부를 다투는 것이 아니라 법원의 법률에 대한 일정한 해석을 다투는 청구는 재판소원을 허용하지 않는 헌법재판소의 취지에 비추어 그동안 허용하지 않아 왔으나, 2012년 12월에 원칙적으로 허용하는 것으로 판례를 변경하였다.[476] 그러나 한정위헌청구를 통해서 의미 있는 헌법문제를 주장하지 않으면서 사실상은 법원의 재판결과를 다투는 것으로 이해되는 경우는, 재판소원을 허용하지 않고 있는 현제도의 취지에 비추어 허용되지 않는다.

다. 위헌소원의 대상이 되지 않는 예

헌법 개정을 위한 국회의원의 제안이나 의결, 국민투표부의, 헌법규정, 대통령령, 총리령, 부령, 조례, 대법원의 소송규칙, 장관지침, 법원의 재판 등은 위헌소원의 대상이 되지 아니한다.

2. 청구인적격

헌법재판소법 제41조 제1항에 따른 위헌법률심판제청신청을 하고 기각이 된 당사자가 청구권자이다(법 제68조 제2항). 헌법재판소법 제68조 제2항은 기본권침해를 요건으로 하고 있지 않기 때문에 당해 사건의 당사자이면 누구든지 신청권이 있다고 보아야 한다.[477] 형사사건에서는 검사도 당사자에 포함된다.

이와 같이 당사자만이 헌법재판소법 제68조 제2항의 헌법소원심판을 청구할 수 있는 것으로 규정하고 있기 때문에 「민사소송법」상 **보조참가인**이 청구인적격이 있는지가 문제될 수 있다. 헌법재판소법 제40조에 의하여 준용되는 「민사소송법」에 따르면 참가인은 참가할 때의 소송의 진행정도에 따라 할 수 없는 소송행위를 제외하고는 소송에 관하여 공격·방어·이의·상소, 그 밖의 모든 소송행위를 할 수 있는 것으로 규정하고 있기 때문에(민사소송법 제76조), 헌법재판소는 보조참가인도 헌법재판소법 제68조 제2

---

476) 헌재 2012.12.27. 2011헌바117, 구 특정범죄 가중처벌 등에 관한 법률 제2조 제1항 위헌소원 등 (한정위헌, 3인의 반대의견 있음).

477) 기본권 침해를 요건으로 하지 않기 때문에 기본권 침해의 법적 관련성으로서 침해의 현재성, 직접성, 자기관련성 요건의 충족 여부는 규범통제형 헌법소원의 적법요건과는 직접 관계가 없다(헌재 1998.7.16. 95헌바19등; 2003.5.15. 2001헌바98; 2008.4.24. 2004헌바44).

항의 헌법소원심판청구적격이 있는 당사자에 해당하는 것으로 보는 것이 규범통제형 헌법소원심판제도의 취지와 기능에 부합하는 것이라고 판시하고 있다.[478]

공동참가신청을 한 제3자가 공동참가자로서 요건에 흠이 있더라도 보조참가신청자로서 요건을 갖춘 경우에는 보조참가신청자로서 인정된다.[479]

 헌법재판소법 제68조 제2항의 헌법소원의 경우에 행정청이 청구인적격이 있는지 여부를 판단하시오.

 헌법재판소법 제68조 제2항의 헌법소원은 실제로는 위헌법률심판과 같은 성격이므로 행정청에 대해서도 청구인적격을 인정할 수 있다.[480] 이 점에서 헌법재판소법 제68조 제2항의 헌법소원은 제1항의 헌법소원과는 구분된다. 국가나 국가기관 또는 지방자치단체나 공법인은 기본권의 주체가 아니라 국민의 기본권을 보호해야 할 의무주체이기 때문에 헌법재판소법 제68조 제1항의 헌법소원의 주체는 될 수 없다.

3. 기타 적법요건

가. 재판의 전제성

헌법재판소법 제68조 제2항의 헌법소원도 위헌법률심판사건과 마찬가지로 재판의 전제성이 있어야 한다. 위헌법률심판의 재판의 전제성과 동일한 내용이다.[481]

다만, 헌법재판소법 제68조 제2항의 헌법소원심판을 청구한 경우에는 재판이 정지되지 않으므로 결정 선고 시에 이미 재판이 확정된 경우가 있다. 그러나 청구인은 헌법소원이 인용되는 경우에는 재심 청구를 할 수 있을 것이므로 계속 중인 재판이 이미 확정되었다고 하더라도 재판의 전제성이 소멸되는 것은 아니다.[482]

재심의 경우에는 재심절차가 적법하고 재심의 사유가 인정되는 경우에 재판의 전제성이 인정된다.[483]

---

478) 헌재 2003.5.15. 2001헌바98, 하도급거래공정화에관한법률 제14조 제1항 등 위헌소원(합헌).
479) 헌재 2010.10.28. 2008헌마408, 요양급여비용심사청구소프트웨어의검사 등에 관한 기준 위헌확인(기각).
480) 헌재 2008.4.24. 2004헌바44, 온천법 제2조 등 위헌소원(합헌).
481) 헌재 2005.3.31. 2003헌바113, 구 하천법 제33 제4항 위헌소원(각하); 2014.4.24. 2011헌바56, 법원조직법 부칙 제3항 위헌소원(각하).
482) 헌재 1998.7.16. 96헌바33, 사립학교법 제53조의2 제2항 등 위헌소원(합헌, 각하).
483) 헌재 2000.2.24. 98헌바73, 회사정리법 제237조 제4항 등 위헌소원(각하).

나. 청구기간

위헌심판제청신청의 기각을 통지받은 날부터 30일 이내에 제기하여야 한다(법 제 69조 제2항).

다. 권리보호이익의 존재

권리구제형 헌법소원에서와 마찬가지로 청구인의 사망 등으로 인하여 청구인에 대한 권리침해 상태가 종료되었더라도 위헌 여부의 해명이 헌법적으로 중요하거나 기본권 침해행위의 반복 위험성이 있는 경우에는 예외적으로 심판청구의 이익이 인정된다.[484]

라. 기본권 침해의 법적 관련성은 불필요

규범통제형 헌법소원에서는 기본권침해의 직접성, 현재성, 자기관련성 등은 심판 청구의 적법성과는 관련이 없다.[485]

마. 일사부재리

헌법재판소법 제68조 제2항의 헌법소원을 청구한 경우 당사자는 당해사건의 소송절 차에서 동일한 사유를 이유로 다시 위헌 여부 심판의 제청을 신청할 수 없다(법 제68조 제2항 제2문). 여기의 당해 사건의 소송절차에는 상소심의 소송절차를 포함하기 때문 에[486] 다른 심급에서도 다시 제청신청하는 것은 허용되지 않는다.[487]

따라서 위헌법률심판제청신청을 하여 기각되어 위헌소원을 청구한 경우에는 동일한 사유를 이유로 항소심이나 상고심에서 다시 위헌 여부 심판의 제청을 신청할 수 없을 뿐만 아니라, 위헌법률심판제청신청이 기각되었음에도 불구하고 위헌소원을 제기하지 않고 있다가 다른 심급에서 위헌법률심판제청신청을 하고 기각되자 위헌소원을 제기한 경우에도 헌법

---

484) 「1980년해직공무원의보상등에관한특별조치법」 제4조에서 1980년도 해직공무원 중 5급이상의 공 무원을 특별채용의 대상에서 제외한 것이 재판의 전제가 되어 헌법소원심판 청구된 사건에서 청 구인은 이미 1992. 12. 31.로서 공무원 연령정년이 되어 헌법소원이 인용된다고 하더라도 공직에 복귀할 수 없어 소원의 전제가 된 법원에서의 쟁송사건과의 관련에서 권리보호이익이 없다고 보 면서도 헌법적 해명의 필요성이 있어 본안 판단한 사건[헌재 1993.9.27. 92헌바21, 1980년해직공 무원의보상등에관한특별조치법 제4조에 대한 헌법소원(합헌)] 참조. 그 외 헌재 1997.6.26. 97헌 바4, 형법 제314조 위헌소원(각하)도 참조.
485) 헌재 2003.5.15. 2001헌바98, 하도급거래공정화에관한법률 제14조 제1항 등 위헌소원(합헌).
486) 헌재 2007.7.26. 2006헌바40; 2009.9.24. 2007헌바118.
487) 헌법재판실무제요, 제2개정판, 360쪽 참조.

제68조 제2항 제2문에 위배되어 부적법한 청구가 된다.[488]

　이미 헌법재판소의 심판을 거친 사건과 비교하여 당사자와 심판대상이 동일한 경우에도 당해 사건이 다른 경우에는 일사부재리원칙은 적용되지 않는다. 왜냐하면 당해 사건이 다른 경우에는 동일 사건이 아니기 때문이다.[489]

III. 결정

　지정재판부에서 심판의 각하결정, 심판절차종료결정, 심판회부결정 등을 하고, 전원재판부는 위헌법률심판의 절차에 따라 본안심사를 하고, 본안심사에서는 재판관 6인 이상의 찬성으로 위헌 여부를 결정한다.

　주문형식은 인용 또는 기각 결정하는 권리구제형 헌법소원과는 달리 위헌법률심판과 동일하게 "… 헌법에 위반되지 않는다."는 식으로 결정하게 된다. 결정의 효력은 위헌법률심판과 동일하다.

제4항　심리

I. 심리의 방식

　헌법소원심판은 원칙적으로 **서면심리**에 의한다. 다만, 재판부는 필요하다고 인정하는 경우에는 변론을 열어 당사자, 이해관계인, 그 밖의 참고인의 진술을 들을 수 있다 (법 제30조).

II. 사전심사(지정재판부)

　헌법재판소장은 헌법재판소에 재판관 3명으로 구성되는 지정재판부를 두어 헌법소원심판의 사전심사를 담당하게 할 수 있고, 지정재판부는 ① 다른 법률에 따른 구제절

---

488) 헌재 2007.7.26. 2006헌바40.
489) 헌재 2006.5.25. 2003헌바115 등, 구 수산업법 제81조 제1항 제1호 등 위헌소원 등(합헌, 각하).

차가 있는 경우 그 절차를 모두 거치지 아니하거나 또는 ② 법원의 재판에 대하여 헌법소원의 심판이 청구된 경우, ③ 청구기간이 지난 후 헌법소원심판이 청구된 경우, ④ 대리인의 선임 없이 청구된 경우, ⑤ 그 밖에 헌법소원심판의 청구가 부적법하고 그 흠결을 보정할 수 없는 경우에는 지정재판부 재판관 전원의 일치된 의견에 의한 결정으로 헌법소원의 심판청구를 각하한다. 각하결정을 하지 않는 경우에는 결정으로 헌법소원을 전원재판부의 심판에 회부하여야 하는데, 헌법소원심판의 청구 후 30일이 지날 때까지 각하결정이 없는 때에는 심판에 회부하는 결정이 있는 것으로 본다(법 제72조).

III. 이해관계인등의 의견제출

헌법소원의 심판에 이해관계가 있는 국가기관 또는 공공단체와 법무부장관은 헌법재판소에 그 심판에 관한 의견서를 제출할 수 있다(법 제74조).

IV. 헌법소원의 심판범위

헌법재판소는 청구인의 주장과 관계없이 모든 헌법적 관점에서 위헌 여부를 심사하여야 한다.

1. 중간결정

헌법재판소는 독립된 공격 또는 방어의 방법, 그 밖의 중간의 다툼에 대하여 필요한 때에는 종국결정전에 중간결정(中間決定)을 할 수 있다(민사소송법 제201조 참조). 중간결정을 할 것인가의 여부는 헌법재판소의 재량사항이다.

2. 가처분

규범통제형 헌법소원에서 가처분이 허용되는지 여부에 관해서는 명문의 규정은 없으나 이론상 허용되는 것으로 보는 것이 타당할 것이다. 규범통제형 헌법소원에서 가처분이란 재판을 정지시키는 경우와 법령의 효력을 정지시키는 경우가 있다.[490]

---

490) 전술한 가처분 부분 참조.

3. 재심

헌법재판소에 따르면 헌법재판소법 제68조 제2항의 규범통제형 헌법소원에서는 재심은 허용되지 않는다. 그 이유는 "헌법재판소의 인용결정은 위헌법률심판의 경우와 마찬가지로 이른바 일반적 기속력과 대세적 · 법규적 효력을 가지는 것이고, 이러한 효력은 일반법원의 확정판결이 그 기속력이나 확정력에 있어서 원칙적으로 소송당사자에게만 한정하여 그 효력이 미치는 것과 크게 다르므로, 헌법재판소법 제68조 제2항에 의한 헌법소원사건에 관한 헌법재판소의 결정에 대하여는 원칙적으로 재심을 허용하지 아니함으로써 얻을 수 있는 법적 안정성의 이익이 재심을 허용함으로써 얻을 수 있는 구체적 타당성의 이익보다 높기 때문"이라고 한다.[491]

헌법재판소법 제68조 제1항에 의한 권리구제형 헌법소원에서 법령에 대한 헌법소원의 경우에도 규범통제형 헌법소원과 유사한 성질을 가지고 있기 때문에 재심은 허용되지 않는다.[492]

제5항 결정형식

I. 심판절차종료선언결정

청구인이 사망하거나 심판을 취하하는 경우에는 심판절차종료선언결정을 한다.[493] 그러나 예외도 있다. 예컨대 이른바 직사살수 사건에서 직사살수행위는 생명과 신체에 중대한 위험을 초래할 수 있는 공권력행사에 해당하고, 직사살수행위가 헌법에 합치하는지 여부에 대해 헌법재판소가 아직 헌법적 해명을 한 바가 없기 때문에 심판청구의 이익

---

491) 헌재 1995.1.20. 93헌아1, 불기소처분취소(재심)(각하); 1992.6.26. 90헌아1; 1992.12.8. 92헌아3.
492) 헌재 2015.10.27. 2015헌아109; 2004.11.23. 2004헌아47; 2006.9.26. 2006헌아37.
493) 청구인이 사망한 경우, 관련 기본권의 성질상 승계가 허용되는 부분의 심판절차는 그 배우자 및 자녀로서 수계를 신청한 상속인이자 공동청구인인 청구인들이 수계하여 심판절차를 진행하고, 관련 기본권이 그 성질상 일신전속적인 것이어서 승계가 허용되지 아니하는 심판절차는 종료되었음을 선언한다[헌재 2021.9.30. 2016헌마1034, 행정부작위 위헌확인(각하, 기타) — 과거사정리법에 따른 진실규명사건의 피해자, 가족 및 유족에 대한 피해의 배 · 보상, 명예회복 및 가해자와의 화해를 위한 적절한 조치 이행 의무 관련 사건].

이 인정되고, 심판청구의 계속 중 청구인이 사망한 경우에 해당하여 예외적으로 심판청구는 종료된 것으로 볼 수 없다고 한 바 있다.[494]

II. 심판청구각하결정

헌법소원심판이 본안판단으로 나아가기 위해서는 적법요건이 충족되어야 한다. 헌법소원심판의 적법요건이 불비된 경우에는 심판청구각하결정을 한다. 예컨대 「학원의 설립·운영 및 과외교습에 관한 법률」 제16조(지도·감독 등) 제2항의 전문(교육감은 학교의 수업과 학생의 건강 등에 미치는 영향을 고려하여 시·도의 조례로 정하는 범위에서 학교교과교습학원 및 교습소의 교습시간을 정할 수 있다)이 헌법소원의 대상이 된 사건에서, 이 조항은 학원 등의 교습시간 지정에 관하여 조례의 시행을 예정하면서 교습시간 지정이 필요한지 여부부터 지정할 경우 교습시간의 범위 등에 이르기까지 교육감에게 재량권을 부여하고 있으므로, 청구인들이 주장하는 기본권 침해의 법률효과는 조례 또는 교육감의 교습시간 지정행위에 의하여 비로소 발생하는 것이지, 학원법조항에 의하여 곧바로 발생하는 것이 아니므로 학원법조항에 대한 기본권 침해의 직접성이 인정되지 않는다고 하면서 "이 사건 심판청구 중 '학원의 설립·운영 및 과외교습에 관한 법률' 제16조 제2항 전문에 관한 부분을 각하한다."라는 주문을 낸 것을 들 수 있다.[495]

그런데 헌법재판소는 본안판단으로 나아가기 위해서는 **적법요건이 충족되었다는 점에 대해 재판관 과반수의 찬성이 있어야** 하는 것으로 본다. 이를 소송요건의 선순위성이라고 한다. 따라서 재판관 과반수의 적법요건 충족의견이 없으면 심판청구를 각하하게 된다. 흠결된 소송요건을 보정할 수 있는 경우에는 보정하여 다시 심판을 청구할 수 있으므로 이렇게 하는 것이 청구인에게도 유리하다고 한다. 그 결과 적법 견해와 부적법 견해가 4대 4로 어느 견해도 과반수에 이르지 못한 경우에는 적법 견해가 과반수에 미치지 못하여 부적법 각하하게 된다. 그에 반하여 3인 재판관의 반대의견은 헌법 제113조 제1항과 헌법재판소법 제23조 제2항 본문을 고려하면 종국적인 판단인 각하결정을 위해서는 종국심리에 관여한 재판관 과반수의 찬성이 필요하다고 한다. 반대의견은 헌

---

494) 헌재 2020.4.23. 2015헌마1149, 직사살수행위 위헌확인 등[인용(위헌확인), 각하].
495) 헌재 2016.5.26. 2014헌마374, 학원의 설립·운영 및 과외교습에 관한 법률 제16조 제2항 등 위헌확인(기각, 각하).

법재판소법 제23조 제2항 본문의 '사건에 관한 결정'에는 본안판단에 나아가기 위한 전제로서 적법요건이 충족되었다는 결정은 포함되지 않는다고 본다. 적법요건의 충족 여부에 관한 어느 견해도 과반수에 이르지 못한 경우에 헌법재판소가 각하결정을 선고하게 되면, 헌법소원심판을 통해 공권력의 행사 또는 불행사가 기본권을 침해하는지 여부나 법률의 위헌 여부에 대해 판단을 받아보고자 하는 당사자의 헌법소원심판 청구를 제약하는 결과를 야기하는바, 이는 당사자의 권리구제의 측면에서도 타당하지 않다는 것이다. 그 결과 각하의견이 과반수에 미치지 못하면 각하결정을 할 수 없고, 본안판단에서 인용의견의 요건(재판관 6인 이상의 찬성)을 갖추게 되면 인용결정을 하여야 하고 인용의견의 요건에 미달하면 인용의견도 할 수 없으므로 심판청구를 기각하여야 한다고 한다.[496]

III. 심판회부결정

지정재판부가 각하결정을 하지 않는 경우에는 결정으로 헌법소원을 전원재판부의 심판에 회부하는데 이를 심판회부결정이라고 한다. 헌법소원심판의 청구 후 30일이 지날 때까지 지정재판부의 각하결정이 없는 때에는 심판에 회부하는 결정이 있는 것으로 본다(법 제72조). 심판회부결정을 한 때에는 그 결정일부터 14일 이내에 청구인 또는 그 대리인 및 피청구인에게 그 사실을 통지하여야 한다. 헌법재판소장은 헌법소원이 재판부의 심판에 회부된 때에는 법무부장관과 헌법재판소법 제68조 제2항에 따른 헌법소원심판에서는 청구인이 아닌 당해 사건의 당사자에게 지체 없이 그 사실을 통지하여야 한다(법 제73조).

IV. 청구기각결정

본안에 대한 결정으로 청구가 이유가 없는 경우에는 청구기각결정을 한다.

---

496) 헌재 2021.9.30. 2016헌마1034, 행정부작위 위헌확인(각하, 기타).

V. 인용결정

헌법소원심판청구가 이유가 있는 경우에는 인용결정을 한다. 헌법재판소법 제68조 제1항에 따른 헌법소원을 인용할 때에는 인용결정서의 주문에 침해된 기본권과 침해의 원인이 된 공권력의 행사 또는 불행사를 특정하여야 하고(법 제75조 제1항), 헌법재판소는 기본권 침해의 원인이 된 공권력의 행사를 취소하거나 그 불행사가 위헌임을 확인할 수 있다(법 제75조 제2항).

헌법재판소법 제68조 제1항에 따른 헌법소원심판에서 헌법재판소는 공권력의 행사 또는 불행사가 위헌인 법률 또는 법률의 조항에 기인한 것이라고 인정될 때에는 인용결정에서 해당 법률 또는 법률의 조항이 위헌임을 선고할 수 있다(법 제75조 제5항). 이를 **부수적 규범통제**라고 한다. 법률에 의한 기본권 침해를 인용하는 경우에는 주문에 침해된 기본권을 표시하지 않는데 그 이유에 대하여 헌법재판소는 법률에 대한 헌법소원은 청구인의 침해된 기본권 구제의 면도 있으나 객관적인 헌법질서의 확립이라는 성질이 더 부각되어야 할 것이고, 침해된 기본권을 특정하도록 하는 헌법재판소법 규정은 동법 제75조 제3항 내지 제5항과의 관계에서 볼 때 입법권, 즉 법률에 의한 기본권 침해의 경우에 부합하는 규정이라고 보이지 않고, 오히려 제6항이 헌법소원을 인용하여 법률의 위헌을 선고할 경우에는 법 제45조, 제47조의 규정을 준용하도록 하고 있어서 구태여 주문에 침해된 기본권을 표시할 필요까지는 없다고 해석되기 때문이라고 하였다.[497]

제6항   인용결정의 효력

I. 기속력

헌법소원의 인용결정은 모든 국가기관과 지방자치단체를 기속한다(법 제75조 제1항).

---

497) 헌재 1991.3.11. 91헌마21; 1990.10.8. 89헌마89 참조.

II. 피청구인의 처분의무

헌법재판소가 공권력의 불행사에 대한 헌법소원을 인용하는 결정을 한 때에는 피청구인은 결정 취지에 따라 새로운 처분을 하여야 한다(법 제75조 제4항).

III. 재판에 대한 재심청구

헌법재판소법 제68조 제1항에 따른 헌법소원을 인용할 때에 헌법재판소는 공권력의 행사 또는 불행사가 위헌인 법률 또는 법률의 조항에 기인한 것이라고 인정될 때에는 해당 법률 또는 법률의 조항이 위헌임을 선언할 수 있고(법 제75조 제5항), 이때 위헌으로 결정된 법률 또는 법률의 조항에 근거한 유죄의 확정판결에 대하여는 재심을 청구할 수 있다(법 제75조 제6항, 제47조 제4항). 이 재심에 대하여는 「형사소송법」을 준용한다(법 제45조 제5항).

헌법재판소법 제68조 제2항에 따른 헌법소원이 인용된 경우에도 헌법소원과 관련된 소송사건이 이미 확정된 때에는 당사자는 재심을 청구할 수 있다(법 제75조 제7항). 이 경우 형사사건에 대하여는 「형사소송법」을 준용하고 그 외의 사건에 대해서는 「민사소송법」을 준용한다.

제7항 비용과 공탁금의 국고 귀속

I. 비용

헌법재판소의 심판비용은 국가부담으로 한다. 다만, 당사자의 신청에 의한 증거조사의 비용은 헌법재판소규칙으로 정하는 바에 따라 그 신청인에게 부담시킬 수 있다(법 제37조 제1항).

II. 공탁금의 국고 귀속

헌법재판소는 헌법소원심판의 청구인에 대하여 헌법재판소규칙으로 정하는 공탁금의 납부를 명할 수 있다(법 제37조 제2항). 헌법재판소는 헌법소원의 심판청구를 각하하거나 기각하는 때에 그 심판청구가 권리의 남용이라고 인정되는 경우에는 헌법재판소규칙으로 정하는 바에 따라 공탁금의 전부 또는 일부의 국고 귀속을 명할 수 있다(법 제37조 제3항).

제4장

위헌심사기준

제1절

위헌심사기준의 의의

제1항 개념

　위헌심사기준은 다양한 의미로 사용할 수 있다. 예컨대 성문의 헌법뿐만 아니라 불문의 헌법도 위헌심사의 기준이 된다고 할 때는 **근거규범(준거규범)**을 의미한다. 그에 반하여 위헌심사의 기준이 되는 수단, 즉 **심사척도**를 의미하기도 한다. 그런데 이러한 척도들 가운데에는 비교적 다양한 영역에 사용될 수 있는 척도(일반적 위헌심사기준)가 있는가 하면 특수한 영역에 한정하여 사용될 수 있는 척도(개별적 위헌심사기준)도 있을 수 있다. 비례성원칙과 본질적내용침해금지원칙, 적법절차 등은 전자에 속하고, 헌법상의 제도에 대해서만 논의되는 제도보장론이나 표현의 자유와 관련하여 논의되는 '명백하고 현존하는 위험의 원칙' 등은 후자에 속한다. 그런데 이 적용영역의 광협은 상대적인 것에 불과하다. 이 책에서 위헌심사기준은 주로 심사척도를 의미하는 것으로 사용한다.

　그런데 예컨대 통상 자유권의 침해 여부가 문제되는 헌법재판에 있어서 심사는 ① 법률을 포함한 공권력의 행사가, 문제가 되는 기본권의 보장내용을 제한(또는 간섭)하고 있는지 여부와 ② 그러한 제한이 헌법적으로 정당화되는지 여부를 묻는다. 평등권 침해 여부와 관련하여서는 문제가 되는 차별행위가 ① 본질적으로 같은 것을 다르게 또는 본질적으로 다른 것을 같게 취급하고 있는지 여부(즉 차별의 존재여부)와 ② 그러한 차별취급이 헌법적으로 정당화 되는지 여부를 묻는 구조로 되어 있다. 그리고 흔하지는 않지만 생존권의 침해 여부를 심판할 때는 ① 해당 생존권의 규범적 보장범위를 확정하고 ② 헌법적 보장수준이 이루어지고 있는지 여부를 판단하게 된다. 여기에서 위헌심사기준은 헌법적 정당화 여부를 심사할 때, 즉 모두 ②의 심사단계에서 등장하게 된다.

심사척도로서 위헌심사기준에는 과잉금지원칙이나 본질적내용침해금지원칙과 같이 헌법에 **명문**으로 규정되어 있는 경우도 있고, 미국법상의 명백하고 현존하는 위험의 원칙이나 평등권과 관련한 3단계심사기준과 같이 **해석**으로 도출될 수 있는 것도 있다. 헌법상 명문의 규정 내지는 해석상 명백히 명령된 척도가 있음에도 불구하고 이를 사용하지 않고 다른 결론을 도출하는 것은 헌법에 위반될 수 있다.

제2항 심사강도

그런데 심사척도들은 **심사강도**가 서로 다른 일정한 요소들을 내포할 수 있기 때문에 심사척도의 선택이 곧 심사강도를 결정하여서 결과에 대한 예견가능성을 높이는 경우가 있다.[1] 따라서 어떤 의미에서 심사척도를 선택하는 문제는 선택적 결단의 문제일 수도 있다. 그런데 동일한 심사척도를 적용하는 경우에도 구체적인 상황에 따라 그 적용의 강도를 달리하는 경우를 흔히 발견하게 된다. 심사강도의 선택의 폭이 넓은 경우에는 결과에 대한 예견가능성이 그만큼 떨어질 수 있다. 하나의 심사척도를 심사강도에 있어서 유연성을 많이 부여하는 것은 운용자의 입장에서는 편리하겠지만, 국민의 입장에서는 재판에 대한 납득가능성을 떨어뜨려서 논쟁사안으로 비화할 가능성이 있다. 그렇게 되면 헌법재판을 행하는 자가 결과를 선택하는 것처럼 오인될 수 있다. 따라서 위헌심사기준에 대하여 지나친 유연성을 부여하는 것은 바람직하지 않다는 점을 주의할 필요가 있다.[2]

---

[1] 다수의 척도들 가운데 어떤 것을 어떤 영역에 사용할 것인가를 정하기 위해서는 또 다른 사용 척도가 필요할지도 모르겠다. 그러나 이러한 척도를 개발한다는 것은 결코 쉽지 않다.

[2] 미국의 대표적인 3단계 심사기준은 각 단계마다 심사척도의 요소가 일정한 강도와 결합되어 있어서 각 심사기준은 요소를 달리하면서 강도도 달리한다. 여기에서 심사기준의 선택이 곧 심사결과에 영향을 미치게 된다. 심사강도의 측면에서 보면 비례성원칙은 미국의 엄격심사에 해당한다. 양 기준의 본질적인 징표는 피해의 최소성이다. 비례성원칙이 기본적으로 엄격심사라고 하는 것은 피해의 최소성을 요소로 하고 있기 때문이다. 그러나 헌법재판소는 비례성원칙의 핵심적 요소를

위헌심사 근거규범으로서 헌법

제1항 헌법3)

I. 성문헌법

위헌심사의 근거 내지 준거규범으로서 우선은 성문의 헌법을 들 수 있다. 헌법전의 규정내용이 실질적 헌법사항인 경우는 물론이고 실질적 헌법사항이 아니라고 하더라도 원칙적으로 위헌심사의 근거규범으로 된다.

여기서 성문의 헌법전은 현재 효력 있는 헌법전을 의미하고 개정 전 헌법은 위헌심사의 기준으로 삼을 수 없다. 대법원판결도 같은 취지다.4) 그런데 헌법재판소는 긴급조치결정에서 현행 헌법조항과 함께 마치 구 헌법조항도 위헌심사의 기준인 것처럼 사용하고 있다.5) 헌법재판소는 2013년 긴급조치에 관한 결정6)에서 현행 헌법이 심사기준이 되는 이유로 현행 헌법이 1948년 제정헌법과의 동일성·연속성이 인정되기 때문이라고 하고 있다. 그러나 현행 헌법이 제정헌법과의 동일성·연속성이 인정되기 때문에 위헌심사기준이 되는 것이 아니라, 위헌심사기준은 위헌심판 당시에 적용되는 규범이어야 하므로 항상 현행 헌법이 심사기준이 되는 것이다. 제3차 개정헌법, 제5차 개

법익의 균형성으로 이해하고 있다.

3) 물론 이하에서 설명하는 성문헌법과 관습헌법 외에도 위헌심판의 근거규범은 더 있을 수 있다. 이에 대해서는 제3장 헌법재판기능 제1절 위헌법률심판의 심사 기준규범 부분 설명 참조.
4) 대법원 2010.12.16. 2010도5986 판결.
5) 헌재 2012.12.27. 2011헌가5, 구 인신구속 등에 관한 임시특례법 제2조 제1항 위헌제정(위헌).
6) 헌재 2013.3.21. 2010헌바132등, 구 헌법 제53조 등 위헌소원(위헌).

정헌법, 제7차 개정헌법, 제8차 개정헌법, 제9차 개정헌법이 실질적 의미에서는 제정이라고 보는 견해도 적지 않기 때문에, 반드시 현행 헌법과 제정헌법의 동일성 · 연속성이 인정될 수 있는지에 대해서도 이견이 있을 수 있다.

II. 관습헌법

헌법재판소의 판례에 따르면 관습헌법도 위헌심사의 기준이 된다. 그런데 관습헌법이라도 그 내용이 법률로 구체화되어 규정되는 경우에는 당해 조항은 위헌심사의 기준이 아니라 위헌심사의 대상이 될 뿐이다.

요컨대 관습헌법이라는 불문헌법은 위헌심사의 기준이 될 수 있지만, 실질적 헌법사항이라고 할지라도 법률 이하 규범의 형식으로 규정된 경우에는 위헌심사의 대상이 된다.7) 이렇게 이해하는 것은 법 형식을 떠나서 그 내용의 헌법사항 여부를 일일이 판단하는 것은 사실상 불가능하기 때문이다.

제2항   헌법재판의 근거규범으로서 법률

법률은 원칙적으로 위헌심사의 근거규범이 되는 것이 아니라 위헌심사의 대상이 된다. 그러나 탄핵심판은 헌법재판소법이 정하는 공무원이 그 직무집행에서 헌법이나 '법률'을 위반한 경우에 해당 공무원을 공직에서 파면하는 결정이고, 권한쟁의심판은 피청구인의 처분 또는 부작위가 헌법 또는 '법률'에 의하여 부여받은 청구인의 권한을 침해하였거나 침해할 현저한 위험이 있는 경우에 청구할 수 있기 때문에(법 제48조 및 제61조 참조), 이때는 법률도 심사기준이 될 수 있다.8) 그러나 여기의 법률은 헌법재판의 근거법률일 뿐이며 이를 두고 위헌심사기준이라고는 하지 않는다.

---

7) 이와 비슷한 견해로서 "관습헌법"이란 실질적 의미의 헌법사항이 관습으로 규율되고 있다는 것을 뜻할 뿐이며, "관습헌법"이라고 해서 바로 "성문헌법"과 똑같은 효력이 인정되는 것은 아니다."라고 한 전효숙 재판관의 반대의견 참조[헌재 2004.10.21. 2004헌마554등, 신행정수도의건설을위한 특별조치법위헌확인(위헌)].

8) 같은 견해로는 성낙인, 헌법소송론, 2012, 21쪽.

또 법률이 실질적 헌법사항을 규정하고 있다고 하더라도 이것이 위헌심사기준이 된다고 할 수는 없다. 실질적 헌법사항이라고 하더라도 법령의 형식으로 규정되어 있는 한 위헌심사의 대상이 될 뿐이다. 예컨대 국적사항은 헌법사항이지만 우리나라처럼 국적사항을 법률로 정하는 경우에는 국적관련 사항의 변경은 법률개정의 문제이지 헌법 개정의 문제는 아니다. 이와 같은 논리에서 보면 서울을 수도로 한다는 법률이 있었다면 수도를 이전하는 문제는 법률개정의 문제로 되었을 것이다. 따라서 헌법과 법률이 수도에 대해 아무런 언급이 없는 상태에서 수도를 정하는 문제를 헌법적 효력을 갖는 관습헌법으로 보고 수도이전을 위해서는 서울 이외의 다른 곳을 수도로 인식하는 관습의 변화가 있지 않은 한 명시적인 헌법 개정을 통해 수도를 다른 곳으로 정하지 않으면 수도를 이전할 수 없다고 한 헌법재판소의 결정은 지나친 논리로 보인다.

제3항　제한의 정당화 근거로서 헌법적 공익

I. 원칙

공권력이 기본권을 제한하는 경우에는 헌법 제37조 제2항에 따라 당해 공권력은 국가안전보장, 질서유지 또는 공공복리라고 하는 헌법적 공익을 위한다는 목적이 존재해야 한다. 그런데 국가안전보장은 별론으로 하더라도 질서유지와 공공복리라고 하는 것은 그 개념이 명확하다고 할 수는 없다. 또 질서유지와 공공복리로 분류될 수 있는 모든 이익이 헌법적 지위를 갖는 이익이라고 할 수도 없다. 따라서 단순한 입법 정책적 이익이 헌법상 보장된 기본권적 가치 등을 제약하는 경우 비록 목적의 정당성은 인정될 수 있으나 특히 균형성 심사의 단계에서는 위헌적인 것으로 평가될 수 있다.9) 헌법

---

9) [법률상의 이익을 목적으로 하는 법률을 위헌 선언한 예]: "가산점제도가 추구하는 공익은 입법정책적 법익에 불과하다. 그러나 가산점제도로 인하여 침해되는 것은 헌법이 강도 높게 보호하고자 하는 고용상의 남녀평등, 장애인에 대한 차별금지라는 헌법적 가치이다. 그러므로 법익의 일반적, 추상적 비교의 차원에서 보거나, 차별취급 및 이로 인한 부작용의 결과가 위와 같이 심각한 점을 보거나 가산점제도는 법익균형성을 현저히 상실한 제도라는 결론에 이르지 아니할 수 없다[헌재 1999.12.23. 98헌마363, 제대군인지원에관한법률 제8조 제1항 등 위헌확인(위헌)]." 이 결정은 제대군인 가산점제도 자체가 헌법에 위반된다는 결정이어서 이 결정 이후 제대군인 가산점제도는 폐

재판소가 기본권의 제한을 정당화할 수 있는 모든 공익을 아울러 고려하여 법률의 합헌성 여부를 심사하여야 한다고 판시하고 있는 것은 것[10]은 당해 공익이 헌법적 지위를 갖는 것을 전제로 한 것이다.

II. 헌법에 명시된 개별적 공익

헌법 제119조 이하에서는 '균형 있는 국민경제의 성장과 안정, 적정한 소득의 분배, 시장의 지배와 경제력남용의 방지, 경제주체간의 조화를 통한 경제의 민주화, 균형 있는 지역경제의 육성, 중소기업의 보호육성, 소비자보호 등'이 기본권을 제약할 수 있는 공익으로 규정되어 있다. 헌법재판소는 이 목적들을 헌법 제37조 제2항의 공익의 구체적 예시로 보고 있다.[11]

또 헌법 제37조 제2항의 공공복리와 유사한 개념으로 제23조 제3항의 공공필요의 개념이 있다. 공공필요는 재산권 제한의 목적으로서 국가안전보장상의 필요, 질서유지상의 필요, 공공복리상의 필요로 구분될 수 있어서 헌법 제37조 제2항의 공공복리 개념보다 넓은 개념으로 파악된다.[12] 그러나 헌법재판소는 오히려 좁은 개념으로 이해한다.[13]

지되었다.

10) 헌재 2001.6.28. 2001헌마132, 여객자동차운수사업법 제73조의2 등 위헌확인(동법 제81조 제7의2호)(기각, 각하); 1996.12.26. 96헌가18, 주세법 제38조의7 등 위헌제청(위헌): "경제적 기본권의 제한을 정당화하는 공익이 헌법에 명시적으로 규정된 목표에만 제한되는 것은 아니고, 헌법은 단지 국가가 실현하려고 의도하는 전형적인 경제목표를 예시적으로 구체화하고 있을 뿐이므로 기본권의 침해를 정당화할 수 있는 모든 공익을 아울러 고려하여 법률의 합헌성 여부를 심사하여야 한다."

11) 헌재 2001.6.28. 2001헌마132, 여객자동차운수사업법 제73조의2 등 위헌확인(기각, 각하).

12) 그렇게는 정종섭, 헌법학원론, 박영사, 2009, 306쪽 참조.

13) 헌재 2014.10.30. 2011헌바172등, 지역균형개발 및 지방중소기업 육성에 관한 법률 제18조 제1항 등 위헌소원 등(헌법불합치).

제3절

일반적 위헌심사기준

제1항 개념

　헌법재판의 과정에서 주로 사용되는 법률유보원칙, 비례성원칙, 본질적내용침해금지원칙, 신뢰보호원칙, 포괄위임금지원칙, 명확성원칙, 적법절차원칙 등은 어느 특정한 영역에 한정되어 사용되는 것이 아니기 때문에 일반적 위헌심사기준이라고 할 수 있다. 그에 반하여 평등원칙이나 제도보장론과 같은 개별적 위헌심사기준은 개별적인 특정 영역에 적용되는 심사기준을 말한다고 할 수 있다.[14] 그러나 이는 상대적인 구별일 뿐이다.

제2항 법률유보원칙

　헌법 제37조 제2항에 따르면 국민의 모든 자유와 권리는 법률로써 제한할 수 있도록 하고 있다. 기본권의 제한은 법률에 근거를 가져야 한다는 취지의 이 헌법원칙을 법률유보원칙이라고 한다. 특히 이러한 법률유보를 기본권 제한적 법률유보라고 한다. 물론 기본권은 헌법에서 직접 제한할 수 있다. 헌법 제8조 제4항, 제21조 제4항, 제23조 제2항, 제29조 제2항 등을 헌법에 의한 직접적인 기본권 제한이라고 할 수 있다.[15] 그

---

14) 기본권의 심사구조에 대한 심층적인 논의는 김해원, 기본권심사론, 박영사, 2018, 159쪽 이하 참조.
15) 자세한 것은 김대환, 기본권론, 박영사, 2023, 118쪽 참조.

러나 **기본권 제한의 일반적인 형태는** 법률에 의한 제한이다.

그런데 헌법에는 "법률이 정하는 바에 의하여"라고 규정하는 경우가 종종 있다. 예컨대 "모든 국민은 법률이 정하는 바에 의하여 선거권을 가진다."라고 규정하고 있는 헌법 제24조를 들 수 있다. 이를 **기본권 형성적 법률유보**라고 한다. 그러나 이는 선거권의 세부적인 내용을 법률로 구체화한다는 의미로서[16] 헌법 제37조 제2항의 제한적 법률유보와는 구별된다. 헌법 제23조 제1항의 법률유보도 이러한 기본권 형성적 법률유보에 속한다. 기본권 형성적 법률유보로 제정된 법률에 대한 위헌심사에 있어서는 기본권 제한적 법률유보로 제정된 법률에 대한 위헌심사에 있어서 보다 원칙적으로 입법형성의 자유가 넓은 것으로 이해된다.

법률유보원칙의 구체적인 의미는 다음과 같다. ① 기본권 제한의 형식이 일반적으로는 법률이 되지만 시행령이나 시행규칙 등 법률보다 하위의 다른 형식일 수도 있는데, 이때 시행령이나 시행규칙 등은 적어도 법률에 근거를 가지고 있어야 한다.[17] ② 국가공동체와 그 구성원에게 기본적이고 중요한 의미를 갖는 기본권 실현과 관련된 영역에 있어서는 입법자 스스로 그 본질적인 사항에 대하여 결정하여야 한다는 것을 의미한다.[18] 이와 같이 법률유보원칙은 본질성이론 또는 의회유보원칙을 포함하는 개념이다.[19]

NOTE　**위헌 결정 사례(법률유보원칙)**

① 살수차 사용은 중요한 기본권에 대한 중대한 제한이므로 살수차 사용요건이나 기준은 법률에 근거를 두어야 한다. 살수차는 물줄기의 압력을 이용하여 군중을 제압하는 장비이기 때문에 그 용도로만 사용되어야 하고 살수차로 최루액을 분사하여 살상능력을 증가시키는 혼합살수방법은 '새로운 위해성 경찰장비'이므로 법령에 근거가 있어야 하나 법령의 구체적 위임 없이 국민의 생명과 신체에 심각한 위험을 초래할 수 있는 살수차를 이용한 혼합살수 방식을 규정하고 있는 「살수차 운용지침」(2014.4.3.) 제2장 중 최루액 혼합살수에 관한 부분은 법률유보원칙에 위배된다.[20]

② 개인의 정치적 견해에 관한 정보는 공개된 정보라 하더라도 개인의 인격주체성을 특징

---

16) 헌재 2007.6.28. 2004헌마644, 공직선거및선거부정방지법 제15조 제2항 등 위헌확인 등(헌법불합치).
17) 헌재 2019.4.11. 2013헌바112, 근로기준법 제11조 제2항 위헌소원(합헌).
18) 헌재 1998.5.28. 96헌가1, 의료보험법 제33조 제1항 위헌제청(위헌).
19) 헌재 1999.5.27. 98헌바70, 한국방송공사법 제35조 등 위헌소원(합헌, 헌법불합치); 대법원 2020.9.3. 2016두32992 전원합의체 판결 - 법외노조통보처분취소.
20) 헌재 2018.5.31. 2015헌마476, 물포 발포행위 등 위헌확인[인용(위헌확인, 각하)].

짓는 것으로, 개인정보자기결정권의 보호 범위 내에 속하며, 국가가 개인의 정치적 견해에 관한 정보를 수집·보유·이용하는 등의 행위는 개인정보자기결정권에 대한 중대한 제한이 되므로 이를 위해서는 법령상의 명확한 근거가 필요함에도 그러한 법령상 근거 없이 피청구인 대통령의 지시로 피청구인 대통령 비서실장, 정무수석비서관, 교육문화수석비서관, 문화체육관광부장관이 야당 소속 후보를 지지하였거나 정부에 비판적 활동을 한 문화예술인이나 단체를 정부의 문화예술 지원사업에서 배제할 목적으로 개인의 정치적 견해에 관한 정보를 수집·보유·이용한 행위와 한국문화예술위원회, 영화진흥위원회, 한국출판문화산업진흥원 소속 직원들로 하여금 특정 개인이나 단체를 문화예술인 지원사업에서 배제하도록 한 일련의 지시 행위는 법률유보원칙을 위반하여 청구인들의 각 개인정보자기결정권, 표현의 자유를 침해한다.[21]

③ 대한변호사협회의 유권해석을 위반하는 광고를 금지하는 대한변호사협회의 규정은 "협회의 유권해석에 위반되는'이라는 표지만을 두고 그에 따라 금지되는 광고의 내용 또는 방법 등을 한정하지 않고 있고, 이에 해당하는 내용이 무엇인지 변호사법이나 관련 회규를 살펴보더라도 알기 어렵다. 유권해석위반 광고금지규정 위반이 징계사유가 될 수 있음을 고려하면 적어도 수범자인 변호사는 유권해석을 통해 금지될 수 있는 내용들의 대강을 알 수 있어야 함에도, 규율의 예측가능성이 현저히 떨어지고 법집행기관의 자의적인 해석을 배제할 수 없는 문제가 있다. 따라서 위 규정은 수권법률로부터 위임된 범위 내에서 명확하게 규율 범위를 정하고 있다고 보기 어려우므로, 법률유보원칙에 위반되어 청구인들의 표현의 자유, 직업의 자유를 침해한다."[22]

④ 법외노조 통보[23]는 적법하게 설립된 노동조합의 법적 지위를 박탈하는 중대한 침익적 처분으로서 원칙적으로 국민의 대표자인 입법자가 스스로 형식적 법률로써 규정하여야 할 사항이고, 행정입법으로 이를 규정하기 위하여는 반드시 법률의 명시적이고 구체적인 위임이 있어야 한다. 그런데 노동조합 및 노동관계조정법 시행령 제9조 제2항은 법률의 위임 없이 법률이 정하지 아니한 법외노조 통보에 관하여 규정함으로써 헌법상 노동3권을 본질적으로 제한하고 있으므로 그 자체로 무효이다.… 법률유보원칙에 반한다.[24]

---

21) 헌재 2020.12.23. 2017헌마416, 특정 문화예술인 지원사업 배제행위 등 위헌확인[인용(위헌확인), 기타]. 이 사건은 박근혜 정부의 민간인에 의한 국정농단 문제와 관련된 사건이다.

22) 헌재 2022.5.26. 2021헌마619, 변호사 광고에 관한 규정 제3조 제2항 등 위헌확인(위헌, 기각).

23) 대법원은 법외노조 통보는 이미 법률에 의하여 법외노조가 된 것을 사후적으로 고지하거나 확인하는 행위가 아니라 그 통보로써 비로소 법외노조가 되도록 하는 형성적 행정처분으로 본다(대법원 2020.9.3. 2016두32992 전원합의체 판결 - 법외노조통보처분취소). 이에 대해서는 반대의견도 있다[김중권, 전교조 법외노조통보의 법적 성질과 문제(판례평석), 법률신문 2020.9.21.자 13면].

24) 대법원 2020.9.3. 2016두32992 전원합의체 판결 - 법외노조통보처분취소.

NOTE   합헌 결정 사례(법률유보원칙)

① 텔레비전방송수신료 금액의 결정은 국회가 결정할 사항이지만,[25] 전기요금이 산정기준이나 요금체계는 국회가 직접 결정하여야 할 사항은 아니다.[26]

② 「근로기준법」 제11조 제1항에서는 「근로기준법」을 상시 5명 이상의 근로자를 사용하는 사업 또는 사업장에 대해서 전부 적용하도록 한 반면에 제2항에서는 4명 이하의 경우에는 대통령령으로 정하는 바에 따라 그 일부 규정을 적용할 수 있도록 하고 있더라도 구체적인 개별 「근로기준법」 조항의 적용 여부까지 입법자가 반드시 법률로써 규율하여야 하는 사항이라고 볼 수 없어서 비록 그 구체적인 적용조항을 대통령령으로 정하도록 하고 있더라도 포괄위임의 한계를 준수하는 한 법률유보원칙에 위배되지 않는다.[27]

③ 노인장기요양 급여비용을 정함에 있어서는 요양보험의 재정 수준, 가입자의 보험료 및 본인부담금 등 부담수준, 요양급여의 수요와 요구되는 요양급여의 수준 등을 종합적으로 고려하여 정하여야 하고 또 이러한 요소들은 사회적·경제적 여건에 따라 변화할 수 있으므로, 요양급여비용의 구체적인 산정방법 및 항목 등을 미리 법률에 상세하게 규정하는 것은 입법기술상 매우 어렵다. 또 「노인장기요양보험법」은 요양급여의 실시와 그에 따른 급여비용 지급에 관한 기본적이고도 핵심적인 사항을 이미 법률로 규정하고 있다. 따라서 '시설 급여비용의 구체적인 산정방법 및 항목 등에 관하여 필요한 사항'을 반드시 법률에서 직접 정해야 한다고 보기는 어려우므로 「노인장기요양보험법」 제39조 제3항이 노인장기요양 급여비용의 구체적인 산정방법 등에 관하여 필요한 사항을 보건복지부령에 정하도록 위임하고 있는 것이 법률유보원칙에 반한다고 할 수 없다.[28]

④ 화약류 및 화약류저장소의 종류와 유형은 상당히 다양하고 광범위하며 그 취급 방법도 각기 상이한바, 화약류저장소의 구조·위치 및 설비에 관한 사항, 특히 보안물건 및 보안거리에 관한 규정은 세부적·기술적·가변적인 사항이어서 이를 법률의 수준에서 규정하기는 곤란하고, 보안물건 및 보안거리에 관한 구체적인 내용을 자유롭고 안정적인 화약류 판매업 등 영업을 가능하도록 하기 위해 반드시 법률의 차원에서 규정되어야 할 본질적이고 중요한 사항이라고 볼 수도 없기 때문에, 화약류저장소의 '구조·위치 및 설비'에 관한 사항을 대통령령으로 정하도록 한 '총포·도검·화약류 등의 안전관리에 관한 법률' 제25조 제2항은 법률유보원칙에 위배되지 않는다.[29]

⑤ 전기요금은 조세나 부담금과는 구별되는 공공요금(물가안정에 관한 법률 제4조 제1항)에 해당하고, 산업구조나 경제상황 등이 종합적으로 고려되어 결정되어야 하므로 전기요금

25) 헌재 1999.5.27. 98헌바70, 한국방송공사법 제35조 등 위헌소원(합헌, 헌법불합치).
26) 헌재 2021.4.29. 2017헌가25, 전기사업법제16조 제1항 위헌제청(합헌).
27) 헌재 2019.4.11. 2013헌바112, 근로기준법 제11조 제2항 위헌소원(합헌).
28) 헌재 2021.8.31. 2019헌바73, 노인장기요양보험법 제39조 제1항 등 위헌소원(합헌).
29) 헌재 2021.9.30. 2018헌바456, 총포·도검·화약류 등의 안전관리에 관한 법률 제25조 제2항 등 위헌소원(합헌, 각하).

의 결정에 관한 내용이 전기의 보편적이고 안정적인 공급을 위하여 반드시 입법자 스스로 규율해야 할 본질적인 사항이라고 보기 어려워 의회유보원칙에 위반된다고 할 수 없다.[30]
⑥ 육군 장교가 민간법원에서 약식명령을 받아 확정되면 자진신고할 의무를 규정한 20년도 육군지시 자진신고조항 및 21년도 육군지시 자진신고조항은 법률유보원칙과 과잉금지원칙에 위배하여 일반적 행동자유를 침해하는 것이 아니다.[31]
⑦ 의료기관의 장으로 하여금 보건복지부장관에게 비급여 진료비용에 관한 사항을 보고하도록 한 「의료법」 제45조의2 제1항의 보고의무조항 부분과 의원급 의료기관의 비급여 진료비용에 관한 현황조사·분석 결과를 공개하도록 한 고시조항('비급여 진료비용 등의 공개에 관한 기준' 제3조 중 '의료법 제3조 제2항 제1호에 따른 의료기관'의 '비급여 진료비용'에 관한 부분)은 법률유보원칙에 위배되지 아니한다.[32]

제3항 비례성원칙

비례성원칙 또는 과잉금지원칙은 국가가 국민의 기본권의 내용을 제한하는 입법활동을 함에 있어서 준수하여야 할 기본원칙 내지 입법활동의 한계를 의미하는 헌법상 원칙으로서[33] 대표적인 일반적 위헌심사기준이다.

I. 원칙의 4가지 요소

비례성원칙은 목적의 정당성, 방법의 적절성, 피해의 최소성, 법익의 균형성을 요소로 한다. 즉, 국민의 기본권을 합헌적으로 제한하려면 그 "입법의 목적이 헌법 및 법률의 체제상 그 정당성이 인정되어야 하고(목적의 정당성), 그 목적의 달성을 위하여 그 방법(조세의 소급우선)이 효과적이고 적절하여야 하며(방법의 적절성),[34] 입법권자가 선택한

---

30) 헌재 2021.4.29. 2017헌가25.
31) 헌재 2021.8.31. 2020헌마12등, 국방부 군인·군무원 징계업무처리 훈령 제4조 등 위헌확인(기각, 각하).
32) 헌재 2023.2.23. 2021헌마374등, 의료법 제45조의2 제1항 등 위헌확인(기각, 각하).
33) 헌재 1990.9.3. 89헌가95, 국세기본법 제35조 제1항 제3호의 위헌심판(위헌).
34) 수단의 적합성이 부인된 예: 대가수수 광고를 금지하는 대한변호사협회의 규정. 헌법재판소는 대가수수 광고금지는 광고비를 지급하고 광고하는 것을 일률적으로 금지하는 것으로서 수단의 적합성을 인정하기 어렵다고 한다[헌재 2022.5.26. 2021헌마619, 변호사 광고에 관한 규정 제3조 제2항 등 위헌확인(위헌, 기각)]. 대가수수 광고금지는 변호사의 공공성과 공정한 수임질서의 유지,

기본권 제한(담보물권의 기능상실과 그것에서 비롯되는 사유재산권 침해)의 조치가 입법목적 달성을 위하여 설사 적절하다 할지라도 보다 완화된 형태나 방법을 모색함으로써 기본권의 제한은 필요한 최소한도에 그치도록 하여야 하며(피해의 최소성), 그 입법에 의하여 보호하려는 공익과 침해되는 사익을 비교형량할 때 보호되는 공익이 더 커야 한다(법익의 균형성)."35)

II. 원칙의 개념요소에 나타난 심사강도

비례성원칙의 내용은 목적의 정당성으로부터 법익의 균형성에 이르기까지 순차적·중첩적으로 충족되어야 한다. 목적의 정당성이 인정되면, 방법의 적절성이 심사되고, 방법의 적절성이 인정되는 경우에 한하여 피해의 최소성이 검토되는데 여기서 과잉금지원칙의 의미가 가장 분명히 드러난다. 피해의 최소성이 인정되면 마지막으로 법익의 균형성이 검토된다.36) 비례성원칙을 이와 같이 이해할 때 **비례성원칙은 개념적으로 엄격한 심사기준에 해당한다.**37) 미국헌법의 경우에도, 엄격심사가 행해지는 경우 요구되는 필요한 수단(necessary means)이라는 것을 해석함에 있어서, 목적을 달성하는데 덜 제약적인 수단이 존재하는지 여부, 즉 최소 침해적인 수단이 존재하는지 여부가 주요한 기준이 된다.38)

물론 우리나라나 독일에서는 과잉금지원칙이 다양한 심사강도를 갖는 것으로 사용되고 있지만,39) 과잉금지원칙의 진정한 의미는 엄격한 심사라는 데 있다. 예컨대 평등권심사에서 독일연방헌법재판소는 심사기준으로서 종래 자의금지원칙을 적용해 왔지만,40) 1980년 이후로는 침해의 진지성이 약한 차별에 있어서는 명백성통제, 즉 자의금

법률사무에 대한 소비자들의 보호 등 공익적 목적을 달성하기 위한 것이므로 수단의 적합성에서부터 부인한 것은 문제가 있다.

35) 헌재 1990.9.3. 89헌가95.

36) 정종섭, 헌법학원론, 박영사, 2009, 297쪽. 이는 독일에서도 일반적인 견해이다. 순차적으로 행해질 필요가 없다는 견해로는 이준일, 헌법상 비례성원칙, 33쪽.

37) 이명웅, 비례의 원칙의 2단계 심사론, 518, 523쪽.

38) Brugger, Winfried, Einführung in das öffentliche Recht der USA, 2. Aufl., C.H.Beck (München: 2001), S. 133; 이명웅, 비례의 원칙의 2단계 심사론, 518쪽. 이에 반하여 좁은 의미의 비례성원칙을 가장 본질적인 것으로 보는 견해로는 이준일, 헌법상 비례성원칙, 34쪽.

39) 비례성원칙의 심사강도 문제에 대해서는 다음 절에서 자세히 살펴보기로 한다.

40) 예컨대 BVerfGE 49, 148, 165; 98, 365, 385. 물론 이때에도 자의금지 외에 비례성의 원칙의 심사기준으로 이해되는 '실질적 근거가 없는 차별의 금지'라는 용어도 사용되었지만, 이 기준의 자의금

지원칙을 심사기준으로 사용한데 반하여, 침해의 진지성이 큰 차별의 경우에는 과잉금
지원칙을 적용하고 있다.[41] 입법자의 재량여지를 존중하기 위해 비록 필요성의 원칙의
적용이 다소 약화되기도 하지만, 기존의 자의금지원칙에 비하여 과잉금지원칙이 엄격
한 심사로 채용되고 있는 것은 분명한 것으로 보인다.

과잉금지원칙을 최적화명령으로 이해하는 입장[42]은 적합성의 원칙을 기본권 실현의
최대화명령으로, 필요성의 원칙을 기본권 피해의 최소화명령으로, 그리고 좁은 의미의
비례성의 원칙을 서로 충돌하는 목적의 비례적 실현을 의미하는 최적화명령이라고 이해
한다. 이와 같이 최적화명령으로서의 비례성원칙이라고 할 때는 적어도 기존의 비례성원
칙과 동일한 엄격심사로 이해하거나, 보다 엄격한 심사기준으로 이해하는 것이다.[43]

III. 적용영역

1. '기본권' 제한 영역

헌법재판소는 비례성원칙을 전적으로 기본권과 관련하여 이해하고 있다.[44] 따라서
조직법상의 권한의 문제와 관련하여서는 과잉금지원칙이 적용되지 않는다.[45]

그런데 지방자치의 핵심영역의 보호를 인정하면서 그 외의 영역에 대해서는 독일
에 있어서 라스테데 결정[46] 이전의 이론을 따라 비례성원칙의 적용을 인정하는 견해가
있다.[47] 그러나 독일의 경우에는 지방자치단체의 자치권이 기본법에 명시적으로 규정

지원칙과의 의미상의 차이는 염두에 두고 있지 않았었다. 예컨대 실질적 근거가 없기 때문에 자의
적이라고 보기도 하였다(BVerfGE 17, 122, 130).

41) Pieroth/Schlink, Grundrechte, Rn. 438 ff.; 김철수, 평등권에 관한 연구, 278쪽; 방승주, 독일 연방
헌법재판소의 입법자에 대한 통제의 범위와 강도, 324-326쪽.

42) 최적화명령으로서의 비례성이라는 논리는 독일의 알렉시의 견해에 따른 것이다(Robert Alexy,
Theorie der Grundrechte, S. 75 ff., 100 ff.). 알렉시의 견해에 대해서는 충돌하는 양 법익의 최적
화를 요구하기 때문에, 실제에 있어서 단지 하나의 해결만을 허용하고 입법자의 형성의 자유를 인
정하지 않는 것이라는 비판이 있다(Starck, in: v. Mangoldt/Klein/Starck, GGI, 5. Aufl., Art. 1
Rn. 279).

43) 공진성, 최적화명령으로서 비례성원칙과 기본권심사의 강도, 3사교논문집 53, 2001.11., 296쪽.

44) 헌재 1989.12.29. 88헌가13; 1990.9.3. 89헌가95; 1994.12.29. 94헌마201; 1998.5.28. 95헌바18;
2000.6.1. 99헌가11등; 2000.6.1. 99헌마553 등.

45) 헌재 2010.10.28. 2007헌라4, 강남구 등과 국회 간의 권한쟁의(기각): "… 기본권침해를 심사하는데
적용되는 과잉금지원칙…."

46) 이에 대해서는 김대환, 독일의 지방자치행정보장, 공법연구 33-1, 2004.11., 563쪽 이하 참조.

47) 예를 들면 홍정선, 행정법원론(하), 박영사, 2004, 67쪽.

되어 있으면서 또한 그 침해에 대해서는 헌법소원으로 보장되고 있는 반면에,[48] 우리의 경우에는 헌법상 지방자치권의 명문규정이 없을 뿐만 아니라 지방자치단체의 자치권의 침해는 권한쟁의심판의 대상이 된다는 점을 고려할 필요가 있다.

헌법재판소는 지방자치행정도 중앙행정과 마찬가지로 국가행정의 일부로 이해하고 있을 뿐만 아니라,[49] 객관적 규범으로서의 제도보장을 기본권과 명백히 구분하고 있다. 즉 직업공무원제도, 지방자치제도, 복수정당제도, 혼인제도 등의 제도보장은 일반적인 법에 의한 폐지나 제도본질의 침해를 금지한다는 의미의 '최소보장'의 원칙이 적용되고, 기본권의 경우에는 헌법 제37조 제2항의 과잉금지의 원칙에 따라 필요한 경우에 한하여 '최소한으로 제한'되는 것과 대조된다고 분명히 준별하고 있다.[50] 그 뒤의 결정[51]에서는 이를 더욱 분명히 하여 "제도적 보장은 객관적 제도를 헌법에 규정하여 당해 제도의 본질을 유지하려는 것으로서, 헌법제정권자가 특히 중요하고도 가치가 있다고 인정되고 헌법적으로 보장할 필요가 있다고 생각하는 국가제도를 헌법에 규정함으로써 장래의 법발전, 법형성의 방침과 범주를 미리 규율하려는 데 있다. 다시 말하면 이러한 제도적 보장은 주관적 권리가 아닌 객관적 법규범이라는 점에서 기본권과 구별되기는 하지만 헌법에 의하여 일정한 제도가 보장되면 입법자는 그 제도를 설정하고 유지할 입법의무를 지게 될 뿐만 아니라 헌법에 규정되어 있기 때문에 법률로써 이를 폐지할 수 없고, 비록 내용을 제한한다고 하더라도 그 본질적 내용을 침해할 수는 없다. 그러나 기본권의 보장은 헌법이 '국가는 개인이 가지는 불가침의 기본적 인권을 확인하고 이를 보장할 의무를 진다'(제10조), '국민의 자유와 권리는 헌법에 열거되지 아니한 이유로 경시되지 아니한다. 국민의 모든 자유와 권리는 국가안전보장·질서유지 또는 공공복리를 위하여 필요한 경우에 법률로써 제한할 수 있으며, 제한하는 경우에도 자유와 권리의 본질적인 내용을 침해할 수 없다'(제37조)고 규정하여 '최대한 보장의 원칙'이 적용되는 것임에 반하여, 제도적 보장은 기본권 보장의 경우와는 달리 그 본질적 내용을 침해하지 아니하는 범위 안에서 입법자에게 제도의 구체적인 내용과 형태의 형성권을 폭넓게 인정한다는 의미에서 '최소한 보장의 원칙'이 적용될 뿐인 것이다."라

48) 독일 기본법 제28조 제3항과 제93조 제1항 4b호 참조.
49) 헌재 2001.11.29. 2000헌바78.
50) 헌재 1994.4.28. 91헌바15등.
51) 헌재 1997.4.24. 95헌바48.

고 하고 있다. 따라서 그러한 범위 내에서 입법자는 제도보장에 대해 '최소한 보장'의 원칙의 한계 안에서 폭넓은 입법형성의 자유를 가진다.[52] 이와 같이 헌법재판소는 지방자치권을 독일처럼 주관적·권리적 지위로 파악하기보다는 오히려 권한법적 내지는 조직법적으로 파악하고 있다. 따라서 헌법재판소는 공법인인 지방자치단체의 의결기관인 지방의회는 기본권의 주체가 될 수 없고 따라서 헌법소원을 제기할 수 있는 적격이 없다고 보고 있는 것이다.[53]

판례에 따라서는 지방자치단체에 대해 간섭하는 법률의 합헌성 여부는 간섭으로 인하여 얻는 국가적 이익과 침해되는 지방자치단체의 자치권을 비교형량하여 판단하여야 한다고 함으로써 비례성원칙의 적용을 인정하고 있는 것으로 보이는 결정도 있다.[54] 그러나 주민의 권리와 관련되는 한에 있어서 동 원칙을 적용한 것으로 이해하는 것이 타당하다.[55]

후의 헌법재판소 결정에서는 이러한 취지를 명시적으로 선언하고 있다. 이에 따르면, "지방자치권이 침해되었는지 여부를 심사함에 있어서는 지방자치권의 본질적 내용이 침해되었는지 여부만을 심사하면 족하고, 기본권침해를 심사하는 데 적용되는 과잉금지원칙…을 적용할 것은 아니다."라고 하였다.[56]

비례성원칙의 적용영역과 관련하여서는 우선 동 원칙의 헌법적 근거가 중요하다. 예컨대 법치국가로부터 도출하는 경우에는 합리적 결정관념과 보편적 형평이념까지 내포하고 있는 것으로 보는 경우에는 비례성원칙이 국가의 구조적 원리로 작용하지 말라는 법이 없기 때문이다. 그러나 과잉금지를 보편적 원리로서 승화시키는 경우에는 동 원칙의 남용이 우려된다.[57]

---

52) 헌재 1997.4.24. 95헌바48.
53) 헌재 1998.3.26. 96헌마345. 같은 취지의 판결로는 헌재 1994.12.29. 93헌마120; 1995.2.23. 90헌마125; 1995.9.28. 92헌마23 등 참조.
54) 헌재 1998.4.30. 96헌바62.
55) 헌재 1998.4.30. 96헌바62: "중앙행정기관의 장의 지방자치단체에 대한 지도·감독이 가능하다고 할지라도 그 근거가 되고 감독의 내용을 규정하고 있는 법률은 당연히 합헌이어야 하고, 그 법률의 합헌성 여부는 결국 헌법상의 지방자치의 이념과 지역주민의 기본권 제한원리인 비례의 원칙 내지 과잉금지원칙이 아울러 적용되어야 할 것이다. 즉, 지도·감독권행사로 인하여 얻는 이익을 지방자치단체의 자치권 손상 및 지역주민의 재산권 침해로 인하여 입는 손해를 비교 형량하여 손해가 이득에 비하여 큰 경우에는 지도·감독권 발동의 근거가 되는 법률은 위헌임을 면하지 못할 것이다."(판례집 10-1, 386쪽 이하).
56) 헌재 2010.10.28. 2007헌라4, 강남구 등과 국회 간의 권한쟁의(기각).
57) 이러한 위험성에 대해서는 오센뷜/이덕연(역), 과잉금지원칙적용의 절제, 257-276쪽; 양삼승, 과

비례성원칙은 연혁적으로 보면 기본권과 관련하여 발생되었고 또 발전되어 왔다. 권한규범이나 조직규범 등에 나타나는 비례성 유사내용은 동 원칙이 내포하는 합리적 결정관념 같은 것을 이유로 나타나는 유사성일 뿐 이를 단서로 원칙의 확장을 논의한다면 합리적 결정을 요구하는 모든 경우에 적용되지 않으면 안 되는 어려움에 직면하게 될 수 있다. 따라서 비례성원칙의 헌법적 근거는, 헌법상 보장되는 자유와 권리라고 하는 것은 일정한 내용을 가지고 있고 이것이 제한되는 경우에는 최소로 침해될 것을 요구하는 '기본권의 특성'으로부터 나온다고 보아야 한다. 이는 동 원칙은 기본권영역에 대하여만 적용이 가능하다는 결론이 된다.[58]

이렇게 이해되는 비례성원칙은 국가와 국민간의 관계를 전제로 하는 것이기 때문에 원칙적으로 원칙의 적용영역을 탐구함에는 개인의 자유와 권리영역에 대한 국가의 간섭 또는 제한이라는 관점을 염두에 둘 것이 요청된다. 그렇게 이해하는 한 자유권이외의 다른 이름으로 불리는 권리라고 하더라도 이러한 국가에 의한 간섭 또는 제한의 측면이 존재하는 한, 그리고 그 범위 내에서 과잉금지는 자신의 주된 임무 영역을 갖는 것으로 이해된다. 입법, 행정, 사법으로부터 일어나는 수많은 종류의 국가작용 각각에 대해 과잉금지원칙이 적용될 수 있는지 여부를 검토하기 이전에 이 점이 원칙적으로 우선 확인되지 않으면 안 된다.

제도보장에 있어서는 제도 그 자체의 형성 또는 내용과 관련된 경우에는 적용되지 않는 것으로 보아야 한다. 제도보장이 개인의 자유와 권리와 관련되고 그것이 다툼이 있는 경우에는 이미 제도 그 자체의 문제는 아니다.

잉금지의 원칙, 111－157쪽; 이명웅, 비례의 원칙과 판례의 논증방법, 675쪽 참조.

58) 따라서 「세무사법」을 개정하여 기존에 변호사들에게 세무사 자격을 부여하던 자격을 폐지하였다고 하더라도 헌법재판소의 법정의견과 같이 변호사에게 세무사의 자격을 인정할 것인가의 여부를 입법정책의 문제로 본다면 세무사의 자격이 본래의 변호사의 자격에 당연히 포함되는 것이 아니라는 의미이므로 이 폐지조항에 대해서는 직업선택의 자유와 관련하여 과잉금지원칙이라는 심사기준을 적용하기에 적합하지 않다. 그럼에도 불구하고 법정의견(5인 재판관의 기각의견)은 과잉금지심사를 하고 있다. 그러나 4인 재판관의 위헌 반대의견은 변호사 자격은 세무사 자격을 포함할 수 있음을 전제로 과잉금지심사를 하고 있어 이 점에 관한 한 타당한 것으로 보인다.

2. 기본권 '제한' 영역

헌법재판소는 헌법 제37조 제2항을 기본권 '제한' 입법의 '수권'규정으로 보면서도 기본권 '제한' 입법의 '한계'규정의 성질을 동시에 갖고 있는 것으로 본다.[59] 또한 과잉 금지를 국가가 국민의 기본권을 '제한'하는 내용의 입법활동을 함에 있어서, 준수하여야 할 기본원칙 내지 입법활동의 한계로 이해한다.[60]

독일경찰법상 성립한 비례성원칙의 연혁을 고려할 때 동 원칙은 원칙적으로 기본권과 관련하여 개인의 영역에 대한 국가의 간섭 또는 제한이라는 관점을 염두에 둘 것이 요청된다. 입법, 행정, 사법으로부터 일어나는 수많은 종류의 국가작용 각각에 대해 과잉금지가 적용될 수 있는지 여부를 검토하기 이전에 이 점이 원칙적으로 확인되어야 한다.[61] 그렇지 않고 과잉금지원칙을 보편적 원리로서 점차 승화시키는 경우에는 과잉 금지의 중요한 실천적 내용이 증발하면서 급기야 그 이념이나 사상만이 남아 호소하는 것으로 그칠 가능성이 있다.

그런데 헌법재판소의 판결에서는 명시적인 언급을 찾을 수 없지만, 다수의 학설은 헌법 제37조 제2항이 모든 기본권에 대해서 적용되는 것으로 보고 있다. 학설도 이와 같은데, 그 근거로서는 만약에 자유권 이외의 재판청구권이나 참정권 등을 국가안전보장·질서유지·공공복리를 위하여 필요한 경우가 아니라도 제한할 수 있다고 본다면 이는 기본권을 경시하는 것이 되기 때문에 이를 승인하기 어렵고,[62] 자유권 이외의 기본권은 국가안전보장·질서유지·공공복리를 위하여 필요한 경우라도 법률에 의하여 제한할 수 없다고 한다면 부당하다거나,[63] 자유권만을 의미한다면 자유권 이외의 기본

---

59) 헌재 1990.4.2. 88헌가13. 허영, 한국헌법론, 박영사, 2005, 285쪽.

60) 헌재 1990.9.3. 89헌가95; 1994.12.29. 94헌마201; 1998.5.28. 95헌바18; 2000.6.1. 99헌가11등; 2000.6.1. 99헌마553.

61) 본질적 내용보장도 기본권에 대해서만 적용되고, 국가조직법상에는 적용되지 않는다[같은 견해로는 Bracher, Christian–Dietrich, Gefahrenabwehr durch Private, Duncker & Humblot (Berlin: 1987), S. 75: "주관적 권리를 부여하지 않는 규정에 대해서도 적용된다면 그 규정은 그러한 우월적 헌법원리(übergreifender Verfassungsprinzip)로 과대평가되는 것이다"]. 따라서 제도보장이 적용되는 경우에는 본질적 내용이 아니라 핵심영역이라는 용어를 사용하는 것이 혼란을 덜 초래하는 것으로 본다(자세히는 김대환, "제도보장에 있어서 핵심영역의 보호", 헌법학연구 6–4, 2000.12., 63쪽 이하 참조).

62) 김철수, 헌법학개론, 박영사, 2004, 334쪽.

63) 김철수, 헌법학개론, 2004, 334쪽; 문홍주, 한국헌법, 해암사, 1980, 333쪽; 강태수, 기본권의 보호영역, 제한 및 제한의 한계, 한국에서의 기본권이론의 형성과 발전(정천허영박사화갑기념논문집), 박영사, 1997, 130쪽; 김학성, 헌법학강의, 성민사, 2001, 279쪽.

권은 명령이나 조례로도 제한할 수 있으며 과잉금지원칙이나 본질적 내용을 침해해도 된다는 해석이 가능하게 되며,[64] 자유권이 아닐지라도 헌법제정자가 규정한 기본권은 폐지될 수 없고 일단 설정된 기본권을 기준으로 하여 볼 때 그 기본권의 축소는 제한이 된다[65]는 등의 논거가 제시되고 있다.[66] 이러한 해석은 헌법 제37조 제2항의 문언과도 일치한다. 이상의 논리에 따르면, 헌법재판소가 비례성원칙을 헌법 제37조 제2항에서 도출하는 한 동 원칙은 자유권 이외의 모든 권리에 대해서도 적용되는 것으로 된다. 그러나 헌법재판소는 "과잉금지원칙은 국가가 국민의 소극적 방어권으로서의 기본권을 제한하는 경우에 적용되는 법리"로 보고 있는데[67] 이는 논리적으로 타당하다고 할 수 없다.

그렇다면 급부청구권을 내용으로 하는 생존권 내지 사회적 기본권을 제한하는 공권력의 조치도 비례성원칙을 준수하여야 하는지가 문제된다. 이 문제는 명백히 언급되고 있지 않지만, 우선 급부권의 근거가 되는 사회적 기본권 또는 생존권적 기본권에 대하여 헌법재판소는 다른 국가기관, 즉 입법부나 행정부가 국민으로 하여금 인간다운 생활을 영위하도록 하기 위하여 **'객관적으로 필요한 최소한의 조치를 취할 의무를 다하였는지의 여부'**를 기준으로 국가기관의 행위가 합헌적인 것인지를 심사할 수 있다고 보고, 국가가 생계보호에 관한 입법을 전혀 하지 아니하였다든가 그 내용이 현저히 불합리하여 헌법상 용인될 수 있는 재량의 범위를 명백히 일탈한 경우에 한하여 헌법에 위반된다고 한다.[68] 이와 같은 기준에 위배되지 않으면서 성립한 구체화법률에 의해 비로소 일정한 수급권이 구체적으로 발생하게 된다고 한다.[69] 그런데 어떠한 권리가 제한될

---

64) 문홍주, 한국헌법, 해암사, 1980, 333쪽; 강태수, 한국에서의 기본권이론의 형성과 발전(정천허영박사화갑기념논문집), 박영사, 1997, 130쪽.

65) 계희열, 기본권의 제한, 안암법학 2, 1994, 66–67쪽.

66) 다만 다수설에서도 그 성질상 제한이 가능한 기본권에 한한다고 하여 자연권인 절대적 기본권은 제한이 불가능하다고 한다(김철수, 헌법학, 2008, 445–446쪽; 권영성, 헌법학원론, 2009, 348쪽; 구병삭, 신헌법원론, 박영사, 1993, 349쪽; 계희열, 기본권의 제한, 안암법학 제2집, 1994, 66–67쪽). 이에 반하여 자유권에 한한다는 견해가 있다. 그 이유로서 자유권과 대립하는 사회적 기본권을 이에 포함할 경우에는 이에 대한 법률유보는 그 권리에 대한 제한이 아니라 그 권리의 형성을 의미하는 절차의 유보(Verfahrensvorbehalt)를 의미하기 때문이라고 한다[한태연, 헌법학, 법문사, 1983, 905쪽; 한수웅, 근로삼권의 법적성격과 그 한계, 법과 인간의 존엄(청암 정경식박사 화갑기념논문집), 1997, 219–220쪽].

67) 헌재 2008.7.31. 2004헌바81.

68) 헌재 1997.5.29. 94헌마33; 2001.4.26. 2000헌마390.

69) 헌재 2001.9.27. 2000헌마342: "사회보장수급권은 국가에 대하여 적극적으로 급부를 요구하는 것이므로 헌법규정만으로는 이를 실현할 수 없고, 법률에 의한 형성을 필요로 한다. 사회보장수급권

수 있기 위해서는 우선 일정한 내용의 권리가 선재하여야 하기 때문에 헌법차원의 생존권적 기본권의 경우 비례성원칙을 적용하는 데는 어려움이 있다. 헌법재판소처럼 헌법적으로 선결된 내용의 생존권은 존재하지 않는다고 본다면 생존권은 제한이 불가능하고, 따라서 비례성원칙도 적용되지 않을 것이다. 다만 국가가 생계보호에 관한 입법을 전혀 하지 아니하였다든가 그 내용이 현저히 불합리하여 헌법상 용인될 수 있는 재량의 범위를 명백히 일탈한 경우에는 과잉된 제한으로 평가될 수는 있을 것이다.[70]

그러나 생존권의 경우에도 ― 비록 가변적일 수는 있으나 ― 헌법적으로 확인되는 최소한의 내용이 존재하는 경우에는 그에 대한 제한이 불가능한 것은 아니기 때문에 이 경우에는 비례성원칙이 적용될 수도 있다고 보는 것이 타당하다.

3. 책임과 형벌 간의 비례성

헌법재판소는 비례성원칙에 터 잡아 책임과 형벌 간의 비례성원칙을 적용하고 있다. 책임과 형벌의 관계설정에 있어서 헌법재판소는 (자유권의 제한에서는 언급하지 않는) 입법재량을 인정하면서도 과잉입법금지나 비례성이라는 용어를 언급하고 있는 것을 주목할 수 있다. 이와 관련하여 헌법재판소는 다음과 같이 판시하고 있다. "어떤 행위를 범죄로 규정하고 이를 어떻게 처벌할 것인가 하는 문제, 즉 범죄의 설정과 법정형의 종류 및 범위의 선택 문제는 그 범죄의 죄질과 보호 법익뿐만 아니라 우리의 역사와 문화, 입법 당시의 시대적 상황, 국민 일반의 가치관과 법감정 그리고 범죄 예방을 위한

―――――――――――

의 구체적 내용, 즉 수급요건, 수급권자의 범위, 급여금액 등은 법률에 의하여 비로소 확정된다. 그런데 사회보장수급권과 같은 사회적 기본권을 법률로 형성함에 있어 입법자는 광범위한 형성의 자유를 누린다. 국가의 재정능력, 국민 전체의 소득 및 생활수준, 기타 여러 가지 사회적·경제적 여건 등을 종합하여 합리적인 수준에서 결정할 수 있고, 그 결정이 현저히 자의적이거나, 사회적 기본권의 최소한도의 내용마저 보장하지 않은 경우에 한하여 헌법에 위반된다고 할 것이다."(판례집 13-2, 433쪽).

70) 헌재 2002.11.28. 2001헌바50: "근로의 권리는 사회적 기본권으로서, 국가에 대하여 직접 일자리(직장)를 청구하거나 일자리에 갈음하는 생계비의 지급청구권을 의미하는 것이 아니라, 고용증진을 위한 사회적·경제적 정책을 요구할 수 있는 권리에 그친다. 근로의 권리를 직접적인 일자리 청구권으로 이해하는 것은 사회주의적 통제경제를 배제하고 사기업 주체의 경제상의 자유를 보장하는 우리 헌법의 경제질서 내지 기본권규정들과 조화될 수 없다. 마찬가지 이유로 근로의 권리로부터 국가에 대한 직접적인 직장존속청구권을 도출할 수도 없다. 단지 사용자의 처분에 따른 직장상실에 대하여 최소한의 보호를 제공하여야 할 의무를 국가에 지우는 것으로 볼 수는 있을 것이나, 이 경우에도 입법자가 그 보호의무를 전혀 이행하지 않거나 사용자와 근로자의 상충하는 기본권적 지위나 이익을 현저히 부적절하게 형량한 경우에만 위헌 여부의 문제가 생길 것이다."(판례집 14-2, 678-679쪽).

형사 정책적 측면 등 여러 가지 요소를 종합적으로 고려하여 입법자가 결정할 사항으로서, 입법 재량 내지 형성의 자유가 인정되어야 할 분야이다. 그러나 헌법은 국가 권력의 남용으로부터 국민의 기본권을 보호하려는 법치국가의 실현을 기본 이념으로 하고 있고, 법치국가의 개념은 범죄에 대한 법정형을 정함에 있어 죄질과 그에 따른 행위자의 책임 사이에 적절한 비례 관계가 지켜질 것을 요구하는 실질적 법치국가의 이념을 포함하고 있으므로, 어떤 행위를 범죄로 규정하고 어떠한 형벌을 과할 것인가 하는데 대한 입법자의 입법 형성권이 무제한한 것이 될 수는 없다. 형벌의 위협으로부터 인간의 존엄과 가치를 존중하고 보호하여야 한다는 헌법 제10조의 요구에 따라야 하고, 헌법 제37조 제2항이 규정하고 있는 과잉입법금지의 정신에 따라 형벌개별화 원칙이 적용될 수 있는 범위의 법정형을 설정하여 실질적 법치국가의 원리를 구현하도록 하여야 하며, 형벌이 죄질과 책임에 상응하도록 적절한 비례성을 지켜야 한다."[71]

그런데 책임과 형벌간의 비례성은 2가지 측면에서 요구된다. 첫째는 당해 범죄와 법정형의 비례성이고, 두 번째는 다른 범죄와의 관계에서의 비례성이다. 헌법재판소는 첫 번째와 관련하여서는 당해 범죄의 보호법익과 죄질에 비추어 범죄와 형벌 간의 비례의 원칙상 수긍할 수 있는 정도의 합리성이 있다면 이러한 법률을 위헌이라고 할 수는 없다는 입장이고,[72] 두 번째와 관련하여서는 법정형이 그 범죄의 죄질 및 이에 따른 행위자의 책임, 처벌규정의 보호법익 및 형벌의 범죄예방효과 등에 비추어 지나치게 가혹한 것이어서 현저히 형벌체계상의 균형을 잃음으로써 다른 범죄자와의 관계에 있어서 헌법상 평등의 원칙에 반하거나 그러한 유형의 범죄에 대한 형벌 본래의 목적과 기능을 달성함에 있어 필요한 정도를 일탈하는 경우는 헌법상 비례의 원칙에 위배되는 것으로 판단하고 있다.[73]

| NOTE | 위헌 결정 사례(책임과 형벌 간의 비례원칙) | |

① 음주운전 금지규정을 2회 이상 위반한 사람을 2년 이상 5년 이하의 징역이나 1천만 원 이상 2천만 원 이하의 벌금에 처하도록 한 구 「도로교통법」 제148조의2 제1항 중 '제

---

71) 헌재 2018.12.27. 2017헌바195등, 군형법 제92조의4 등 위헌소원 등(합헌); 2017.8.31. 2015헌가30 등 다수의 판례 참조.
72) 헌재 2001헌가27, 청소년의성보호에관한법률 제2조 제3호 등 위헌제청(합헌); 1995.4.20. 93헌바40.
73) 헌재 2001헌가27; 1995.11.30. 94헌가3.

44조 제1항을 2회 이상 위반한 사람'에 관한 부분,[74] 음주운전 금지규정 위반 또는 음주측정거부 전력이 1회 이상 있는 사람이 다시 음주운전 금지규정 위반행위를 한 경우 2년 이상 5년 이하의 징역이나 1천만 원 이상 2천만 원 이하의 벌금에 처하도록 규정한 「도로교통법」 조항,[75] 그리고 음주운전 금지규정 위반 전력이 1회 이상 있는 사람이 다시 음주측정거부를 한 경우 2년 이상 5년 이하의 징역이나 1천만 원 이상 2천만 원 이하의 벌금에 처하도록 규정한 구 「도로교통법」 규정[76]은 과거의 위반행위와 재범 위반행위 사이에 아무런 시간적 제한이 없이 가중처벌하고, 상대적으로 비난가능성이 낮은 재범행위까지도 법정형의 하한인 2년 이상 징역 또는 1천만 원 이상의 벌금을 기준으로 처벌하는 것은 과거의 위반 전력 등과 관련하여 아무런 제한을 두지 않고 죄질이 비교적 가벼운 재범 음주운전 금지규정 위반행위 또는 음주측정거부행위까지 가중처벌하는 것은 책임과 형벌 사이의 비례성을 인정하기 어렵다는 이유로 위헌 결정되었다.

② 위 「도로교통법」과 유사한 사례로서 헌법재판소는 7대 2의 의견으로, 음주운항 금지규정 위반 전력이 1회 이상 있는 사람이 다시 음주운항을 한 경우 2년 이상 5년 이하의 징역이나 2천만 원 이상 3천만 원 이하의 벌금에 처하도록 규정한 「해사안전법」 제104조의2 제2항 중 '제41조 제1항을 위반하여 2회 이상 술에 취한 상태에서 선박의 조타기를 조작한 운항자'에 관한 부분은 과거의 위반 전력 등과 관련하여 아무런 제한을 두지 않고 죄질이 비교적 가벼운 음주운항 재범까지 일률적으로 법정형의 하한인 징역 2년 또는 벌금 2천만 원을 기준으로 가중처벌하도록 하고 있으므로 책임과 형벌 사이의 비례성을 위반하여 헌법에 위반된다는 결정을 선고하였다.[77]

③ 구 「성폭력범죄의 처벌 등에 관한 특례법」 제3조 제1항 중 「형법」 제19조 제1항(주거침입)의 죄를 범한 사람이 같은 법 제298조(강제추행)의 죄를 범한 경우[78]와 제299조(준강제추행)의 죄를 범한 경우[79]에는 무기징역 또는 5년 이상의 징역에 처하도록 하였는데, 이에 대해 헌법재판소는 중한 법정형을 정한 것에는 합리적인 이유가 있으며, 법관은 작량감경을 통하여 얼마든지 집행유예를 선고할 수 있기 때문에 합헌으로 판단하였다. 그런데

---

74) 헌재 2021.11.25. 2019헌바446등, 도로교통법 제148조의2 제1항 위헌소원(위헌) – 2회 이상 음주운전 시 가중처벌 사건. 이 사건은 부산 해운대에서 음주운전 교통사고로 육군 병사 윤창호가 숨진 사건 후속 개정법(일명 윤창호법)의 위헌여부에 대한 사건이다.

75) 헌재 2022.5.26. 2021헌가30등, 도로교통법 제148조의2 제1항 위헌제청(위헌). 같은 내용의 구 「도로교통법」제148조의2 제1항에 대하여도 위헌결정되었다[헌재 2022.8.31. 2022헌가14, 구 도로교통법 제148조의2 제1항 위헌제청(위헌)].

76) 헌재 2022.5.26. 2021헌가32등, 도로교통법 제148조의2 제1항 위헌제청 등(위헌). 같은 내용의 「도로교통법」제148조의2 제1항 중 '제44조 제2항을 2회 이상 위반한 사람'에 관한 부분에 대한 위헌결정에 대해서는 헌재 2022.8.31. 2022헌가18등, 도로교통법 제148조의2 제1항 위헌제청(위헌) 참조.

77) 헌재 2022.8.31. 2022헌가10, 해사안전법 제104조의2 제2항 위헌제청(위헌). 2인의 반대의견은 제반 사정을 고려하여 형벌의 강화를 선택한 입법자의 결단은 존중되어야 한다는 견해다.

78) 헌재 2006.12.28. 2005헌바85; 2018.4.26. 2017헌바498 등 참조.

79) 헌재 2020.9.24. 2018헌바171, 성폭력범죄의 처벌 등에 관한 특례법위반 주거침입준강제추행 사건 (합헌).

2020년 개정을 통하여 징역형의 하한을 7년으로 개정하였는데 이에 대해서는 다른 법률상 감경사유가 없는 한 법관이 정상참작감경을 하더라도 집행유예를 선고할 수 없도록 하였으므로 책임과 형벌 간의 비례원칙에 위반하여 헌법에 위반된다고 선언하였다.[80]

④ 예비군대원 본인의 부재시 예비군훈련 소집통지서를 수령한 같은 세대 내의 가족 중 성년자가 정당한 사유없이 소집통지서를 본인에게 전달하지 아니한 경우 형사처벌을 하는 「예비군법」 조항은 행정절차적 협력의무에 불과한 소집통지서 전달의무의 위반에 대하여 과태료 등의 행정적 제재가 아닌 형사처벌을 부과하는 것은 형벌의 보충성에 반하고, 책임에 비하여 처벌이 지나치게 과도하여 헌법에 위반된다.[81]

> **NOTE** 합헌 결정 사례(책임과 형벌 간의 비례원칙)
>
> ① 지방공무원이 선거에서 특정정당 또는 특정인을 지지하기 위하여 타인에게 정당에 가입하도록 권유하는 행위를 한 경우 3년 이하의 징역형과 자격정지형을 병과하도록 규정한 「지방공무원법」 규정. 징역형과 자격정지형의 하한을 두고 있지 않기 때문에 작량감경을 하지 않더라도 정상을 참작하여 징역형의 집행유예나 징역형과 자격정지형 모두에 대해 선고유예를 선고할 수도 있기 때문이다.[82]
>
> ② 물품의 고가여부를 불문하고 무신고 수출입행위(밀수)에 대한 필요적 몰수·추징을 규정한 구 「관세법」 제282조 제2항 본문 및 제3항 본문 중 각 '제269조 제2항 제1호 가운데 제241조 제1항에 따른 신고를 하지 아니하고 물품을 수입한 자' 및 '제269조 제3항 제1호 가운데 제241조 제1항에 따른 신고를 하지 아니하고 물품을 수출한 자'에 관한 부분(몰수·추징조항)은, 간이 통관이 허용되는 일시 수입·수출물품이라도 요건 구비여부의 심사와 관리를 위한 전제로서 수출입신고를 필요로 하므로, 그와 같은 물품의 무신고 수출입행위에 대한 예외를 인정하지 않더라도 과도한 제한이라 할 수 없고, 행정의 합목적성이 강조되는 관세범의 특질, 수출입신고의 중요성, 일반예방적 효과를 제고할 필요 등을 고려해 볼 때, 기망적 의도나 관세포탈이 없는 무신고 수출입행위에 대한 필요적 몰수·추징이 국가 재정권과 통관질서의 유지를 위한 입법 재량의 범위를 일탈한 것으로는 보기 어려우며, 재산상 이득을 얻으려는 관세범의 성격에 비추어 볼 때, 필요적 몰수·추징과 같은 재정적인 규제 수단이 필요한 점, 법관의 양형재량에 따라 책임과 형벌의 비례관계는 주형과

80) 헌재 2023.2.23. 2021헌가9, 성폭력범죄의 처벌 등에 관한 특례법 제3조 제1항 위헌제청(위헌. 8인 재판관의 일치의견, 1인의 별개의견도 위헌의견). 그러나 같은 법 같은 조항에서 '야간주거침입절도미수범의 준강제추행죄'의 법정형을 '무기징역 또는 7년 이상의 징역'으로 정한 것에 대해서는 책임과 형벌의 비례원칙을 준수한 것으로 판단하였다[헌재 2023.2.23. 2022헌가2, 성폭력범죄의 처벌 등에 관한 특례법제3조 제1항 위헌제청(합헌, 2인 재판관의 위헌의견 있음].

81) 헌재 2022.5.26. 2019헌가12, 예비군법 제15조 제10항 전문 위헌제청(위헌).

82) 헌재 2021.2.25. 2019헌바58, 지방공무원법 제82조 제1항 위헌소원(합헌) — 지방공무원의 정치운동죄에 관한 위헌소원 사건.

부가형을 통산하여 인정될 수 있는 점 등에 비추어 볼 때, 이 사건 몰수·추징조항은 책임과 형벌 간의 비례원칙에 위반되지 않는다.83)

③ 아동·청소년이 등장하는 아동·청소년성착취물을 배포한 자를 3년 이상의 징역에 처하도록 한 「아동·청소년의 성보호에 관한 법률」 제11조 제3항은 책임과 형벌 간의 비례원칙과 다른 범죄의 법정형과 비교하여 평등원칙에 위반되지 아니한다.84)

| NOTE | 행정적 제재와 형벌의 선택 문제 | |

1. 위헌 결정 사례

예비군대원 본인의 부재시 예비군훈련 소집통지서를 수령한 같은 세대 내의 가족 중 성년자가 정당한 사유없이 소집통지서를 본인에게 전달하지 아니한 경우 형사처벌을 하는 「예비군법」 조항은 행정절차적 협력의무에 불과한 소집통지서 전달의무의 위반에 대하여 과태료 등의 행정적 제재가 아닌 형사처벌을 부과하는 것은 책임에 비하여 처벌이 지나치게 과도하고 형벌의 보충성에 반하여 헌법에 위반된다.85)

2. 합헌 결정 사례

'자동차의 운전자는 고속도로 등에서 자동차의 고장 등 부득이한 사정이 있는 경우를 제외하고는 갓길(도로법에 따른 길어깨)로 통행하여서는 아니 된다.'고 규정하고 이를 위반할 경우 20만 원 이하의 벌금이나 구류 또는 과료에 처한다고 규정한 구 「도로교통법」 조항. 행정질서벌의 부과만으로는 갓길 통행을 충분히 억제할 수 없다고 판단하고 형벌이라는 수단을 선택한 입법자의 판단이 명백하게 잘못되었다고 볼 수 없다. 또 처벌조항은 법정형을 '20만원 이하의 벌금이나 구류 또는 과료'로 선택적으로 규정하면서 그 하한에 제한을 두고 있지 아니하므로, 그 처벌의 정도가 중하다고 보기 어렵고, 나아가 처벌조항으로 규율되는 행위는 「도로교통법」 제162조 이하에서 정한 '범칙행위의 처리에 관한 특례'를 적용받아 갓길 통행 금지의무를 위반한 자에게는 그의 선택에 따라 형사적 제재의 압박으로부터 벗어날 수 있는 절차가 추가적으로 보장되어 있기 때문이다.86)

---

83) 헌재 2021.7.15. 2020헌바201, 관세법 제282조 제2항 등 위헌소원(합헌) — 무신고 수출입행위에 관한 필요적 몰수·추징 사건. 이 사건에서는 일시 수입되었다가 그대로 국외로 다시 반출되어 국내 유통 위험도 없는 물품의 무신고 수입행위를 그렇지 않은 경우와 동일하게 취급하고 있다고 하여, 또 무신고 수출행위를 무신고 수입행위와 동일하게 취급하고 있다고 하여 평등원칙에 위반되는 것도 아니라고 한다. 위 본문의 책임과 형벌의 비례원칙에 합치한다는 판시 부분과 같은 취지의 판례: 헌재 2015.10.21. 2013헌바388; 2019.11.28. 2018헌바105.

84) 헌재 2022.11.24. 2021헌바144, 아동·청소년성착취물 배포행위 처벌 사건(합헌). 아동·청소년이용음란물을 '제작'한 자를 무기 또는 5년 이상의 징역에 처하는 「아동·청소년의 성보호에 관한 법률」 제11조 제1항도 죄형법정주의의 명확성원칙과 책임과 형벌 간의 비례원칙에 위배되지 않는다는 합헌결정이 있었다[헌재 2019.12.27. 2018헌바46, 아동·청소년의 성보호에 관한 법률 제11조 제1항 위헌소원(합헌) — 아동·청소년이용음란물제작 처벌].

85) 헌재 2022.5.26. 2019헌가12, 예비군법 제15조 제10항 전문 위헌제청(위헌).

86) 헌재 2021.8.31. 2020헌바100, 구 도로교통법 제60조 제1항 등 위헌소원(합헌).

제4항 자기책임원칙

I. 의의

헌법재판소의 판례[87]에 따르면 헌법 제10조가 정하고 있는 행복추구권에서 파생되는 자기결정권 내지 일반적 행동자유권은 이성적이고 책임감 있는 사람의 자기 운명에 대한 결정·선택을 존중하되 그에 대한 책임은 스스로 부담함을 전제로 한다. 여기서 자기결정권의 한계논리로서 책임부담의 근거로 기능하는 동시에 자기가 결정하지 않은 것이나 결정할 수 없는 것에 대하여는 책임을 지지 않고 책임부담의 범위도 스스로 결정한 결과 내지 그와 상관관계가 있는 부분에 국한됨을 의미하는 책임의 한정원리로 기능하는 것이 자기책임의 원리 또는 자기책임원칙이라고 한다.

II. 근거와 성격

위 헌법재판소 판례는 자기책임의 원리를 인간의 자유와 유책성, 그리고 인간의 존엄성을 진지하게 반영한 원리로서 그것이 비단 민사법이나 형사법에 국한된 원리라기보다는 근대법의 기본이념으로서 **법치주의에 당연히 내재하는 원리**로 본다. 따라서 자기책임의 원리에 반하는 제재는 그 자체로서 위헌이 된다고 본다.[88] 이와 같이 보면 자기책임원칙은 일반적 위헌심사기준의 하나가 된다.

연좌제금지를 규정한 헌법 제13조 제3항은 자기책임원칙이 구현된 특수한 한 형태에 해당한다. 다만 연좌제금지는 친족과 관련된 경우에 한해서 적용되는 것이라는 점을 주의할 필요가 있다.

NOTE   **위헌 결정 사례(자기책임원칙)**

① 담배소비세가 면제된 담배를 공급받은 자가 이를 당해 용도에 사용하지 않은 경우 면

---

87) 헌재 2004.6.24. 2002헌가27, 지방세법 제225조 제1항 등 위헌제청(위헌); 2011.9.29. 2010헌마68; 2013.5.30. 2012헌바195.
88) 헌재 2004.6.24. 2002헌가27.

세담배를 공급한 제조자에게 담배소비세와 이에 대한 가산세의 납부의무를 부담시키는 지방세법 제233조의7 제2항 제1호 중 제232조 제1항은 제조자에게 귀책사유가 있다는 등의 특별한 사정이 없는 한 그 책임을 제조자에게 묻는 것은 자기책임의 원리에 반한다.[89)

② '자동차운전전문학원을 졸업하고 운전면허를 받은 사람 중 교통사고를 일으킨 비율이 대통령령이 정하는 비율을 초과하는 때'에는 학원의 등록을 취소하거나 1년 이내의 운영정지를 명할 수 있도록 한「도로교통법」제71조의15 제2항 제8호의 '교통사고' 부분은, 운전전문학원의 귀책사유를 불문하고 수료생이 일으킨 교통사고를 자동적으로 운전전문학원의 법적 책임으로 연관시키고 있는 것은 운전전문학원이 주체적으로 행해야 하는 자기책임의 범위를 벗어난 것이며, 교통사고율이 높아 운전교육이 좀 더 충실히 행해져야 하며 오늘날 사회적 위험의 관리를 위한 위험책임제도가 필요하다는 사정만으로 정당화될 수 없다.[90)

③ 비례대표국회의원 당선인이 선거범죄로 비례대표국회의원직을 상실하여 비례대표국회의원에 결원이 생긴 경우에 소속 정당의 비례대표국회의원 후보자명부에 기재된 순위에 따른 의원직 승계를 인정하지 않는 내용의「공직선거법」제200조 제2항 단서 중 '비례대표국회의원 당선인이 제264조(당선인의 선거범죄로 인한 당선무효)의 규정에 의하여 당선이 무효로 된 때' 부분은, 궐원된 비례대표국회의원의 의석 승계가 허용되지 아니함으로써 불이익을 입게 되는 소속 정당이나 후보자명부상의 차순위 후보자의 귀책사유에서 비롯된 것이 아니라, 당선이 무효로 된 비례대표국회의원 당선인의 선거범죄에서 비롯된 것임에도 당선인의 선거범죄에 그 소속 정당이나 차순위 후보자가 개입 내지 관여하였는지 여부를 전혀 묻지 않고, 당선인의 선거범죄가 비례대표국회의원선거에 있어 정당에 대한 투표결과에 영향을 미치기 위한 것이었는지, 또 실제로 그러한 결과를 초래하였는지에 대해서도 전혀 고려하지 아니하며, 나아가 정당이 비례대표국회의원 후보자의 선거범죄를 미리 예방하기 위한 감독·통제를 게을리 하였는지 여부도 따지지 않고 있다. 이와 같은 점을 종합하여 보면, 비례대표국회의원 당선자의 선거범죄를 이유로 정당 또는 비례대표국회의원 후보자명부상의 차순위 후보자에게 불이익을 주는 심판대상조항은 자기책임의 범위를 벗어나는 제재라고 하지 않을 수 없다.[91)

같은 조항의 단서 중 '비례대표지방의회의원 당선인이 제264조(당선인의 선거범죄로 인한 당선무효)의 규정에 의하여 당선이 무효로 된 때' 부분도 위와 같은 이유와 함께 당선이 무효로 되는 개개의 선거범죄의 내용이나 법정지구당이 폐지되고 5 이상의 시·도당을 법정시·도당으로 정하고 있는 정당제도의 현황에 비추어 정당이 비례대표지방의회의원 후보자의 선거범죄를 미리 예방할 수 있다거나 후보자에 대한 실질적인 감독·통제가 가능한 여건이 조성되어 있는 것으로 보이지도 않은 점을 종합해 볼 때, 자기책임의 범위를 벗어나는 제재라고 하지 않을 수 없다.[92)

---

89) 헌재 2004.6.24. 2002헌가27, 지방세법 제225조 제1항 등 위헌제청(위헌).
90) 헌재 2005.7.21. 2004헌가30, 도로교통법 제71조의15 제2항 제8호 위헌제청(위헌).
91) 헌재 2009.10.29. 2009헌마350등, 공직선거법 제200조 제2항 단서 위헌확인(위헌).
92) 헌재 2009.6.25. 2007헌마40, 공직선거법 제200조 제2항 단서 위헌확인(위헌).

NOTE   **합헌 결정 사례(자기책임원칙)**

① 배우자가 선거범죄로 300만 원 이상의 벌금형을 선고받은 경우 그 선거구 후보자의 당선을 무효로 하는 「공직선거법」 제265조 중 '해당 선거' 부분은 후보자와 불가분의 선거운명공동체를 형성하여 활동하게 마련인 배우자의 실질적 지위와 역할을 근거로 후보자에게 연대책임을 부여한 것이므로, 이 사건 법률조항은 헌법 제13조 제3항에서 금지하고 있는 연좌제에 해당하지 아니하고, 자기책임원리에도 위배되지 아니한다.[93]

② 사업자가 교부받은 세금계산서에 재화 등을 공급하는 사업자의 등록번호와 성명 또는 명칭이 사실과 다르게 기재된 경우 당해 세금계산서상 매입세액을 공제하지 아니하는 구 「부가가치세법」 제17조 제2항 제1호의2 본문 중 '교부받은 세금계산서에 제16조 제1항 제1호에 따른 기재사항이 사실과 다르게 기재된 경우' 부분은 상거래상 통상적인 확인을 소홀히 하여 부실기재된 세금계산서를 수취하게 된 경우에만 매입세액 공제를 허용하지 않도록 하고 있어, 자기가 결정하지 않은 것이나 결정할 수 없는 것에 대하여 책임을 지우는 것이라고 보기는 어려우므로, 자기책임의 원칙에도 위배되지 아니한다.[94]

③ 건설업 등록을 하지 않은 건설공사 하수급인이 근로자에게 임금을 지급하지 못한 경우에, 하수급인의 직상 수급인에 대하여 하수급인과 연대하여 임금을 지급할 의무를 부과하고 직상 수급인이 그 의무를 이행하지 않으면 처벌하도록 한 「근로기준법」 제109조 제1항 중 구 「근로기준법」 제44조의2 제1항에 관한 부분은 직상 수급인 자신의 의무 불이행에 대한 책임을 묻는 것이고, 직상 수급인이 건설업 등록이 되어 있지 않아 건설공사를 위한 자금력 등이 확인되지 않는 자에게 건설공사를 하도급하는 위법행위를 함으로써 하수급인의 임금지급의무 불이행에 관한 추상적 위험을 야기한 잘못에 대하여, 실제로 하수급인이 임금지급의무를 이행하지 아니하여 그러한 위험이 현실화되었을 때 그 책임을 묻는 것이므로 자기책임원칙에 위배된다고 볼 수 없다.[95]

④ 「할부거래에 관한 법률」 제40조에 따른 등록취소 당시 임원 또는 지배주주였던 사람이 임원 또는 지배주주인 회사에 대해서 필요적으로 등록을 취소하도록 규정한 할부거래법 제40조 제2항 단서 제2호 중 제20조 제4호 부분과 관련하여 헌법재판소는, 회사는 임원을 선임할 때 그 임원이 과거 선불식 할부거래업을 영위하던 다른 회사의 임원 또는 지배주주였던 사실이 있는지, 그 회사가 등록취소된 사실이 있는지 등을 조사하여야 하고, 만약 그러한 사실이 있다면 임원으로 선임하지 않음으로써 심판대상조항에 따른 불이익을 회피할 수 있다. 또 종전에 등록취소된 회사의 지배주주가 동일한 목적의 회사를 또다시 설립하여 지배주주가 되거나 자신이 지배주주인 여러 회사를 함께 운영한 경우에는 회사에 아무런 귀책사유가 없다고 보기 어렵다. 특히 대법원은 결격사유의 발생을 회피하는 것을 당사자에게 기대하기 어려운 사정이 있거나 법령상 의무 위반을 비난할 수 없는 정당한 사유가

---

93) 헌재 2011.9.29. 2010헌마68, 공직선거법 제265조 위헌확인(기각).
94) 헌재 2013.5.30. 2012헌바195, 구 부가가치세법 제17조 제2항 제1의2호 위헌소원(합헌).
95) 헌재 2014.4.24. 2013헌가12, 근로기준법 제109조 제1항 위헌제청(합헌).

있는 경우까지 등록취소처분을 할 수 있는 것은 아니라고 해석하고 있으므로, 회사가 불측의 손해를 입을 우려는 불식된다. 그러므로 심판대상조항은 자기책임원칙에 위배되지 않는다고 보았다.[96]

제5항   본질적내용침해금지원칙

본질적내용침해금지원칙은 헌법 제37조 제2항에 명시적인 근거를 갖는 일반적 위헌심사기준이다.

I. 보장의 내용과 대상

본질적내용침해금지원칙은 기본권의 본질적 내용이 무엇인지(보장내용 내지 보장정도) 그리고 그 보장대상이 무엇인지를 중심으로 주로 학계에서 논의가 진행되었다. 우리나라에서는 그중에서도 주로 전자의 문제를 중심으로 논의가 전개되어 인간의 존엄과 가치와 관련하여 그 침해 여부가 문제되었다.

원칙의 보장내용이 무엇인가라는 문제에 대해서는 **절대설**[97]과 **상대설**[98]이 대립하고 있다.[99] 보장내용이 절대적으로 존재하는지 여부의 문제는 기본권의 내용을 절대적으로 보장하는 것인지 상대적으로 보장하는 것에 불과한 것인지의 문제로도 이해된다.

헌법 제37조 제2항의 기본권의 본질적 내용 침해금지 명령이 보호하려는 대상과 관련하여 학설은 기본권이라는 권리를 보장하려는 것이라고 보는 견해(**주관설 또는 권리설**)가 있고, 기본권으로 보장하는 바의 객관적인 제도를 보장하는 것으로 보는 견해(**객관설 또는 제도설**)가 있다. 상대설과 절대설의 논쟁[100]에 비하여 주관설과 객관설 간의

---

96) 헌재 2019.8.29. 2018헌바210, 할부거래에 관한 법률 제40조 제2항 단서 등 위헌소원(합헌).
97) 김철수, 헌법학, 박영사, 2008, 462쪽 이하.
98) 계희열, 기본권의 제한, 안암법학 2, 1994, 87쪽 이하.
99) 절충설도 있다. 권영성, 헌법학원론, 법문사, 2009, 354−355쪽. 이에 따르면 모든 기본권에 공통된 어떤 절대적 가치(인간의 존엄성 등)에다 각 기본권에 특유한 어떤 고유가치를 더한 것이 기본권의 본질적 내용이 되는 것을 절충설의 입장으로 설명하고 있다.
100) 자세한 것은 김대환, 기본권제한의 한계, 법영사, 2001, 78쪽 이하 참조.

논쟁은 우리나라에서는 그렇게 활발하게 논의되고 있지는 않다.[101]

따라서 무엇을 어느 정도로 보호할 것인가는 결국 절대적 주관설, 상대적 주관설, 절대적 객관설, 상대적 객관설로 구분될 수 있다.[102] 이러한 구분에 따르면 우리나라에서의 논의는 주로 **절대적 주관설**과 **상대적 주관설**의 대립으로 압축된다. 양설 모두 권리를 그 보장대상으로 한다는 점에서 견해의 차이가 없으므로 이를 간단히 절대설, 상대설로 부를 수 있다. 절대설은 원칙의 독자적 성격을 인정하고 있는 데 반하여, 상대설은 원칙을 과잉금지원칙으로 환원하여 이해한다.[103]

전통적인 견해에서는 절대설이 우위를 점하는 가운데 상대설도 강력하게 주장되었다.[104] 2000년대에 들어서는 양설의 입장이 비슷한 것으로 보이지만,[105] 전체적으로는 아직도 절대설이 우위의 입장이라고 할 수 있다.

II. 원칙의 위배여부 판단기준

기본권의 본질적 내용의 파악이 곤란하다는 점이 절대설이 비판을 받는 핵심이다. 그러나 앞에서 이미 살펴본 바와 같이 이 원칙을 도외시하는 것은 인류의 역사적 경험을 무로 돌리는 일에 통한다.[106] 따라서 지난한 일이기는 할지라도 무엇이 본질적 내용인가를 궁구하는 것은 포기해서는 안 될 일이면서도, 다른 한편 그 침해 여부를 판단하는 평가 작업도 동시에 진행하는 것도 필요하고 또한 가능한 것으로 보인다. 왜냐하면

---

101) 그 이유는 주제가 근본적인 기본권의 성격논쟁과 관련되어 있는데다, 이 논쟁은 지극히 독일적 특색을 가지고 발전되어 왔기 때문으로 보인다. 주관설과 객관설 논쟁에 관한 간략한 소개로는 성낙인, 헌법학, 법문사, 2013, 385쪽도 참조.

102) 이러한 입장과 유사한 설명으로는 Manfred Stelzer, Das Wesensgehaltsargument und der Grundsatz der Verhältnismäßigkeit, 1991, S. 48–49 참조. 우리나라에서도 한수웅, 헌법학, 법문사, 2011, 481쪽 이하에서는 상대설과 절대설로 구분하고 절대설에서 다시 객관설과 주관설을 구분하고 있다.

103) 물론 이 경우에도 독일에서처럼 피해의 최소성으로 환원하느냐 법익의 균형성으로 환원하느냐로 견해가 갈라질 수 있다.

104) 김대환, 기본권제한의 한계, 150쪽 이하 참조.

105) 절대설의 입장으로는 전광석, 한국헌법론, 집현재, 2019, 278쪽; 김학성, 헌법학원론, 박영사, 2012, 345쪽; 홍성방, 헌법학(상), 박영사, 2010, 423쪽 참조. 상대설의 입장으로는 성낙인, 헌법학, 법문사, 2020, 1045, 385쪽; 양건, 헌법강의, 박영사, 2011, 262쪽; 장영수, 헌법학, 홍문사, 2008, 521쪽 참조.

106) 본질적내용침해금지원칙은 유럽연합기본권헌장에도 규정되어 있다(유럽연합기본권헌장 제52조 제1항).

헌법 제37조 제2항의 실천적 의미는 기본권의 본질적 내용의 침해행위를 배제하기 위한 것이기 때문이고, 예컨대 무엇이 생명권의 본질적 내용에 해당하는가에 대해서는 이견이 있을지라도 사형을 통하여 생명을 단절시키는 것은 생명권의 본질적 내용을 제한하는 것임은 명백히 알 수 있기 때문이다.[107] 기본권의 본질적 내용은 기본권 내적인 것인데 반하여 기본권의 본질적내용침해금지원칙 위배 여부의 판단은 외적인 것도 기준으로 동원될 수 있다. 이러한 사고의 단서는 이미 헌법재판소의 결정에서도 찾아 볼 수 있다.[108]

이러한 기본권의 본질적 내용 침해 여부 판단기준으로서는 ① 우선 **제한 후 당해 기본권의 행사가능성**이 존재하는지 여부를 들 수 있다. 이러한 관점에서 보면 사형제도는 생명권의 본질적 내용을 침해하는 것은 분명하다. 사형제도가 헌법상의 규정에 근거가 있는가 하는 것은 문제가 되지 않는다. 기본권의 본질적 내용이 보호되어야 한다는 것은 자연법사상에 속하는 것이고 그러한 한 헌법개정권력도 구속한다고 보기 때문이다.[109] ② **기본권 제한에 대한 법적 통제가능성**이 상실되는 경우에도 본질적 내용의 침해가 된다. 연방헌법재판소의 판결[110]에 따르면 법질서가 기본권의 보호를 위하여 인정한 모든 방해배제청구권이 실체법상 배제되거나 혹은 그것을 실효성 있게 적용하는 것이 절차법상 거절되는 경우에는 청구권 혹은 그 보호를 위하여 보장되는 기본권이 실체법상 존재한다고 할지라도 … 그 기본권의 본질적 내용을 침해할 수 있다. 여기서 법적 통제가능성은 사후 보상의 성격을 가질 수도 있는 것까지를 포함하는 광의로 이해된다. ③ 인간의 존엄성이 관련되는 경우에는 제한으로 인하여 **기본권의 주체가 국가행위의 단순한 수단으로 전락하게 되는 경우**에는 당해 기본권의 본질적 내용의 침해로 판단할 수 있다. ④ 기본권 제한에는 **시간적 요소**를 포함하는 것으로 볼 수 있다. 따라서 무조건적인 종신형은 신체의 자유의 본질적 내용의 침해가 될 수 있다. 종신형이라고 하더라도

---

107) 헌법 제37조 제2항에서는 "… 본질적인 내용을 침해할 수 없다."라고 규정 되어있는 것에서 연유하는 것이기도 하지만 원칙을 본질적내용침해금지원칙이라고 명명하는 것에서도 그 실천적 평가 작업의 중요성을 찾아 볼 수 있다.
108) 헌재 1989.12.29. 88헌가13. 이 결정은 본질적 내용 침해 여부의 판단기준으로서 과잉금지와는 별도로 몇 가지를 적시하고 있다. 즉, 기본권 제한 지역이 일정한 지역에 한정되고 있다는 점, 적정한 규제기간을 한정하고 있는 점, 규제조건을 충족할 경우 기본권행사가 이루어질 수 있다는 점, 기본권 제한에 대하여 불복방법이 마련되어 있는 점 등이 그것이다.
109) 사형제도의 헌법적 근거에 대해서는 헌재 1996.11.28. 95헌바1 참조.
110) BVerfGE 61, 82, 113.

당사자의 복무태도에 따라 조기에 석방될 가능성이 객관적으로 존재하는 경우에는 신체의 자유의 본질적 내용의 침해가능성은 탈락된다. ⑤ 제한으로 부과된 요건을 기본권주체가 충족시키는 것이 객관적으로 불가능한 경우에도 본질적 내용의 침해가 된다. 그러므로 특정 직업으로의 진입이 객관적으로 달성할 수 없는 요건으로 인하여 거절된다면 직업선택의 자유의 본질적 내용의 침해가 된다. ⑥ 실무적으로 볼 때 기본권 제한이 과잉금지원칙을 충족하고, 동시에 그 제한 가능성을 회피할 수 있는 제도적 장치가 실질적으로 마련되어 있는 경우에는 본질적 내용의 침해라고 하기는 어려울 것이다.[111]

III. 원칙의 적용범위

헌법의 문언과 다수의 견해[112]에 따를 때 적용대상이 되는 기본권은 모든 자유와 권리를 의미하는 것으로 이해된다. 이에 반하여 자유권에 한한다는 견해가 있다.[113] 평등권은 차별금지를 의미하기 때문에 그 규범구조가 보호되는 바의 일정한 생활영역으로 형성된 자유권과는 다르므로 핵심영역으로서의 본질적 내용은 존재하지 않는 것으로 보인다.[114] 따라서 본질적내용침해금지원칙은 적용되지 않고, 자의금지원칙이나 비례성원칙만이 적용될 뿐이다.

IV. 사회관련성에 따른 기본권 제한의 한계

기본권은 사회관련성을 많을수록 그 제한의 가능성은 커진다. 반대로 사회관련성이 적을수록 제한의 가능성은 줄어든다. 헌법 제37조 제2항의 기본권 제한사유로서의 국가안전보장·질서유지·공공복리는 모두 기본권이 사회관련성을 가질 때에 제한될 수 있음을 보여주고 있다. 이러한 사회관련성은 기본권마다 그 정도가 다르다.

기본권은 개인적 차원에 머물거나 약한 사회관련성을 갖는 기본권과 상대적으로

---

111) 비례성원칙은 기본권 제한의 방법과 대상 간의 비례성에 중점을 둔 것이라는 점에서 여기서의 본질적 내용침해 여부의 판단요소들과는 구분된다.
112) 문홍주, 한국헌법, 해암사, 1980, 333쪽; 김철수, 헌법학, 2008, 445쪽; 구병삭, 신헌법원론, 박영사, 1993, 349쪽; 권영성, 헌법학원론, 2009, 348쪽; 계희열, 안암법학, 제2집, 66-67쪽; 강태수, 한국에서의 기본권이론의 형성과 발전(정천허영박사화갑기념논문집), 130쪽.
113) 한태연, 헌법학, 법문사, 1983, 905쪽.
114) 같은 견해로 정태호, 기본권의 본질적 내용보장에 관한 고찰, 헌법논총 8, 325쪽.

강한 사회관련성을 갖는 기본권으로 나누어 볼 수 있다. 생명권, 신체의 자유, 주거의
자유, 사생활의 비밀과 자유, 양심의 자유, 종교의 자유, 학문과 예술의 자유 등은 전자
에 속하고, 거주·이전의 자유, 직업선택의 자유, 통신의 자유, 재산권, 표현의 자유, 근
로의 권리, 환경권, 청구권적 기본권, 참정권 등은 후자에 속한다고 볼 수 있다. 이러한
구분은 동일한 기본권 내에서도 가능하다. 예컨대 종교의 자유도 신앙의 자유보다는 종
교행사의 자유가 보다 큰 사회관련성을 갖는다. 이러한 사회관련성은 정도의 차이가 있
지만 대부분의 기본권에 있어서 나타나는 특징이라고 할 수 있다. 강한 사회관련성을
특징으로 하는 기본권은 그 본질적 내용 역시 정도의 차이는 있을지언정 사회관련적 특
성을 지니기 마련이고 따라서 당해 기본권의 제한으로 인하여 본질적 내용이 침해될 개
연성이 존재하게 된다.

　　그런데 헌법 제37조 제2항 후문의 의미는 그러한 사회관련성이 존재함으로써 제한
이 필요한 경우에도 침해할 수 없는 본질적 내용이 존재한다는 것을 분명히 선언하고
있다. 예컨대 기본권주체의 능동적 자기결정권을 중시하는 자유권은 그 행사가 타인에
의해 결정되어서는 안 된다. 따라서 슈테른이 제시하는 예를 들면 고문과 강제단종은
신체의 자유에 대한 본질적인 침해가 되며, 집필금지나 발간금지는 학문의 자유의 핵
심을 침해하게 되고, 소유자의 사적 유용성이나 기본적 처분권한이 재산권에서 분리된
다면 재산권의 본질을 침해하는 것이 될 것이며, 혼인에 있어서도 혼인 이외의 부부 유
사한 생활공동체에 혼인과 동등한 권리가 주어진다면 혼인과 가족의 보호의 본질적 내
용 내지는 핵심영역이 침해될 것이다.[115] 이러한 방식의 규범영역의 분석은 모든 기본
권에 대하여 사전에 이루어질 수 있으며, 구체적 사건과 결부되어 더욱 다양하게 확정
될 수 있을 것이다.[116]

V. 원칙의 이중적 언명

　　앞에서 잠시 언급한 바 있지만, 헌법 제37조 제2항의 기본권의 본질적내용침해금
지원칙의 규범적 의미는 두 가지 방향으로 접근이 가능하다. ① 무엇이 기본권의 본질

---

115) Stern, Das Staatsrecht, Ⅲ/2, S. 877.
116) 유형별 기본권의 핵심영역의 탐구에 대한 보다 자세한 것은 Schneider, Der Schutz des Wesens-
　　gehalts, S. 231 ff.

적 내용인지를 규명하는 것(원칙의 이념적 언명117))과, ② 무엇이 본질적 내용 침해금지 원칙의 위배인지를 규명하는 것이다(원칙의 실천적 언명).

원칙의 이념적 언명으로서 기본권의 본질이 무엇인가를 찾는다는 것은 결코 쉬운 일이 아니다. 헌법재판소의 판결에 있어서도 개별 기본권의 본질적 내용을 적극적으로 선언하고 있는 판결이 많지 않다. 이러한 본질규명의 곤란성은 원칙을 과잉금지원칙으로 환원해서 이해하거나, 기본권을 최대한 존중하라는 명령 정도로 이해하는 반론의 근거가 되기도 한다. 그럼에도 불구하고 헌법재판소가 개별 기본권의 본질적 내용을 선언하고 있는 경우가 있는데 이는 원칙의 이념적 언명에 충실한 것으로 평가할 수 있다.

그러나 행위규범과 통제규범으로서 원칙의 방점은 '본질적 내용' 그 자체보다는 오히려 그 침해의 '금지'에 있다. 다시 말하면 종국적으로는 **원칙의 실천적 언명**으로서 어떤 공권력 행사가 기본권의 본질적내용침해금지원칙을 위배한 것으로 평가되는가가 문제인 것이다. 원칙과 관련한 헌법재판소의 판례들도 원칙의 이러한 측면에서의 판단이 많다. 원칙의 실천적 언명에 따른 판결을 한 경우에도 원칙의 위배임을 적극적으로 확인하는 경우가 있고 원칙에 위배되지 않음을 소극적으로 확인하는 경우가 있다. 그러나 과잉금지원칙에 부합하는 경우에는 통상은 원칙에 위배되지 않는 것이 대부분이므로 과잉금지원칙에 위배되지 않음을 확인하면서 단지 결론에서만 본질적내용침해금지원칙에도 합치함을 곁들이는 판시를 하는 경우는 원칙과 관련해서는 사실 실천적 의미가 없다. 원칙을 단순히 과잉금지원칙의 재언(再言)으로 볼 수만은 없는 것은, 기본적 가치 특히 우리의 '자유'가 위기에 봉착하였을 때에 그 침해자를 배척하는 단호한 의지가 원칙에는 내포되어 있기 때문이다. 예컨대 헌법재판소가 제4공화국 당시의 긴급조치들에 대해서 정치적 표현의 자유, 청원권, 법관에 의한 재판을 받을 권리, 신체의 자유 등 국민의 권리와 자유의 본질적 내용을 침해하므로 헌법에 위반된다고 선언한 것은 원칙의 이러한 의미를 판결로써 재확인한 것이라고 할 수 있다.118)

---

117) 이 용어를 처음 사용한 곳은 김대환, 노동3권의 본질적 내용 침해금지에 관한 소고 — 헌법재판소의 결정을 중심으로 —, 공법연구 29-3, 2001, 261쪽 참조.
118) 헌재 2013.3.21. 2010헌바132등, 구 헌법 제53조 등 위헌소원(위헌) 참조.

VI. 개별기본권에 있어서 원칙의 전개

개별기본권에 있어서 판례가 원칙을 어떻게 이해하고 있는가를 살펴보면 다음과
같다.

1. 생명권

가. 태아의 생명권

기본권주체는 원칙적으로 자연인인 사람이다. 생명권은 헌법에 명시되어 있지는
않지만 모든 기본권의 당연한 전제로서 요구되는 것이므로 가장 근본적인 기본권에 해
당한다. 헌법재판소는 생명권의 헌법적 근거를 자연법에 근거하는 것으로 보고 있다.
이는 생명권의 헌법적 중대성을 강조한 것으로 이해된다. 그러나 자연법의 궁극적 구
체화라고 할 수 있는 인간의 존엄과 가치가 헌법에 명문으로 보장되어 있는 이상 생명
권의 헌법적 근거는 헌법 제10조에서 찾을 수 있다.

그런데 태아가 기본권의 주체가 될 수 있는지 여부에 대해서는 논쟁의 여지가 있
다. 독일에서는 사람은 출생함으로써 권리능력이 생긴다고 보아 태아의 기본권주체성을
부인하는 견해도 있고,[119] 생명의 시점으로는 수정된 때[120]라거나 착상 때 또는 원시선
(Promitivstreifen)이 나타나는 때로 보는 등 다양한 견해가 존재한다.[121] 독일연방헌법재
판소는 생명의 시기를 수정 시로 보고 있다고 한다.[122]

헌법재판소는 기본권주체는 원칙적으로 출생 후의 인간을 의미하는 것이라고 하면
서도 예외적으로 존엄한 인간 존재와 그 근원으로서의 생명 가치를 고려할 때 출생 전
형성 중의 생명에 대해서도 기본권 주체성을 인정할 수 있다고 보아서 태아도 생명권
의 주체가 되며 국가는 헌법 제10조에 따라 태아의 생명을 보호할 의무가 있다고 판시
하고 있다.[123] 다만, 출생 전 형성 중의 생명에 대해서 헌법적 보호의 필요성이 크고
일정한 경우 그 기본권 주체성이 긍정된다고 하더라도, 어느 시점부터 기본권 주체성

---

119) Jörn Ipsen, Staatsrecht II – Grundrechte, 2006, Rn. 233. 이렇게 되면 이는 전면부인이 된다.
120) 이 견해가 독일의 지배적 견해다(Jörn Ipsen, Staatsrecht II – Grundrechte, 2006, Rn. 234).
121) 자세한 주장자들에 대해서는 정문식, 독일에서의 인간의 존엄과 생명권의 관계, 공법학연구 7 – 2,
    2006, 281쪽 참조.
122) 조홍석, 생명복제와 인간의 존엄, 공법연구 30 – 1, 2001, 28쪽 이하. 태아의 생명권 주체성을 인
    정한 독일 판례로는 BVerfGE 39, 36 ff. 참조.
123) 헌재 2008.7.31. 2004헌바81, 민법 제3조등 위헌소원(합헌, 각하) 참조.

이 인정되는지, 또 어떤 기본권에 대해 기본권 주체성이 인정되는지는 생명의 근원에 대한 생물학적 인식을 비롯한 자연과학·기술 발전의 성과와 그에 터 잡은 헌법의 해석으로부터 도출되는 규범적 요청을 고려하여 판단하여야 할 것이라고 하면서, 수정이 된 배아라는 점에서 형성 중인 생명의 첫걸음을 떼었다고 볼 여지가 있기는 하나, 아직 모체에 착상되거나 원시선이 나타나지 않은 이상, 즉 수정 후 14일이 경과하여 원시선이 나타나기 전의 수정란 상태에서는 현재의 자연과학적 인식 수준에서 독립된 인간과 배아 간의 개체적 연속성을 확정하기 어렵다고 봄이 일반적이라는 점, 배아의 경우 현재의 과학기술 수준에서 모태 속에서 수용될 때 비로소 독립적인 인간으로의 성장가능성을 기대할 수 있다는 점, 수정 후 착상 전의 배아가 인간으로 인식된다거나 그와 같이 취급하여야 할 필요성이 있다는 사회적 승인이 존재한다고 보기 어려운 점 등을 종합적으로 고려하여 기본권 주체성을 부인하고 있다. 물론 헌법재판소도 초기배아에 대한 국가의 보호필요성이 있음을 부인하는 것은 아니다.[124]

이러한 헌법재판소의 판례에 따르면 수정 후 14일이 경과한 태아는 생명권의 주체가 된다. 태아의 생명권을 이와 같이 이해하면 태아의 생명권이 모의 생명권과 충돌관계에 놓이는 경우에는 해결하기 곤란한 어려움에 처할 수 있게 된다. 모의 생명과 태아의 생명 중에 택일하여야 하는 상황에서 공권력이 간섭하지 않으면 안 되는 경우에 국가는 어떠한 선택을 하더라도 헌법 제37조 제2항이 명시적으로 명령하고 있는 본질적 내용 침해금지 원칙을 위배하게 된다. 국가를 이러한 위헌적 상황으로 몰고 가는 것은 바람직하지 않다.

사람은 원칙적으로 출생으로부터 기본권의 주체가 된다. 이 원칙에 따르면 출생의 시기에 대한 논쟁은 별론으로 하더라도,[125] 출생 전인 태아는 기본권의 주체라고 할 수 없게 되고 따라서 생명권의 주체라고 보기 어렵게 된다.[126]

그런데 주의할 것은 태아에게 생명권의 주체성이 부인되더라도 이것이 태아의 생명에 대한 국가의 보장의무를 약화시키는 것으로 이해하는 것은 타당하지 않다는 것이다. 기본권의 주체로 인정하는 것은 일차적으로 개인의 자기결정권을 존중하려는 것이

---

124) 헌재 2010.5.27. 2005헌마346, 생명윤리 및 안전에 관한 법률 제13조 제1항 등 위헌확인(기각, 각하).
125) 민법에서는 전부노출설을 따르고 형법에서는 진통설을 따르는 것이 일반적이지만, 여기서 문제가 되는 바의 태아의 생명과 모의 생명 중의 선택이라는 관점에서 보면 모로부터 완전히 분리된 전부노출설이 타당할 것으로 보인다.
126) 독일에서의 이러한 견해로는 Jörn Ipsen, Staatsrecht II – Grundrechte, 2006, Rn. 233 참조.

지, 기본권 주체성이 부인된 경우에는 보호를 약화하려고 하는 의도는 아닐 뿐만 아니라, 기본권향유능력이 부인되는 태아에게도 국가의 보장의무는 여전히 존재하기 때문이다. 이는 사자(死者)의 인간존엄에 대한 침해와 관련하여 사망 후에도 개인을 보호할 의무가 국가에게 있다고 보는 것과 같은 이치다.[127] 사망으로 인하여 기본권 주체성이 인정될 수 없음에도 불구하고 그 존엄의 침해에 대해서는 국가가 보호하고 보장하여야 하는 것과 같이, 사람은 수정으로 인하여 생명으로서의 첫걸음을 떼지만 출생 전인 태아의 생명을 보장할 국가의 헌법적 의무는 여전히 존재한다. 태아의 생명에 대한 국가의 보장의무는 주관적인 차원에서는 설명될 수 없고 생명존엄이라고 하는 객관적인 헌법적 가치로부터 도출될 수 있다.

나. 사형제도

앞에서 잠깐 언급한 바와 같이 헌법재판소는 현재까지는 생명권의 제한가능성과 관련하여 상대설의 입장에서 타인의 생명을 부정하거나 그에 못지않은 중대한 공공이익을 침해한 경우에는 생명권도 제한될 수 있는 것으로 보고 있다.[128] 그러나 생명권은 본래 본질적 내용으로만 이루어져 있기 때문에 헌법의 논리적·체계적 해석에 따르면 그 제한이 법률에 유보될 수 없는 기본권이다.[129] 따라서 사형제도를 법률에 규정하는 것은 헌법에 위반된다. 헌법 제110조 제4항 단서에서 사형제도를 용인하는 규정을 두고 있는 것도 헌법전체의 가치질서와 맞지 않다. 따라서 사형제도를 폐지하면서, 타인의 생명에 대한 현저하고 급박한 위험을 제거하기 위한 예외적 상황에서만 제한될 수 있음을 함께 규정하는 것이 타당할 것이다.[130]

---

127) BVerfGE 30, 173, 194 (1971) － Mephisto.
128) 헌재 1996.11.28. 95헌바1, 형법 제250조 등 위헌소원(합헌, 각하).
129) 생명권도 헌법에 특별한 규정이 없는 한 절대적 기본권이라고 할 수 없다는 점에서 생명권은 본질적 내용 침해금지 원칙이 적용될 수 없는 기본권으로 이해하는 입장도 있다(전광석, 한국헌법론, 집현재, 2019, 279 이하). 그러나 기본권의 본질적 내용 침해금지 원칙은 자연법상의 원칙을 실정화한 것이기 때문에 실정법이론에 따라 해석하는 것은 곤란한 것으로 판단된다. 법률유보를 인정하는 결정으로는 헌재 1996.11.28. 95헌바1, 형법 제250조 등 위헌소원(합헌, 각하) 참조.
130) 자세한 것은 김대환, 기본권과 기본의무의 개정 필요성과 방향 － 기본권 총론 부분과 인간의 존엄과 가치 및 행복추구권을 중심으로 －, 헌법학연구 16－3, 2010, 65쪽 이하 참조.

2. 정당의 자유

헌법재판소는 '국민의 정치적 의사형성에의 참여'를 정당의 핵심적 기능과 임무로, 그리고 이러한 기능과 임무는 민주적인 과정을 통하여 이루어질 것을 요구하고, 법률 조항들이 정당으로 하여금 이와 같은 핵심적인 기능과 임무를 전혀 수행하지 못하도록 하거나 이를 수행하더라도 전혀 비민주적인 과정을 통할 수밖에 없도록 하는 것이라 면, 이는 정당의 자유 그 자체를 무의미하게 하고 형해화하는 것으로서 기본권의 본질 적 내용을 침해하는 것이라고 이해한다. 이 기준에 따라 볼 때 ① 지구당을 금지하고 있지 않은 나라에서 지구당이 모든 선거구에 설립되어 있지 않음에도 불구하고 정당이 그 기능을 충실히 수행하고 있는 사례를 흔히 발견할 수 있다는 점, ② 지구당이 선거 기간 동안 활발하게 활동하다가 선거가 끝난 후에는 그 활동이 약화되거나 미미하고 경우에 따라서는 거의 운영되지 않고 있는 것이 많은 나라들의 운영 실태이지만, 정당 은 의연하게 그 기능을 하며 존재하고 있다는 점, ③ 특히 오늘날과 같이 교통과 통신 (특히, 인터넷) 및 대중매체가 발달한 상황에서는 지구당이 국민과 정당을 잇는 통로로 서 가지는 기능 및 의미가 상당부분 완화되었다는 점 등을 고려할 때, 지구당이 없다고 하더라도 정당은 국민의 정치적 의사형성에 참여하여 핵심적 기능과 임무를 수행할 수 있으므로 지구당의 설립을 금지하더라도 이것이 정당의 자유의 본질적 내용을 침해한 다고는 할 수 없다고 판시하였다.131) 이 결정은 – 비록 일부일 수는 있어도 – 정당의 자유의 핵심영역을 선언하고 이 핵심영역이 침해된 것이 아니라는 점을 다양한 논거를 들어 판단하고 있다.

3. 인간의 존엄과 가치 및 행복추구권

헌법재판소는 제10조의 인간의 존엄과 가치를 모든 기본권 보장의 종국적 목적이 자 기본이념이고, 인간의 본질적이고 고유한 가치라고 판시하고 유치장 내의 수용자에 대한 신체검사를 함에 있어서는 이러한 기본권의 본질적 내용이 침해되어서는 안 됨을 선언하였다.132) 또한 좀 더 구체적으로는 혼인빙자간음죄 처벌을 과잉금지위반으로 위 헌 선언한 판결에서 별도로 본질적 내용 침해 여부에 대해서는 판단하지 않았으나, 과

---

131) 헌재 2004.12.16. 2004헌마456, 정당법 제3조 등 위헌확인(기각).
132) 헌재 2002.7.18. 2000헌마327, 신체과잉수색행위 위헌확인[인용(위헌확인)].

잉금지심사 중 목적의 정당성 심사와 관련하여 인간이 도덕과 관습의 범위 내에서 국가의 간섭 없이 자유롭게 이성과 애정을 나눌 수 있는 것은 헌법이 규정하는 인간의 존엄과 행복추구의 본질적 내용의 일부를 구성한다고 판시한 바 있다.[133]

4. 신체의 자유

가. 변호인의 조력을 받을 권리

비록 1990년대 판결이지만 헌법재판소는 변호인의 조력을 받을 권리에 대한 헌법소원 결정[134]에서 헌법상의 변호인의 조력을 받을 권리에 관한 몇 가지 중요한 원칙들을 확인하였다. 신체구속을 당한 사람이 변호인의 조력을 받을 권리는 변호인의 접견교통권을 필수적인 내용으로 하는 충분한 조력을 받을 권리라는 점과 함께 무엇보다도 여기의 주제와 관련하여 의미 있는 것은 그러한 변호인과의 자유로운 접견교통권은 국가안전보장·질서유지 그리고 공공복리 등 어떠한 경우에도 제한할 수 없는 절대적 권리로 확인하고 있다는 점이다. 이는 원칙의 이념적 언명에 따른 전형적인 사례로 볼 수 있다.[135]

나. 체포·구속적부심사청구권

헌법재판소는 체포·구속적부심사청구권의 본질적 내용을 '체포·구속 자체에 대한 헌법적 정당성 여부를 법원에 심사 청구할 수 있는 절차를 헌법적 차원에서 보장하는 것'으로 이해하고 있다. 이는 체포·구속적부심사청구권의 당연한 내용을 재진술한 것으로 볼 수도 있으나, 이러한 의미의 재획정을 바탕으로 피고인에게 인정되는 권리의 내용으로서 구속취소청구권(형사소송법 제93조)과는 별도로 구속적부심사청구권을 부

133) 헌재 2009.11.26. 2008헌바58등, 형법 제304조 위헌소원(위헌).
134) 헌재 1992.1.28. 91헌마111, 변호인의 조력을 받을 권리에 대한 헌법소원(인용, 위헌, 이견 없음). 또한 헌재 1995.7.21. 92헌마144, 서신검열 등 위헌확인(인용, 한정위헌)도 참조.
135) 이 결정에 대한 '인권사에서 하나의 중요한 이정표를 제시한 것'이라는 평가에 대해서는 허영, 변호인접견제한의 위헌성, 판례월보 1992년 4월호 참조. 그런데 뒤의 판결에서는 변호인과의 접견 자체에 대해 아무런 제한도 가할 수 없다는 것을 의미하는 것은 아니라는 점을 분명히 하고, 단지 구속된 자와 변호인 간의 접견이 실제로 이루어지는 경우에 있어서의 '자유로운 접견', 즉 '대화내용에 대하여 비밀이 완전히 보장되고 어떠한 제한, 영향, 압력 또는 부당한 간섭 없이 자유롭게 대화할 수 있는 접견'을 제한할 수 없다는 의미라는 점을 분명히 하였다[헌재 2011.5.26. 2009헌마341, 미결수용자 변호인 접견불허 처분 위헌확인(기각) = 헌재 2016.4.28. 2015헌마243, 접견실내 CCTV 감시·녹화행위 등 위헌확인(기각)].

제 3 절 일반적 위헌심사기준 **241**

여하여야 할 입법의무는 도출할 수 없다는 실천적 의미가 있는 판시를 하고 있으므로136) 단순한 재진술이라고만은 할 수 없다. 판례의 이러한 의미에 따르면 체포·구속 적부심사청구권은 그 자체가 본질적 내용으로만 구성된 기본권이라고 할 수 있다. 이러한 판단의 연장선상에서 헌법재판소는 당사자의 청구에 따라서 법원이 당해 체포·구속 자체의 '헌법적 정당성'을 심사함과 동시에 만일 이러한 정당성이 인정되지 아니하면 이를 이유로 하여 법원이 그 당사자를 석방하도록 결정할 수 있는 제도가 법률에 규정되어야만 헌법에서 요구하는 입법형성의무가 제대로 이행된 것으로 볼 수 있다고 하였다. 또한 헌법 제12조 제6항은 당사자가 체포·구속된 원인관계 등에 대한 최종적인 사법적 판단절차와는 별도로 체포·구속 자체에 대한 적부 여부를 법원에 심사 청구할 수 있는 절차를 헌법적 차원에서 보장하는 규정이므로 이러한 헌법적 요구사항을 충족시키면 되고 이 권리를 전반적 법영역에 적용하느냐 아니면 「형사소송법」과 같이 한정적 영역에 적용하느냐는 입법형성의 영역에 속한다고 보았다.137)

헌법재판소는 또한 구속적부심사 청구인적격을 피의자 등으로 한정하고 있어서 구속적부심사청구권을 행사한 다음 검사가 법원의 결정이 있기 전에 기소하는 경우(소위 전격기소), 법원은 영장에 근거한 구속의 헌법적 정당성에 대하여 실질적인 판단을 하지 못하고 그 청구를 기각할 수밖에 없도록 하고 있는 「형사소송법」 제214조의2 제1항은 입법자가 적부심사청구권의 본질적 내용을 제대로 구현하지 못하고 있는 것이라는 판단을 하였다. 그 논거로서는 ① 구속된 피의자가 적부심사청구권을 행사한 경우 검사는 그 적부심사절차에서 피구속자와 대립하는 반대 당사자의 지위만을 가지게 됨에도 불구하고 헌법상 독립된 법관으로부터 심사를 받고자 하는 청구인의 '절차적 기회'가 반대 당사자의 '전격기소'라고 하는 일방적 행위에 의하여 제한되어야 할 합리적인 이유가 없고, ② 검사가 전격기소를 한 이후 청구인에게 '구속취소'라는 후속절차가 보장되어 있다고 하더라도 그에 따르는 적지 않은 시간적, 정신적, 경제적인 부담을 청구인에게 지워야 할 이유도 없으며, ③ 기소이전단계에서 이미 행사된 적부심사청구권의 당부에 대하여 법원으로부터 실질적인 심사를 받을 수 있는 청구인의 절차적 기회를 완전히 박탈하여야 하는 합리적인 근거도 없기 때문이라고 하였다.138)

136) 헌재 2013.5.14. 2013헌마238, 공권력 행사 위헌확인 등(각하).
137) 이상 헌재 2004.3.25. 2002헌바104, 형사소송법 제214조의2 제1항 위헌소원(헌법불합치) 참조.
138) 헌재 2004.3.25. 2002헌바104, 형사소송법 제214조의2 제1항 위헌소원(헌법불합치).

5. 거주 · 이전의 자유

판례상으로는 아직 확인하고 있지는 않지만 귀국의 자유는 거주·이전의 자유의 본질적 내용으로 보아야 한다. 귀국이라는 행위태양은 국외이주나 해외여행이라는 행위태양과 구별되는 것이기 때문에 귀국의 자유는 국외이주의 자유 또는 해외여행의 자유의 보호범위에 포함된다고 할 수는 없다. 그러나 귀국의 자유가 보장되지 않고서는 국외이주의 자유나 해외여행의 자유는 추방이나 다름없는 것이어서 귀국의 자유는 당연히 그 보장의 전제가 되는 것이다. 특히 어떤 국가든 자국에 거주하는 외국인에게 더 이상 거주하지 못하게 할 권리가 있다고 한다면 그에 대응하여서 귀국의 자유는 당연히 인정되지 않으면 안 될 것이다.[139] 따라서 귀국의 자유를 제한하는 것은 헌법에 합치하지 아니한다.[140]

6. 종교의 자유

헌법재판소는 종교교육을 위한 학교나 학원의 설립을 인가제도 내지 등록제도로 운영하는 것은 종교내부의 목회자 양성기관을 금지하는 것은 아니며 학교나 학원 형태의 종교교육도 인가나 등록제로 운영함에 그치고 있는 것이므로 종교의 자유의 본질적 내용을 침해하는 것도 아니라는 입장이다.[141]

7. 언론 · 출판 · 집회 · 결사의 자유

국민건강보험공단 직원의 선거운동의 자유의 규제와 관련하여 헌법재판소는 선거운동의 자유 내지 이를 위한 정치적 표현의 자유가 전혀 무의미해지거나 선거권 또는 선거의 자유의 실질적 의미가 상실되는지 여부를 기준으로 원칙의 위배여부를 검토하고 있다. 원칙 위배여부의 판단은 과잉금지원칙과는 별도로 심사를 진행하였다. 이 기준에 따라 보면 국민건강보험공단 직원에게 선거운동이 금지된다고 하더라도 선거에 관한 의견 개진, 입후보와 선거운동을 위한 준비, 공천과 관련된 활동, 그밖에 통상적인 정당활동을 비롯하여 선거운동 이외의 방법으로 특정 후보자를 위한 지원활동의 가능성이 여전히 남

---

139) Becker, in: v. Mangoldt/Klein/Starck (Hrsg.), Kommentar zum GG, Bd. 1, 5. Aufl., Franz Vahlen, 2005, Art. 16 Rn. 14.
140) 김대환, 거주·이전의 자유, 토지공법연구 37-2, 2007, 208쪽 참조.
141) 헌재 2000.3.30. 99헌바14, 구 교육법 제85조 제1항 등 위헌소원(합헌, 일부각하).

겨져 있기 때문에 선거운동의 자유 내지 정치적 표현의 자유의 본질적 내용의 침해로 볼 수 없다고 판시한 것이다.142) 정치적 표현의 자유가 무엇이며 선거활동의 자유의 본질적 내용에 대한 궁구 없이도 잔존설에 입각하여 원칙의 실천적 언명에 따라 판단하고 있는 사례에 해당한다.143)

또한 음반물 제작자에게 일정한 시설을 갖추어 등록하게 한 것(등록제)은 ① 폐해 방지 등의 공공복리 목적에서 등록을 필요로 하는, 음반 제작에 필요한 일정한 외형적인 시설기준에 관한 것일 뿐이고, ② 공공복리 목적달성에 필요한 사항으로서 음반제작에 필요한 기본시설을 갖춘 여부를 주무관청이 파악하기 위한 행정업무상의 필요한 최소한의 사항으로서 하는 하나의 행정상의 절차에 불과한 것이라고 하면서, 나아가서는 ③ 언론·출판에 대한 허가나 검열이 아니며, ④ 음반이나 비디오물의 내용을 간섭하거나 허가하기 위한 지침을 제시하거나 사실상의 허가를 받을 것을 요구하는 것이 아니라는 근거에 따라 등록제 그 자체만으로는 예술의 자유나 언론·출판의 자유에 대한 제한의 한계를 벗어나 그 본질적 내용을 침해하였다고 할 수 없다고 하였다.144)

결사의 자유와 관련하여서 헌법재판소는 축협중앙회를 해산하여 신설 중앙회에 합병토록 하는 것은 형식적으로는 단체 자체를 해산하므로 결사의 자유 내지는 직업의 자유 등 기본권의 본질적 침해가 있는 것으로 보이기 때문에 원칙을 적용하여 심사한 결과, 해산되는 단체는 여전히 신설중앙회 안에 형태를 바꾸어 존속하고 있고 또 그러한 합병은 국가의 자조조직 육성의무(헌법 제123조 제5항)의 이행의 결과이므로 수인의 범위 내에 있는 것이라고 판단하고 있다.145)

그러나 노동단체의 기부금을 금지한 법률조항에 대해서는 노동단체는 단체교섭 및 단체협약 등의 방법으로 근로조건의 향상이라는 과제만 수행하고 다른 모든 정치적 활동을 해서는 안 된다는 사고에 입각한 것으로서, 헌법상 보장된 정치적 자유의 의미와 그 행사가능성을 공동화하여 원칙을 침해하는 위헌적인 규정이라고 선언하였다.146) 물론 그 논거 중에는 당해 법률조항의 기본권침해의 효과와 당해 법률조항으로 달성하려

---

142) 헌재 2004.4.29. 2002헌마467.
143) 이러한 식의 결정은 헌법재판소의 일관된 경향으로 보인다. 그 외의 판결로는 헌재 1995.4.20. 92 헌바29; 2001.8.30. 99헌바92등 참조.
144) 헌재 1993.5.13. 91헌바17, 음반에관한법률 제3조 등에 대한 헌법소원(한정위헌).
145) 헌재 2000.6.1. 99헌마553, 농업협동조합법 위헌확인(기각).
146) 헌재 1999.11.25. 95헌마154.

는 노동단체의 재정의 부실 우려를 비교형량하고 있는데 이로써 볼 때 과잉금지원칙과 완전한 분리를 가져온 것은 아닌 것으로 보인다.

8. 직업의 자유

헌법재판소는 2002년 결정[147]에서 헌법 제15조의 직업수행의 자유의 본질적 내용 중의 하나로서 법인을 설립하여 운영할 수 있는 자유를 들었다. 이 결정은 과잉금지원칙에 위배되어 헌법 제15조에서 보장하고 있는 직업선택의 자유의 본질적 내용을 침해하였다고 판시하고 있어서 본질적 내용 침해금지 원칙의 독자적 지위를 인정하고 있는지 여부에 대해서 명확하지는 않지만, 법인을 설립하여 운영할 수 있는 자유는 직업수행의 자유의 본질적 내용에 포함된다는 선언을 먼저하고 그 전제 위에서 결론적으로 (과잉금지원칙 위배와 함께) 본질적 내용의 침해를 선언하고 있다는 점에서 원칙의 이념적 언명에 따른 판결로 이해할 수 있다.

한편 약사의 한약 조제활동은 약사직의 본질적인 구성부분이 아니라고 판시하였다. 따라서 한약도 같이 조제하여 오던 약사(한약만을 조제해 오던 약사도 마찬가지임)에게 양약의 조제만을 허용하고 향후 한약의 조제를 못하게 하더라도 이를 두고 직업의 자유의 본질적 내용이라고는 볼 수 없다는 것이다.[148]

또 법인의 대도시내 부동산등기에 대하여 통상세율의 5배를 규정하고 있다 하더라도 그것이 대도시내에서 업무용 부동산을 취득할 정도의 재정능력을 갖춘 법인의 담세능력을 일반적으로 또는 절대적으로 초과하는 것이 아니라면 법인이 대도시내에서 향유하여야 할 직업수행의 자유나 거주·이전의 자유가 형해화할 정도에 이르러 그 본질적인 내용이 침해되었다고 볼 수 없다고 판단하고 있다.[149]

9. 재산권

재산권의 본질적 내용으로는 사적 이용권과 원칙적인 처분권이라는 점은 헌법재판소의 확립된 판결이다.[150] 따라서 이를 부인하는 것은 원칙에 위배되는 것이다.

---

147) 헌재 2002.9.19. 2000헌바84, 약사법 제16조 제1항등 위헌소원(헌법불합치).
148) 헌재 1997.11.27. 97헌바10.
149) 헌재 1998.2.27. 97헌바79.
150) 헌재 2013.10.24. 2012헌바376; 2013.2.28. 2012헌바94; 2010.2.25. 2008헌바80등; 2010.2.25. 2008헌바98등; 2009.9.24. 2007헌바108; 2008.11.13. 2006헌바112등; 2008.9.25. 2004헌마155등;

헌법재판소는 취득시효로 인한 기간의 경과에 의하여 아무런 보상이나 배상 없이 권리의 소멸 내지 포기의 효과가 부여되어 원권리자가 권리를 상실하게 되더라도 이는 세계의 보편적인 법률제도로서 결코 재산권의 본질적인 내용의 침해라고 볼 수 없다고 하였다.[151] 이는 헌법재판소의 확고한 판결로서 원칙의 실천적 언명의 소극적 측면을 확인한 것이다. 또 재건축참가자에게 재건축불참자의 구분소유권에 대한 매도청구권을 인정한 것에 대해서도 근거를 밝히지 않고 본질적 내용의 침해가 아니라고 하고 있다.[152] 또 농지개량사업의 계속성과 연속성을 보장하기 위하여 사업시행 도중에 그 지역 내의 토지 권리관계에 변경이 생기더라도 당해 사업에 관한 권리의무를 그 승계인에게 이전되도록 강제한 것은 단순히 사용·수익권능을 부분적으로 제한하고 있을 뿐 소유권 기타 권리에 처분에 관한 부분까지 전면적으로 제한하는 것은 아니어서 재산권의 본질적 내용을 침해한 것으로 볼 수 없다고 판시하였다.[153]

그러나 근로자에게 퇴직금 전액에 대하여 질권자나 저당권자에 우선하는 변제수령권을 인정함으로써 결과적으로 질권자나 저당권자가 그 권리의 목적물로부터 거의 또는 전혀 변제를 받지 못하게 되는 경우에 우선변제수령권이 형해화하게 되므로 질권이나 저당권의 본질적 내용을 침해할 소지가 생기게 된다는 이유로 헌법에 합치되지 아니한다는 결정을 선고하였다.[154] 또 공무원연금법상 급여제한 사유를 공무원으로 재직하던 중에 범한 죄에 한정하지 않고 퇴직 후에 범한 죄에도 적용되는 것으로 보는 것은 과잉금지원칙에 위배하여 재산권의 본질적 내용을 침해하는 것으로 헌법에 위반된다고 한 바 있다. 말하자면 재직 중 행위가 아닌 행위를 이유로 급여를 제한하는 것은 재산권을 본질적으로 침해한다는 의미다.[155]

헌법재판소는 「민법」상 상속인의 상속회복청구권에 관한 권리행사기간을 상속개시일부터 10년의 제척기간으로 하고 있는 것은 기본권의 본질적 내용의 침해를 금지한

2007.7.26. 2003헌마377; 2006.7.27. 2003헌바18; 2006.1.26. 2005헌바18; 2005.9.29. 2002헌바84 등; 2003.8.21. 2000헌가11등; 2002.8.29. 2000헌마556; 2001.2.22. 99헌바3등; 1999.10.21. 97헌바26; 1999.4.29. 94헌바37등; 1998.12.24. 89헌마214등.

151) 헌재 2013.5.30. 2012헌바387; 1993.7.29. 92헌바20.
152) 헌재 1999.9.16. 97헌바73등.
153) 헌재 2005.12.22. 2003헌바88(합헌). 이 결정은 원칙의 침해가 아니므로 이어서 계속하여 과잉금지원칙의 위배 여부를 살펴보고 있다.
154) 헌재 1997.8.21. 94헌바19등(헌법불합치).
155) 이 결정은 과잉금지원칙과 본질적 내용 침해금지원칙을 구별하고 있다[헌재 2002.7.18. 2000헌바57, 공무원연금법 제64조 제3항 위헌소원(한정위헌)].

헌법 제37조 제2항에 위반된다는 판결을 하였다.[156) 이 판결은 사실상 과잉금지원칙 위배여부를 심사하고 있으면서 결론에서는 원칙의 침해를 선언하고 있다. 말하자면 상속권 등의 본질적 내용에 대한 설시 없이 상속회복청구권의 권리행사기간을 상속개시일로부터 10년의 제척기간으로 하는 것은 재산권 등 기본권의 본질적 내용을 침해한 것으로 선언하고 있는 것이다. 물론 이 판결에서 본질적 내용 침해금지 원칙은 (상대설적 관점에서) 과잉금지원칙을 의미한다고 볼 수도 있겠지만, 그렇다면 기왕에 자신이 위헌심사기준으로 확립한 과잉금지원칙이라는 용어를 사용하지 않고 이미 다수의 판결에서 독자적인 위헌심사기준으로 사용하고 있는 본질적 내용 침해금지를 언급한 것은 문제가 있다.

수취인과 발행일을 어음의 필요적 기재요건으로 규정함으로 인하여 수취인과 발행일의 기재가 누락된 어음을 지급 제시할 경우에는 부적법한 지급제시로 되어 배서인에 대한 소구권이 상실되게 하는 어음법 소정의 규정들은, 이들 요건을 모두 기재하여 지급제시를 하면 소구권이 부인되지 아니하고, 어음요건을 흠결하고 지급 제시하는 경우에도 소구권만 상실되게 할 뿐이지 원인관계에서의 채권까지 소멸시키는 것은 아닌 점 등 사유재산권이 부인되거나 사유재산제도를 부인하고 있지도 않으므로 재산권의 본질적 내용을 침해한다고 볼 수 없다고 한다.[157) 어음의 지급제시요건을 규정한 것은 재산권의 본질적 내용 침해금지 원칙을 위반한 것이 아니라는 것으로서 원칙의 실천적 언명에 따른 판결이다. 이러한 식의 선언은 원칙의 의미 규명은 별론으로 하고 원칙의 규범적 명령을 이행한 것으로서 실무적 의미를 가진다.[158)

헌법재판소는 특허권자가 특허발명의 방법으로 생산한 물건을 판매하는 것을 특허권의 본질적 내용에 포함되는 것으로 판시하였다. 그러면서 이 특허실시권에는 특허발명의 방법에 의하여 생산한 물건에 발명의 명칭과 내용을 표시하는 것이 포함되는 것으로 판단하고 있다.[159)

---

156) 헌재 2001.7.19. 99헌바9등, 민법 제999조 제2항 위헌소원 등(위헌).
157) 헌재 2000.2.24. 97헌바41.
158) 이러한 유형의 판결은 자주 발견된다. 예컨대 공무담임권과 관련한 판결로서는 헌재 2005.4.28. 2004헌마219; 2013.8.29. 2012헌마288.
159) 헌재 2004.11.25. 2003헌바104; 2000.3.30. 99헌마143.

10. 대학의 자율성

헌법재판소는 대학교원들에게 대학총장 후보자 선출에 참여할 권리가 있고 이 권리는 대학의 자치의 본질적인 내용에 포함된다고 판시하였다.160) 이러한 헌법재판소의 결정에 따르면 최근의 국공립대학교 총장직선제 폐지와 관련하여 새로운 제도로 전환할 경우에 고려하여야할 최소한의 대학자치의 보장에 해당하는 것이라고 할 수 있다.

11. 생존권·절차적 기본권

자유권이 아닌 국가의 일정한 급부가 요구되는 영역이나 절차적 기본권의 영역에서 입법권은 광범위한 형성의 자유를 가지는 것으로 이해된다. 따라서 이에 대한 헌법재판소의 통제도 합리성 통제에 그치는 경우가 많다.161)

그런데 헌법재판소는 이러한 경우에 과소보호금지원칙을 심사기준으로 동원하고 있다. 과소보호금지원칙은 비례사상의 관점에서 본 과잉금지원칙의 또 다른 표현이다. 따라서 원칙적으로 최대한 보장되어야 하는 자유권과는 본질적으로 다른 생존권 등에 대해서 비례성원리를 동원하는 것은 문제가 있다. 왜냐하면 자유의 제약에 있어서 입법자와 생존배려에 있어서 입법자는 헌법적 통제의 관점에서 전혀 다른 것이기 때문이다. 오히려 이와 같은 영역에서는 기본권의 본질적 내용 침해금지 원칙이 중요한 방향을 제시할 수 있다. 여기서 원칙에 따른 보장은 최소한의 보장(Minimalgarantie)을 의미한다.162) 헌법재판소도 본질적 내용 침해금지원칙을 헌법 제34조 인간다운 생활을 할 권리의 위헌심사기준으로 제시하고 있다.163) 생존배려에 있어서 국가에게 최소한의 보장을 넘어서 헌법적 의무를 부담지우는 것은, 그 이상의 생활에 대해서는 개인의 자율적 생활영역으로 남겨두려는 사회국가원리와도 부합하지 않는다. 이러한 의미에서 '사회적 기본권'이라는 개념보다 '생존권'이라는 개념이 보다 적확한 표현으로 보인다.

---

160) 헌재 2006.4.27. 2005헌마1047등.
161) 예컨대 재판절차진술권에 관한 것으로 헌재 2003.9.25. 2002헌마533; 선거권에 관한 것으로 헌재 2004.3.25. 2002헌마411 참조.
162) 최소보장으로서 본질적 내용 침해금지 원칙에 대해서는 Markus Schefer, Die Kerngehalte von Grundrechten, Stämpfli Verlag AG Bern, 2001, 84 ff.; Matthias Mayer, Untermaß, Übermaß und Wesensgehaltgarantie, Nomos, 2005, 175 ff. 참조.
163) 헌재 2003.9.25. 2001헌마194. 보건권에 대해서도 헌재 2009.2.26. 2007헌마1285, 정신질환 수용자를 위한 치료감호소 미설치 위헌확인(각하) 참조.

12. 재판청구권

재판청구권에 관한 원칙의 이념적 언명의 이행과 관련하여 헌법재판소는 재판청구권의 본질적 내용을 '법관이 사실을 확정하고 법률을 해석·적용하는 재판을 받을 권리'164)라고 하거나 '법적 분쟁이 있는 경우 독립된 법원에 의하여 사실관계와 법률적 관계에 관하여 적어도 한 차례 법관에 의하여 심리·검토를 받을 수 있는 기회가 부여될 권리'165)로 선언하였다. 그러한 보장이 제대로 이루어지지 아니한다면 재판을 받을 권리의 본질적 내용을 침해하는 것으로서 우리 헌법상 허용되지 않게 된다.

재판청구권은 그 구체적인 형성이 입법재량에 달려 있는 것으로 보면서도 그 일탈 여부를 판단하는 기준으로서는 재판청구권의 보장을 사실상 형해화하여 재판청구권의 본질적 내용이 침해되는지 여부라고 하고 있다.166)

13. 국가배상청구권

국가배상에 있어서 결정전치주의를 취하고 있는 것은 배상신청인으로서는 그가 원하지 않더라도 법원의 본안판결을 받기 위해서는 반드시 배상신청을 하여야 하므로 이를 위해 어느 정도의 수고와 시간을 투자하여야 하는 것이지만, 배상결정을 전치요건으로 하는 것이 법관에 의한 재판을 받을 기회의 접근에 장애가 된다거나, 그로 인하여 재판을 받는 것 자체가 지연됨으로써 재판청구권의 본질적 내용을 침해한다고는 볼 수 없다는 것이 헌법재판소의 입장이다.167)

---

164) 헌재 2011.6.30. 2009헌바430; 2010.10.28. 2008헌마514등; 2009.10.29. 2008헌바101; 2009.4.30. 2007헌바121; 2009.2.26. 2007헌바8등; 2002.2.28. 2001헌가18; 2000.2.24. 99헌바17등; 1995.9.28. 92헌가11등.

165) 헌재 2009.4.30. 2006헌바66; 2002.10.31. 2001헌바40; 2002.2.28. 2001헌가18; 2000.6.29. 99헌가9; 2000.6.29. 99헌바66등.

166) 헌재 2009.12.29. 2008헌마414.

167) 좀 더 상세한 이유로는 다음과 같이 설시하고 있다: "국가배상법에 의한 손해배상의 소송은 배상심의회의 배상금지급 또는 기각의 결정을 거친 후에 한하여 이를 제기할 수 있고, 다만, 배상신청이 있은 날로부터 3월을 경과한 때에는 그러하지 아니하다고 규정하고 있으므로 국가, 또는 지방자치단체를 상대로 하는 국가배상법 제2조 또는 제5조에 기한 손해배상소송을 제기하는데 일종의 제약을 두고 있고, 배상신청이 있은 날로부터 3월을 경과하기까지는 소송을 제기하였더라도 본안판결을 받을 수 없으므로 일단 법관에 의한 재판을 받을 권리, 그리고 신속한 재판을 받을 권리를 제한한다고 볼 수 있는 측면이 있다. 그러나 이 사건 법률조항은 법관에 의한 사실확정과 법률의 해석적용의 기회에 접근하는 것을 배제하는 것은 아니며 다만 전치절차로 규정하고 있으므로, 법관에 의한 재판을 받을 기회에 접근하는 것을 어느 정도 어렵게 하는 것인가와 신속한 재판을 받는 데 어느 정도의 장애가 되는지가 재판청구권의 침해 여부를 판가름하는 요소가 될

14. 노동3권

헌법재판소는 모든 공무원의 단체행동권을 부인하는 규정168)과 관련하여 "이 규정으로 인하여 헌법 제33조 제2항이 예정하는 일정 범위의 공무원까지 쟁의권이 제한·금지 당하게 되는 것이므로, 이와 같은 측면에서는 확실히 현행 헌법 제33조 제2항의 규정과는 충돌이 되고 저촉되는 면이 있다. 이는 일정한 범위의 공무원인 근로자에게 단체행동권을 주는 입법을 하지 않고 공무원 일반에 금지하는 조항만 정한 데서 온 결과라고도 하겠다. 헌법 제37조 제2항에 비록 일반적 법률유보조항을 두고 있으나 이에 의하여 기본권의 본질적 내용은 침해할 수 없는 것이므로, 동 제37조 제2항으로써 한정된 범위의 공무원의 단체행동권마저 부인하는 법 제12조 제2항의 규정이 정당화될 수는 없을 것이다."169)라고 판단하였다.

그런데 단체행동권을 모든 공무원에 대해 부인하고 있는 법률조항이 원칙을 위반한 것인지 여부를 판단하기 위해서는 다음의 2가지 검토를 선행하여야 한다. ① 우선은 모든 공무원의 단체행동권을 부인하는 것은 노동3권의 본질적 내용을 침해하는 것이라는 논리는 우선은 객관설(=제도설)의 입장을 떠올리게 한다는 점이고, ② 두 번째는 단체행동권이 노동3권의 본질적 내용에 해당하는지 여부이다. 우선 ①과 관련하여서는 원칙이 보호하려고 하는 것은 어디까지나 개인(또는 법인)의 헌법적 권리로서 기본권이다. 원칙은 객관적 규범의 존속을 보장하는데 그치는 것이 아니고, 구체적인 당해 규범의 적용에 있어서 개인의 기본권의 본질적 내용을 보호하려는 것이다. 예컨대 사형제도가 존재하여서 개인의 생명권이 박탈되는 경우가 있더라도 일반적으로 객관적 규범상 일반인의 생명권은 보호되고 있기 때문에 사형제도는 생명권의 본질적 내용의 침해가 아니라는 주장은 받아들이기 어렵다. 다만, 위 판례와 같이 단체행동권이 전혀

것이다. 배상결정의 전치요건은 소제기 이전에 반드시 갖추어야 하는 것은 아니며 사실심 변론종결 시 또는 판결 시까지 갖추면 된다는 것이 법원의 확립된 판례이므로 배상신청인은 배상신청과 동시에 혹은 그 전에도 소송을 제기할 수 있고, 소제기 후에도 용이하게 요건을 보완할 수 있다. 또, 그 신청절차가 복잡하고 어려운 것이 아닐뿐더러, 배상신청이 있는 경우 지구심의회는 지체 없이 증인신문·감정·검증 등 증거조사를 한 후 그 심리를 거쳐 4주일 이내에 배상결정을 하여야 하며(국가배상법 제13조 제1항), 법원에서 사건이 처리되는 기간은 통상 소제기 시로부터 3월을 초과하고 있는 것이 현실이다."(헌재 2000.2.24. 99헌바17등).

168) 노동쟁의조정법 제12조 제2항 (쟁의행위의 제한) ② 국가·지방자치단체 및 방위산업에관한특별조치법에 의하여 지정된 방위산업체에 종사하는 노동자는 쟁의행위를 할 수 없다.

169) 헌재 1993.3.11. 88헌마5, 노동쟁의조정법에 관한 헌법소원(헌법불합치).

보장되지 않음으로써 구체적인 개인으로서 공무원의 단체행동권도 행사될 수 있는 여지가 전무한 경우에는 주관설의 입장에서도 본질적 내용의 침해라고 볼 수 있다. 이러한 점에서 위 판결은 타당한 것으로 받아들여질 수 있다. 다음으로 ②와 관련하여서는 한편으로는 노동3권 각각을 별개의 권리로 보고 각각 본질적 내용의 존속을 요구하는 것으로 이해할 수 있고, 다른 한편으로는 노동3권의 상호연관성을 고려하여 하나의 권리로 보고 전체로서의 노동3권의 본질적 내용의 존속을 보장하는 방법이 있을 수 있다.[170] 적어도 전자로 이해할 경우에는 단체행동권을 완전히 부정하는 것은 원칙에 위배되는 것은 명백하다.[171] 헌법재판소는 후자로 이해한다.[172] 단체행동권이 없는 단결권이나 단체교섭권은 노동자의 입장에서는 별 의미가 없다는 점에서 노동3권의 각각의 특성을 인정하여서 단결권, 단체교섭권, 단체행동권의 각각의 본질적 내용을 침해할 수 없는 것으로 이해하는 것이 타당한 것으로 보인다.[173]

제6항 신뢰보호원칙

I. 의의

1. 개념

신뢰보호의 원칙은 헌법상 법치국가원리로부터 파생되는 것으로서, 법률의 제정이나 개정 시 구법질서에 대한 당사자의 신뢰가 합리적이고도 정당하며 법률의 제정이나

---

170) 이에 대한 자세한 논의는 김대환, 노동3권의 본질적 내용 침해금지에 관한 소고 - 헌법재판소의 결정을 중심으로 -, 공법연구 29-3, 2001, 243쪽 이하 참조.

171) 김대환, 노동3권의 본질적 내용 침해금지에 관한 소고, 248쪽 이하; 헌재 2009.10.29. 2007헌마1359, 경비업법 제15조 제3항 등 위헌확인(기각, 각하).

172) 헌재 2009.10.29. 2007헌마1359 결정의 6인의 다수의견.

173) 헌재 2009.10.29. 2007헌마1359 결정의 반대의견(김종대, 송두환 재판관)은 다수의견과 같이 "설령 단체행동권을 하나의 독립된 기본권으로 인정하지 아니하고 근로3권을 일체성을 가진 하나의 기본권으로 파악하여 특수경비원의 단체행동권에 대한 전면적인 금지를 근로3권의 일부제한으로 해석하는 것이 가능하다고 할지라도, 일반근로자의 단체행동권을 전면적으로 금지하는 것은 … 헌법상 단체행동권 보장의 연혁 및 취지에 비추어 볼 때 쟁의권이 헌법상 단체행동권의 핵심적 부분임은 부인할 수 없을 것이므로, 이 사건 법률조항은 기본권의 본질적인 내용의 침해를 금지하고 있는 헌법 제37조 제2항에 위반되는 것"으로 보고 있다.

개정으로 야기되는 당사자의 손해가 극심하여 새로운 입법으로 달성하고자 하는 공익적 목적이 그러한 당사자의 신뢰의 파괴를 정당화할 수 없다면, 그러한 새 입법은 허용될 수 없다는 원칙을 말한다.174)

　　신뢰보호원칙은 헌법이 직접 선언하고 있지는 않다. 다만, 소급입법에 의해서 재산권과 참정권을 박탈하는 것을 금지하는 헌법 제13조 제2항은 신뢰보호원칙과 깊은 관련성 있다.175) 그에 반하여 제13조 제1항 전문의 형벌불소급원칙은 신뢰보호와 이념적 관련성이 없지는 않으나,176) 형벌불소급원칙의 적용에는 예외가 없다는 점에서 신뢰보호원칙의 적용여부를 고려할 여지가 없다.177)

2. 법적 기능

　　신뢰보호원칙은 재산 그리고 참정권에 대해서만 적용되는 것은 아니기 때문에,178) 일반적 위헌심사기준으로서 기능을 수행하는 것으로 볼 수 있다.

3. 적용대상

　　신뢰보호원칙은 반드시 소급입법에 대해서만 적용되는 것은 아니다.179) 그리고 법률뿐만 아니라 하위의 법규명령 등의 개폐에도 적용된다.180)

---

174) 헌재 1995.10.26. 94헌바12; 1998.11.26. 97헌바58; 1999.7.22. 97헌바76등; 2001.4.26. 99헌바55; 2002.11.28. 2002헌바45; 2003.4.24. 2002헌바9; 2008.11.27. 2007헌마389 등 참조.
175) 소급입법에 대해서는 김대환, 기본권론, 박영사, 2023, 126쪽 이하 참조.
176) 헌법 제13조 제1항의 형벌불소급원칙을 직접적으로 신뢰보호원칙의 근거로 보는 견해로는 방승주, 헌법강의 I, 박영사, 2021, 225쪽 이하 참조.
177) 따라서 형벌불소급원칙이 적용되면 신뢰보호원칙의 적용의 여지가 없고, 형벌불소급원칙이 적용되지 않는 신뢰보호의 침해의 경우에 신뢰보호원칙의 위배여부가 문제될 수 있다. 이와 관련하여 헌법재판소는 다음과 같이 판결하고 있다: "공소시효제도가 헌법 제12조 제1항 및 제13조 제1항에 정한 죄형법정주의의 보호범위에 바로 속하지 않는다면, 소급입법의 헌법적 한계는 법적 안정성과 신뢰보호원칙을 포함하는 법치주의 원칙에 따른 기준으로 판단하여야 한다."[헌재 2021.6.24. 2018헌바457, 성폭력범죄의 처벌 등에 관한 특례법부칙 제3조 등위헌소원(합헌, 각하) - 미성년자 등에 대한 성폭력범죄 공소시효 특례조항의 부진정소급 사건 참조].
178) 예컨대 직업의 자유에 대한 것으로는 헌재 2008.7.31. 2006헌마400, 산림자원의 조성 및 관리에 관한 법률 제23조 제1항 위헌확인(기각).
179) 이하 소급입법금지원칙과의 관계 부분 설명 참조.
180) 헌재 1992.10.1. 92헌마68등, 1994학년도 신입생선발입시안에 대한 헌법소원 참조.

4. 적용요건

신뢰가 보호되어야 하는 경우에도 국민이 가지는 모든 기대 내지 신뢰가 헌법상 권리로서 보호되는 것이 아니라, 신뢰의 근거 및 종류, 상실된 이익의 중요성, 침해의 방법 등에 의하여 개정된 법규·제도의 존속에 대한 개인의 신뢰가 합리적이어서 권리로서 보호할 필요성이 인정되어야 한다.[181] 따라서 헌법적 신뢰보호는 개개의 국민이 어떠한 경우에도 '실망'을 하지 않도록 하여 주는 데까지 미칠 수는 없는 것이며, 입법자는 구법질서가 더 이상 그 법률관계에 적절하지 못하며 합목적적이지도 아니함에도 불구하고 그 수혜자군을 위하여 이를 계속 유지하여 줄 의무는 없다[182]고 하는 것이 헌법재판소의 입장이다.

결국 신뢰보호를 받기 위해서는 ① 신뢰가 합리적이고 보호할 필요가 있어야 하고,[183] ② 공익적 목적이 신뢰의 파괴를 정당화할 수 없어야 한다. 그 구체적인 판단기준은 아래와 같다.

II. 원칙 위배 여부의 판단기준

1. 원칙 위배 여부의 판단 방법

신뢰보호원칙의 위반 여부는 한편으로는 ① 침해받은 신뢰이익의 보호가치, ② 침해의 중한 정도, 신뢰가 손상된 정도, 신뢰침해의 방법 등과, 다른 한편으로는 새로운 입법을 통해 실현하고자 하는 ③ 공익적 목적을 종합적으로 비교·형량 하여 판단한다.[184] 헌법재판소 판례로 볼 때 여기의 비교·형량은 과잉금지원칙의 적용이다.[185] 헌법재판소의 결정에

181) 헌재 1992.10.1. 92헌마68등; 1995.6.29. 94헌바39; 2008.11.27. 2007헌마389.
182) 헌재 1999.7.22. 97헌바76등; 1995.6.29. 94헌바39.
183) "국민이 가지는 모든 기대 내지 신뢰가 헌법상 권리로서 보호될 것은 아니고, 신뢰의 근거 및 종류, 상실된 이익의 중요성, 침해의 방법 등에 의하여 개정된 법규·제도의 존속에 대한 개인의 신뢰가 합리적이어서 이를 보호할 필요성이 인정되어야"한다(헌재 1998.11.26. 97헌바58; 2002.2.28. 99헌바4; 2003.4.24. 2002헌바9).
184) 헌재 1995.6.29. 94헌바39; 1995.10.26. 94헌바12; 1998.11.26. 97헌바58; 1999.7.22. 97헌바76등; 2002.2.28. 99헌바4; 2002.11.28. 2002헌바45; 2008.10.30. 2005헌마222등.
185) "신뢰의 보호는 새로운 입법을 통하여 실현하고자 하는 공익적 목적에 의하여 제한될 수는 있다. 그러나 이 경우에도 기본권제한의 한계인 과잉금지의 원칙이 준수되어야 하므로 결국 신뢰이익과 공공복리의 중요성을 비교형량하여 그 위헌 여부를 결정할 것이다."(헌재 1997.11.27. 97헌바10; 2000.7.20. 99헌마452; 2001.9.27. 2000헌마152).

서는 명시적으로 과잉금지원칙의 4가지 내용 하나하나가 매번 모두 검토되고 있는 것은 아니지만, 최소침해성,[186] 법익의 균형성[187] 등은 검토되고 있다.

2. 신뢰의 보호(또는 침해) 정도의 판단기준

국가가 입법행위를 통하여 개인에게 신뢰의 근거를 제공한 경우, 입법자가 자신의 종전 입법행위에 의하여 어느 정도로 구속을 받는지 여부, 다시 말하면 법률의 존속에 대한 개인의 신뢰가 어느 정도로 보호되는지 여부에 대한 주요한 판단기준으로 헌법재판소는 다음의 2가지 판단기준을 제시하고 있다.[188] 또 경과규정을 두는 경우에는 신뢰이익의 침해의 정도는 작아진다고 보았다. 입법과 관련한 이러한 판단기준은 입법영역 외에도 적용될 수 있을 것이다.

가. 법령개정의 예측가능성

법적 상태의 존속에 대한 개인의 신뢰는 그가 어느 정도로 법적 상태의 변화를 예측할 수 있는지, 혹은 예측하였어야 하는지 여부에 따라 상이한 강도를 가진다고 한다. 그리고 일반적으로 법률은 현실상황의 변화나 입법정책의 변경 등으로 언제라도 개정될 수 있는 것이기 때문에, 원칙적으로 이에 관한 법률의 개정은 예측할 수 있다고 보아야 한다고 하였다.

나. 유인된 신뢰의 행사인지 여부

개인의 신뢰이익에 대한 보호가치는 법령에 따른 개인의 행위가 국가에 의하여 일정방향으로 유인된 신뢰의 행사인지, 아니면 단지 법률이 부여한 기회를 활용한 것으로서 원칙적으로 사적 위험부담의 범위에 속하는 것인지 여부에 따라 달라진다. 만일 법률에 따른 개인의 행위가 단지 법률이 반사적으로 부여하는 기회의 활용을 넘어서 국가에 의하여 일정 방향으로 유인된 것이라면 특별히 보호가치가 있는 신뢰이익이 인정될 수 있고, 원칙적으로 개인의 신뢰보호가 국가의 법률개정이익에 우선된다고 볼 여지가 있다. 그런데, 국가가 입법을 통하여 개인의 행위를 일정방향으로 유도하였다고 볼 수는 없는 경우에는 이에 대한 기대 또는 신뢰는 단지 법률이 부여한 기회를 활용

---

186) 헌재 2008.11.27. 2007헌마389.
187) 헌재 2002.11.28. 2002헌바45; 2008.11.27. 2007헌마389.
188) 헌재 2002.11.28. 2002헌바45, 구 병역법 제71조 제1항 위헌소원.

한 것으로서 원칙적으로 사적 위험부담의 범위에 속하는 것이라고 한다.

다. 조세법영역에서의 원칙 적용의 한계

헌법재판소에 의하면 조세법영역의 특성상 신뢰보호원칙의 적용에는 일정한 한계
가 있다. 즉, 조세법의 영역에 있어서는 국가가 조세·재정정책을 탄력적·합리적으로
운용할 필요성이 매우 큰 만큼, 조세에 관한 법규·제도는 신축적으로 변할 수밖에 없다
는 점에서 납세의무자로서는 구법질서에 의거한 신뢰를 바탕으로 적극적으로 새로운 법
률관계를 형성하였다든지 하는 **특별한 사정이 없는 한** 원칙적으로 현재의 세법이 변함없이
유지되리라고 기대하거나 신뢰할 수는 없다.[189]

III. 다른 원칙과의 관계

1. 과잉금지원칙과의 관계

기본권침해사건과 같이 신뢰보호원칙을 침해하는지 여부를 판단하는 경우에 과잉
금지원칙도 적용될 수 있다면 양 심사기준의 관계가 문제된다.

우선 신뢰보호원칙과 과잉금지원칙이 경합하는 경우에는 과잉금지원칙의 위배여
부만 판단하면 된다는 견해가 있다.[190] 법률의 변경으로 신뢰이익이 침해된 경우에는
구법의 존속보호라는 방법이 동원되지만, 기본권이 침해되는 경우에는 기본권 구제의
방법이 동원되기 때문이라고 한다.[191] 이에 대하여 일반적으로 판단할 수는 없고 각 기
본권의 특성에 따라 개별적으로 해답이 주어져야 한다는 견해도 있다.[192] 결론적으로
신뢰보호의 원칙을 준수하였는지 여부가 결국 개인의 신뢰이익과 공익간의 형량의 문
제로 귀착된다면 결국 과잉금지원칙의 적용을 통하여 그 위배여부를 판단할 수 있고
따라서 **과잉금지원칙의 적용으로 족하다**고 할 수도 있겠으나, 신뢰보호원칙 위배여부의
검토 속에는 이미 과잉금지원칙 위배 여부가 검토되고 있는 것이므로 신뢰보호원칙 위
배 여부만을 검토하여 기본권 침해 여부를 판단하는 것도 가능할 것이다.[193]

---

189) 헌재 1998.11.26. 97헌바58; 2002.2.28. 99헌바4; 2003.4.24. 2002헌바9.
190) 정종섭, 헌법학원론, 박영사, 2009, 175쪽.
191) 정종섭, 헌법학원론, 박영사, 2009, 175쪽.
192) 김문현 외, 기본권 영역별 위헌심사의 기준과 방법, 헌법재판소, 2008, 154쪽.
193) 2000.7.1.부터 시행된 산업재해보상보험법이 실제 평균임금이 노동부장관이 고시하는 한도금액

앞에서 설명한 바와 같이 헌법재판소는 신뢰보호원칙 침해 여부를 판단함에 있어서 신뢰이익과 공공복리의 중요성을 비교형량 하여, - 헌법재판소의 용어에 따르면 - 과잉금지원칙을 적용하여 그 위헌 여부를 결정하고 있다.[194] 이는 다음의 결정들에서 그대로 나타나고 있다. ① 헌법재판소는 2001년에 국세관련 경력공무원에 대하여 세무사자격을 부여하지 않도록 개정된 세무사법 제3조가 직업선택의 자유를 침해하지 않는다고 보면서, 기존 국세관련 경력공무원 중 일부에게만 구법 규정을 적용하여 세무사자격이 부여되도록 규정한 「세무사법」 부칙 제3항에 대해서 신뢰보호원칙을 위배하는 것으로 판단하였다.[195] 이 사건에서 헌법재판소는 신뢰의 보호는 새로운 입법을 통하여 실현하고자 하는 공익적 목적에 의하여 제한될 수 있는데, 이 경우에도 기본권제한의 한계인 과잉금지의 원칙이 준수되어야 하므로 결국 신뢰이익과 공공복리의 중요성을 비교형량하여 그 위헌 여부를 결정하여야 한다고 하면서, 결론적으로 이 사건 부칙규정은 충분한 공익적 목적이 인정되지 아니함에도 불구하고 청구인들의 기대가치 내지 신뢰이익을 과도하게 침해한 것으로서 헌법에 위반된다는 판단을 하였다. ② 종전의 「수산업법」에는 관행어업권에 관하여 단지 관행에 의한 입어를 보호한다는 규정만이 있었을 뿐, 그 밖에 이에 관한 다른 규정은 없었는데, 구 수산업법 제2조는 입어자를 어업권원부에 등록된 자로 한정함으로써 관행어업권자로 보호되기 위한 요건으로 어업권원부에 등록할 것을 요구하고 있고, 이에 따라 종전의 「수산업법」에 의하여 관행어

이상일 경우 그 한도금액을 실제임금으로 의제하는 최고보상제도를 신설하면서도, 그 부칙에서는 이 법 시행일 이전에 업무상 재해를 입은 자는 2002.12.31.까지는 종전의 규정에 의하도록 하였는바, 2000.7.1. 전에 장해사유가 발생하여 장해보상연금을 수령하고 있던 수급권자에게도 2년 6월의 유예기간 후 2003.1.1.부터는 최고보상제도를 적용하게 되었다. 이에 보상금액이 삭감된 청구인은 이를 소급입법금지원칙에 위배하여 재산권을 침해하였다고 주장함과 동시에 신뢰보호원칙을 위배하여 재산권을 침해하였음을 주장하였다. 8인의 법정의견은 신뢰보호원칙 위배여부를 검토하고 신뢰보호원칙을 위배하여 재산권을 침해하는 것이라고 판단하고 있다(참고로 소급입법금지원칙 위배여부와 관련하여서는 이미 발생하여 이행기가 도래한 장해연금 수급권의 내용을 변경하지는 아니하고, 산재법 제38조 제6항 시행 이후의 법률관계, 즉 장래 이행기가 도래하는 장해연금 수급권의 내용을 변경하는 것에 불과하므로, 이미 종료된 과거의 사실관계 또는 법률관계에 새로운 법률이 소급적으로 적용되어 과거를 법적으로 새로이 평가하는 진정 소급입법에는 해당하지 않는다고 판시하고 있다)[헌재 2009.5.28. 2005헌바20등, 산업재해보상보험법 제38조 제6항 위헌소원 등(위헌)].

194) 과잉금지원칙은 목적의 정당성, 방법의 적절성, 피해의 최소성, 법익의 균형성을 그 내용으로 한다는 점에서 단순히 신뢰이익과 공공복리의 중요성을 비교형량하는 것만을 두고 과잉금지원칙의 적용이라고 할 수 있을지에 대해서는 의문이 있다.

195) 헌재 2001.9.27. 2000헌마152, 세무사법중개정법률 중 제3조 제2호를 삭제한다는 부분 등 위헌확인.

업권자로 보호받을 수 있었던 어업권자들은 이로 인하여 일정한 기간 내에 등록을 하지 않으면 관행어업권자로서 보호받을 수 없게 된 사건에서 헌법재판소는 심판대상조항으로 인하여 관행어업권자들이 침해받은 신뢰이익이 이 사건 심판대상조항으로 달성하고자 하는 공익목적에 우선하여 보호되어야 할 정도로 중대한 것이라고 할 수 없으므로 이 사건 심판대상조항이 헌법상 신뢰보호의 원칙에 위배되는 것으로 볼 수 없다196)고 하였다. 이 결정에서 헌법재판소는 별도로 이 조항이 입법목적 달성을 위하여 지나치게 관행어업권자의 재산권을 제한하는 것인지에 대해 과잉금지원칙을 동원하여 심사하고, 이 사건 심판대상조항은 입법목적의 정당성과 그 목적달성을 위한 방법의 적정성, 피해의 최소성 그리고 그 입법에 의해 보호하려는 공공의 필요와 침해되는 기본권 사이의 균형성을 모두 갖추었다고 하여 과잉금지의 원칙에 위배되지 않는다고 하였다.197) ③ 국가 또는 지방자치단체가 시행하는 산림사업을 산림조합이나 산림조합중앙회에게만 대행하게 하거나 위탁할 수 있도록 규정하고 있는 '산림자원의 조성 및 관리에 관한 법률' 제23조 제1항이 재산권을 제한하는지 여부에 대한 2008년 결정에서도 직업의 자유에 대한 제한여부를 판단하기 위해 과잉금지원칙에 따른 심사를 하고, 별도로 신뢰보호원칙에 따른 위헌심사도 진행하고 있다.198) 그런데 이 결정에서 헌법재판소는 신뢰보호의 원칙 위배여부를 심사하면서, 결론에 가서는 "결국 청구인들이 주장하는 신뢰는 이 사건 법률조항이 달성하려는 앞서 언급한 여러 공익적 가치들에 비해 결코 우월하다고 할 수 없으므로 이 사건 법률조항이 신뢰보호원칙에 위배된다고 볼 수 없다."199)고 하고 있기 때문에 과잉금지원칙을 신뢰보호원칙 침해 여부 판단기준으로 사용하고 있는 것으로 볼 수 있다. ④ 2008년의 또 다른 결정에서는 별도로 국가기술자격법에 의한 기사·산업기사의 자격을 취득하지 않으면 초급기술자에서 중급 이상의 기술자로 기술등급이 승급되지 않도록 한 개정 건설기술관리법 시행령 조항이 건설기술 학력·경력자인 청구인의 직업선택의 자유의 침해 여부를 합리성기준에 따라 심사하고, 별도로 신뢰보호원칙에 위반되는지 여부를 별도로 검토하고 있는데, 청구인의 신뢰가 헌법적으로 보호할 가치가 있는 신뢰에 해당한다고 보기 어렵다는 점, 청구

---

196) 헌재 1999.7.22. 97헌바76등, 구 수산업법 제2조 제7호 등 위헌소원(합헌, 각하).
197) 헌재 1999.7.22. 97헌바76등.
198) 헌재 2008.7.31. 2006헌마400, 산림자원의 조성 및 관리에 관한 법률 제23조 제1항 위헌확인(기각).
199) 헌재 2008.7.31. 2006헌마400.

인의 신뢰이익의 침해정도가 필요최소한도에 그치고 있는 점, 공익적 요청은 기존의 불합리한 제도를 개선하기 위한 것으로서 청구인의 신뢰보호라는 개인적 사익보다는 우선되어야 한다는 점, 경과규정을 둠으로써 학력·경력자의 신뢰보호를 위하여 상당한 배려를 하고 있다는 점 등을 들어 신뢰보호의 원칙을 위반하였다고 할 수 없다고 결정하고 있다.[200] ⑤ 1999년의 택지소유상한에관한법률 제2조 제1호 나목 등 위헌소원 결정[201]에서 법 시행 이전부터 택지를 소유하고 있는 경우는 소급입법에 의한 재산권 침해의 문제가 아니라,[202] 신뢰보호의 문제라고 하면서 신뢰보호원칙의 위배여부를 심사하고 있다. 이 결정은 법 시행 이전부터 택지를 소유하고 있는 경우에 택지소유 상한 등의 제한을 적용하는 것은 헌법 제13조 제2항에서 금지하고 있는 진정소급효입법에 해당하지 않고, 단지 신뢰보호원칙을 위배한 것인지가 문제된다고 보았던 것이다. 다만 신뢰보호의 원칙의 심사기준에 대해서는 언급하지 않고, 입법목적을 달성하기 위하여 필요한 정도를 넘는 과도한 침해이자 신뢰보호의 원칙 및 평등원칙에 위반된다고 판단하고 있다. 따라서 적극적으로 과잉금지원칙을 적용한다고 하지는 않았지만 내용적으로는 공익과 신뢰이익을 비교한 것으로 보인다.[203]

이상과 같은 결정들로 볼 때, 헌법재판소는 신뢰보호원칙 위배여부를 구체적으로 판단함에 있어서 과잉금지원칙을 동원하기도 하지만, 과잉금지원칙은 일반적으로 기본권 제한의 목적과 수단을 통제하는 과정으로 운용하는데 반하여, 신뢰보호원칙은 반드시 그 대상이 기본권에 한정된다고 볼 수 없고 또 기본권 침해여부가 문제되는 경우에도 특히 신뢰라는 이익의 침해 여부의 관점에서 심사한다는 점에서 양자는 별개의 위헌심사기준으로 이해하는 것이 타당하다.[204]

---

200) 헌재 2008.11.27. 2007헌마389.
201) 헌재 1999.4.29. 94헌바37(위헌).
202) "법은, 부칙(1989.12.30. 법률 제4174호) 제2조 제1항 및 제2항에서 법 시행 이전부터 이미 소유하고 있는 택지에 대하여는 기존의 소유권을 인정하면서도, 장래에 있어서 처분 또는 이용·개발 의무를 부과하고 있다. 법의 위와 같은 규제는 법률이 이미 종결된 과거의 사실 또는 법률관계에 사후적으로 적용함으로써 과거를 법적으로 새로이 평가하는 진정소급효의 입법과는 다른 것으로서, 이는 아래에 보는 바와 같이 종래의 법적 상태의 존속을 신뢰한 기존의 택지소유자에 대한 신뢰보호의 문제일 뿐, 소급입법에 의한 재산권 침해의 문제는 아니다. 따라서 부칙 제2조가 그 자체로 소급입법에 의한 재산권 박탈금지의 원칙을 선언하고 있는 헌법 제13조 제2항에 위반된다고 하는 주장은 이유 없다고 할 것이다."(헌재 1999.4.29. 94헌바37).
203) 헌재 1999.4.29. 94헌바37 참조.
204) 헌재 2021.7.15. 2019헌마406, 건설폐기물의 재활용촉진에 관한 법률 제13조의2 제2항 제2호 위헌확인(기각). 이 결정에서는 건설폐기물 수집·운반업자가 건설폐기물을 임시보관장소로 수집·

2. 소급입법금지원칙과의 관계

헌법재판소의 결정에 따르면 과거의 사실관계 또는 법률관계를 규율하기 위한 소급입법의 태양에는 이미 과거에 완성된 사실·법률관계를 규율의 대상으로 하는 이른바 진정소급효의 입법과, 이미 과거에 시작하였으나 아직 완성되지 아니하고 진행과정에 있는 사실·법률관계를 규율의 대상으로 하는 이른바 부진정소급의 입법이 있다. 헌법 제13조 제2항이 금하고 있는 소급입법은 진정소급효를 가지는 법률만을 의미하는 것이고, 부진정소급입법은 원칙적으로 허용된다. 다만 부진정소급입법에 있어서도 소급효를 요구하는 공익상의 사유와 신뢰보호의 요청 사이의 비교형량 과정에서, 신뢰보호의 관점이 입법자의 형성권에 제한을 가하게 된다는 것이 헌법재판소의 판결이다.205)

진정소급입법이라고 하더라도 절대적으로 허용되지 않는 것은 아니다. "일반적으로 국민이 소급입법을 예상할 수 있었거나 법적 상태가 불확실하고 혼란스러워 보호할 만한 신뢰이익이 적은 경우와 소급입법에 의한 당사자의 손실이 없거나 아주 경미한 경우 그리고 신뢰보호의 요청에 우선하는 심히 중대한 공익상의 사유가 소급입법을 정당화하는 경우 등에는 예외적으로 진정소급입법이 허용된다."206) 또 신법이 피적용자에게 유리한 경우에는 시혜적인 소급입법이 가능하다.207)

운반할 수 있는 사유 중 하나로 '매립대상 폐기물을 반입규격에 맞게 절단하기 위한 경우'를 포함하지 않고 있는 '건설폐기물의 재활용촉진에 관한 법률' 제13조의2 제2항이 직업수행의 자유를 침해하는지 여부를 심사하면서 심사기준으로 신뢰보호원칙과 과잉금지원칙 위배여부를 각각 검토하고 있다. 신뢰보호원칙 위배여부 심사에서는 신뢰이익의 침해 정도와 공익의 중대성을 검토하고 있고, 과잉금지원칙 위배여부 심사에서는 4가지 요소 모두를 검토하고 있다. 그런데 공익의 중대성 부분 판단 부분과 법익의 균형성 심사 부분은 중첩되는 부분이 없지 않다.

205) 헌재 1989.3.17. 88헌마1; 1996.2.16. 96헌가2등; 1999.4.29. 94헌바37.
206) 헌재 1989.3.17. 88헌마1; 1996.2.16. 96헌가2등; 1998.9.30. 97헌바38; 1999.7.22. 97헌바76등.
207) 헌재 2002.2.28. 2000헌바69, 군인연금법 제16조 제6항 등 위헌소원(합헌, 각하). 기소유예처분 당시에는 해당 피의사실이 범죄를 구성하였으나 기소유예처분 후 형벌법규의 변경으로 범죄를 구성하지 아니하게 된 경우에, 기소유예처분의 취소를 구하는 헌법소원심판에서 기소유예처분 당시 시행 중이었던 법령(舊法)이 아니라 헌법소원심판 결정 당시 시행 중인 법령(新法)을 기준으로 기소유예처분의 위헌 여부를 판단하여야 한다는 것이 헌법재판소의 입장이다[헌재 2023.2.23. 2020헌마1739, 기소유예처분취소 인용(취소)]. 종래 대법원은 법령 변경의 동기가 종래의 처벌 자체가 부당했다거나 과형이 과중했다는 반성적 고려인 경우에만 신법을 적용하여왔으나(이러한 견해를 동기설이라고 한다), 최근의 대법원 판결에서는 판례를 변경하여 범죄의 성립과 처벌에 관하여 규정한 형벌법규 자체 또는 그로부터 수권 내지 위임을 받은 법령의 변경에 따라 범죄를 구성하지 아니하게 되거나 형이 가벼워진 경우에는, 종전 법령이 범죄로 정하여 처벌한 것이 부당하였다거나 과형이 과중하였다는 반성적 고려에 따라 변경된 것인지 여부를 따지지 않고 원칙적으로 재판시법을 적용하도록 하였다(대법원 2022.12.22. 2020도16420 전원합의체

요컨대 진정소급입법이나 부진정소급입법이나 모두 신뢰보호원칙이 심사기준으로 적용되지만, 진정소급입법이 합헌으로 되려면 신뢰이익을 침해하는 공익상의 사유가 보다 중대할 것을 요구하는 것이라고 할 수 있다.[208]

이러한 신뢰보호원칙은 반드시 소급입법의 경우에만 적용되는 것은 아니다. 헌법재판소는 법 시행 이전부터 이미 소유하고 있는 택지에 대하여는 기존의 소유권을 인정하면서도 장래에 있어서 처분 또는 이용·개발의무를 부과하고 있다는 점에서, 택지소유상한에관한법률 소정의 규정에 대해서 헌법 제13조 제2항에서 금지하는 소급입법이라는 청구인의 주장을 배척하면도 이전부터 택지를 소유하고 있는 개인에 대하여는 신뢰보호의 문제는 발생한다고 보아 신뢰보호원칙의 준수여부를 판단하고 있다. 재산권 보장의 중요한 기능은 국민에게 법적 안정성을 보장하고 합헌적인 법률에 의하여 형성된 구체적 재산권의 존속에 대한 신뢰를 보호하고자 하는 데 있다고 보기 때문이다.[209]

| NOTE | 대법원의 신뢰보호원칙 위배여부 판단기준 | |

신뢰보호원칙의 의의와 근거, 원칙위배여부의 판단기준에 대한 대법원의 견해는 대체로 헌법재판소의 견해와 일치하고 있다. 이러한 대법원의 견해를 잘 보여주는 것으로는 다음과 같은 판결이 있다: "우리 헌법이 기본원리로 삼고 있는 법치주의는 단순히 국민의 권리·의무에 관한 사항을 법률로써 정해야 한다는 형식적 법치주의에 그치는 것이 아니라, 그 법률의 목적과 내용이 기본권보장의 헌법이념에 부합되어야 한다는 실질적 법치주의를 지향하는 것이고, 이러한 실질적 법치주의의 실현을 위하여는 국가작용이 법률에 근거하여 행하여져야 한다는 것 못지않게 그 과정에 있어서 법적 안정성 또한 중요하게 고려되어야 한다. 이와 같은 실질적 법치주의의 원리는 형벌법규의 소급효 금지, 일사부재리 내지 이중처벌의 금지, 소급입법에 의한 재산권 박탈 금지 등을 규정하고 있는 헌법 제13조가 전형적으로 이를 구현하고 있는바, 이러한 명시적인 규정이 있는 경우뿐만 아니라 기존 법질서에 대하여 국민의 합리적이고 정당한 신뢰가 형성되어 있는 경우 이를 적절한 범위에서 보호하여야 한다는 이른바 신뢰보호의 원칙 역시 같은 이유에서 우리 헌법의 기본원리인 법치주의 원리에 속하는 것이라고 할 것이다. 즉, 어떤 법령이 장래에도 그대로 존속할 것이라는 합리적이고 정당한 신뢰를 바탕으로 국민이 그 법령에 상응하는 구체적 행위로 나아가 일정한 법적 지위나 생활관계를 형성하여 왔음에도 국가가 이를 전혀 보호하지 않는

판결. 이 대법원 판결에 대한 자세한 평석은 이주원, 2022년 중요판례분석 ⑨ 형법총칙, 법률신문 2023.5.11.자 18-19면 참조).

208) 헌재 2008.7.31. 2005헌가16, 주택법 제46조 제1항 등 위헌제청(위헌, 각하).

209) 헌재 1999.4.29. 94헌바37등, 택지소유상한에관한법률 제2조 제1호 나목 등 위헌소원(위헌).

다면, 법질서에 대한 국민의 신뢰는 무너지고 현재의 행위에 대한 장래의 법적 효과를 예견할 수 없게 되어 법적 안정성이 크게 저해된다 할 것이므로, 입법자는 법령을 개정함에 있어서 이와 같은 신뢰를 적절하게 보호하는 조치를 취함으로써 법적 안정성을 도모하여야 한다는 것이 법치주의 원리가 요청하는 바이라 할 것이다. 물론 이러한 신뢰보호는 절대적이거나 어느 생활영역에서나 균일한 것은 아니고 개개의 사안마다 관련된 자유나 권리, 이익 등에 따라 보호의 정도와 방법이 다를 수 있으며, 새로운 법령을 통하여 실현하고자 하는 공익적 목적이 우월할 때에는 이를 고려하여 제한될 수 있다. 그러므로 법령의 개정에 있어서 구 법령의 존속에 대한 당사자의 신뢰가 합리적이고도 정당하며, 법령의 개정으로 야기되는 당사자의 손해가 극심하여 새로운 법령으로 달성하고자 하는 공익적 목적이 그러한 신뢰의 파괴를 정당화할 수 없다면, 입법자는 경과규정을 두는 등 당사자의 신뢰를 보호할 적절한 조치를 하여야 하며, 이와 같은 적절한 조치 없이 새 법령을 그대로 시행하거나 적용하는 것은 허용될 수 없다 할 것인바, 이는 앞서 본 바와 같이 헌법의 기본원리인 법치주의 원리에서 도출되는 신뢰보호의 원칙에 위배되기 때문이다. 이러한 신뢰보호 원칙의 위배 여부를 판단하기 위하여는 한편으로는 침해받은 이익의 보호가치, 침해의 중한 정도, 신뢰가 손상된 정도, 신뢰침해의 방법 등과 다른 한편으로는 새 법령을 통해 실현하고자 하는 공익적 목적을 종합적으로 비교·형량하여야 할 것이다."210)

| NOTE | **오스트리아의 신뢰보호원칙** | |

최근의 오스트리아헌법법원의 판결은 평등원칙에서 신뢰보호원칙을 도출하고 있다.211) 신뢰보호의 원칙은 평등과 관련한 규정의 합리성 심사에 사용된다. 물론 소급입법이 인정되는 경우에도 헌법상 보장되는 신뢰보호의 원칙을 침해해서는 안 된다.212) 소급입법이 인정되는 경우에는 매우 엄격한 조건이 요구된다. 예컨대 조세법상 매우 중대한 제한으로 인해 법적 지위에 대한 납세의무자의 타당한 신뢰를 저버리고, 소급효를 요구하는 어떤 특별한 상황도 없는 경우에는 평등원칙을 위배하는 결과에 이르게 된다.213) 신뢰보호원칙과 평등원칙은 원칙적으로 서로 다른 요건으로 구성된 위헌심사기준이지만,214) 신뢰의 침해가 일

---

210) 대법원 2006.11.16. 2003두12899 판결.
211) Novak, Vertrauensschutz und Verfassungsrecht, S. 243 ff.; Burger, Das Verfassungsprinzip der Menschenwürde in Österreich, S. 225.
212) Berka, Lehrbuch Verfassungsrecht, Rn. 489.
213) VfSlg 16850/2003.
214) 예컨대 부칙규정의 개정으로 인해 진폐사망근로자의 유족은 더 이상 유족보상일시금을 받을 수 없게 되었다 하더라도 유족급여제도가 앞으로도 계속 유지될 것이라는 신뢰의 정도가 확고하다고 볼 수 없어서 신뢰보호원칙 위반이라고 볼 수 없고, 법 시행 전후로 요양 또는 재요양을 계속 받고 있던 진폐근로자의 유족이나 이미 유족보상연금의 지급사유가 발생했거나 그 연금을 받고 있는 유족들의 기존 법질서에 대한 신뢰를 합리적이고 정당한 것으로 보아 이를 보호하기 위해 종전 법에 따른 유족급여 규정을 그대로 적용하는 것에는 합리적 이유가 있으므로 청구인과 같이 법 개

정한 경우에는 평등의 침해로 될 수 있음을 시사하는 것이다.

Q 변호사의 자격이 있는 자에게 더 이상 세무사 자격을 부여하지 않는 구 「세무사법」 제3조의 시행일(2018.1.1.)과 시행일 당시 종전 규정에 따라 세무사의 자격이 있던 변호사는 개정 규정에도 불구하고 세무사 자격이 있는 것으로 변호사의 세무사 자격에 관한 경과조치를 정하고 있는 「세무사법」 부칙 제1조 중 「세무사법」 제3조에 관한 부분 및 제2조('이 사건 부칙조항')가 신뢰보호원칙에 위반되는지 여부

A 헌법재판소 5인의 다수의견(헌법불합치 의견)은 구 「세무사법」 제3조의 개정 당시 이미 변호사 자격 취득을 위한 단계에 진입한 사람에게까지 반드시 시급히 적용해야 할 정도로 긴요하다고 보기는 어렵고, 나아가 2018.1.1.을 기준으로 변호사 자격 요건과 관련하여 특별히 변화된 사정은 존재하지 않으므로, 위와 같은 공익 실현의 관점에서 보더라도 2018.1.1. 이전에 변호사 자격을 취득한 사람과 그 후에 변호사 자격을 취득하게 되는 사람을 달리 취급할 만한 합리적인 이유를 찾기도 어렵기 때문에 이 사건 부칙조항은 신뢰보호원칙에 반하여 직업선택의 자유를 침해한다고 보았다. 그러나 위헌의견이 정족수에 이르지 못하여 합헌 결정되었다.[215]

| NOTE | **합헌 결정 사례(신뢰보호원칙)** | |

구 「매장및묘지등에관한법률」(매장법)이 「장사 등에 관한 법률」(장사법)로 전부개정되면서 그 부칙 제3조에서 종전의 법령에 따라 설치된 봉안시설을 장사법에 의하여 설치된 봉안시설로 보도록 함으로써 구 매장법에 따라 설치허가를 받은 봉안시설 설치·관리인의 기존의 법상태에 대한 신뢰는 이미 보호되었다. 그러나 장사법 시행 후 추가로 설치되는 부분에 대해서까지 기존의 법상태에 대한 보호가치 있는 신뢰가 있다고 보기 어렵기 때문에 신뢰보호원칙에 위반되지 아니한다.[216]

정 이후 문제가 되는 유족들의 경우와 비교하여 볼 때 평등원칙 위반이라고 할 수 없다는 사례[헌재 2014.2.27. 2013헌바12등, 산업재해보상보험법 제36조 제1항 단서 등 위헌소원(합헌)] 참조.
215) 헌재 2021.7.15. 2018헌마279등, 세무사법 제3조 등 위헌확인(기각).
216) 헌재 2021.8.31. 2019헌바453, 구 장사 등에 관한 법률 제14조 제2항 위헌소원(합헌).

제7항 포괄위임금지원칙

I. 근거 및 의의

헌법 제40조에서는 입법권은 국회에 속한다고 정하고 있는데, 헌법재판소에서는 이를 "적어도 국민의 권리와 의무의 형성에 관한 사항을 비롯하여 국가의 통치조직과 작용에 관한 기본적이고 본질적인 사항은 반드시 국회가 정하여야 한다."는 의미로 이해하고 있다.217) 비본질적 사항에 대해서는 헌법 제75조 및 제95조에 따라 상위규범은 하위규범에 구체적으로 범위를 정하여 위임할 수 있다. 이를 포괄위임금지원칙이라고 한다. 그렇지 않은 위임은 일반적 · 포괄적 위임으로서 원칙을 위배하여 헌법에 위반된다.218)

헌법재판소의 판례에 따르면 헌법이 예정하고 있는 대통령령 등의 형식은 예시적인 것이기 때문에 헌법 제75조 및 제95조에도 불구하고 법률은 행정규칙으로 정하도록 위임할 수도 있고,219) 조례로 위임할 수도 있으며,220) 공법단체의 정관221)으로 위임할 수도 있다. 법률이 정관이나 조례에 위임한 경우에는 헌법 제75조, 제95조가 정하는 포괄적인 위임입법의 금지는 원칙적으로 적용되지 않는다. 왜냐하면 포괄위임입법금지원칙은 권력분립의 원칙을 구현하는 것인데, 법률이 자치법에 위임한 경우에는 권력분립원칙을 훼손할 우려가 없기 때문이라고 한다.222)

---

217) 헌재 1998. 5. 28. 96헌가1.
218) 헌재 2007.12.27. 2004헌바98.
219) 헌재 2004.10.28. 99헌바91; 2006.12.28. 2005헌바59; 2008.7.31. 2007헌가4. 이상의 판례에 따르면 행정규칙으로 위임하는 경우에도 다음의 요건은 지켜져야 한다. 즉, 행정규제기본법 제4조 제2항 단서에서 정한 바와 같이 법령이 전문적 · 기술적 사항이나 경미한 사항으로서 업무의 성질상 위임이 불가피한 사항에 한정되고, 그러한 사항이라 하더라도 법률의 위임은 반드시 구체적 · 개별적으로 한정된 사항에 대해서만 할 수 있으며, 그리고 당해 행정규칙은 법규적 성격을 가지고 있어야 한다.
220) 헌재 2007.12.27. 2004헌바98.
221) 헌재 2006.3.30. 2005헌바31.
222) 헌재 2006.3.30. 2005헌바31; 2001.4.26. 2000헌마122, 농업기반공사및농지관리기금법 부칙 제6조 단서 위헌확인(기각).

II. 헌법재판소의 판단기준

1. 위임의 필요성

비본질적 사항이어서 하위명령으로 위임이 가능하다고 한 경우라고 하더라도 우선은 위임의 필요성이 있어야 한다. 법률의 개정에 비하여 행정부의 명령은 변화에 대응하기 쉽고 정책적 판단에 따라 즉각적인 대응이 가능하기 때문에 행정입법으로의 위임은 현대국가에서는 당연한 것으로 인정되고 있다. 따라서 위임의 필요성 판단에 있어서는 엄격하게 볼 것은 아니다.[223]

2. 예측가능성

가. 개념

헌법재판소의 판례에 따르면 법률의 위임은 반드시 구체적·개별적으로 한정된 사항에 대하여 행하여져야 한다. 구체적인 범위는 각종 법령이 규제하고자 하는 대상의 종류와 성격에 따라 달라진다 할 것이므로 일률적 기준을 정할 수는 없지만, 적어도 법률의 규정에 의하여 이미 대통령령으로 규제될 내용 및 범위의 기본사항이 구체적이고 명확하게 규정되어 있어 누구라도 당해 법률로부터 대통령령에 규정될 내용의 대강을 예측할 수 있으면 된다고 한다.[224]

나. 예측가능성 유무의 판단방법

예측가능성의 유무는 당해 특정조항 하나만을 가지고 판단할 것이 아니고 관련 법조항 전체를 유기적·체계적으로 종합 판단하여야 하며, 각 대상법률의 성질에 따라 구체적·개별적으로 검토하여야 한다.[225]

다. 위임의 구체성·명확성의 요구강도

위임의 구체성·명확성의 요구 정도는 규제대상의 종류와 성격에 따라서 달라진

---

223) 위임의 필요성을 요건으로 하고 있는 결정례로는 헌재 2013.6.27. 2011헌바8등, 구 학교보건법 제6조 제1항 제19호 등 위헌소원(합헌).
224) 헌재 1991.7.8. 91헌가4; 1993.5.13. 92헌마80; 1994.6.30. 93헌가15등; 1994.7.29. 93헌가12; 1995. 7.21. 94헌마125; 1995.11.30. 91헌바1등; 1996.8.29. 94헌마113; 2002.9.19. 2002헌바2.
225) 헌재 1994.7.29. 93헌가12; 1995.7.21. 94헌마125.

다. 기본권침해영역(예컨대 처벌법규나 조세법규)에서는 급부행정영역에서 보다는 구체성·명확성의 요구가 강화되고, 다양한 사실관계를 규율하거나 사실관계가 수시로 변화될 것이 예상될 때에는 위임의 명확성의 요건이 완화된다.[226]

3. 수임기관 및 위임형식의 특정

법률의 위임을 받지 않은 기관이 위임명령을 제정하거나, 법규명령으로 정하도록 한 것을 행정규칙으로 정하는 것은 허용되지 않는다.[227]

어떤 법령이 특정 행정기관에 그 법령내용의 구체적 사항을 정할 수 있는 권한을 부여하면서 그 권한행사의 구체적인 절차나 방법을 특정하고 있지 않은 관계로 수임 행정기관이 그 법령의 내용이 될 사항을 행정규칙의 일종인 고시의 형식으로 구체적으로 정한 경우가 문제된다. 대법원의 판례에 따르면, 이때 고시는 당해 법률 및 그 시행령의 위임한계를 벗어나지 아니하는 한 그와 결합하여 대외적으로 구속력이 있는 법규명령으로서 효력을 가지는 것이며, 고시의 내용이 관계 법령의 목적이나 근본 취지에 명백히 배치되거나 서로 모순되는 등의 특별한 사정이 없는 한 효력을 부인할 수 없다고 한다.[228] 헌법재판소도 대법원과 같은 입장이다. 즉, 법령의 직접적인 위임에 따라 수임행정기관이 그 법령을 시행하는데 필요한 구체적인 사항을 정한 것이면, 그 제정 형식은 비록 법규명령이 아닌 고시, 훈령, 예규 등과 같은 행정규칙이더라도, 그것이 상위법령의 위임한계를 벗어나지 않는 한 상위법령과 결합하여 대외적 구속력을 갖는 법규명령으로서 기능하게 된다고 보아야 한다는 것이다.[229]

4. 위헌인 행정입법이 수권법의 합헌성에 미치는 영향

법률의 위임에 의해 제정된 행정입법이 위헌인 경우라고 하더라도 그로 말미암아 수권법이 위헌으로 되는 것은 아니다. 헌법재판소도 같은 견해다. 헌법재판소의 결정에 따르면 하위법규로 규정한 내용이 헌법에 위반될 경우 그 하위법규의 규정이 위헌으로 되는 것은 별론으로 하고, 그로 인하여 정당하고 적법하게 입법권을 위임한 수권법률조

---

226) 헌재 1991.2.11. 90헌가27; 1995.11.30. 91헌바1등; 2007.12.27. 2004헌바98.
227) 전학선, 위임범위 일탈에 대한 통제기준 모색 연구, 국회의 행정입법 통제에 관한 연구(국회·유럽헌법학회 학술대회 발제문), 2009.4.14., 44쪽.
228) 대법원 2002.9.27. 2000두7933 판결; 2003.9.26. 2003두2274 판결; 2004.4.9. 2003두1592 판결.
229) 헌재 1992.6.26. 91헌마25; 2003.12.28. 2001헌마543; 2006.7.27. 2004헌마924.

항까지도 위헌으로 되는 것은 아니라고 보고 있다.[230] 예컨대 모법의 위임범위를 벗어난 행정입법은 행정입법 자체의 위헌성을 다투어야 하고 위임법률이 포괄위임금지원칙을 위배하였음을 다투는 것은 타당하지 않다.

5. 재위임의 경우

헌법재판소에 따르면 법률에서 위임받은 사항을 전혀 규정하지 않고 모두 재위임하는 것은 '위임받은 권한을 그대로 다시 위임할 수 없다'는 복위임금지의 법리에 반할 뿐 아니라 수권법의 내용변경을 초래하는 것이 되고, 대통령령 이외의 법규명령의 제정·개정절차가 대통령령에 비하여 보다 용이한 점을 고려할 때 하위의 법규명령에 대한 재위임의 경우에도 대통령령에의 위임에 가하여지는 헌법상의 제한이 적용된다고 한다. 따라서 법률에서 위임받은 사항을 전혀 규정하지 아니하고 그대로 하위의 법규명령에 재위임하는 것은 허용되지 않으며 위임받은 사항에 관하여 대강을 정하고 그 중의 특정사항을 범위를 정하여 하위의 법규명령에 다시 위임하는 경우에만 재위임이 허용된다.[231]

6. 조세법규 및 처벌법규에 있어서 원칙의 적용

가. 조세법규(특히 조세감면조치)

조세감면의 경우에는 조세감면조치의 입법목적(농업의 보호와 지원)이 정당하고, 조세감면의 우대조치의 한정적 성격이 인정되고, 면제 대상의 주요 범위를 이미 법률에서 확정하고 있는 경우에는 조세감면의 대상을 융통성 있게 규정할 필요성이 있지만, 다른 한편 조세감면의 우대조치는 조세평등주의에 반하고 국가나 지방자치단체의 재원의 포기이기도 하여 가급적 억제되어야 하고 그 범위를 확대하는 것은 결코 바람직하지 못하므로 특히 정책목표달성이 필요한 경우에 그 면제혜택을 받는 자의 요건을 엄격히 하여 **극히 한정된 범위 내에서 예외적으로 허용되어야** 한다.[232]

---

230) 헌재 2016.3.31. 2014헌바382; 2011.12.29. 2010헌바205등; 2008.5.29. 2005헌바6 등 참조.
231) 헌재 1996.2.29. 94헌마13; 2002.10.31. 2001헌라1.
232) 헌재 1996.6.26. 93헌바2; 2002.9.19. 2002헌바2.

나. 처벌법규

1) 원칙의 위배여부 판단기준

헌법재판소에 따르면 법률에 의한 처벌법규의 위임은, 헌법이 특히 인권을 최대한 보장하기 위하여 죄형법정주의와 적법절차를 규정하고 법률에 의한 처벌을 강조하고 있는 기본권보장 우위사상에 비추어 바람직하지 못한 일이므로, 그 요건과 범위가 보다 엄격하게 제한적으로 적용되어야 한다.[233] 헌법상의 죄형법정주의 원칙에 따르면 국민의 신체의 자유를 보장하기 위한 헌법상 원칙으로서 법률이 처벌하고자 하는 범죄행위가 무엇이며 그에 대한 형벌이 어떠한 것인지를 누구나 예견할 수 있고 그에 따라 자신의 행위를 결정할 수 있도록 범죄의 구성요건과 처벌내용을 법률로 명확하게 규정할 것을 요구하고 있다.[234] 그런데 현대국가의 기능 증대와 사회현상의 복잡화로 인한 입법부의 전문적, 기술적 한계 등에 따라 국민의 권리의무에 관한 사항이라도 이를 법률로 다 정할 수는 없으므로, **합리적인 이유가 있으면 예외적으로 구성요건의 내용 중 일부를 법률에서 하위규범에 위임하는 것을 허용하지 않을 수 없다**는 점도 인정된다.[235]

위에서 언급한 바와 같이 처벌법규의 위임은 특히 긴급한 필요가 있거나 미리 법률로써 자세히 정할 수 없는 부득이한 사정이 있는 경우에 한정되어야 하기 때문에, 비록 위임하는 경우라도 **법률에서 범죄의 구성요건은 처벌대상행위가 어떠한 것일 것이라고 예측할 수 있을 정도로 구체적으로 정하고 형벌의 종류 및 그 상한과 폭을 명백히 규정하여야 한다**는 것이 헌법재판소의 판례이다.[236] 형벌법규의 구성요건이 명확하여야 한다고 하여 입법자가 모든 구성요건을 단순한 서술적 개념에 의하여 규정할 수는 없으므로, 통상의 해석방법에 의하여 당해 형벌법규의 보호법익과 그에 의하여 금지된 행위 및 처벌의 종류와 정도를 알 수 있다면 그 구성요건에 법관의 보충적인 해석을 필요로 하는 다소 광범위한 개념을 사용하였다고 하더라도 그 점만으로 헌법이 요구하는 형벌법규의 명확성에 반드시 배치되는 것이라고는 볼 수 없기 때문에,[237] 형벌법규에서 위임이 허용되는 범위나 구성요건의 명확성의 정도는 일률적으로 정할 수 없고 **당해법률의 성질과 구성요건의 특수성 및 그러한 법적 규제의 원인이 된 여건이나 처벌의 정도 등을 종합하**

---

233) 헌재 1991.7.8. 91헌가4; 1994.6.30. 93헌가15등; 1997.5.29. 94헌바22; 2000.7.20. 99헌가15.
234) 헌재 1995.5.25. 91헌바20.
235) 헌재 1994.7.29. 93헌가12; 1995.5.25. 91헌바20.
236) 헌재 1991.7.8. 91헌가4; 1995.10.26. 93헌바62; 1997.9.25. 96헌가16; 2000.7.20. 99헌가15.
237) 헌재 1994.7.29. 93헌가4등.

여 판단하여야 한다.[238]

「군형법」 제47조에서 정당한 명령 또는 규칙을 준수할 의무가 있는 자가 이를 위반하거나 준수하지 아니한 때에는 2년 이하의 징역이나 금고에 처한다고 규정하고 있는데 이 조항의 의미는 결국 명령 또는 규칙으로 처벌의 구성요건을 정하게 되어 있어 죄형법정주의 내지는 포괄위임입법금지의 원칙에 위반된다는 주장이 있다.[239] 그러나 헌법재판소는 "전투에서의 승리를 주된 목표로 하는 군에서 상황에 따라 탄력적으로 행하여지는 통수작용은 광범위한 유동성, 긴급성, 기밀성 등을 요구하며 특히 6·25 이후 휴전선을 경계로 남북한의 군병력이 첨예하게 대치하고 있는 우리의 특수한 안보상황에서 이러한 요구는 더욱 절실하다 할 것이므로 군통수를 위하여 일정한 행위의무를 부과하는 명령은 특정되어 존재하는 한 그 형식에 관계없이 준수되어야 하며, 명령의 구체적 내용이나 발령조건을 미리 법률로 정하는 것은 거의 불가능하다. 그리고 군에서의 명령은 지휘계통에 따라 군통수권을 담당하는 기관이 그에게 부여된 권한범위 내에서 발할 수 있는 것이므로, 명령을 제정할 수 있는 통수권 담당자는 대통령이 국군의 통수권자임을 규정한 헌법 제74조와 국군의 조직 및 편성에 관한 사항을 정한 국군조직법의 규정 등에 의하여 결정되나, 구체적인 명령의 제정권자를 일일이 법률로 정할 수도 없는 일이다. 또한 이 사건 법률규정의 취지는 군 내부에서 명령의 절대성을 보호하기 위한 것으로서 명령위반행위에 대한 형벌의 종류와 내용이 법률에 구체적으로 정해져 있으므로 그 피적용자인 군인이 위 규정에 의하여 금지된 행위와 처벌의 정도를 예측할 수 없는 것도 아니다. 그러므로 위와 같이 명령의 구체적 내용에 관하여는 위임이 이루어질 수밖에 없고 그러한 명령에 대한 복종관계가 유지되어야 하는 군의 특수성에 비추어 볼 때, 정당한 명령에 대한 준수의무를 과하고 그 위반에 대하여 구체적 형벌의 종류와 범위를 명시하고 있는 이 사건 법률규정이 위임입법의 한계를 벗어난 것이라고 할 수는 없다."라고 판시하였다.[240]

2) 포괄위임금지원칙의 명확성원칙과 죄형법정주의의 명확성원칙의 관계

헌법 제12조 제1항 후단과 제13조 제1항 전단에 규정된 죄형법정주의의 원칙의 하나인 형벌법규의 명확성원칙은 헌법 제75조에 규정하고 있는 바의 포괄위임금지의 원칙에

238) 헌재 1991.7.8. 91헌가4; 1995.5.25. 91헌바20.
239) 김철수, 헌법학, 2008, 1835쪽.
240) 헌재 1995.5.25. 91헌바20.

서 요구하는 명확성·구체성의 원칙과는 구별되는 것이지만, 그 의의와 판단기준에 대해서는 동일하게 이해하고 운용하는 것으로 보인다. 죄형법정주의의 명확성원칙과 포괄위임금지의 원칙의 헌법적 의의에 대해서는 다음과 같이 설명한다. "죄형법정주의(명확성원칙) 내지 포괄위임입법금지원칙은 국민의 자유의 제한에 대한 한계를 설정하는 법원리로서, 하위법령에 규정될 내용은 가능한 한 구체적으로 그 대강을 예측할 수 있게 모법에서 정하라는 취지이며, 이는 적어도 국민의 자유와 권리를 제한하는 입법은 되도록 국회 스스로가 행해야 하며 행정부에 포괄적으로 위임해서는 안 된다는 것을 요청하고 있는 것이다. 따라서 현실적인 규제의 필요성이 아무리 크다고 하더라도 그것은 헌법이 정하는 기본원칙의 범위 내에서 이루어지지 않으면 안 되는 것이다. 역으로 헌법적인 범위 내에서라면 국민보건상 반드시 필요한 규제는 오히려 적극적으로 행하여져야 하는 것이다."[241]

이러한 헌법적 의의에 기초하여 실제 운용에 있어서도 위임입법의 명확성이 문제되면서 동시에 그것이 형벌법규에 관한 것인 때에는 양자는 경합하는 것으로 보고, ① 양자를 한꺼번에 판단하거나 ② 포괄위임금지의 원칙을 위배하였는지 여부를 판단하고 그 결과에 따라 죄형법정주의의 명확성원칙의 충족여부를 종속시키기도 한다. 예컨대 ①의 예로서는 "이 사건 법률조항과 같이 행정부에게 지나치게 광범위한 입법재량권을 주게 되면 약사 또는 한약사를 자의적 행정입법에 불안정한 상태로 노출시키게 되는 결과가 되고, 이는 결국 헌법상의 죄형법정주의와 포괄위임입법금지 원칙이 예방하고자 하는 '행정권에 의한 자의적인 법률의 해석과 집행'을 쉽게 용인하는 결과를 초래할 수 있게 되는 것이다. 이상의 이유에서 이 사건 법률조항은 '약국관리에 필요한 사항'에 관하여 보다 구체적인 기준이나 범위를 정함이 없이 그 내용을 모두 하위법령인 보건복지부령에 위임하고 있는 것이므로, 죄형법정주의를 규정한 헌법 제12조 제1항 후문 및 제13조 제1항 전단과 위임입법의 한계를 규정한 헌법 제75조, 제95조에 위반된다."[242]라고 한 결정을 들 수 있고, ②의 예로서는 "… 범죄구성요건을 대통령령에 위임한 것이 죄형법정주의 및 그 파생적 원리의 하나인 형벌법규 명확성원칙에 위반되는가 하는 문제에 귀착된다. 그런데 … 범죄구성요건의 일부를 대통령령에 위임하는 것도 헌법 제75조에 의한 위임입법의 범위와 한계 내에서만 가능하다. 그러므로 이 사건에서는 … 위임입법이 위임입법의 범위와 한계를 벗어났는지 여부가 동시에 … 죄형법정주의 및 그

---

241) 헌재 2000.7.20. 99헌가15.
242) 헌재 2000.7.20. 99헌가15.

파생적 원리의 하나인 형벌법규 명확성원칙위반 여부와 경합한다고 하겠다. 이리하여 이하에서는 이 법 제4조 제1항 제2호 후단이 위임입법의 범위와 한계를 벗어났는지 여부에 관하여 검토하기로 한다. (중략) 그렇다면, …는 위임입법의 범위와 한계를 규정한 헌법 제75조에 위반되지 아니하고, 그로 인하여 … 죄형법정주의를 규정한 헌법 제12조 제1항, 제13조 제1항 및 그 파생적 원리의 하나인 형벌법규 명확성원칙에도 위반되지 아니한다고 하겠다."[243]라고 한 것을 들 수 있다.

결론적으로 보면 동일한 내용의 명확성원칙이 포괄위임금지원칙에서도 나타나고 죄형법정주의에서도 나타나는 것으로 이해된다. 즉, 포괄위임금지원칙에서 요구되는 명확성원칙과 죄형법정주의에서 요구되는 명확성원칙의 내용은 같다고 할 수 있다.

NOTE	**대법원의 포괄위임금지원칙 위배 여부 판단기준**	

포괄위임금지의 원칙의 판단기준으로서 예측가능성을 들고 있고, 예측가능성을 판단하는 관점에 대해서는 관련 법규를 유기적·전체적으로 파악하고, 규제대상의 성질에 따라 개별적, 구체적으로 판단하여야 한다고 하는 점 등에서 헌법재판소와 대법원은 동일한 심사기준을 운용하고 있는 것으로 보인다.[244]

즉, 포괄위임금지원칙과 관련하여 대법원의 판례는, 위임명령은 법률이나 상위명령에서 구체적으로 범위를 정한 개별적인 위임이 있을 때에 가능하고, 여기에서 구체적인 위임의 범위는 규제하고자 하는 대상의 종류와 성격에 따라 달라지는 것이어서 일률적 기준을 정할 수는 없지만, 적어도 위임명령에 규정될 내용 및 범위의 기본사항이 구체적으로 규정되어 있어서 누구라도 당해 법률이나 상위명령으로부터 위임명령에 규정될 내용의 대강을 예측할 수 있어야 한다. 예측가능성의 유무의 판단은 당해 위임조항 하나만을 가지고 판단할 것이 아니라 그 위임조항이 속한 법률이나 상위명령의 전반적인 체계와 취지 목적, 당해 위임조항의 규정형식과 내용 및 관련 법규를 유기적 체계적으로 종합 판단하여야 하고, 나아가 각 규제 대상의 성질에 따라 구체적 개별적으로 검토하여야 한다고 한다.[245]

재위임과 관련하여서는, 법원은 법률에서 위임받은 사항을 전혀 규정하지 않고 재위임하는 것은 복위임금지의 법리에 반하는 것일 뿐만 아니라 수권법의 내용변경을 초래하는 것이 되므로 원칙적으로 허용되지 않는 것으로 본다. 그러나 위임받은 사항에 관하여 대강을 정

---

243) 헌재 1994.7.29. 93헌가12.
244) 위임입법의 심사기준에 대한 자세한 것은 이명웅, 위임입법의 위헌심사기준 및 위헌결정사례 분석, 저스티스 96, 65쪽 이하 참조.
245) 대법원 2002.8.23. 2001두5651 판결; 2004.7.22. 2003두7606 판결; 2005.3.25. 2004다30040; 2006.4.14. 2004두14793 판결.

하고 그 중의 특정사항을 범위를 정하여 하위법령에 다시 위임하는 경우에는 재위임이 예외적으로 허용된다고 본다.246)

III. 포괄위임금지원칙과 비례성원칙의 관계

포괄위임금지원칙과 비례성원칙은 국민의 자유의 제한에 대한 한계를 설정하는 법원리라는 점에서 공통되지만, 특히 포괄위임금지원칙은 하위법령에 규정될 내용은 가능한 한 구체적으로 그 대강을 예측할 수 있게 모법에서 정하라는 취지이며, 이는 적어도 국민의 자유와 권리를 제한하는 입법은 되도록 국회 스스로가 행해야 하며 행정부에 포괄적으로 위임해서는 안 된다는 것을 요청하는 것인데 반하여, 비례성원칙은 기본권과 관련하여 발생하는 과잉된 침해를 방지하기 위한 것이기 때문에 양자는 위헌심사기준으로서 서로 다른 역할을 수행한다. 따라서 위헌심사에 있어서는 포괄위임금지원칙 위배여부와 비례성원칙 준수여부를 별도로 검토하여야 하는 것이 원칙이다.247)

그런데 실무에 있어서는 포괄위임금지원칙의 위배가 명백한 경우에는 비례성원칙 위배여부를 판단하지 아니하는 경우도 있다.248) 하나의 사건에서 다양한 위헌심사기준이 동원될 수 있고 그중 어느 하나의 심사기준에 위배됨이 명백한 경우에는 다른 원칙을 적용하여 추가적으로 위헌 여부를 검토할 실익은 당해 사건의 위헌 여부를 판단하기 위해서라기보다는 이미 내려진 위헌결정판단의 신뢰성을 제고하기 위한 것으로서 의미를 가질 뿐인 경우들이 존재할 수 있다. 이러한 경우에 모든 원칙을 일일이 적용하는 것은 불필요할 수 있다.

상시 4명 이하의 근로자를 사용하는 사업 또는 사업장에 대하여는 대통령령으로 정하는 바에 따라 이 법의 일부 규정을 적용할 수 있다."고 규정하고 있는 「근로기준법」 제11조(적용 범위) 제2항이 포괄위임금지원칙을 위배하는지 여부를 판단하시오.

---

246) 대법원 2006.4.14. 2004두14793 판결.
247) 이러한 예로는 많은 판례가 있지만 예컨대 헌재 2006.4.27. 2004헌가19, 소득세법 제43조 제3항 위헌제청(위헌) 참조.
248) 예컨대 헌재 2000.7.20. 99헌가1, 약사법 제77조 제1호 중 '제19조 제4항' 부분 위헌제청(위헌).

① 근로조건의 기준을 정하는 것은 경제상황의 변화나 새로운 고용형태의 등장과 같은 현실의 변화에 따라 신속하고 탄력적인 대응이 필요한 분야로서 4인 이하 사업장에 어느 근로기준법 조항을 적용할지의 문제를 대통령령에 위임할 필요성은 인정되고(위임의 필요성), ② 「근로기준법」 제11조 제2항은 제11조 제1항에 의하여 그 적용이 제외되어 있던 4인 이하 사업장에 적용할 「근로기준법」 조항을 형성하는 규정이므로, 위임의 구체성·명확성이라는 요구가 상당 부분 완화되는데(헌재 2016.2.25. 2015헌바191), 「근로기준법」 제11조 제2항은 사용자의 부담이 그다지 문제되지 않으면서 동시에 근로자의 보호필요성의 측면에서 우선적으로 적용될 수 있는 「근로기준법」의 범위를 선별하여 적용할 것을 대통령령에 위임한 것으로 볼 수 있고, 그러한 「근로기준법」 조항들이 일부적용 대상 사업장에 적용되리라 예측할 수 있으므로(예측가능성) 포괄위임금지원칙을 위반하지 아니한다.[249]

 판사의 근무평정에 관한 사항을 대법원규칙으로 정하도록 위임한 구 「법원조직법」 제44조의2 제2항이 포괄위임금지원칙에 위배되는지 여부

 입법권이 사법권에 간섭하는 것을 최소화하여 사법의 자주성과 독립성을 보장한다는 측면과 사법권의 적절한 행사에 요구되는 판사의 근무와 관련하여 내용적·절차적 사항에 관해 전문성을 가지고 재판 실무에 정통한 사법부 스스로 근무성적평정에 관한 사항을 정하도록 할 필요성에 비추어 대법원규칙에 위임할 필요성이 있고, 근무성적평정에 관한 사항이란 판사의 연임 등 인사관리에 반영시킬 수 있는 것으로 사법기능 및 업무의 효율성을 위하여 판사의 직무수행에 요구되는 것, 즉 직무능력과 자질 등과 같은 평가사항, 평정권자 및 평가방법 등에 관한 사항임을 충분히 예측할 수 있으므로 포괄위임금지원칙에 위배된다고 할 수 없다.[250]

 구 「국민건강보험법」 제71조 제1항 전단은 보수를 제외한 직장가입자의 소득이 대통령령으로 정하는 금액을 초과하는 경우 보수월액에 대한 보험료 외에 보수외소득을 기준으로 산정한 소득월액에 대한 보험료를 추가로 납부하도록 하고 있고, 「국민건강보험법」 제71조 제2항은 소득월액 산정의 기준, 방법 등을 대통령령에 위임하고 있다. 이 조항들이 포괄위임금지원칙에 위반되는지 여부

 ① 건강보험료는 그때그때의 사회·경제적 상황에 따라 적절히 현실화할 필요가 있고, 어느 정도의 보수외소득에 대하여 추가로 보험료를 부과할 것인지는 고도의 전문적이고 기술적인 사항이며, 제도 신설 당시 소득월액보험료는 고소득자에 대해 우선 부과하되 향후 그 적용대상이 단계적으로 확대될 예정이었기에 부과대상의 범위를 탄력적으로 조정할 필요도 있으므로, 소득월액보험료 부과의 기준을 대통령령에 위임할 필요성이 인정된다. 구법 제71조 제1항 전단은 '소득월액보험료 부과의 기준이 되는 보수외소득 금액'이라는 구체적

---

249) 헌재 2019.4.11. 2013헌바112, 근로기준법 제11조 제2항 위헌소원(합헌, 2인의 반대의견 있음).
250) 헌재 2016.9.29. 2015헌바331, 구 법원조직법 제45조의2 제2항 제2호 등 위헌소원(합헌).

사항을 특정하여 위임하고 있다. 위 조항의 도입 취지 등을 고려할 때, 대통령령에 규정될 금액 수준은 보험료 부담의 형평성을 일정 수준 이상 확보할 수 있는 정도가 될 것이라는 점을 충분히 예측할 수 있다. 따라서 구법 제71조 제1항 전단은 포괄위임금지원칙에 위반되지 아니한다. ② 다양한 종류의 소득 중에서 어떤 소득을 소득월액보험료의 부과대상으로 삼고 그에 대하여 어떤 기준과 방법으로 보험료를 부과할 것인지는 경제현실의 변화와 정책적 필요에 따라 탄력적으로 결정할 필요가 있다. 또한, 보수 이외의 소득은 파악이 쉽지 않을 뿐만 아니라 소득의 유형과 발생 시기 등이 서로 달라, 소득월액의 산정방법을 법률에서 규정하는 것이 곤란한 경우가 많으므로, 소득월액의 산정에 필요한 사항을 대통령령에 위임할 필요성이 인정된다. 구법 제71조 제1항 전단은 소득월액을 '보수외소득'을 기준으로 하여 산정한다고 함으로써 소득월액 산정 기준 중 가장 핵심적인 부분을 직접 규정하고 있으므로, 수범자는 법 제71조 제2항과 관련하여 대통령령에 규정될 내용이 그 밖의 세부적인 소득월액 산정 기준 내지 방법, 즉 소득월액에 포함되는 보수외소득의 종류, 각 소득별 평가방법, 소득자료의 반영시기 등이 될 것임을 충분히 예측할 수 있다. 따라서 법 제71조 제2항 역시 포괄위임금지원칙에 위반된다고 볼 수 없다.251)

Q 전기판매사업자로 하여금 전기요금과 그 밖의 공급조건에 관한 약관을 작성하여 산업통산부장관의 인가를 받도록 한 전기사업법 제16조 제1항 중 전기요금에 관한 부분이 포괄위임금지원칙에 위배되는지 여부

A 전기요금약관의 인가 여부를 결정함에 있어서는 전력의 수급상태, 물가수준, 한국전력공사의 재정상태 등이 종합적으로 반영되어야 하므로 인가의 구체적 기준을 설정하는 것은 전문적인 판단을 요함은 물론 수시로 변화하는 상황에도 시의 적절하게 탄력적으로 대응할 필요가 있고, 전기사업법의 목적과 관련 규정을 종합하면, 하위법령에서는 전기의 보편적 공급과 전기사용자의 보호, 물가의 안정이라는 공익을 고려하여 전기요금의 산정 원칙이나 산정 방법 등을 정할 것이라고 충분히 예측할 수 있으므로 포괄위임금지원칙에 위배되지 아니한다.252)

Q 자동차소유자가 국토교통부령으로 정하는 항목에 대하여 튜닝을 하려는 경우에는 관할관청의 승인을 받도록 하고, 이를 위반한 경우 처벌하도록 정한 자동차관리법 소정의 조항들이 포괄위임금지원칙에 반하는지 여부

A 자동차 관련 산업은 전문적이고 기술적이며, 자동차에 관한 기술과 자동차 튜닝산업이 다양하게 변화할 수 있어, 이에 대해 즉각적인 대응이나 탄력적인 규율이 필요하므로, 자동차 튜닝 중 관할관청의 승인이 필요한 항목을 하위법령에 위임할 필요가 있다. 자동차관리법 규정의 문언, 입법목적 및 관련규정의 내용을 종합해보면, 심판대상조항에 따라 국토교통부령에 규정될 내용은 기성 자동차의 구조·장치를 일부 변경하거나 부착물을 추가하는

---

251) 헌재 2019.2.28. 2017헌바245, 국민건강보험법 제71조 위헌소원(합헌).
252) 헌재 2021.4.29. 2017헌가25, 전기사업법 제16조 제1항 위헌제청(합헌).

것 중에서도 관련 법령상 자동차의 안전 운행에 필요한 성능과 기준이 설정되어 있는 구조·장치, 부품이 변경되거나 부착물을 추가함으로써 이에 준하는 변화가 발생할 것으로 예측되는 경우에 한하여 관할관청의 승인을 받아야 하는 것으로 규정할 것임을 알 수 있다. 따라서 심판대상조항은 포괄위임금지원칙에 반하지 않는다.[253]

NOTE ┃ **위헌 결정 사례(포괄위임금지원칙)**

제한상영가 상영등급분류의 구체적 기준을 영상물등급위원회의 규정에 위임하고 있는 「영화진흥법」 제21조 제7항[254] 후문 중 '제3항 제5호' 부분의 위임 규정: 그 이유로는 ⓐ 그 내용이 사회현상에 따라 급변하는 내용들이 아닌 점, ⓑ 특별히 전문성이 요구되는 것도 아닌 점, ⓒ 기술적인 사항도 아닌 점, ⓓ 더욱이 표현의 자유의 제한과 관련되어 있다는 점(이상 위임의 필요성), ⓔ 무엇이 제한상영가 등급을 정하는 기준인지에 대해 전혀 알 수 없는 점, ⓕ 다른 관련규정들을 살펴보더라도 위임되는 내용이 구체적으로 무엇인지 알 수 없는 점(이상 예측 가능성)[255] 등을 제시하고 있다.

NOTE ┃ **합헌 결정 사례(포괄위임금지원칙)**

① 노인장기요양 급여비용의 구체적인 산정방법 등에 관하여 필요한 사항을 보건복지부령에 정하도록 위임한 「노인장기요양보험법」 제39조 제3항[256]
② 화약류저장소의 '구조·위치 및 설비'에 관한 사항을 대통령령으로 정하도록 한 '총포·도검·화약류 등의 안전관리에 관한 법률' 제25조 제2항[257]
③ 구체적인 포획·채취 금지체장(體長)을 시행령에 위임하는 「수산자원관리법」 제14조 제1항 중 포획·채취 금지체장 부분, 「수산자원관리법」 제14조 제5항 중 포획·채취 금지체장 부분[258]
④ 「약사법」에 따라 의약품을 판매할 수 있는 자는 보건복지(가족)부령으로 정하는 바에 따라 의약품 등의 유통 체계 확립과 판매 질서 유지에 필요한 사항을 지켜야 하도록 규정하고 있는 구 「약사법」 제47조 및 이를 위반할 경우 형사처벌하는 제95조 제1항 제8호[259]

---

253) 헌재 2019.11.28. 2017헌가23, 자동차관리법 제81조 제19호 등 위헌제청(합헌).
254) 영화진흥법 제21조 (상영등급분류) ⑦ 제1항의 규정에 의한 상영등급분류의 절차 및 방법, 제3항의 규정에 의한 상영등급분류의 구체적 기준 등에 관하여 필요한 사항은 영상물등급위원회의 규정으로 정한다.
255) 헌재 2008.7.31. 2007헌가4(헌법불합치).
256) 헌재 2021.8.31. 2019헌바73, 노인장기요양보험법 제39조 제1항 등위헌소원(합헌).
257) 헌재 2021.9.30. 2018헌바456, 총포·도검·화약류 등의 안전관리에 관한 법률 제25조 제2항 등 위헌소원(합헌, 각하).
258) 헌재 2021.9.30. 2019헌마551, 수산자원관리법 제14조 제1항 등 위헌확인(기각, 각하).
259) 헌재 2021.10.28. 2019헌바50, 구 약사법 제47조 등 위헌소원(합헌).

⑤ 「소득세법」의 납세의무자를 정하기 위한 주소·거소와 거주자·비거주자의 구분을 대통령령으로 정하도록 위임한 「소득세법」 제1조의2 제2항[260]

⑥ 공무원이 감봉의 징계처분을 받은 경우 대통령령으로 정하는 일정기간 승진과 승급을 제한하도록 한 「국가공무원법」 제80조 제6항[261]

⑦ 「의료사고 피해구제 및 의료분쟁 조정 등에 관한 법률」은 보건의료기관개설자의 손해배상금의 대불에 필요한 비용부담의무를 부과하면서, 그 금액과 납부방법 및 관리 등에 관하여 필요한 사항은 대통령령으로 위임하고 있다.[262] 헌법재판소는 위임조항 중 '그 금액' 부분이 부담금의 산정방식이나 요건에 대해 아무것도 정하지 않고 대통령령에 이를 포괄적으로 위임하였으므로 헌법에 합치되지 않는다고 결정하였다. 이 결정은 의료사고 피해자들의 손해배상금 대불청구가 점차 증가하면서 재원이 빠르게 고갈되어 대불비용 부담금의 추가징수가 반복되는 상황을 반영하여 기존의 합헌결정[263]을 변경한 사례다.[264]

제8항 명확성원칙

I. 개념

명확성원칙이란 법률은 국민의 신뢰를 보호하고 법적 안정성을 확보하기 위하여 되도록 명확한 용어로 규정하여야 한다는 원칙을 말한다. 이러한 명확성원칙은 적법절차, 죄형법정주의, 포괄위임금지원칙, 표현의 자유, 과세요건 등에서 흔히 문제되는데, 그중에서도 적법절차[265]나 죄형법정주의 또는 표현의 자유가 적용되는 영역에서는 그 밖의 일반적인 경우보다도 명확성원칙이 더욱 엄격하게 요구된다.[266]

---

260) 헌재 2021.10.28. 2019헌바148, 소득세법 제1조의2 제2항 위헌소원(합헌).

261) 헌재 2022.3.31. 2020헌마211, 국가공무원법 제80조 제6항 등 위헌확인(기각, 각하).

262) 의료사고 피해구제 및 의료분쟁 조정 등에 관한 법률 제47조(손해배상금 대불) ② 보건의료기관개설자는 제1항에 따른 손해배상금의 대불에 필요한 비용을 부담하여야 하고, 그 금액과 납부방법 및 관리 등에 관하여 필요한 사항은 대통령령으로 정한다.

263) 헌재 2014.4.24. 2013헌가4.

264) 헌재 2022.7.21. 2018헌바504, 의료사고 피해구제 및 의료분쟁 조정 등에 관한 법률 제47조 제2항 등 위헌소원(헌법불합치, 합헌) - 보건의료기관개설자에 대한 대불비용 부담금 부과 사건.

265) 판결에서는 명확하게 기술되어 있지 않으나 신체의 자유와 관련하여 적용될 때를 의미하는 것으로 이해된다.

266) 헌재 2000.2.24. 98헌바37, 자동차운수사업법 제24조 제1항 등 위헌소원(합헌). 표현의 자유에 대해서는 헌재 2016.2.25. 2013헌바105등, 정보통신망 이용촉진 및 정보보호 등에 관한 법률 제70조 제1항 위헌소원(합헌).

　　명확성원칙은 기본권을 제한하는 모든 입법에서 요구된다.[267] 개별적인 특정 위헌심사기준이나 기본권과 관련되는 것만은 아니기 때문에 일반적인 위헌심사기준이라고 할 수 있다. 따라서 예컨대 표현의 자유의 침해 여부를 판단하기 위해서 명확성원칙 위배여부를 검토할 수도 있지만 명확성원칙 자체를 위배하여 위헌이 될 수도 있는 것이다.

II. 근거

　　명확성 요구는 법치국가원리의 요청이다.[268] 법률은 명확한 용어로 규정함으로써 적용대상자에게 그 규제내용을 미리 알 수 있도록 공정한 고지를 하여 장래의 행동지침을 제공하고, 동시에 법집행자에게 객관적 판단지침을 주어 차별적이거나 자의적인 법해석을 예방할 수 있다.[269] 명확성원칙이 요구되는 이유는 규범의 의미내용으로부터 무엇이 금지되는 행위이고 무엇이 허용되는 행위인지를 수범자가 알 수 없다면 법적 안정성과 예측가능성은 확보될 수 없게 될 것이고, 또한 법집행 당국에 의한 자의적 집행을 가능하게 할 것이기 때문이다.[270]

III. 원칙의 위배여부 판단기준

1. 내용적 판단기준

　　헌법재판소의 판례에 따르면 명확성원칙을 산술적으로 엄격히 관철하도록 요구하는 것은 입법기술상 불가능하거나 현저히 곤란하므로 어느 정도의 보편적 내지 일반적 개념의 용어사용은 불가피하다고 한다. 따라서 당해 법률이 제정된 목적과 타 규범과

---

267) 헌재 2018.7.26. 2016헌바159, 민사소송법 제186조 제3항 위헌소원(합헌).
268) 법치국가는 법적 안정성을 의미하고 법적 안정성은 법적 명확성을 의미하며 시간적 차원에서 보면 신뢰보호를 의미한다(Christoph Degenhart, Staatsrecht 1 - Staatsorganisationsrecht, 18. Aufl., 2002, Müller, Rn. 347). 헌법재판소에서는 "명확성의 원칙은 민주주의·법치주의 원리의 표현으로서 모든 기본권제한입법에 요구되는 것이며, 죄형법정주의, 조세법률주의, 포괄위임금지와 같은 원칙들에도 명확성의 요청이 이미 내재되어 있는 것"이라고 한다[헌재 2002.6.27. 99헌마480, 기통신사업법 제53조등위헌확인(위헌, 각하)].
269) 헌재 2000.2.24. 98헌바37, 자동차운수사업법 제24조 제1항 등 위헌소원(합헌); 1992.4.28. 90헌바27등.
270) 헌재 2000.2.24. 98헌바37.

의 연관성을 고려하여 **합리적인 해석이 가능한지의 여부**에 따라 명확성의 구비 여부가 가려져야 하고, 설혹 법문언에 어느 정도의 모호함이 내포되어 있다 하더라도 법관의 보충적인 가치판단을 통해서 법문언의 의미내용을 확인할 수 있고 그러한 보충적 해석이 해석자의 개인적인 취향에 따라 좌우될 가능성이 없다면 명확성원칙에 반한다고 할 수 없다고 한다.271) 즉, 명확성의 원칙이란 기본적으로 최대한이 아닌 **최소한의 명확성**을 요구하고 있는 것이다.272)

법규범의 의미내용은 법규범의 문언이나 입법의 목적·취지·연혁, 법규범의 체계적 구조 등을 **종합적으로 고려하여 판단**하는데,273) 법규범의 예측가능성과 자의적 법집행의 배제가 확보되면 명확성원칙을 충족하는 것으로 판단하고 있다.274)

2. 판단의 기준인

수범자에 대한 행위규범으로서의 법령이 명확하여야 한다는 것은 헌법재판소에 따르면 일반 국민 누구나 그 뜻을 명확히 알게 하여야 한다는 것을 의미하지는 않고, **사회의 평균인**이 그 뜻을 이해하고 위반에 대한 위험을 고지 받을 수 있을 정도면 충분하며, 일정한 신분 내지 직업 또는 지역에 거주하는 사람들에게만 적용되는 법령의 경우에는 그 **사람들 중의 평균인**을 기준으로 하여 판단하여야 한다.275)

구 「도시 및 주거환경정비법」 제86조 제7호276)의 "제81조 제2항의 규정" 중 '중요한 회의' 부분이 명확성원칙에 위배되는지 여부를 판단하시오.

271) 헌재 2018.7.26. 2016헌바159, 민사소송법 제186조 제3항 위헌소원(합헌); 2013.12.26. 2012헌바375.
272) 헌재 1998.4.30. 95헌가16, 출판사및인쇄소의등록에관한법률 제5조의2 제5호 등 위헌제청(위헌, 합헌).
273) 헌재 2016.2.25. 2015헌가11; 2013.8.29. 2011헌바176.
274) 헌재 2016.2.25. 2013헌바260, 장애인복지법 제87조 제8호 등 위헌소원(합헌); 2015.4.30. 2014헌바
     179등 참조.
275) 헌재 2016.2.25. 2013헌바435, 국가공무원법 제63조 등 위헌소원(합헌); 2012.2.23. 2009헌바34,
     법관징계법 제2조 제2호 등 위헌소원(합헌).
276) 구 「도시 및 주거환경정비법」 제86조(벌칙) 다음 각 호의 1에 해당하는 자는 1년 이하의 징역 또
     는 1천만 원 이하의 벌금에 처한다.
     7. 제81조 제2항의 규정을 위반하여 속기록 등을 만들지 아니하거나 청산시까지 보관하지 아니한
        추진위원회·조합 또는 정비사업전문관리업자의 임직원
     구 「도시 및 주거환경정비법」 제81조(관련자료의 공개와 보존 등) ② 추진위원회·조합 또는 정
     비사업전문관리업자는 총회 또는 중요한 회의가 있은 때에는 속기록·녹음 또는 영상자료를 만들
     어 이를 청산시까지 보관하여야 한다.

조합의 어떤 회의체기관의 회의가 중요한 '회의'에 해당하는지 명시하지 않았고, '중요한'이라는 용어는 그 자체만으로 독자적인 판정기준이 될 수 없어 그 해당 여부가 안건에 따라 정해지는지, 실제 의결된 내용에 따라 정해지는지 여부조차 예측할 수 없을 뿐만 아니라, 위 조항의 입법취지나 다른 관련조항을 종합해 보더라도 이 부분 해석에 도움이 되는 객관적이고 명확한 기준을 얻을 수 없으므로, 결국 범죄의 구성요건을 지나치게 추상적이고 모호하게 규정함으로써 통상의 판단능력을 가진 국민이 무엇이 금지되는지를 예견하기 어렵다.277)

NOTE   **위헌 결정 사례(명확성원칙)**

「국가공무원법」 제65조 제1항은 "공무원은 정당이나 그 밖의 정치단체의 결성에 관여하거나 이에 가입할 수 없다."고 규정하고 있는데, 여기에서 "그 밖의 정치단체"는 어떤 단체에 가입하는가에 관한 집단적 형태의 '표현의 내용'에 근거한 규제이므로 더욱 규제되는 표현의 개념을 명확히 하지 못하였을 뿐만 아니라 형벌의 구성요건을 규정하는 법률조항에 대한 명확성원칙의 엄격한 기준을 충족하지 못하여 헌법에 위반된다.278)

NOTE   **합헌 결정 사례(명확성원칙)**

① 공무원이 선거에서 특정정당 또는 특정인을 지지하기 위하여 타인에게 정당에 가입하도록 권유 운동을 한 경우 형사처벌하는 「국가공무원법」상 정당가입권유금지조항은, '선거'에는 공직선거는 물론 공직선거에 후보자를 추천하기 위한 당내경선도 포함되고, '권유 운동'은 타인에게 정당에 가입하도록 권하고 힘쓰는 것으로 해석되므로, 명확성원칙에 위반되지 아니한다.279)

② 공무원이 당내경선에서 경선운동을 한 경우 형사처벌하는 「공직선거법」상 경선운동금지조항과 경선운동방법조항은, '경선운동'이란 정당이 공직선거에 추천할 후보자를 선출하기 위해 실시하는 선거에서 특정인을 당선되게 하거나 되지 못하게 하기 위해 힘쓰는 일로 해석되므로, 명확성원칙에 위반되지 아니한다.280)

③ 국회의원 '후보자가 되고자 하는 자'로 하여금 당해 선거구 안에 있는 자나 당해 선거구 밖에 있더라도 그 선거구민과 연고가 있는 자에 대한 기부행위를 금지하고 이를 위반한

---

277) 헌재 2011.10.25. 2010헌가29, 구 도시 및 주거환경정비법 제86조 제7호 등 위헌제청(위헌).
278) 헌재 2020.4.23. 2018헌마551, 정당법 제22조 제1항 단서 제1호 등 위헌확인[위헌(3인의 반대의견 있음), 기각(3인의 반대의견 있음), 각하]. 위헌의견 6인 중 3인의 위헌의견은 명확성원칙의 위배가 분명하므로 나아가 과잉금지심사를 할 필요가 없다고 하였으나 나머지 3인의 위헌의견은 과잉금지원칙까지 위배한 것으로 보고 있다.
279) 헌재 2021.8.31. 2018헌바149, 국가공무원법 제65조 제2항 제5호 등 위헌소원(합헌).
280) 헌재 2021.8.31. 2018헌바149.

경우 형사처벌하도록 규정한 「공직선거법」상 '기부행위금지조항'은, '후보자가 되고자 하는 자'는 당사자의 주관에 의해서만 판단하는 것이 아니라 후보자 의사를 인정할 수 있는 객관적 징표 등을 고려하여 그 해당 여부를 판단하고 있으며, 문제되는 당해 선거를 기준으로 하여 기부 당시 후보자가 되려는 의사를 인정할 수 있는 객관적 징표를 고려하여 판단하면 되므로, 기부행위금지조항은 명확성원칙에 위반되지 아니한다.[281]

④ '선거범, 「정치자금법」 제45조 및 제49조에 규정된 죄, 대통령·국회의원·지방의회의원·지방자치단체의 장으로서 그 재임 중의 직무와 관련하여 「형법」 제129조 내지 제132조, 「특정범죄가중처벌 등에 관한 법률」 제3조에 규정된 죄'와 '다른 죄'의 경합범에 대하여 분리 선고하도록 규정한 공직선거법상 분리선고조항과 관련하여, 이 조항은 '선거범, 「정치자금법」 제45조 및 제49조에 규정된 죄' 사이에서는 분리 선고를 할 수 있는지 여부를 전혀 규정하지 않음으로써 명확성원칙에 위반된다는 주장에 대하여 헌법재판소는, 「공직선거법」상 분리선고조항은 '형법 제38조에도 불구하고 제1항 제3호에 규정된 죄와 다른 죄의 경합범에 대해서는 이를 분리 선고하고'라고 규정함으로써, 「형법」 제38조에 규정된 경합범 처벌례의 예외를 선언하고 있는 바, … 「공직선거법」상 관련조항의 내용을 함께 고려하면, 분리선고조항은 명시적·한정적으로 열거된 「공직선거법」 제16장 벌칙에 규정된 죄와 「국민투표법」 위반의 죄, 「정치자금법」 제45조 및 제49조에 규정된 죄, 대통령·국회의원·지방의회의원·지방자치단체장의 재임 중 직무 관련 뇌물죄 및 알선수재죄'(이상 '선거범죄 등')와 '다른 죄'의 경합범에 대해서는 예외적으로 분리하여 선고하되, 그 외의 경우에는 다시 원칙으로 돌아와 「형법」 제38조의 경합범 처벌례에 따르도록 규정한 것임을 알 수 있으므로, 분리선고조항은 '선거범죄 등'에 해당하는 「공직선거법」 제16장 벌칙에 규정된 죄와 「국민투표법」 위반의 죄, 「정치자금법」 제45조 및 제49조에 규정된 죄의 경합범에 대하여 분리 선고를 허용하고 있지 않다고 할 것인바, 이는 건전한 상식과 통상적인 법감정을 지닌 사람이라면 누구나 파악할 수 있고 법집행기관의 자의적인 법해석이나 법집행도 배제되어 있다고 할 수 있으므로, 명확성원칙에 위반되지 아니한다고 판시하고 있다.

⑤ 방송편성에 관하여 간섭을 금지하는 「방송법」 제4조 제2항의 '간섭'에 관한 부분은 방송편성의 자유와 독립을 보장하기 위하여, 방송사 외부에 있는 자가 방송편성에 관계된 자에게 방송편성에 관해 특정한 요구를 하는 등의 방법으로, 방송편성에 관한 자유롭고 독립적인 의사결정에 영향을 미칠 수 있는 행위 일체를 금지한다는 의미임을 충분히 알 수 있다.[282]

⑥ 유골 500구 이상을 안치할 수 있는 사설봉안시설을 설치·관리하려는 자는 「민법」에 따라 봉안시설의 설치·관리를 목적으로 하는 재단법인을 설립하도록 하는 구 「장사 등에 관한 법률」 제15조 제3항 본문 중 '설치·관리하려는 자'의 의미에는 장사법에 의하여 새로이 봉안시설을 설치·관리하려는 자뿐만 아니라 이미 구 매장법에 따라 봉안시설을 설치·관리하던 자가 추가 설치하려는 경우도 포함된다는 것을 충분히 예측할 수 있으므로

---

281) 헌재 2021.8.31. 2018헌바149.
282) 헌재 2021.8.31. 2019헌바439, 방송법 제4조 제2항 위헌소원(합헌).

법률의 명확성원칙에 위반되지 아니한다.[283]

⑦ "<u>국내에 널리 인식된</u> 타인의 성명, 상호, 표장(標章), 그 밖에 <u>타인의 영업임을 표시하</u><u>는 표지와 동일</u>하거나 <u>유사한</u> 것을 사용하여 타인의 영업상의 시설 또는 활동과 <u>혼동하게</u><u>하는 행위</u>"를 부정경쟁행위로 정의하고 있는 '부정경쟁방지 및 영업비밀보호에 관한 법률' 제2조 제1호 나목은 각 요건의 문언적 의미, 중한 법익침해를 입법공백 없이 규제하려는 심판대상조항의 입법취지 및 경위, 등록주의를 원칙으로 하고 있는 상표법의 예외로서 특히 주지성을 취득한 영업표지에 한하여 보호하는 점 등에 비추어 본다면, 영업표지가 국내 수요자 사이에 자타식별 및 출처표시기능을 가지는 특정인의 영업표지라고 널리 인식되고 알려지는 것을 규율하는 것임을 충분히 알 수 있고, 법원 역시 일관되게 위 각 요건에 관한 보충적 해석기준을 제시해오고 있으므로 명확성원칙에 위배되지 아니한다.[284]

⑧ 「민법」은 공유물을 현물로 분할할 수 없거나 분할로 인하여 현저히 가액이 감손될 염려가 있는 때에는 법원은 물건의 경매를 명할 수 있다고 규정하고 있는데, 여기서 법원이 대금분할(공유물을 경매에 부쳐 그 대금을 공유지분에 따라 분배하도록 하는 판결)을 명할 수 있는 요건이 분명하지 않고 해석의 여지가 지나치게 넓다며 명확성원칙에 위배된다는 주장에 대하여 헌법재판소는 규정의 의미나 대금분할 명령 재량의 한계 등에 관한 대법원의 판결 등을 고려하면 법관의 자의적 해석의 위험성이 있다고 볼 수 없다.[285]

IV. 죄형법정주의와 명확성원칙

1. 의의

죄형법정주의에 있어서 명확성원칙의 준수와 관련하여 헌법재판소는 헌법상 죄형법정주의의 원칙은 법률이 처벌하고자 하는 행위가 무엇이며, 그에 대한 형벌이 어떠한 것인지를 **누구나 예견**할 수 있고,[286] 그에 따라 자신의 행위를 결정할 수 있게끔 구성요건을 명확하게 규정할 것을 요구하는데, 법률이 명확하지 않다면 당해 행위가 허용되는지 여부를 예측할 수 없고, 국민의 인권은 보장될 수 없다고 한다.[287] 형벌법규의 내용이 애매모호하거나 추상적이어서 불명확하면 무엇이 금지된 행위인지를 국민이

---

283) 헌재 2021.8.31. 2019헌바453, 구 장사등에관한법률 제14조 제2항 위헌소원(합헌).
284) 헌재 2021.9.30. 2019헌바217, 부정경쟁방지 및 영업비밀보호에 관한 법률 제2조 제1호 나목 위헌소원(합헌) - 부정경쟁행위 사건.
285) 헌재 2022.7.21. 2020헌바205, 민법 제269조 제2항 위헌소원(합헌) - 공유물분할청구사건.
286) 죄형법정주의의 명확성의 원칙 위배여부 판단에서는 평균인이 아니라 누구나 명확하게 알 수 있어야 한다는 점에서 판례는 구분하고 있다. 그러나 아래 본문에서 보는 바와 같이 처벌법규와 관련하여서는 통상적인 법감정을 가진 사람이라고 판시하고 있는 등 혼선이 있다.
287) 헌재 1989.12.22. 88헌가13; 2006.4.27. 2005헌바36.

알 수 없어 법을 지키기가 어려울 뿐만 아니라, 범죄의 성립 여부가 법관의 자의적인 해석에 맡겨져서 죄형법정주의에 의하여 국민의 자유와 권리를 보장하려는 법치주의의 이념은 실현될 수 없다.[288] 말하자면 죄형법정주의는 명확성원칙의 형법적 표현이라고 할 수 있다.

2. 처벌법규의 명확성원칙 위배여부 판단기준

명확성원칙은 특히 처벌법규에 있어서 엄격히 요구된다. 그러나 그렇다고 하여 입법권자가 모든 구성요건을 단순한 의미의 서술적인 개념에 의하여 규정하여야 한다는 것은 아니고, 자의를 허용하지 않는 통상의 해석방법에 의해 당해 처벌법규의 보호법익과 그에 의하여 금지된 행위 및 처벌의 종류와 정도를 알 수 있도록 규정되면 족한 것으로 헌법재판소는 해석하고 있다. 즉, 처벌법규의 구성요건이 다소 광범위하여 어떤 범위에서는 법관의 보충적인 해석을 필요로 하는 개념을 사용하였다고 하더라도 그 점만으로 명확성원칙에 배치되는 것은 아니며, **건전한 상식과 통상적인 법감정을 가진 사람**이 처벌법규의 적용대상자가 누구이며 구체적으로 어떤 행위가 금지되고 어떤 형벌을 받는지 충분히 알 수 있다면 죄형법정주의의 명확성원칙에 위배되지 않는다.[289] 처벌법규의 명확성 정도는 일률적으로 정할 수 없고 각 구성요건의 특수성과 그러한 법적 규제의 원인이 된 여건이나 처벌의 정도 등을 고려하여 종합적으로 판단하여야 한다든가,[290] 당해 특정조항 하나만을 가지고 판단할 것이 아니고, 관련 법조항 전체를 유기적·체계적으로 종합 판단하여야 하며, 각 대상법률의 성질에 따라 구체적·개별적으로 검토하여야 한다고 하기도 한다.[291]

한편 헌법재판소는 **처벌법규를 위임함에 있어서 명확성원칙을 위배하였는지 여부**를 구체적으로 다음의 3가지 기준으로 판단하고 있다.[292] ① 처벌법규의 위임은 특히 긴급

---

288) 헌재 2010.12.28. 2008헌바157등, 전기통신기본법 제47조 제1항 위헌소원 1996.12.26. 93헌바65.
289) 헌재 2012.12.27. 2012헌바46; 2016.2.25. 2015헌가11; 1989.12.22. 88헌가13; 2006.4.27. 2005헌바36; 2019.8.29. 2014헌바212등, 의료법 제87조 제1항 제2호 위헌소원 등(합헌); 2021.2.25. 2018헌바223, 공직선거법 제113조 제1항 등 위헌소원(합헌).
290) 헌재 2018.7.26. 2016헌바139, 구 군형법 제94조 위헌소원(합헌); 2014.7.24. 2013헌바169.
291) 헌재 2019.8.29. 2014헌바212등, 의료법 제87조 제1항 제2호 위헌소원 등(합헌); 2011.10.25. 2010헌가29 등 참조.
292) 헌재 2016.2.25. 2013헌바367, 상호저축은행법 제37조 제1항 등 위헌소원(합헌); 2014.3.27. 2011헌바42, 정당법 제22조 제1항 제1호 등 위헌소원(합헌) 참조.

한 필요가 있거나 미리 법률로써 자세히 정할 수 없는 부득이한 사정이 있는 경우에 한정되어야 한다(위임의 필요성). ② 법률에서 처벌대상인 행위가 어떠한 것일 거라고 예측할 수 있을 정도로 범죄의 구성요건을 구체적으로 정하여야 한다(위임내용의 예측가능성). ③ 형벌의 종류 및 그 상한과 폭을 명백히 규정하여야 한다(처벌내용의 명백성).

"… 연설·방송·신문·통신·잡지·벽보·선전문서 기타의 방법으로 …"라고 규정하고 있는 「공직선거법」의 허위사실공표금지 조항과 같이 "기타의 방법으로"라고 규정하여 예시적 입법형식을 취하는 경우, 예시한 구체적인 사례들이 그 자체로 일반조항의 해석을 위한 판단지침을 내포하고 있어야 할 뿐만 아니라 그 일반조항 자체가 그러한 구체적인 예시들을 포괄할 수 있는 의미를 담고 있는 개념이어야 한다.[293]

Q 「공직선거법」 제57조의3 제1항[294]에서는 당내경선에서 허용되는 경선운동방법을 한정하고, 같은 법 제91조 제1항[295]에서는 선거운동에서 원칙적으로 확성장치 사용을 금지하고 있으며, 같은 법 제255조 제2항 제3호, 제4호에서는 이를 위반한 경우 처벌하고 있다. 「공직선거법」 제57조의3 제1항과 제255조 제2항 제3호가 명확성원칙에 위반되는지 여부를 판단하시오.

A 건전한 상식과 통상적 법감정을 가진 사람이라면 경선후보자는 경선운동방법 제한조항에서 정한 방법에 의해서만 경선운동을 할 수 있고, 거기에 열거되지 않은 확성장치를 사용하여 지지호소 행위를 할 수 없다는 점을 명확히 알 수 있기 때문에 경선운동방법 조항들이 죄형법정주의의 명확성원칙에 위반된다고 할 수 없다.[296]

---

293) 헌재 2009.3.26. 2007헌바72; 2021.2.25. 2018헌바223, 공직선거법 제113조 제1항 등 위헌소원(합헌); 2022.2.24. 2018헌바146, 공직선거법 제59조 본문 등 위헌소원(위헌).

294) 제57조의3(당내경선운동) ① 정당이 당원과 당원이 아닌 자에게 투표권을 부여하여 실시하는 당내경선에서는 다음 각 호의 어느 하나에 해당하는 방법 외의 방법으로 경선운동을 할 수 없다. 1. 제60조의3 제1항 제1호·제2호에 따른 방법 2. 정당이 경선후보자가 작성한 1종의 홍보물(이하 이 조에서 "경선홍보물"이라 한다)을 1회에 한하여 발송하는 방법 3. 정당이 합동연설회 또는 합동토론회를 옥내에서 개최하는 방법(경선후보자가 중앙선거관리위원회규칙으로 정하는 바에 따라 그 개최장소에 경선후보자의 홍보에 필요한 현수막 등 시설물을 설치·게시하는 방법을 포함한다).

295) 제91조(확성장치와 자동차 등의 사용제한) ① 누구든지 이 법의 규정에 의한 공개장소에서의 연설·대담장소 또는 대담·토론회장에서 연설·대담·토론용으로 사용하는 경우를 제외하고는 선거운동을 위하여 확성장치를 사용할 수 없다.

296) 헌재 2019.4.11. 2016헌바458등 확성장치를 이용한 당내경선운동에 관한 사건(합헌, 각하).

Q 구 「군사기밀보호법」 제15조 중 외국인가중처벌조항("외국인을 위하여 제12조 제1항에 규정된 죄를 범한 경우에는 그 죄에 해당하는 형의 2분의 1까지 가중처벌한다.")이 죄형법정주의의 명확성의 원칙에 위배되는지 여부를 판단하시오. (군사기밀 보호법(2011.6.9. 법률 제10792호로 개정된 것) 제12조 (누설) ① 군사기밀을 탐지하거나 수집한 사람이 이를 타인에게 누설한 경우에는 1년 이상의 유기징역에 처한다.)

A 외국인 가중처벌 조항의 문언적 의미, 입법취지나 목적, 입법연혁, 법규범의 체계적 구조 등에 비추어 볼 때, 건전한 상식과 통상적인 법 감정을 가진 사람이라면 외국인 가중처벌 조항 중 "외국인을 위하여"의 의미는 '외국인에게 군사적이거나 경제적이거나를 불문하고 일체의 유·무형의 이익 내지는 도움이 될 수 있다는, 즉 외국인을 이롭게 할 수 있다는 인식 내지는 의사'를 의미한다고 충분히 알 수 있으므로, 외국인 가중처벌 조항에 의하여 금지된 행위가 무엇인지 불명확하다고 볼 수 없다.[297]

Q 의료인은 어떠한 명목으로도 둘 이상의 의료기관을 운영할 수 없다고 규정한 「의료법」 제33조 제8항 본문 중 '운영' 부분이 죄형법정주의의 명확성원칙에 위반되는지 여부를 검토하시오.

A '운영'의 사전적 의미와 이에 대한 법원의 해석, 의료법 개정의 취지 및 그 규정 형식 등을 종합하여 볼 때, '의료기관 중복운영'이란, '의료인이 둘 이상의 의료기관에 대하여 그 존폐·이전, 의료행위 시행 여부, 자금 조달, 인력·시설·장비의 충원과 관리, 운영성과의 귀속·배분 등의 경영사항에 관하여 의사 결정 권한을 보유하면서 관련 업무를 처리하거나 처리하도록 하는 경우'를 의미하는 것으로 충분히 예측할 수 있고, 그 구체적인 내용은 법관의 통상적인 해석·적용에 의하여 보완될 수 있기 때문에 명확성원칙에 위반되지 아니한다.[298]

Q 「군복 및 군용장구의 단속에 관한 법률」 제8조 제2항 "판매목적 소지"와 제13조 제1항 제2호중 "판매목적 소지" 부분(「군복 및 군용장구의 단속에 관한 법률」 제8조 (군복 등의 제조·판매의 금지) ② 누구든지 유사군복을 제조 또는 판매하거나 판매할 목적으로 소지하여서는 아니 된다. 제13조(벌칙) ① 다음 각 호의 어느 하나에 해당하는 자는 1년 이하의 징역 또는 1천만 원 이하의 벌금에 처한다. 2. 제8조의 규정을 위반한 자)가 명확성원칙을 위배하는지 여부를 판단하시오.

---

297) 헌재 2018.1.25. 2015헌바367, 군사기밀 보호법 제13조의2 제1항 등 위헌소원(합헌).
298) 헌재 2019.8.29. 2014헌바212등, 의료법 제87조 제1항 제2호 위헌소원 등(합헌).

「군복 및 군용장구의 단속에 관한 법률」제2조 제3호에 따르면 유사군복은 "군복과 형태·색상 및 구조 등이 유사하여 외관상으로는 식별이 극히 곤란한 물품으로서 국방부령이 정하는 것"으로서, 유사군복이란 일반인의 눈으로 볼 때 군인이 착용하는 군복이라고 오인할 정도로 형태·색상·구조 등이 극히 비슷한 물품을 의미한다. 따라서 이른바 밀리터리 룩은 대부분 군복의 상징만 차용하였을 뿐 형태나 색상 및 구조가 진정한 군복과는 다르거나 그 유사성이 식별하기 극히 곤란한 정도에 이르지 않기 때문에, 심판대상조항의 적용을 받지 않는다. 법률 조항의 문언과 입법취지 등을 종합하면, 건전한 상식과 통상적인 법 감정을 가진 사람은 「군복 및 군용장구의 단속에 관한 법률」상 판매목적 소지가 금지되는 '유사군복'에 어떠한 물품이 해당하는지를 예측할 수 있고, 유사군복을 정의한 조항에서 법 집행자에게 판단을 위한 합리적 기준이 제시되고 있어 심판대상조항이 자의적으로 해석되고 적용될 여지가 크다고 할 수 없다. 따라서 죄형법정주의의 명확성원칙에 위반되지 아니한다.[299]

Q 「식품위생법」제52조 제2항에서 집단급식소에 근무하는 영양사의 직무를 집단급식소에서의 식단 작성, 검식(檢食) 및 배식관리 등 5가지로 규정하면서, 제96조에서는 이를 위반한 경우에는 처벌하도록 하고 있다. 이 처벌조항이 명확성원칙에 위반되는지 여부를 판단하시오.

A 법정의견 중 5인의 위헌의견은 처벌조항은 그 구성요건이 불명확하거나 그 적용범위가 지나치게 광범위한 관계로 어떠한 것이 범죄인가를 법제정기관인 입법자가 법률로 확정하는 것이 아니라 사실상 법 운영 당국이 재량으로 정하는 결과가 되어 죄형법정주의의 명확성원칙에 위반된다고 보았고, 다른 2인의 위헌의견은 직무수행의 일체행위를 처벌대상으로 하고 있음이 명확하므로 명확성원칙에는 위반되지 않고 오히려 과잉금지원칙에 위반된다고 보았다. 나머지 2인 재판관은 집단급식소의 위생과 안전을 침해할 위험이 있는 행위로 처벌대상을 한정하는 것으로 해석할 수 있으므로 명확성원칙과 과잉금지원칙에 위반되는 것은 아니라고 보았다.[300]

Q '정당한 사유 없이' 정보통신시스템, 데이터 또는 프로그램 등의 '운용을 방해할 수 있는' 프로그램의 유포행위를 금지하는 「정보통신망 이용촉진 및 정보보호 등에 관한 법률」제48조 제2항 중 "운용을 방해할 수 있는" 부분이 운용 방해의 정도나 그 위험성의 정도에 대하여 구체적으로 정하지 않아, 이 사건 금지조항만으로는 어느 정도로 운용이 방해되어야 악성프로그램에 해당하는지 알 수 없어 죄형법정주의의 명확성원칙에 위반된다는 주장의 당부를 판단하시오.

---

299) 헌재 2019.4.11. 2018헌가14, 군복 및 군용장구의 단속에 관한 법률 제8조 제2항 위헌제청(합헌).
300) 헌재 2023.3.23. 2019헌바141, 식품위생법 제96조 등 위헌소원(위헌) — 집단급식소 영양사 직무 미수행 처벌사건. 이 결정에는 위헌과 합헌의견에서 나타난 과잉금지원칙 위배여부와 관련하여 침해되는 기본권이 명확히 적시되지 않은 문제가 있다.

'운용 방해' 대상인 정보통신시스템, 데이터, 프로그램은 그 형태나 이용방법이 다양하고, 컴퓨터 및 정보통신기술의 발달에 따라 현재도 계속 생성·변화하고 있으며, 그에 따라 그 운용을 방해할 수 있는 프로그램의 유형이나 방해의 방법도 계속 변화하고 있다. 따라서 방해의 정도나 위험성의 정도를 법률조항에 미리 구체적으로 규정하는 것은 곤란한 측면이 있고, 이 부분은 법률조항에 대한 합리적 해석을 통해 해결할 부분이라고 할 수 있다. 그리고 "'악성프로그램'에 해당하는지 여부는 프로그램 자체를 기준으로 하되, 그 사용용도 및 기술적 구성, 작동방식, 정보통신시스템 등에 미치는 영향, 프로그램 설치에 대한 운용자의 동의 여부 등을 종합적으로 고려하여 판단하여야 한다."라고 판시하고 있는 대법원 판결(대법원 2019.12.12. 2017도16520 판결)에 비추어 볼 때 이 법률조항을 자의적으로 해석할 위험성이 높다고 보기 어렵다. 이러한 사정을 종합하면, 건전한 상식과 통상적인 법감정을 가진 사람들은 어떠한 행위가 이 사건 금지조항의 구성요건에 해당되는지 여부를 충분히 파악할 수 있고, 법률규정의 '운용을 방해할 수 있는'의 의미가 지나치게 불명확하여 법 집행기관의 자의적인 해석을 가능하게 한다고 보기 어려우므로, 법률조항 중 '운용을 방해할 수 있는' 부분이 죄형법정주의의 명확성원칙에 위반된다고 볼 수 없다.[301]

NOTE **합헌 결정 사례(죄형법정주의의 명확성원칙)**

① 구「도로교통법」제60조 제1항 본문 중 '자동차의 운전자는 고속도로 등에서 자동차의 고장 등 부득이한 사정이 있는 경우를 제외하고는 갓길(「도로법」에 따른 길어깨를 말한다)로 통행하여서는 아니 된다.' 부분의 '부득이한 사정'이란 사회통념상 차로로의 통행을 기대하기 어려운 특별한 사정을 의미한다고 해석되고, 건전한 상식과 통상적인 법감정을 가진 수범자는 부득이한 사정이 어떠한 것인지 충분히 알 수 있으며, 법관의 보충적인 해석을 통하여 그 의미가 확정될 수 있으므로 '부득이한 사정' 부분은 죄형법정주의의 명확성원칙에 위배되지 않는다.

② 「수산자원관리법」제14조(포획·채취금지) 제1항은 "해양수산부장관은 수산자원의 번식·보호를 위하여 필요하다고 인정되면 수산자원의 포획·채취 금지 기간·구역·수심·체장·체중 등을 정할 수 있다."라고 규정하고 있는데, 여기서 '해양수산부장관은 수산자원의 번식·보호를 위하여 필요하다고 인정되면'은 특정 수산자원의 부존 상태에 비추어 수산자원의 고갈이 우려되는 경우 그 수산동물의 번식·보호를 위하여 필요한 때임을 충분히 파악할 수 있으므로 죄형법정주의의 명확성원칙에 위반되지 아니한다.[302]

③ 부정한 방법으로 대가를 지급하지 아니하고 유료자동설비를 이용하여 재물 또는 재산상의 이익을 취득한 자를 처벌하는 형법 제348조의2[303]

④ 변호사는 계쟁권리(係爭權利)를 양수할 수 없다고 규정한 「변호사법」제32조는 '변호사

---

301) 헌재 2021.7.15. 2018헌바428, 정보통신망 이용촉진 및 정보보호 등에 관한 법률 제48조 제2항 등 위헌소원(합헌).
302) 헌재 2021.9.30. 2019헌마551, 수산자원관리법 제14조 제1항 등 위헌확인(기각, 각하).
303) 헌재 2021.10.28. 2019헌바448, 형법 제348조의2 위헌소원(합헌) - 편의시설부정이용죄 처벌 사건.

가 본인이 대리하는 사건에서 문제가 되는 계쟁권리를 양수하는 것 자체가 금지된다'는 점을 충분히 예측할 수 있다. 통상적인 법 감정과 전문성을 지닌 변호사라면 심판대상조항의 의미내용을 충분히 이해할 수 있고, 구체적인 내용은 법관의 통상적인 해석 및 적용에 의하여 보완될 수 있으므로 명확성원칙에 위반되지 아니한다.[304]

⑤ "선거운동기간 전에 「공직선거법」에 규정된 방법을 제외하고 선전시설물·용구 또는 각종 인쇄물, 방송·신문·뉴스통신·잡지, 그 밖의 간행물, 정견발표회·좌담회·토론회·향우회·동창회·반상회, 그 밖의 집회, 정보통신, 선거운동기구나 사조직의 설치, 호별방문, 그 밖의 방법으로 선거운동을 한 자"를 처벌하고 있는 「공직선거법」 제254조(선거운동기간위반죄) 제2항에서 "그 밖의 집회"는 건전한 상식과 통상적인 법감정을 가진 사람이라면 누구나 '그 밖의 집회'란 선거운동의 개념표지, 즉 목적성, 객관적 인식가능성, 능동성 및 계획성을 갖춘 모든 유형의 집회를 말한다는 것을 추론할 수 있으므로 불명확하다고 할 수 없다고 보았다. 또 "그 밖의 방법"도 불확정적인 개념이기는 하나, 여기서 예로 들고 있는 방법은 모두 특정 후보자의 당선 또는 낙선을 위하여 활용되는 선거운동의 유형에 해당하므로, '그 밖의 방법'이 선거운동의 개념표지를 갖춘 모든 방법을 뜻하는 것임을 충분히 알 수 있다는 점에서 역시 명확성원칙에 위배되지 않는다고 판시하였다.[305]

⑥ 사람의 심신상실 또는 항거불능의 상태를 이용하여 간음 또는 추행을 한 자를 처벌하는 「형법」 제299조(준강간, 준강제추행)에서 '항거불능'은 그 의미나 판단 기준이 명확하지 않아 수사기관이나 법원의 자의적 해석 및 적용이 가능하도록 하고 있고, 그 결과 대법원은 항거불능의 상태에 반항이 절대적으로 불가능한 경우뿐만 아니라 '현저히 곤란한 경우'까지 포함하는 것으로 해석하고 있어 죄형법정주의의 명확성원칙에 위배된다고 주장하면서 제기한 헌법소원사건에서 헌법재판소는 죄형법정주의의 명확성원칙에 위배되지 아니한다고 판시하였다.[306]

⑦ 업무상 군사기밀을 취급하는 사람 또는 취급하였던 사람이 그 업무상 알게 되거나 점유한 군사기밀을 타인에게 누설한 경우 3년 이상의 유기징역에 처하도록 한 「군사기밀 보호법」 제13조 제1항 중 '업무상 군사기밀을 취급하는 사람 또는 취급하였던 사람' 부분[307]

⑧ 옥외집회의 사전신고제도를 규정한 구 「집회 및 시위에 관한 법률」 제6조 제1항 본문 중 '옥외집회'에 관한 부분 및 그 위반 시 처벌을 규정한 「집회 및 시위에 관한 법률」 제22조 제2항 중 제6조 제1항 본문 가운데 '옥외집회'에 관한 부분에서 집회의 개념[308]

⑨ 부정한 방법으로 대가를 지급하지 아니하고 유료자동설비를 이용하여 재물 또는 재산상의 이익을 취득한 자를 처벌하는 「형법」 제348조의2의 '부정한 방법', '기타 유료자동설비'[309]

---

304) 헌재 2021.10.28. 2020헌바488, 변호사법 제32조 위헌소원(합헌).
305) 헌재 2022.2.24. 2018헌바146, 공직선거법제59조 본문 등 위헌소원(합헌).
306) 헌재 2022.1.27. 2017헌바528, 형법 제299조 위헌소원(합헌).
307) 헌재 2020.5.27. 2018헌바233, 군사기밀 보호법제13조 제1항 위헌소원(합헌) – 업무상 군사기밀 누설 처벌 사건.
308) 헌재 2021.6.24. 2018헌마663, 미신고 옥외집회 사건(기각).
309) 헌재 2021.10.28. 2019헌바448, 형법 제348조의2 위헌소원(합헌) – 편의시설부정이용죄 처벌 사건.

⑩ 게임물 관련사업자에 대하여 '경품 등의 제공을 통한 사행성 조장'을 원칙적으로 금지시키고, 예외적으로 청소년게임제공업의 전체이용가 게임물에 대하여 대통령령이 정하는 경품의 종류·지급기준·제공방법 등에 의한 경품제공을 허용한 「게임산업진흥에 관한 법률」 제28조 제3호의 '경품 등', '사행성', '사행성 조장' 등 개념[310]

⑪ 「공직선거법」 제103조(각종집회 등의 제한) 제3항은 "누구든지 선거기간 중 선거에 영향을 미치게 하기 위하여 향우회·종친회·동창회·단합대회 또는 야유회, 그 밖의 집회나 모임을 개최할 수 없다."라고 규정하고 위반하는 경우 처벌하고 있는데, 여기서 선거에 영향을 미치는 행위란 결국 「공직선거법」이 적용되는 선거에 있어 선거과정 및 선거결과에 변화를 주거나 그러한 영향을 미칠 우려가 있는 일체의 행동으로 해석할 수 있고, 구체적인 사건에서 그 행위가 이루어진 시기, 동기, 방법 등 제반 사정을 종합하여 그 내용을 판단할 수 있고[이는 선거운동보다 넓은 개념이다(헌재 2016.7.28. 2015헌바6 참조)], "선거에 영향을 미치게 하기 위하여"라는 개념은 고의 이외의 초과주관적 요소로서 '선거에 영향을 미치게 할 목적'을 범죄성립요건으로 규정한 것으로, 그 목적에 대한 적극적 의욕이나 확정적 인식을 요하지 아니하고 미필적 인식으로 충분하다고 보고 있는 대법원의 판례로 볼 때, 건전한 상식과 통상적인 법 감정을 가진 사람이라면 누구나 선거에 영향을 미치게 하기 위한 의사에 따라 이루어지는 행위와 선거와 관계없이 단순한 의사표현으로서 이루어지는 행위를 구분할 수 있고, 법률적용자에 대한 관계에서도 자의가 허용될 소지는 없다(헌재 2001.8.30. 99헌바92등 참조). "그 밖의 집회나 모임"도 향우회 등을 제외한 모든 집회나 모임을 의미함이 명확하다.[311]

⑫ 못된 장난 등으로 다른 사람, 단체 또는 공무수행 중인 자의 업무를 방해한 사람을 20만 원 이하의 벌금, 구류 또는 과료의 형으로 처벌하는 「경범죄 처벌법」 제3조 제2항 제3호는 '못된 장난 등'은 타인의 업무에 방해가 될 수 있을 만큼 남을 괴롭고 귀찮게 하는 행동으로 일반적인 수인한도를 넘어 비난가능성이 있으나, 「형법」상 업무방해죄, 공무집행방해죄에 이르지 않을 정도의 불법성을 가진 행위라고 볼 수 있고, 다소 포괄적인 규정이지만 개별 사안에서 법관이 업무방해 행위의 내용, 행위의 상대방, 행위 당시의 전후 상황 등을 종합적으로 고려하여 심판대상조항의 적용여부를 판단할 수 있도록 하고 있다는 점에서 죄형법정주의의 명확성원칙에 위반되지 않는다.[312]

⑬ 「관세법」 제2조 제3호("반송"이란 국내에 도착한 외국물품이 수입통관절차를 거치지

---

310) 헌재 2020.12.23. 2017헌바463등, 게임산업진흥에 관한 법률 제28조 제3호 등 위헌소원(합헌, 각하) - 게임물을 통한 경품제공행위 규제 사건. 이 결정에서는 경품제공이 허용되는 경우를 대통령령이 정하도록 위임한 것이 죄형법정주의 내지 포괄위임금지원칙에 위배되지 않고, 직업수행의 자유를 침해하는 것도 아니라고 판시하고 있다.

311) 헌재 2022.7.21. 2018헌바164, 공직선거법 제103조 제3항 위헌소원(위헌) - 선거기간 중 선거에 영향을 미치게 하기 위한 집회나 모임(향우회·종친회·동창회·단합대회·야유회가 아닌 것에 한정) 개최 금지 사건.

312) 헌재 2022.11.24. 2021헌마426, 못된 장난 등으로 업무 및 공무를 방해하는 행위를 처벌하는 경범죄 처벌법 조항에 관한 사건(기각).

아니하고 다시 외국으로 반출되는 것을 말한다) 중 '국내에 도착한' 외국물품이란, 정의조항
의 사전적 의미와 관련 조항을 종합하면, 외국으로부터 우리나라에 들여와 「관세법」에 따
른 장치 장소, 즉 보세구역 또는 「관세법」 제155조 및 제156조의 장치 장소에 있는 물품
으로서 수입신고가 수리되기 전의 물품을 의미하는 것으로 충분히 예측할 수 있다.[313]

V. 포괄위임금지원칙과 명확성원칙

이미 앞에서 설명한 바와 같이 헌법재판소의 판시에 따르면 포괄위임금지원칙에
위배되지 않으려면 법률의 규정에 의하여 이미 대통령령으로 규제될 내용 및 범위의
기본사항이 구체적이고 명확하게 규정되어 있어 누구라도 당해 법률로부터 대통령령에
규정될 내용의 대강을 예측할 수 있어야 한다.[314] 따라서 포괄위임금지원칙에는 명확
성원칙이 개념적으로 내재되어 있다. 그러므로 위임이 포괄적이어서 위헌의 정도에 이
르면 포괄위임금지원칙에 반할 뿐 아니라 명확성원칙에도 반하는 것이 된다. 그러나
명확성원칙은 개념상 포괄위임금지원칙에 포함되는 것으로 보는 것이 논리적이므로 포
괄위임금지원칙 위배여부를 검토하는 것으로 충분하다. 왜냐하면 포괄위임금지원칙은
법률조항에서 정하지 아니하고 하위규범에 위임하였다는 그 자체에 법률조항의 불명확
성이 있다는 주장이기 때문이다. 예를 들면 '친족 또는 특수한 관계에 있는 자'의 기준
이나 범위의 대강을 전혀 규정하지 아니한 채 이를 전적으로 대통령령에 위임하고 있
다는 이유로 어떤 법률조항이 죄형법정주의의 명확성원칙 및 포괄위임금지원칙에 반한
다고 주장하는 경우에, 당해 법률조항의 불명확성은 처벌법규의 구성요건을 대통령령
에 위임하고 있기 때문에 발생하는 것으로서, 그 위헌성을 판단함에 있어서는 명확성
원칙과 포괄위임금지원칙을 각각 별개로 판단할 필요 없이, '친족 또는 특수한 관계에
있는 자'의 기준에 관하여 대통령령에 위임하고 있는 것이 헌법적 한계를 준수하고 있
는지 여부에 대해서만 심사하는 것이다.[315]

---

313) 헌재 2023.6.29. 2020헌바177, 특정범죄 가중처벌 등에 관한 법률 제6조 제3항 등 위헌소원(합헌).
314) 헌재 1991.7.8. 91헌가4 등 앞에 열거된 결정들 참조.
315) 헌재 2016.2.25. 2013헌바367, 상호저축은행법 제37조 제1항 등 위헌소원(합헌); 2015.7.30. 2013헌바
416 참조.

VI. 언론·출판의 자유와 명확성원칙

1. 언론·출판의 자유에 있어서 명확성원칙의 의의

헌법재판소는 일명 미네르바 사건에서 명확성원칙의 헌법적 의의에 대해 다음과 같이 설시하였다. "현대 민주사회에서 표현의 자유가 국민주권주의 이념의 실현에 불가결한 것인 점에 비추어 볼 때, 불명확한 규범에 의한 표현의 자유의 규제는 헌법상 보호받는 표현에 대한 위축효과를 수반하고, 그로 인해 다양한 의견, 견해, 사상의 표출을 가능케 하여 이러한 표현들이 상호 검증을 거치도록 한다는 표현의 자유의 본래의 기능을 상실케 한다. 즉, 무엇이 금지되는 표현인지가 불명확한 경우에, 자신이 행하고자 하는 표현이 규제의 대상이 아니라는 확신이 없는 기본권주체는 대체로 규제를 받을 것을 우려해서 표현행위를 스스로 억제하게 될 가능성이 높은 것이다. 그렇기 때문에 표현의 자유를 규제하는 법률은 규제되는 표현의 개념을 세밀하고 명확하게 규정할 것이 헌법적으로 요구된다."316)

2. 음란과 저속

음란 개념과 관련하여 헌법재판소는 법률조항이 "음란"에 대해서 개념규정을 하고 있지 않더라도 음란한 간행물의 출판 자체를 금지시키는 규율내용을 담고 있는 점에 비추어 여기서의 "음란"이란 곧 헌법상 보호되지 않는 성적 표현을 가리키는 것임을 알 수 있고, 헌법상 보호되지 않는 성적 표현이란 앞에서 제시한 바와 같이 '인간존엄 내지 인간성을 왜곡하는 노골적이고 적나라한 성표현으로서 오로지 성적 흥미에만 호소할 뿐 전체적으로 보아 하등의 문학적, 예술적, 과학적 또는 정치적 가치를 지니지 않은 것'을 의미한다고 할 수 있기 때문에 음란개념은 헌법상의 명확성원칙에 위배되지 아니한다는 것이 헌법재판소의 입장이다.317)

---

316) 헌재 2010.12.28. 2008헌바157등, 전기통신기본법 제47조 제1항 위헌소원; 1998.4.30. 95헌가16 참조.

317) 헌재 1998.4.30. 95헌가16, 출판사및인쇄소의등록에관한법률 제5조의2 제5호 등 위헌제청(위헌, 합헌). 헌재 2002.4.25. 2001헌가27, 청소년의성보호에관한법률 제2조 제3호 등 위헌제청(합헌)도 참조. 다만 이 결정의 특유한 문제로 청소년이용음란물의 하나로 규정하고 있는 "청소년의 수치심을 야기시키는 신체의 전부 또는 일부 등을 노골적으로 노출하여 음란한 내용을 표현한 것으로서, 필름·비디오물·게임물 또는 컴퓨터 기타 통신매체를 통한 영상 등의 형태로 된 것"이라는 부분에서 "신체의 전부 또는 일부"가 과연 청소년의 신체를 의미하는 것인지 등에 대해서 명

…

그러나 "저속"이란 그 외설성이 음란에는 달하지 않는 성적 표현뿐만 아니라 폭력적이고 잔인한 표현 및 욕설 등 상스럽고 천한 내용 등의 표현을 가리키는 것이라고 파악할 수 있어서 매우 광범위하다. 따라서 명확성의 원칙에 위배된다는 것이 헌법재판소의 입장이다.[318]

NOTE | 위헌 결정 사례(언론·출판의 자유와 명확성원칙)

'제한상영가' 등급의 영화를 '상영 및 광고·선전에 있어서 일정한 제한이 필요한 영화'라고 정의한 영화진흥법 제21조 제3항 제5호[319]:「영화진흥법」제21조 제3항 제5호는 제한상영가 등급의 영화가 어떤 영화인지를 말해주기보다는 제한상영가 등급을 받은 영화가 사후에 어떠한 법률적 제한을 받는지를 기술하고 있는바, 이것으로는 제한상영가 영화가 어떤 영화인지를 알 수가 없고, 따라서 명확성원칙에 위배된다.[320]

NOTE | 합헌 결정 사례(언론·출판의 자유와 명확성원칙)

"공무원은 노동운동이나 그 밖에 공무 외의 일을 위한 집단행위를 하여서는 아니 된다. 다만, 사실상 노무에 종사하는 공무원은 예외로 한다."라고 규정한 「국가공무원법」 제66조 제1항 중 "그 밖에 공무 외의 일을 위한 집단행위"는 "다소 포괄적이고 광범위하게 규정하고 있다 하더라도, 이는 공무가 아닌 어떤 일을 위하여 공무원들이 하는 모든 집단행위를 의미하는 것이 아니라, 언론·출판·집회·결사의 자유를 보장하고 있는 헌법 제21조 제1항, 공무원에게 요구되는 헌법상의 의무 및 이를 구체화한 국가공무원법의 취지, 국가공무원법상의 성실의무 및 직무전념의무 등을 종합적으로 고려하여 '공익에 반하는 목적을 위

확성의 논란이 있음을 인정하면서도 규정에 표현상 약간의 의문점이 있는 것은 사실이지만 건전한 상식과 통상적인 법감정을 가지고 있는 사람이라면 위에서 살핀 바와 같은 이 사건 법률의 입법경과와 입법목적, 같은 법률의 다른 규정들과의 체계조화적 해석, 관계부처의 법률해석, 다른 처벌법규와의 비교 등을 고려하여 목적론적으로 해석할 때, 이 사건 법률의 '청소년이용음란물'에는 실제인물인 청소년이 등장하여야 한다고 보아야 함이 명백하고, 따라서 법률적용단계에서 다의적으로 해석될 우려가 없이 건전한 법관의 양식이나 조리에 따른 보충적인 해석에 의하여 그 의미가 구체화되어 해결될 수 있는 이상 죄형법정주의에 있어서의 명확성의 원칙을 위반하였다고 볼 수 없다는 결정을 하고 있다. 최근의 것으로는 헌재 2009.5.28. 2006헌바109, 정보통신망이용촉진 및 정보보호 등에 관한 법률 제65조 제1항 제2호 위헌소원(합헌, 각하)도 참조.

318) 헌재 1998.4.30. 95헌가16, 출판사및인쇄소의등록에관한법률 제5조의2 제5호 등 위헌제청(위헌, 합헌).
319) 영화진흥법 제21조 (상영등급분류) ③ 제1항의 규정에 의한 영화의 상영등급은 다음 각 호와 같 다. 다만, 예고편·광고영화 등 본편 영화 상영전에 상영되는 모든 영화는 제1호에 해당하는 경우에 한하여 상영등급을 분류받을 수 있다. 5. "제한상영가": 상영 및 광고·선전에 있어서 일정한 제한이 필요한 영화
320) 헌재 2008.7.31. 2007헌가4(헌법불합치).

한 행위로서 직무전념의무를 해태하는 등의 영향을 가져오는 집단적 행위"라고 해석되고,[321] 집단행위란 '공무원의 직무전념성을 해치거나 공무에 대한 국민의 신뢰에 손상을 가져올 수 있는 다수의 결집된 행위', '공익'이란 '개인 또는 특정 단체나 집단의 이익이 아니라 일반 다수 국민의 이익 내지는 사회공동의 이익'을 각 의미하는 것으로 이해할 수 있으므로 명확성원칙에 위배되지 않는다.[322]

Ⅶ. 공공복리 · 공익 · 불온통신개념과 명확성원칙

헌법재판소는 "공공복리"라는 개념이 가지는 광범성과 포괄성 때문에 하위 법규에서 남용될 경우에는 자칫 행정청의 자의적 법집행이 개재될 수 있으므로 각 그 법령에서 명확성 여부는 검토되어야 한다고 보면서도 헌법뿐만 아니라 다양한 법률에서 사용되고 있는 입법현실로 볼 때 "공공복리"라는 개념이 헌법뿐만 아니라 법률에서도 사용될 필요가 있다는 입법자의 인식을 반영한 것으로 이해한다.[323]

앞의 미네르바 사건에서 헌법재판소는 공익개념에 대해 다음과 같이 판시하였다: ""공익을 해할 목적"의 허위의 통신을 금지하는 법률조항(이하 이 사건 법률조항이라고 한다)[324]과 관련하여 다음과 같이 공익개념이 명확성원칙에 위반됨을 선언하고 있다: "공익"은 위 헌법 제37조 제2항의 "국가의 안전보장 · 질서유지"와 헌법 제21조 제4항의 "공중도덕이나 사회윤리"와 비교하여 볼 때 '동어반복'이라고 할 수 있을 정도로 전혀 구체화되어 있지 아니하다. 형벌조항의 구성요건으로서 구체적인 표지를 정하고 있는 것이 아니라, 헌법상 기본권제한에 필요한 최소한의 요건 또는 헌법상 언론 · 출판자유의 한계를 그대로 법률에 옮겨 놓은 것에 불과할 정도로 그 의미가 불명확하고 추상적이다. "공익"이라는 개념은 이처럼 매우 추상적인 것이어서 어떠한 표현행위가 과연 "공익"을 해하는 것인지, 아닌지에 관한 판단은 사람마다의 가치관, 윤리관에 따라 크게 달라질 수밖에 없다. 건전한 상식과 통상적인 법감정을 가진 일반인들에게 있어 공통적으로 공익으로 인식될 수 있는 이익이 존재함은 의문의 여지가 없으나, 판단주체에 따

---

321) 대법원 2012.5.10. 2011도914 판결; 대법원 2017.4.13. 2014두8469 판결; 2020.4.23. 2018헌마550, 국가공무원법 제66조 제1항 위헌확인(기각, 각하).
322) 헌재 2014.8.28. 2011헌바32등, 국가공무원법 제66조 제1항 등 위헌소원(합헌. 2인 반대의견); 2020.4.23. 2018헌마550 국가공무원법 제66조 제1항 위헌확인(기각, 각하, 2인 위헌의견). — 국가공무원법상 공무원의 집단행위 금지 사건.
323) 헌재 2000.2.24. 98헌바37, 자동차운수사업법 제24조 제1항 등 위헌소원(합헌).
324) 괄호안은 필자 표기.

라 공익인지 여부를 달리 판단할 가능성이 있는 이익이 존재함도 부인할 수 없다. 이는 판단주체가 법전문가라 하여도 마찬가지이고, 법집행자의 통상적 해석을 통하여 그 의미내용이 객관적으로 확정될 수 있다고 보기 어렵다. 나아가 현재의 다원적이고 가치상대적인 사회구조 하에서 구체적으로 어떤 행위상황이 문제되었을 때에 문제되는 공익은 하나로 수렴되지 않는 경우가 대부분이다. 문제되는 행위가 어떤 공익에 대하여는 촉진적이면서 동시에 다른 공익에 대하여는 해가 될 수도 있으며, 전체적으로 보아 공익을 해할 목적이 있는지 여부를 판단하기 위하여는 공익간 형량이 불가피하게 되는바, 그러한 형량의 결과가 언제나 객관적으로 명백한 것은 아니다. 결국, 이 사건 법률조항은 수범자인 국민에 대하여 일반적으로 허용되는 '허위의 통신' 가운데 어떤 목적의 통신이 금지되는 것인지 고지하여 주지 못한다. 어렴풋한 추측마저 불가능하다고는 할 수 없더라도, 그것은 대단히 주관적인 것일 수밖에 없다. 물론 입법에 있어서 추상적 가치개념의 사용이 필요한 것은 일반적으로 부인할 수 없고, "공익"이라는 개념을 사용하는 것이 언제나 허용되지 않는다고 단정할 수도 없다. 법률의 입법목적, 규율의 대상이 되는 법률관계나 행위의 성격, 관련 법규범의 내용 등에 따라서는 그러한 개념의 사용이 허용되는 경우도 있을 수 있을 것이다. 그러나 '허위의 통신'이라는 행위 자체에 내재된 위험성이나 전기통신의 효율적 관리와 발전을 추구하는 전기통신기본법의 입법목적을 고려하더라도 확정될 수 없는 막연한 "공익" 개념을 구성요건요소로 삼아서 표현행위를 규제하고, 나아가 형벌을 부과하는 이 사건 법률조항은 표현의 자유에서 요구하는 명확성의 요청 및 죄형법정주의의 명확성원칙에 부응하지 못하는 것이라 할 것이다. 따라서, 이 사건 법률조항은 명확성의 원칙에 위배하여 헌법에 위반된다."325)

그 이전에도 헌법재판소는 통신의 자유를 표현의 자유로 다룬 사건에서,326) 전기통신사업법상 '공공의 안녕질서 또는 미풍양속을 해하는 내용의 통신'(불온통신)327)을 규제하는 것에 대해 명확성원칙과 과잉금지원칙을 위배하여 위헌이라고 판시한 바 있다.328)

---

325) 헌재 2010.12.28. 2008헌바157등, 전기통신기본법 제47조 제1항 위헌소원(위헌).
326) 헌법재판소는 표현의 자유를 언론·출판의 자유를 의미하는 것으로 이해한다[헌재 1991.5.13. 90헌마133, 기록등사신청에 대한 헌법소원(인용)].
327) 같은 법 시행령 제16조는 구체적 내용으로 다음과 같은 세 가지 유형의 불온통신을 규정하고 있다: 1. 범죄행위를 목적으로 하거나 범죄행위를 교사하는 내용의 전기통신, 2. 반국가적 행위의 수행을 목적으로 하는 내용의 전기통신, 3. 선량한 풍속 기타 사회질서를 해하는 내용의 전기통신.
328) 헌재 2002.6.27. 99헌마480, 전기통신사업법 제53조 등 위헌확인(위헌, 각하). 이 결정은 헌법상의 명문의 조항을 명시적으로 거론하지 않고 표현의 자유만을 관련기본권으로 보고 있는데 이는

VIII. 과세요건 명확주의

과세요건 명확주의는 과세요건을 법률로 규정하였다고 하더라도 그 규정내용이 지나치게 추상적이고 불명확하다면 과세관청의 자의적인 해석과 집행을 초래할 염려가 있으므로 그 규정내용이 명확하고 일의적이어야 한다는 원칙을 말한다.329) 말하자면 과세요건 명확주의는 명확성원칙의 조세법적 표현이라고 할 수 있다.

과세요건 명확주의의 위배여부의 판단기준과 관련하여 헌법재판소는, 법률은 일반성과 추상성을 지니고 법률규정은 항상 법관의 법보충 작용인 해석을 통해 그 의미가 구체적이고 명확하게 될 수 있는 것이므로, 조세법규가 당해 **조세법의 일반이론이나 그 체계 및 입법취지 등**에 비추어 그 의미가 분명해질 수 있다면 과세요건 명확주의에 위배되어 헌법에 위반된다고 할 수 없다고 본다. 그러면서도 법 문언에 따를 때 납세자의 입장에서 어떠한 행위가 당해 문구에 해당하여 과세의 대상이 되는지를 예견할 수 있는지 여부, 당해 문구의 불확정성이 행정관청의 입장에서 자의적이고 차별적으로 법률을 적용할 가능성을 부여하는 것인지 여부 등의 기준을 추가적으로 제시하면서 종합적으로 판단을 요한다고 본다.330) 결국 당해 조세법의 일반이론과 체계 및 입법취지, 과세대상 예견가능성, 자의적 과세처분가능성 등이 함께 고려되어야 하는 것으로 보인다.

Q 구「지방세특례제한법」제41조 제1항이 취득세 면제를 규정하면서「초·중등교육법」에 따른 학교를 경영하는 자'라고만 규정하고 있어 '학교설립인가를 받으려는 자'에 대하여도 취득세를 면제하는지 여부가 명확하지 아니하므로 과세요건 명확주의에 위배된다는 주장의 당부

A 「초·중등교육법」에 따른 학교를 경영하는 자'라는 문언은 현재 학교를 운영하고 있는 자를 의미한다는 점, 「지방세특례제한법」상 다른 조세 감면 조항과의 문언 차이, 「초·중등교육법」에 의한 학교를 경영하는 자라 함은 「초·중등교육법」이 정하는 바에 따라 적법한 설립인가를 받은 자를 의미한다고 본 법원의 판례 등을 종합하면, 심판대상조항이 「초·중등교육법」이 정하는 바에 따라 '학교설립인가를 받은 자'만을 취득세 면제대상으로 규정한다는 점을 분명히 파악할 수 있으므로 과세요건 명확주의에 위배되지 않는다.331)

타당하다고 할 수 없다. 왜냐하면 표현의 자유는 강학상의 개념이고, 위헌 여부를 판단할 경우에는 명확히 위배되는 헌법조항을 적시하여야하기 때문이다.

329) 헌재 2020.8.28. 2017헌바389, 지방세특례제한법 제41조 제1항 위헌소원(합헌).
330) 헌재 2012.7.26. 2011헌바365등; 2013.7.25. 2012헌바92; 2015.4.30. 2011헌바269; 2020.8.28. 2017헌바389, 지방세특례제한법 제41조 제1항 위헌소원(합헌).
331) 헌재 2020.8.28. 2017헌바389, 지방세특례제한법 제41조 제1항 위헌소원(합헌).

제9항　적법절차원칙

I. 의의 및 근거

적법절차원칙은 피고인이나 피의자의 신체의 자유를 제한하기 위해서는 형식적인 절차 뿐 아니라 실체적 법률내용이 합리성과 정당성을 갖춘 법률에 의하여야 한다는 원칙을 말한다.[332]

법에 정한 절차에 따른 법의 집행을 의미하는 적법절차는 비교법적으로는 미국헌법 수정 제5조와 수정 제14조의 적법절차(due process of law[333])에서 유래한다.

헌법이 규정하고 있는 적법절차원칙에 따르면 누구든지 법률과 적법한 절차에 의하지 아니하고는 처벌·보안처분 또는 강제노역을 받지 아니하며(제12조 제1항), 체포·구속·압수 또는 수색을 할 때에는 적법한 절차에 따라 검사의 신청에 의하여 법관이 발부한 영장을 제시하여야 한다(제12조 제3항).

II. 의미내용의 변화

오늘날 미국헌법 수정 제5조와 수정 제14조의 적법절차(due process of law)는 적정한 법의 적정한 절차(due process of due law)로 이해된다. 이를 실체적 적법절차라고 한다.

실체적 적법절차가 요구되는 것은 우리의 경우에도 마찬가지다. 헌법재판소의 결정에 따르면 절차가 형식적 법률로 정하여져야 할 뿐만 아니라 적용되는 법률의 내용에 있어서도 합리성과 정당성을 갖춘 적정한 것이어야 한다.[334]

III. 적용범위의 확대

적법절차를 규정한 헌법 제12조 제1항과 제3항을 보면 적법절차는 처벌·보안처

---

[332] 헌재 1992.12.24. 92헌가8; 1993.7.29. 90헌바35; 1993.12.23. 93헌가2; 1997.3.27. 96헌가11, 도로
교통법 제41조 제2항 등 위헌제청(합헌) 등 다수의 결정례 참조.
[333] due process of law의 정확한 번역은 "적정한 법절차"라고 할 수 있다. 그러나 헌법전과 학설에
서는 적법절차로 사용하고 있다.
[334] 헌재 1997.11.27. 92헌바28, 보안관찰법 제2조 등 위헌소원(합헌, 각하).

분·강제노역의 경우와 영장발부의 경우에 적용되는 것으로 기술되어 있다. 따라서 적법절차가 그 외의 영역에도 적용될 수 있는지 여부에 대해서는 이론이 있을 수 있다.

헌법재판소는 '적법한 절차'를 인신의 구속이나 처벌 등 형사절차만이 아니라 국가작용으로서의 모든 입법작용과 행정작용에도 광범위하게 적용되는 독자적인 헌법원리의 하나로 이해하고 있다.335) 행정절차에도 적법절차원칙이 적용된다.336)

그러나 적법절차는 기본권을 보장하기 위한 것이기 때문에,337) 국가기관의 권한이 문제되는 탄핵소추절차에는 적용되지 않는다는 것이 헌법재판소의 결정이다.338) 그러나 이는 탄핵소추절차를 거쳐 파면이라는 결과에 이르면 결국은 그를 통하여 공무담임권이라는 기본권을 제한하는 것으로도 될 수 있다는 점에서 비판의 여지가 있다.

또 국회의원들이 의회에서 공개적인 토론과 타협을 통하여 적법한 절차를 거쳐 제정하는 법률이 비록 기본권을 제약하는 법률이라고 하더라도 이를 사전에 청문절차를 거치지 않았다고 하여 적법절차위배로 다투는 것은 허용되지 않는다. 그것은 기본권제한입법에 대해 사전 청문절차를 주장하는 것은 의회주의와 대의민주주의의 기본취지에 부합하지 않고 헌법체계적으로도 적절한 것이 아니기 때문이다.339)

IV. 원칙의 위배여부 판단기준

적법절차원칙이 어느 절차를 어느 정도로 준수할 것을 요구하는 것인지는 일반적으로 말하기는 쉽지 않다. 헌법재판소도 적법절차원칙이 구체적으로 어떠한 절차를 어느 정도로 요구하는지는 규율되는 사항의 성질, 관련 당사자의 권리와 이익, 절차의 이행으로 제고될 가치, 국가작용의 효율성, 절차에 소요되는 비용, 불복의 기회 등 다양한 요소를 비교하여 개별적으로 판단할 수밖에 없다고 보고 있다.340)

헌법 제12조 제3항의 영장주의는 헌법 제12조 제1항의 적법절차원칙의 특별규정이

---

335) 헌재 1997.11.27. 92헌바28.
336) 헌재 2007.4.26. 2006헌바10, 산업입지 및 개발에 관한 법률 제11조 제1항 등 위헌소원(합헌).
337) 따라서 헌법재판소가 적법절차위배로 결정할 경우에는 침해되는 기본권을 적시하여야 한다.
338) 헌재 2004.5.14. 2004헌나1, 대통령(노무현)탄핵(기각).
339) 헌재 2005.11.24. 2005헌마579등, 신행정수도 후속대책을 위한 연기·공주지역 행정중심복합도시 건설을 위한 특별법 위헌확인(각하).
340) 헌재 2018.6.28. 2012헌마191등, 통신비밀보호법 제2조 제11호 바목 등 위헌확인 등(헌법불합치, 기각, 각하); 2003.7.24. 2001헌가25; 2015.9.24. 2012헌바302 등 참조.

므로 영장주의에 위배되면 제12조 제1항의 적법절차에도 위배되게 된다.341)

> **NOTE** **위헌 결정 사례(적법절차원칙)**

>
> ① 법원이 피고인의 구속 또는 그 유지 여부의 필요성에 관하여 한 재판의 효력이 검사나 다른 기관의 이견이나 불복이 있다 하여 좌우되거나 제한받는다면 이는 영장주의에 위배되기 때문에, 법원의 구속영장집행정지결정에 대하여 검사가 즉시항고할 수 있도록 한 「형사소송법」 제101조 제3항은 검사의 불복을 그 피고인에 대한 구속집행을 정지할 필요가 있다는 법원의 판단보다 우선시킬 뿐만 아니라, 사실상 법원의 구속집행정지결정을 무의미하게 할 수 있는 권한을 검사에게 부여한 것이라는 점에서 헌법 제12조 제3항의 영장주의원칙에 위배된다. 영장주의원칙에 위배되므로 적법절차원칙에도 위배된다.342)
>
> ② 「통신비밀보호법」 제13조의3은 "제13조의 규정에 의하여 통신사실 확인자료제공을 받은 사건에 관하여 공소를 제기하거나, 공소의 제기 또는 입건을 하지 아니하는 처분(기소중지결정을 제외한다)을 한 때에는 그 처분을 한 날부터 30일 이내에 통신사실 확인자료제공을 받은 사실과 제공요청기관 및 그 기간 등을 서면으로 통지하여야 한다."라고 규정하여 범죄수사를 위한 통신사실 확인자료제공의 사후통지를 규정하고 있다. 그러나 통신사실 확인자료는 수사기관이 특정인의 위치정보를 추적하기 위한 것이라는 점에서 정보주체에게 위치정보 추적자료 제공과 관련하여 적절한 고지와 실질적인 의견진술의 기회가 부여되어야 함에도, 이 통지조항은 수사기관이 전기통신사업자로부터 위치정보 추적자료를 제공받은 사실에 대해 그 제공과 관련된 사건에 대하여 수사가 계속 진행되거나 기소중지결정이 있는 경우에는 정보주체에게 통지할 의무를 규정하지 않고 있다는 점, 실체적 진실발견과 국가형벌권의 적정한 행사에 지장을 초래하지 아니하면서도 피의자 등 정보주체의 기본권을 덜 침해하는 방법343)이 가능하다는 점 등에서 이 통지조항이 규정하는 사후통지는 적법절차원칙에 위배된다.344)
>
> ③ 「전기통신사업법」 제83조 제3항은 "전기통신사업자는 법원, 검사 또는 수사관서의 장(군 수사기관의 장, 국세청장 및 지방국세청장을 포함한다. 이하 같다), 정보수사기관의 장

---

341) 헌재 2012.6.27. 2011헌가36, 형사소송법 제101조 제3항 위헌제청(위헌).
342) 헌재 2012.6.27. 2011헌가36.
343) 헌법재판소가 제시하고 있는 방법으로는 ① 통신사실 확인자료를 제공받은 사건에 관하여 기소중지결정이 있거나 수사·내사가 장기간 계속되는 경우에는, 통신사실 확인자료제공 이후 일정한 기간이 경과하면 원칙적으로 수사·내사의 대상인 정보주체에 대해 이를 통지하도록 하되, 통지가 수사에 지장을 초래하는 경우 등에는 사법부 등 객관적·중립적 기관의 허가를 얻어 그 통지를 유예하는 방법, ② 일정한 예외를 전제로 정보주체가 위치정보 추적자료 제공요청 사유의 통지를 신청할 수 있도록 하는 방법, ③ 위치정보 추적자료 제공사실에 대한 통지의무를 위반할 경우 이를 효과적으로 제재할 수 있도록 하는 방법을 들 수 있다.
344) 헌재 2018.6.28. 2012헌마191등, 통신비밀보호법 제2조 제11호 바목 등 위헌확인 등(헌법불합치, 기각, 각하).

이 재판, 수사(「조세범 처벌법」 제10조 제1항·제3항·제4항의 범죄 중 전화, 인터넷 등을 이용한 범칙사건의 조사를 포함한다), 형의 집행 또는 국가안전보장에 대한 위해를 방지하기 위한 정보수집을 위하여 다음 각 호의 자료의 열람이나 제출(이하 "통신자료 제공"이라 한다)을 요청하면 그 요청에 따를 수 있다."라고 규정하고 있는데, 영장주의, 명확성원칙, 과잉금지원칙에는 위배되지 않으나, 당사자가 기본권 제한 사실을 확인하고 그 정당성 여부를 다툴 수 있는 전제조건이 되는 당사자에 대한 통지 절차를 두지 않아 적법절차원칙에 위배되어 개인정보자기결정권을 침해한다.345)

---

345) 헌재 2022.7.21. 2016헌마388등, 통신자료 취득행위 위헌확인 등(2023.12.31.까지 잠정 적용 헌법불합치, 각하) - 수사기관 등에 의한 통신자료 제공요청 사건. 과잉금지원칙을 위배한다는 1인 재판관의 반대의견이 있다.

제4절

위헌심사강도

제1항 위헌심사강도의 결정요소

헌법재판소의 판례를 분석해 보면 위헌심사강도의 주된 결정요소로는 실체법적 요소와 입법형성의 자유의 정도 그리고 행위규범과 통제규범의 구별이 있다.

I. 실체법적 요소

우선 위헌심사강도는 **인간의 존엄성과의 밀접성 정도**에 따라 결정되기도 한다. 헌법재판소에 따르면 기본권보장의 목적은 인간의 존엄성을 실현하는 것이므로 이를 기준으로 **보다 중요한 자유영역**과 **덜 중요한 자유영역**으로 나눌 수 있고, 전자와 같이 인간의 존엄성을 실현하는 데 있어서 불가결하고 근본적인 자유는 더욱 강하게 보호되어야 하고 그 제한은 더욱 엄격히 심사되어야 하는 반면에, 그 외 인간의 존엄성의 실현에 있어서 부차적이고 잉여적인 자유는 공익상의 이유에 근거하여 보다 광범위한 제한이 가능하다고 한다.[346]

---

346) 헌재 1999.4.29. 94헌바37, 택지소유상한에관한법률 제2조 제1호 나목 등 위헌소원(위헌).

II. 입법형성의 자유의 정도

헌법 제40조에 따르면 입법권은 국회에 속한다. 그러나 국회의 입법형성권은 비례성원칙과 본질적내용침해금지원칙 등 헌법상의 원칙을 충족시키는 범위 안에서의 입법형성권이다. 헌법재판의 실무에서는 **입법자의 형성의 자유의 인정 정도에 따라 비례성원칙의 심사강도를 신축적으로 적용**하고 있다. 입법형성의 자유의 정도가 어느 정도 인정되는가가 관건이다. 영역에 따른 입법형성의 자유의 인정정도를 보면 다음과 같다.

1. 입법자의 예측판단

기본권을 제한하는 법률의 위헌성여부가 미래에 나타날 법률 효과에 달려 있는 경우, 입법자에게 인정되는 예측판단권은 ① 법률을 통하여 달성하고자 하는 공익의 비중 및 침해되는 법익의 의미, ② 규율영역의 특성, ③ 확실한 판단을 내릴 수 있는 현실적 가능성의 정도에 따라 다르다.

따라서 달성하고자 하는 공익의 비중이 클수록, 개인이 기본권의 행사를 통하여 타인과 국가공동체에 영향을 미칠수록, 즉 **기본권행사의 사회적 연관성이 클수록 입법자에게 보다 광범위한 형성권이 인정**된다. 이 경우 입법자의 예측판단이나 평가가 명백히 반박될 수 있는가 아니면 현저하게 잘못되었는가 하는 것만을 심사하게 된다.[347]

따라서 법률이 개인의 **핵심적 자유영역(생명권, 신체의 자유, 직업선택의 자유 등)을 침해하는 경우** 이러한 자유에 대한 보호는 더욱 강화되어야 하므로, 입법자는 입법의 동기가 된 구체적 위험이나 공익의 존재 및 법률에 의하여 입법목적이 달성될 수 있다는 구체적 인과관계를 헌법재판소가 납득하게끔 소명·입증해야 할 책임을 지지만, 개인이 기본권의 행사를 통하여 일반적으로 **타인과 사회적 연관관계에 놓이는 경제적 활동을 규제하는 사회·경제정책적 법률을 제정**함에 있어서는 입법자에게 보다 광범위한 형성권이 인정되므로, 이 경우 입법자의 예측판단이나 평가가 명백히 반박될 수 있는가 아니면 현저하게 잘못되었는가 하는 것만을 심사하게 된다.[348]

---

347) 헌재 2002.10.31. 99헌바76등, 구 의료보험법 제32조 제1항 등 위헌소원 등(합헌, 기각); 2004.8.26. 2002헌가1, 병역법 제88조 제1항 제1호 위헌제청(합헌).
348) 헌재 2002.10.31. 99헌바76등.

2. 시혜적 법률의 제정

시혜적(施惠的) 법률349)의 경우에 있어서는 국민의 권리를 제한하거나 새로운 의무를 부과하는 법률과는 달리 입법자에게 보다 광범위한 입법형성의 자유가 인정되고 있다. 따라서 입법자는 그 입법의 목적, 수혜자의 상황, 국가예산 내지 보상능력 등 제반사항을 고려하여 그에 합당하다고 스스로 판단하는 내용의 입법을 할 권한이 있다. 시혜적 법률은 그 내용이 현저하게 합리성이 결여되어 있는 것이 아닌 한 헌법에 위반되지 않게 된다.350)

대법원에서도 특수임무수행자와 그 유족에게 행할 구체적인 보상의 내용이나 범위, 그 방법·시기 등은 사회보장적 성격을 갖는 것으로서 국가의 재정부담능력과 전체적인 사회보장의 수준, 특수임무수행자에 대한 평가기준 등에 따라 정하여지는 입법자의 광범위한 입법형성의 자유영역에 속하는 것으로서, 기본적으로는 국가의 입법정책에 달려 있다고 보고 자의금지원칙에 입각하여 평등원칙 위배 여부를 판단하고 있다.351)

3. 입법목적 달성수단의 선택

입법목적을 달성하기 위하여 가능한 여러 수단가운데 어느 것을 선택할 것인가의 문제는 그 결정이 현저하게 불합리하고 불공정한 것이 아닌 한 입법부의 재량에 속한다.352)

4. 형벌

법정형의 종류와 범위의 선택은 그 범죄의 죄질과 보호법익에 대한 고려뿐만 아니라 우리의 역사와 문화, 입법 당시의 시대적 상황, 국민 일반의 가치관 내지 법감정 그리고 범죄예방을 위한 형사정책적 측면 등 여러 가지 요소를 종합적으로 고려하여 입법자가 결정할 사항으로서 **광범위한 입법재량 내지 형성의 자유가 인정되어야 할 분야**라고 하는 것이 헌법재판소의 확립된 입장이다.353) 헌법재판소의 판례에 따르면 당해 범죄의 보호법

---

349) 예컨대 1980년 해직공무원들에 대한 보상을 규정한 「1980년해직공무원의보상등에관한특별조치법」.
350) 헌재 1993.12.23. 89헌마189, 1980년해직공무원의보상등에관한특별조치법에 대한 헌법소원(기각).
351) 이는 「특수임무수행자 보상에 관한 법률」에 관한 판결이다(대법원 2008.11.13. 2007두13302 판결). "특수임무수행자"라 함은 1948년 8월 15일부터 2002년 12월 31일 사이에 대통령령이 정하는 기간중 군 첩보부대에 소속되어 특수임무를 하였거나 이와 관련한 교육훈련을 받은 자로서 제4조 제2항 제1호에 의하여 특수임무수행자로 인정된 자를 말한다(특임자보상법 제2조 제2호).
352) 헌재 1996.2.29. 94헌마213, 풍속영업의규제에관한법률 제2조 제6호 등 위헌확인(기각, 각하).
353) 헌재 2018.7.26. 2018헌바5, 형법 제262조 등 위헌소원(합헌); 1992.4.28. 90헌바24; 1995.4.20. 93헌바40; 2001.11.29. 2001헌가16; 2002.4.25. 2001헌가27; 2004.2.26. 2001헌바75; 2006.12.28.

익과 죄질에 비추어 **범죄와 형벌 간의 비례의 원칙상 수긍할 수 있는 정도의 합리성이 있다면 이러한 법률을 위헌이라고 할 수는 없다.**[354] 따라서 어느 범죄에 대한 법정형이 그 범죄의 죄질 및 이에 따른 행위자의 책임에 비하여 지나치게 가혹한 것이어서 현저히 형벌체계상의 균형을 잃고 있다거나 그 범죄에 대한 형벌 본래의 목적과 기능을 달성함에 있어 필요한 정도를 일탈하였다는 등 헌법상의 평등의 원칙 및 비례의 원칙 등에 명백히 위배되는 경우가 아닌 한, 쉽사리 헌법에 위반된다고 단정하여서는 안 된다고 한다.[355] 그런데 주의할 것은 단순 합리성심사가 아니고 비례성심사를 한다는 점이다.

5. 국회의원과 정당 활동의 자유

선거운동의 공정이라는 법 목적의 달성을 위하여 국회의원과 정당이 가지는 고유한 권능과 자유를 어느 정도로 제한할 것인가의 여부는 **입법자의 광범위한 형성의 재량에 속하는 사항이다.**[356]

법조항이 선거운동기간이 개시된 후에 한하여 국회의원의 의정활동보고나 정당의 각종 집회를 금지하거나 제한하였다고 하더라도, 그를 통하여 국회의원이 아니거나 정당원이 아닌 예비후보자에게는 금지되어 있는 선거운동기간개시전의 선거운동을 허용하는 것이 아닌 한 이를 일컬어 명백히 자의적인 입법이라고 할 수 없다.[357]

III. 행위규범과 통제규범의 구별이 갖는 의미

헌법재판소는 독일의 영향을 받아 행위규범과 통제규범을 구분하는 관점을 도입하여 판시하기도 한다. 행위규범과 통제규범의 구분은 동일한 규범이라고 할지라도 규범이 수범자의 헌법적 기능에 따라 서로 다른 의미를 가진다는 이론이다. 헌법상의 각 기관의 기능은 헌법에 의하여 자신에게 부여된 고유한 기능을 행사함으로써 비로소 구체화되고 실현되며, 헌법재판소는 이러한 다른 국가기관에 의한 헌법의 구체화를 일정 범위 내에서 존중하여야만 각 기능의 독자성이 유지될 수 있다는 관점이다. 이것은 헌법

2006헌가12.

354) 헌재 2018.7.26. 2018헌바5, 형법 제262조 등 위헌소원(합헌); 1995.4.20. 93헌바40; 2002.4.25. 2001헌가27.

355) 헌재 2006.12.28. 2006헌가12.

356) 헌재 1996.3.28. 96헌마18등, 공직선거및선거부정방지법 제111조 등 위헌확인(기각).

357) 헌재 1996.3.28. 96헌마18등.

재판의 한계로서 작용한다. 예컨대 입법자는 입법활동을 통하여 헌법을 구체화하고 실현하는데 있어서 포괄적, 주도적, 형성적으로 기능하나, 헌법재판소는 그의 사법적 성격에 내재된 한계 때문에 매우 한정된 특정대상에 관련하여 헌법재판의 형태로 부분적, 사후적, 통제적 역할을 하게 된다.358) 이와 같이 헌법재판소와 입법자는 헌법이 부여한 기능에 있어서 서로 다르고, 입법자는 헌법의 한계 내에서 정치적 결정을 통하여 공동체를 형성하는데 중심적 역할을 하고, 이에 대하여 헌법재판소는 헌법에서 입법자의 형성권의 한계를 유출해 냄으로써, 입법자의 정치적 형성의 헌법적 한계를 제시하는 기능을 한다. 따라서 헌법은 입법자와 같이 적극적으로 형성적 활동을 하는 국가기관에게는 행위의 지침이자 한계인 행위규범을 의미하나, 헌법재판소에게는 다른 국가기관의 행위의 합헌성을 심사하는 기준으로서의 재판규범, 즉 통제규범을 의미하게 된다.

1. 행위규범으로서의 평등원칙과 통제규범으로서의 평등원칙

평등원칙은 행위규범으로서 입법자에게, 객관적으로 같은 것은 같게 다른 것은 다르게, 규범의 대상을 실질적으로 평등하게 규율할 것을 요구하고 있다. 그러나 헌법재판소의 심사기준이 되는 통제규범으로서의 평등원칙은 단지 자의적인 입법의 금지 기준만을 의미하게 되므로 헌법재판소는 입법자의 결정에서 차별을 정당화할 수 있는 합리적인 이유를 찾아 볼 수 없는 경우에만 평등원칙의 위반을 선언하게 된다. 즉 헌법에 따른 입법자의 평등실현의무는 헌법재판소에 대하여는 단지 자의금지원칙으로 그 의미가 한정 축소된다. 따라서 헌법재판소가 행하는 규범에 대한 심사는 그것이 가장 합리적이고 타당한 수단인가에 있지 아니하고 단지 입법자의 정치적 형성이 헌법적 한계 내에 머물고 있는가 하는 것에 국한시켜야 하며, 그럼으로써 입법자의 형성의 자유와 민주국가의 권력분립적 기능질서가 보장될 수 있다.359) 예컨대 입법자가 수신료를 부과함에 있어서 공영방송사업 재정조달을 위해 수신료를 부담해야 할 특별하고 긴밀한 관계에 있는 자들, 즉 방송수신매체의 소지자들 중 어느 범위까지 수신료를 부담시킬 것인지 여부는 과학기술의 발전으로 방송수신매체가 다양화됨에 따라 각 방송수신매체의 특성을 고려하여 결정하여야 하는 것으로서 원칙적으로 형성의 자유를 갖는 입법자의 결정사항에 속한다. 따라서 평등원칙의 위반 여부에 대한 헌법재판소의 판단은 단

---

358) 헌재 1997.1.16. 90헌마110.
359) 헌재 1997.1.16. 90헌마110.

지 자의금지의 원칙을 기준으로 차별을 정당화할 수 있는 합리적인 이유가 있는가의 여부만을 심사하게 된다.360)

그러나 평등원칙은 자의금지심사도 하지만 엄격한 비례성심사를 하기도 한다. 따라서 단순히 행위규범과 통제규범을 구분하는 경우 통제규범으로서는 반드시 자의금지원칙만이 적용되는 것은 아니다. 따라서 논리적으로 보아서는 행위규범에 속하기 때문이라는 것으로부터는 입법자의 형성의 자유가 어느 정도인지 알 수가 없고, 입법자의 광범위한 입법형성의 자유가 인정되는 경우에 한하여 통제규범으로서는 자의금지원칙에 한정되는 경우가 있을 뿐이다.

2. 행위규범으로서의 인간다운 생활을 할 권리와 통제규범으로서의 인간다운 생활을 할 권리

모든 국민은 인간다운 생활을 할 권리를 가지며 국가는 생활능력 없는 국민을 보호할 의무가 있다는 헌법의 규정도 모든 국가기관을 기속하지만, 그 기속의 의미는 적극적·형성적 활동을 하는 입법부 또는 행정부의 경우와 헌법재판에 의한 사법적 통제기능을 하는 헌법재판소에 있어서 동일하지 아니하다. 인간다운 생활을 할 권리는 입법부나 행정부에 대하여는 국민소득, 국가의 재정능력과 정책 등을 고려하여 가능한 범위 안에서 최대한으로 모든 국민이 물질적인 최저생활을 넘어서 인간의 존엄성에 맞는 건강하고 문화적인 생활을 누릴 수 있도록 하여야 한다는 행위의 지침, 즉 행위규범으로서 작용하지만, 헌법재판에 있어서는 다른 국가기관, 즉 입법부나 행정부가 국민으로 하여금 인간다운 생활을 영위하도록 하기 위하여 객관적으로 필요한 최소한의 조치를 취할 의무를 다하였는지를 기준으로 국가기관의 행위의 합헌성을 심사하여야 한다는 통제규범으로 작용하게 된다.361)

헌법재판소가 생계보호의 구체적 수준을 결정하는 것은 입법부 또는 입법부에 의하여 다시 위임을 받은 행정부 등 해당기관의 광범위한 재량에 맡겨져 있다고 보는 반면에, 국가가 인간다운 생활을 보장하기 위하여 헌법적 의무를 다하였는가를 사법적으로 심사하기 위해서는 국가가 생계보호에 관한 입법을 전혀 하지 아니하였다든가 그 내용이 현저히 불합리하여 헌법상 용인될 수 있는 재량의 범위를 명백히 일탈한 경우

---

360) 헌재 2008.2.28. 2006헌바70.
361) 헌재 1997.5.29. 94헌마33.

에 한하여 헌법에 위반된다고 보는 경우 전자는 헌법상의 인간다운 생활을 할 권리를 행위규범으로 본 것이고, 후자는 통제규범으로 본 것이다.

3. 소결

위에서 본 바와 같이 국가기관의 기능이 상이하므로 그에 따라서보면 행위규범과 통제규범으로 구분하는 것은 일견 타당한 구분으로 보인다. 그러나 이 구분은 상이한 기능을 개념적으로 착안한 것에 불과하고, 왜 그것이 통제규범의 경우에 있어서는 어떤 경우에는 명백성 통제에 머물러야 하고 어떤 경우에는 그렇지 않은지를 설명하지는 못한다. 요컨대 국가기관의 기능적 상이성을 포착한 개념으로는 의미가 있으나 그 기능적 상이성을 이끌어 내는 어떤 기준을 내포하는 개념으로는 한계가 있다. 또한 행위규범이라고 할지라도 결국은 사법적 통제를 통하여 강제할 수 없다면 그것이 어떤 규범적 의미를 가지는가가 의문시 될 수 있다.

제2항 비례성원칙의 심사강도

비례성원칙은 헌법적 지위를 향유하고 있기 때문에 입법, 행정, 사법의 모든 국가권력은 이 원칙을 준수하여야 한다. 헌법재판에서 특별한 의미를 갖는 것은 입법통제인데 입법과 관련하여서 헌법재판소는 과잉금지원칙을 입법자의 예측판단에 따른 입법형성권과의 상관관계 하에서 판단하고 있다.

앞에서 살펴본 바와 같이 법률이 개인의 핵심적 자유영역을 침해하는 경우와 사회·경제적 활동을 침해하는 경우를 구분하여 후자의 경우는 입법자에게 보다 광범위한 형성권이 인정되므로, 여기서는 입법자의 예측판단이나 평가가 명백히 반박될 수 있는가 또는 현저하게 잘못되었는가 하는 것만을 심사하는 것, 즉 명백성통제를 적용하고 있다.[362] 또 형벌법규의 높고 낮음은 입법정책의 문제이지 헌법위반의 문제는 아니라고 하면서도 그러한 유형의 범죄에 대한 형벌 본래의 기능과 목적을 달성함에 있

---

362) 헌재 2002.10.31. 99헌바76등: 여기서는 최소침해의 원칙의 위배여부 판단을 명백성 통제를 적용하고 있다(특히 판례집 14-2, 434쪽 참조).

어 필요한 정도를 일탈한 경우에는 과잉금지원칙의 위반으로 판시하고 있다.363)

요컨대 비례성원칙의 심사강도는 개별기본권의 특성과 당해 기본권과 관련된 구체적인 입법형성의 자유에 따라 달라진다. 그런데 입법형성의 자유는 개별기본권의 특성과도 관련되지만 당해 기본권과 관련한 구체적인 상황에 따라서도 달리 판단되기도 한다.364) 비례성심사의 심사강도를 그림으로 표시하면 아래와 같다.

심사 기준	심사기준의 구체적 적용	심사 강도	적용영역
완화된 비례성	방법의 적절성 완화 적용(Ⅰ형)	완화된 엄격심사	법적인 문제가 아닌 입법자가 합목적적으로 판단해야 할 영역(정당의 자유-지구당 폐지여부)
	피해의 최소성 완화 적용(Ⅱ형)		경제활동영역(직업행사의 자유) 헌법에 의해 입법형성이 위임된 영역으로서 권리의 공익성이 상대적으로 약한 영역(재판청구권) 입법목적을 달성하기 위하여 필요한 범위 내의 것인지를 심사하는 영역(표현의 자유에 있어서 상업광고의 제한)
	목적의 정당성365)과 법익의 균형성 완화 적용(Ⅲ형)		표현의 자유에 있어서 표현방법의 제한
	피해의 최소성과 법익의 균형성 모두 완화 적용(Ⅳ형)		헌법에 의해 입법형성이 위임된 영역으로서 권리의 공익성이 상대적으로 강한 영역(공무담임권) 공익적 필요성이 전면에 드러나서 비례성이 심사기준으로 적용되어야 하지만 명백성 통제에 그칠 정도로 입법자에게 형성의 자유가 인정되는 영역(양심의 자유와 병역의무)
엄격한 비례성	4요소 모두 적용	엄격심사	개인의 핵심적인 자유영역(생명권, 신체의 자유, 직업선택의 자유 등) 정치적 표현의 자유영역에서 국가의 개입이 최소화되어야 하는 영역(당내경선)

363) 헌재 1992.4.28. 90헌바24; 1995.4.20. 91헌바11; 1998.5.28. 97헌바68; 1998.7.16. 97헌바23; 1998.11.26. 97헌바67; 1999.5.27. 98헌바26; 2000.6.29. 98헌바67; 2001.11.29. 2001헌가16; 2001.11.29. 2000헌바37; 2001.11.29. 2001헌바4; 2002.10.31. 2001헌바68.
364) 예컨대 헌재 2009.2.26. 2008헌마370등, 법학전문대학원 설치 예비인가 배제 결정 취소 등(합헌, 기각, 각하)에 따르면 비례성심사의 심사강도는 직업선택의 자유를 제한하고 있느냐 아니면 직업행사의 자유를 제한하고 있느냐에 따라 다르고, 직업선택의 자유를 제한하는 경우에도 구체적인 경우에 입법재량을 인정하는 정도도 달라질 수 있다.

I. 완화된 심사를 하는 경우

1. 방법의 적절성을 완화한 경우

지구당폐지와 관련된 2004년도 결정[366]에서는 "지구당을 강화할 것인가의 여부에 관한 선택은 법적인 문제라기보다는 헌법의 테두리 안에서 입법자가 합목적적으로 판단할 문제로서 헌법의 테두리를 벗어나지 않는 한 그 선택의 재량을 갖는다고 할 수 있다. 따라서 가사 지구당을 폐지함으로써 일부 바람직하지 않은 결과가 파생된다 하더라도 그것이 헌법의 테두리를 벗어나지 않는 한, 이는 당·부당의 문제에 그치고 합헌·위헌의 문제로까지 되는 것은 아니므로, 그 구체적인 선택의 당부를 엄격하게 판단하여 위헌 여부를 가릴 일은 아니다. 결국 지구당을 폐지한 것에 수단의 적정성이 있는가 하는 것을 판단함에 있어서는 상대적으로 완화된 심사기준에 의하여 판단하여야 한다."[367]라고 함으로써 수단의 적정성과 관련하여 완화된 심사기준을 적용하고 있다. 수단의 적정성을 판단함에 있어서 입법자의 형성의 자유가 크다는 점을 고려한 것이다.

이 결정에서는 목적의 정당성과 침해의 최소성 그리고 법익의 균형성과 관련하여서는 일반적인 판단을 하고 있다. 다만, 침해의 최소성과 관련하여서 정당의 자유를 적게 제한하는 다른 대체수단의 존재여부를 기준으로 하면서도 결론적으로는 입법자의 판단을 존중하고 있다.

2. 피해의 최소성을 완화한 경우

가. 직업행사의 자유

직업선택의 자유는 개인의 인격발현과 개성신장의 불가결한 요소이므로, 그 제한은 개인의 개성신장의 길을 처음부터 막는 것을 의미하고, 이로써 개인의 핵심적 자유영역에 대한 침해를 의미하지만, 일단 선택한 직업의 행사방법을 제한하는 경우에는 개성신장에 대한 침해의 정도가 상대적으로 적어 핵심적 자유영역에 대한 침해로 볼

---

365) 중대한 공익(표현내용을 규제하는 경우)과 합리적 공익(표현내용과는 무관하게 표현방법을 규제하는 경우)을 상정하고 완화하는 경우는 합리적 공익을 실현하기 위해서도 기본권의 제한이 허용된다는 의미이다[헌재 2002.12.18. 2000헌마764, 옥외광고물등관리법 제3조 제1항 제6호 등 위헌확인(기각) 참조].

366) 헌재 2004.12.16. 2004헌마456.

367) 헌재 2004.12.16. 2004헌마456.

것은 아니고, 직업활동이 사회전반에 대하여 가지는 의미에 따라 직업의 자유에 대한 제한이 허용되는 정도가 달라지는데, 이는 개인의 직업활동 또는 사회적·경제적 활동 등이 타인의 자유영역과 접촉하고 충돌할수록 입법자가 타인과 공동체의 이익을 위하여 개인의 자유를 제한하는 것을 보다 수인해야 한다는 것을 의미한다. 이 경우에는 최소침해의 원칙 위배여부를 판단함에 있어서 입법자의 판단이 현저하게 잘못되었는지 여부만을 묻게 된다.368)

따라서 의료강제지정제에 있어서 의료인은 의료공급자로서의 기능을 담당하고 있고, 의료소비자인 전국민의 생명권과 건강권의 실질적 보장이 의료기관의 의료행위에 의존하고 있으므로, '의료행위'의 사회적 기능이나 사회적 연관성의 비중은 매우 크다는 점에서 볼 때, '국가가 계약지정제를 택하더라도 입법목적을 똑같이 효율적으로 달성할 수 있기 때문에 강제지정제를 택한 것은 최소침해의 원칙에 반하는가'에 대한 판단은 '입법자의 판단이 현저하게 잘못되었는가'하는 명백성의 통제에 그치는 것이 타당하다고 하고 있다.369) 이 결정에서는 비례성원칙의 4가지 하부원칙을 검토하는 가운데 피해의 최소성을 완화해서 적용하고 있는 경우이다.

나. 상업광고

상업광고는 표현의 자유의 보장내용에 속하지만 사상이나 지식에 관한 정치적, 시민적 표현행위와는 차이가 있고, 한편 직업수행의 자유의 보장내용에 속하지만 인격발현과 개성신장에 미치는 효과가 중대한 것은 아니라고 보면서, 상업광고 규제에 관한 비례의 원칙 심사에 있어서 '피해의 최소성' 원칙은 같은 목적을 달성하기 위하여 달리 덜 제약적인 수단이 없을 것인지 혹은 입법목적을 달성하기 위하여 필요한 최소한의 제한인지를 심사하기 보다는 '입법목적을 달성하기 위하여 필요한 범위 내의 것인지'를 심사하는 정도로 완화하고 있다.370)

---

368) 헌재 2002.10.31. 99헌바76등, 구 의료보험법 제32조 제1항 등 위헌소원 등(합헌·기각).
369) 헌재 2002.10.31. 99헌바76등.
370) 헌재 2005.10.27. 2003헌가3, 의료법 제69조 등 위헌제청(위헌): "상업광고는 표현의 자유의 보호 영역에 속하지만 사상이나 지식에 관한 정치적, 시민적 표현행위와는 차이가 있고, 한편 직업수행의 자유의 보호영역에 속하지만 인격발현과 개성신장에 미치는 효과가 중대한 것은 아니다. 그러므로 상업광고 규제에 관한 비례의 원칙 심사에 있어서 '피해의 최소성' 원칙은 같은 목적을 달성하기 위하여 달리 덜 제약적인 수단이 없을 것인지 혹은 입법목적을 달성하기 위하여 필요한 최소한의 제한인지를 심사하기 보다는 '입법목적을 달성하기 위하여 필요한 범위 내의 것인지'를

상업광고에 있어서는 피해의 최소성을 완화하면서도 명백성 정도까지 완화하지는 않고 있다. 입법목적 달성을 위한 필요한 범위 내라는 것은 확실히 명백성통제와는 구별되는 것이다. 이 결정에서는 비례성원칙의 4가지 원칙을 순차적으로 검토하고 있다.

다. 재산권

견해에 따르면 재산권보장이 의미하는 개인의 자유보장적 법익과 사회적 구속성 내지 공공복리를 비교형량하여 그것이 비례성을 초과한 것인지를 검토하는 경우에는 별도로 피해의 최소성은 논할 필요가 거의 없는데,[371] 이것이 재산권과 관련한 비례성 심사의 기본적인 형태라고 한다.[372] 따라서 사법상의 재산권에 대한 제한으로서 재산의 사용·수익·처분권에 대한 중대한 제한이 이루어질 경우에는 피해의 최소성 유무를 따질 필요가 있지만,[373] 그렇지 않은 경우에는 피해의 최소성이 적용되어야 하는 경우는 드물다고 한다.[374]

라. 재판청구권

헌법 제27조 제1항이 규정하는 "법률에 의한" 재판청구권을 보장하기 위해서는 입법자에 의한 재판청구권의 구체적 형성이 불가피하므로 입법자의 광범위한 입법재량이 인정된다는 것이 헌법재판소의 기본적인 입장이다.[375] 그런데 재판청구권에는 비록 완화된 형태일지라도 헌법 제37조 제2항의 비례의 원칙이 적용되어야 한다고 한다. 특히, 당해 입법이 단지 법원에 제소할 수 있는 형식적인 권리나 이론적인 가능성만을 허용하는 것이어서는 아니 되고, 상당한 정도로 권리구제의 실효성이 보장되는 것이어야 한다고 하고 있다.[376] 비록 판시내용들의 뉘앙스에 있어서는 차이가 있기는 하지만, 재판청구권의 경우에는 완화된 심사를 한다는 입장이다.

예컨대 "이의신청의 재결에 대하여 불복이 있을 때에는 … 행정소송을 제기할 수

심사하는 정도로 완화되는 것이 상당하다."

371) 이명웅, 재산권의 위헌심사기준 - 판례의 검토 -, 인권과 정의 370, 2007, 143쪽.
372) 이명웅, 위의 글, 135-136쪽.
373) 재산권에 대해 엄격한 심사가 적용된 경우에 대해서는 후술 참조.
374) 이명웅, 위의 글, 143쪽, 147쪽. 그러나 비례성심사를 하면서 피해의 최소성 심사를 누락하는 것은 타당하다고 보기 어렵다.
375) 헌재 1996.8.29. 93헌바57.
376) 헌재 2001.2.22. 2000헌가1.

있다"고 규정한 토지수용법 제75조의2 제1항 본문의 위헌성을 심사하면서 목적의 정당
성과 수단의 적절성을 면밀히 살펴본 후, 피해의 최소성과 법익의 균형성을 함께 검토
하면서 "… 이의재결의 취소를 구하는 소송에서는 이의재결 자체의 고유한 위법사유
뿐만 아니라 이의신청의 사유로도 삼지 않은 수용재결의 하자도 주장할 수 있다는 것
이 법원의 일관된 판례이므로,377) 이 사건 법률조항이 수용재결에 대한 제소를 금지함
으로써 청구인의 재판청구권이 제한되는 정도는 그다지 크다고 할 수 없고, 또한 이에
비하여 분쟁의 일회적 해결과 신속한 권리구제의 요청에 응하고 법원 판결의 적정성을
보장할 수 있다는 점에서 재결주의를 규정함에 의한 공익은 매우 크다고 할 것이므로,
이 사건 법률조항은 필요성과 법익 균형성도 갖추고 있다."고 판시한 바 있다.378)

3. 목적의 정당성과 법익의 균형성을 완화한 경우

헌법상 표현의 자유가 보호하고자 하는 가장 핵심적인 것이 바로 '표현행위가 어
떠한 내용을 대상으로 한 것이든 보호를 받아야 한다.'는 것이며, '국가가 표현행위를
그 내용에 따라 차별함으로써 특정한 견해나 입장을 선호하거나 억압해서는 안 된다'는
것을 의미한다. 따라서 헌법재판소의 판례에 따르면 표현내용에 대한 규제는 원칙적으
로 **중대한 공익**의 실현을 위하여 불가피한 경우에 한하여 엄격한 요건 하에서 허용된
다. 그에 반하여 표현내용과 무관하게 표현의 방법을 규제하는 것은 **합리적인 공익**상의
이유로 비례의 원칙의 준수 하에서 가능하다고 보았다.

이러한 논리에 따라 옥외광고물등관리법 제3조 제1항 제6호 등 위헌확인 결정에서
는 '…의 규정에 의한 광고물은 당해 교통수단의 소유자에 관한 광고내용에 한하여 표
시할 수 있다.'고 규정하고 있는 옥외광고물등관리법시행령 제13조 제9항 본문과 같이
자신에 관한 광고를 허용하면서 타인에 관한 광고를 금지한 것은 특정한 표현내용을
금지하거나 제한하려는 것이 아니라 광고의 매체로 이용될 수 있는 차량을 제한하고자
하는 표현방법에 대한 제한이고 이러한 제한은 합리적인 공익상의 이유로 비례의 원칙
의 준수하에서 가능하다고 보았고, 이에 따라 "자동차란 매체를 이용하여 자유롭게 광
고를 하는 표현행위가 개인의 인격발현에 대하여 가지는 의미·중요성과 다른 한편으
로는 자동차를 이용한 광고행위를 제한해야 할 공익상의 이유를 서로 비교형량하여 볼

---

377) 헌법재판소가 인용하고 있는 판례로는 대법원 1995.12.8. 95누5561 판결.
378) 헌재 2001.6.28. 2000헌바77, 토지수용법 제75조의2 제1항 본문 위헌소원(합헌).

때, 자동차에 타인에 관한 광고표시를 허용함으로써 보장되는 표현의 자유를 통해 얻을 수 있는 개인의 이익보다는 자동차에 타인에 관한 광고를 금지함으로써 얻을 수 있는 공익이 더 크다고 할 것이다. 따라서 이 사건 시행령조항이 표현의 자유를 침해한다고 볼 수 없다."고 판시하고 있다.379) 비례의 원칙을 준수하여야 한다고 하였지만 실제에 있어서는 목적의 정당성을 완화하여 비교형량만 하고 있다.380) 이 결정에서 보는 바와 같이 법익의 균형성을 완화하는 경우는 통상 달성하려는 목적을 완화하여 이를 침해되는 사익과 형량하게 될 것이기 때문에 법익의 균형성의 완화는 결국 목적의 정당성의 완화를 동반하게 된다.

4. 피해의 최소성과 법익의 균형성 모두를 완화한 경우

가. 정당설립의 자유

헌법재판소는 「정당법」상 정당의 등록요건으로 '5 이상의 시·도당과 각 시·도당 1,000명 이상의 당원을 요구한 법률규정의 위헌성 판단과 관련한 2006년 결정에서 "이와 같이 "상당한 기간 또는 계속해서" "상당한 지역"에서 국민의 정치적 의사형성에 참여해야 한다는 개념표지를 법률규정을 통해 구체화하는 것은 원칙적으로 입법자의 재량영역에 속한 것이라고 할 수 있다. 즉, 입법자는 우리나라 정당정치의 역사, 현재 정당정치의 시대적 상황 및 지역적 특성, 국민 일반의 가치관 내지 법감정, 그리고 그 규율로 인한 파급효과 등을 종합적으로 고려하여 정당의 시간적 계속성, 조직성 및 지역적 광범위성의 표지를 구체화할 수 있다고 보아야 할 것이다. 그러므로 이 사건 법률조항으로 말미암아 청구인의 정당설립의 자유가 침해되는지 여부를 판단함에 있어 심사기준은 우선 그 입법목적이 헌법상 입법자가 추구할 수 있는 정당한 목적인지 여부에 대한 판단과, 그러한 입법목적의 달성을 위하여 이 사건 법률조항이 취하고 있는 수단이 합리적인 비례관계를 유지하고 있는지 여부라고 할 것"381)이라고 한 바 있다. 그리고 계속하여 입법목적의 정당성과 목적과 수단 간의 비례성을 검토하고 있다. 목적과 수단 간의 비례성을 검토하는 과정에서 명시적으로 피해의 최소성과 법익의 균형성이

---

379) 헌재 2002.12.18. 2000헌마764.

380) 비례성원칙의 하부원칙 상호간의 논리적 관련성으로 볼 때, 법익의 균형성 검토단계에서는 이미 나머지 3가지 원칙의 충족을 전제로 하고 있는 것으로 볼 수도 있을 것이다. 그러나 그렇더라도 그것들의 심사강도는 여전히 불명확하다.

381) 헌재 2006.3.30. 2004헌마246, 정당법 제25조 등 위헌확인(기각).

라는 요소는 개별적으로 검토하고 있지 않다.

그런데 헌법재판소의 1999년 결정[382]에서는 엄격한 비례성심사를 한 바 있다. 이 결정은 경찰청장으로 하여금 퇴직 후 2년간은 정당의 발기인이나 당원이 될 수 없도록 한 규정에 대한 것으로서, 정당에 대해 등록요건을 요구하고 있는 앞의 2006년 결정과 마찬가지로 정당설립의 자유에 대한 제한이지만, 명시적인 판례변경 없이 심사강도를 달리 적용한 것이다.

나. 공무담임권

헌법재판소는 국민은 헌법 제25조에 따라 '법률이 정하는 바에 의하여' 공무담임권을 가지므로, 공무담임권의 내용에 관하여는 입법자에게 넓은 입법형성권이 인정된다고 본다.[383] 물론 이 경우에도 헌법 제37조 제2항의 기본권제한의 입법적 한계를 넘는 지나친 것이어서는 안 되는 것은 당연하다.[384]

그런데 공무담임권을 제한하는 경우에 적용될 위헌심사기준과 관련하여 헌법재판소는 비례성심사를 하면서 어떤 경우에는 완화된 비례성심사를, 또 어떤 경우에는 엄격한 비례성심사를 하고 있다. 공무담임권의 심사기준과 관련하여 헌법재판소는 명시적으로 다음과 같이 설명하고 있다. "공무담임권의 제한의 경우는 그 직무가 가지는 공익실현이라는 특수성으로 인하여 그 직무의 본질에 반하지 아니하고 결과적으로 다른 기본권의 침해를 야기하지 아니하는 한 상대적으로 강한 합헌성이 추정될 것이므로, 주로 평등의 원칙이나 목적과 수단의 합리적인 연관성여부가 심사대상이 될 것이며, 법익형량에 있어서도 상대적으로 다소 완화된 심사를 하게 될 것이다."[385]

완화된 비례성심사를 한 경우로는 지방자치단체 장의 계속 재임을 3기로 제한한 지방자치법 제87조 제1항이 공무담임권을 침해하는지 여부를 심사한 경우를 들 수 있다. 여기서는 비례성심사를 하면서 목적의 정당성, 방법의 적절성, 피해의 최소성, 법익의 균형성을 모두 검토하고 있지만,[386] 엄격한 적용을 하고 있는 것으로는 보이지 않는

---

382) 헌재 1999.12.23. 99헌마135, 경찰법 제11조 제4항 등 위헌확인(위헌, 각하). 이 결정의 내용에 대해서는 후술 참조.
383) 헌재 2006.2.23. 2005헌마403, 지방자치법 제87조 제1항 위헌확인(기각).
384) 헌재 2002.8.29. 2001헌마788등; 2006.2.23. 2005헌마403.
385) 헌재 2002.10.31. 2001헌마557, 법원조직법 제45조 제4항 위헌확인(기각).
386) 헌재 2006.2.23. 2005헌마403, 지방자치법 제87조 제1항 위헌확인(기각).

다. 그런데 여기서 완화된 심사를 한다고 함은 경우에 따라서는 피해의 최소성 심사와 법익의 균형성 심사를 생략하는 경우까지를 포함하는 것으로 이해되는데, 예컨대 법관의 정년을 규정한 법원조직법 제45조 제4항의 비례성원칙 준수여부를 심사하면서는, 목적의 정당성과 수단의 적절성을 심사하고 피해의 최소성이나 법익의 균형성을 심사함이 없이 동 조항이 공무담임권을 침해하지 않는다고 판시하고 있는 사례387)가 그러한 경우이다.

엄격한 비례성심사를 한 경우로는 공무원이 일정한 경우에는 당연히 퇴직하는 것으로 규정하고 있는 지방공무원법 규정388)에 대해서는 엄격한 비례성심사를 하였다.

다. 양심의 자유 – 국가의 양심보호의무 이행여부

헌법재판소에 따르면 양심실현의 보장 문제는 '양심의 자유'와 양심의 자유에 대한 제한을 통하여 실현하고자 하는 '헌법적 법익' 및 '국가의 법질서' 사이의 조화의 문제이며, 양 법익 간의 법익형량의 문제다. 그런데 양심의 자유는 공익과 형량하여 서로 조화를 이루면서 실현될 수 있는 성질의 것이 아니고, 단지 '양심의 자유'와 '공익' 중 양자택일, 즉 양심에 반하는 작위나 부작위를 법질서에 의하여 '강요받는가 아니면 강요받지 않는가'의 문제가 있을 뿐이라고 한다.389)

그리고 양심의 자유의 입법형성권과 관련하여서는 당해 기본권이 사회적 연관성이 커서 입법자에게 광범위한 형성권이 인정되어 입법자에게 인정되는 예측판단이나 평가가 명백히 또는 현저히 잘못된 것이 아닌 한 위헌이라고 할 수 없다는 입장에서 헌법재판소는 양심의 자유가 개인의 인격발현과 인간의 존엄성실현에 있어서 매우 중요한 기본권임에도 불구하고 헌법재판소는 양심의 자유의 본질이 법질서에 대한 복종을 거부할 수 있는 권리가 아니라, 국가공동체가 감당할 수 있는 범위 내에서 개인의 양심상 갈등상황을 고려하여 양심을 보호해 줄 것을 국가로부터 요구하는 권리이자 그에 대응하는 국가의 의무라는 점을 감안하여, 입법자가 양심의 자유로부터 파생하는 양심보호의무를 이행할 것인지의 여부 및 그 방법에 있어서 광범위한 형성권을 가진다고 보고

---

387) 헌재 2002.10.31. 2001헌마557, 법원조직법 제45조 제4항 위헌확인(기각).
388) 헌재 2002.8.29. 2001헌마788등, 지방공무원법 제31조 제5호 등 위헌확인(위헌) 이 결정의 심판대상은 "지방공무원법 제61조(당연퇴직) 공무원이 제31조 각 호의 1에 해당할 때에는 당연히 퇴직한다."였다.
389) 헌재 2004.8.26. 2002헌가1, 병역법 제88조 제1항 제1호 위헌제청(합헌).

있다.390) 국가안보상의 중요정책에 관하여 결정하는 것은 원칙적으로 입법자의 과제이고, 국가의 안보상황에 대한 입법자의 판단은 존중되어야 하며, 입법자는 이러한 현실판단을 근거로 헌법상 부과된 국방의 의무를 법률로써 구체화함에 있어서 광범위한 형성의 자유를 가진다는 것이다.

이러한 관점에서 볼 때 '국가가 대체복무제를 채택하더라도 국가안보란 공익을 효율적으로 달성할 수 있기 때문에 이를 채택하지 않은 것은 양심의 자유에 반하는가.'에 대한 판단은 '입법자의 판단이 현저하게 잘못 되었는가'하는 명백성의 통제에 그친다고 한다. 명백성의 통제는 다음과 같은 형량과정을 거쳐서 적용된다. 즉, 입법자는 법익형량과정에서 국가가 감당할 수 있는 범위 내에서 가능하면 양심의 자유를 고려해야 할 의무가 있으나, 법익형량의 결과가 국가안보란 공익을 위태롭게 하지 않고서는 양심의 자유를 실현할 수 없다는 판단에 이르렀기 때문에 병역의무를 대체하는 대체복무의 가능성을 제공하지 않았다면, 이러한 입법자의 결정은 국가안보라는 공익의 중대함에 비추어 정당화될 수 있는 것으로서 입법자의 '양심의 자유를 보호해야 할 의무'에 대한 위반이라고 할 수 없다는 것이다.391) 이 결정은 법익형량의 과정을 비례의 원칙의 한 과정으로 이해하면서도,392) 이 법익형량은 국가가 명백히 잘못된 경우에만 형량을 위반한 것으로서 헌법에 위반된다는 취지이다. 따라서 비례성원칙 중 나머지 원칙은 검토하지 않고 법익의 균형성만 검토하되 그것도 입법자에 폭넓은 형성의 자유를 부여하고 있는 것이다.393)

이 결정은 법익의 균형성 이전 단계의 심사는 명시적으로 이루어지지는 않았지만, 비례성원칙의 4가지 요소 간의 논리적 관계에서 보면 목적의 정당성, 방법의 적절성, 피해의 최소성 요건은 모두 충족한 것을 전제로 하고, 법익의 균형성 심사단계에서 이를 완화하고 있는 것으로 볼 수 있다.

---

390) 헌재 2004.8.26. 2002헌가1.
391) 헌재 2004.8.26. 2002헌가1.
392) 헌재 2004.8.26. 2002헌가1.
393) 이에 반하여 이 결정의 제청법원인 서울지방법원 남부지원은 병역의무와 민주적 기본질서의 핵심적 기본권인 사상·양심의 자유 및 종교의 자유 사이에 충돌을 회피하기 위해 그 본질적 내용을 훼손하지 아니하는 범위 내에서 양자를 조화·병존시킬 필요가 있다는 판단하에 병역법이 양심적 병역거부에 대해서 예외 없이 형사처벌을 하고 있는 것은 양심적 병역거부를 하는 자의 사상과 양심의 자유 및 종교의 자유, 인간의 존엄과 가치 및 행복추구권, 평등권 등을 침해할 가능성이 큰 것으로 보고 있다(헌재 2004.8.26. 2002헌가1).

II. 엄격한 심사를 하는 경우

1. 선거권

헌법재판소는 헌법 제24조의 법률유보를 선거권을 제한하기 위한 유보가 아니라 선거권을 실현하고 보장하는 방법으로 이해한다.[394] 따라서 선거권을 구체화하는 법률은 형성적 법률이 된다.

국민이면 누구나 그가 어디에 거주하든지 간에 주권자로서 평등한 선거권을 향유하여야 하고, 국가는 국민의 이러한 평등한 선거권의 실현을 위해 최대한의 노력을 기울여야 할 의무를 진다는 것은 국민주권과 민주주의의 원리에 따른 헌법적 요청이기 때문에, 입법자는 국민의 선거권 행사를 제한함에 있어서 주권자로서의 국민이 갖는 선거권의 의의를 최대한 존중하여야만 하고, 선거권 행사를 제한하는 법률이 헌법 제37조 제2항의 과잉금지원칙을 준수하고 있는지 여부를 심사함에 있어서는 특별히 엄격한 심사가 행해져야 한다는 것이 헌법재판소의 입장이다. 따라서 선거권의 제한은 그 제한을 불가피하게 요청하는 개별적, 구체적 사유가 존재함이 명백할 경우에만 정당화될 수 있으며, 막연하고 추상적 위험이라든지 국가의 노력에 의해 극복될 수 있는 기술상의 어려움이나 장애 등의 사유로는 그 제한이 정당화될 수 없다고 한다.[395]

특히 보통선거의 원칙은 선거권자의 능력, 재산, 사회적 지위 등의 실질적인 요소를 배제하고 성년자이면 누구라도 당연히 선거권을 갖는 것을 요구하므로 보통선거의 원칙에 반하는 선거권 제한의 입법을 하기 위해서는 헌법 제37조 제2항의 규정에 따른 한계가 한층 엄격히 지켜져야 한다.[396] 이러한 엄격한 기준에 따라 부재자의 선거권을 제한하고 있던 「공직선거및선거부정방지법」 소정의 규정에 대해 목적의 정당성 심사에서 위헌을 선언하고 있다. 따라서 수단의 적합성 등의 심사는 이루어질 필요가 없었다.[397]

해상거주 선원들을 부재자투표대상자에서 제외하고 있는 「공직선거법」상의 규정

---

394) "헌법 제24조는 "모든 국민은 법률이 정하는 바에 의하여 선거권을 가진다."고 규정하고 있는데, 이는 선거권의 내용을 포괄적인 입법형성에 맡긴다는 것이 아니라, 그 권리의 행사 절차나 내용이 법률에 의하여 구체화된다는 의미에 있어서의 법률유보를 뜻하는 것이고, 이러한 형성적인 법률유보는 기본적으로 선거권을 실현하고 보장하기 위한 수단이 될 뿐, 결코 이를 제한하기 위한 것이 아니다."[헌재 2007.6.28. 2005헌마772(계속적용 헌법불합치)].

395) 헌재 2007.6.28. 2004헌마644등.

396) 헌재 1999.1.28. 97헌마253등; 2007.6.28. 2004헌마644등.

397) 헌재 2007.6.28. 2004헌마644등.

의 위헌성을 심사함에 있어서는 일반국민의 선거권 행사를 부인하는 데 필요한 입법목적에 있어서 '불가피한 예외적인 사유'를 심사기준으로 동원하고,[398] 불가피한 예외적인 사유가 없다고 보았음에도 불구하고 피해의 최소성과 법익의 균형성도 간략하게나마 검토하고 모든 원칙에 위배된다고 판시하고 있다.

2. 재산권

재산권에 대해서는 피해의 최소성을 완화하여 심사하는 경우도 다수 있지만,[399] 많은 경우에는 비례성원칙의 원형을 그대로 심사기준으로 동원하고 있다: "헌법 제23조 제1항은 "모든 국민의 재산권은 보장된다."고 규정하여 국민의 재산권을 보장하고 있고, 헌법 제37조 제2항은 "국민의 모든 자유와 권리는 국가안전보장·질서유지 또는 공공복리를 위하여 필요한 경우에 한하여 법률로써 제한할 수 있으며, 제한하는 경우에도 자유와 권리의 본질적인 내용을 침해할 수 없다."고 규정하여 국가가 국민의 기본권을 제한하는 내용의 입법을 함에 있어서 준수하여야 할 기본원칙을 천명하고 있다. 따라서 법률에 의하여 국민의 기본권을 제한할 때에도 어디까지나 국민의 자유와 권리의 본질적인 내용을 침해하지 않는 한도 내에서 행하여져야 할 것이고, 기본권을 제한

---

398) 헌재 1989.9.8. 88헌가6(계속적용 헌법불합치); 2007.6.28. 2005헌마772(계속적용 헌법불합치). 선거권을 보장하기 위해서라면 비밀선거의 원칙도 어느 정도 양보할 수 있다고 한다. 투표 절차나 팩스로 전송하는 과정에서 비밀이 노출될 우려가 있다 하더라도, 국민주권원리나 보통선거원칙에 따라 선거권자들이 선거권을 행사할 수 있도록 충실히 보장하기 위하여 불가피한 경우에는 섣불리 비밀선거원칙에 위배되어 헌법위반이라고 할 수 없다는 것이 헌법재판소의 입장이다. 이러한 경우에 헌법재판소가 추가적으로 들고 있는 논거로는 ① 주권자가 스스로 그러한 사실을 용인하고 투표에 임하는 것으로 볼 수 있고, ② 헌법의 이상과 이념에 따른 역사적, 사회적 요구를 올바르게 수용하여 헌법적 방향을 제시하는 창조적 기능을 수행하여 국민적인 욕구와 의식에 알맞도록 실질적 국민주권의 실현을 보장하도록 헌법을 해석하여야 한다는 점(헌재 1989.9.8. 88헌가6 참조), ③ 국민주권의 원리를 실현하고 국민의 근본적인 권리인 선거권의 행사를 보장하려면, 비밀선거의 원칙에 일부 저촉되는 면이 있다 하더라도, '선거권' 내지 '보통선거원칙'과 '비밀선거원칙'을 조화적으로 해석하여 이들 관계를 합리적으로 조정할 필요가 있다는 점을 제시하였다. 헌법재판소는 해외에 있는 선박으로부터 팩스를 이용한 선거와 관련하여서 모사전송 시스템이나 기타 전자통신 장비를 이용한 선상투표 결과 그 내용이 일부 노출될 우려가 있다 하더라도, 그러한 부정적인 요소보다는 국외의 구역을 항해하는 선박에 장기 기거하는 대한민국 선원들의 선거권 행사를 보장한다고 하는 긍정적인 측면에 더욱 관심을 기울여야 한다고 하였다. 결국 이 사건에서 "… 모사전송 시스템을 이용한 선상투표와 같은 제도는 국외를 항해하는 대한민국 선원들의 선거권을 충실히 보장하기 위한 입법수단으로 충분히 수용될 수 있고, 입법자는 비밀선거원칙을 이유로 이를 거부할 수 없다."고 판시하고 있다[헌재 2007.6.28. 2005헌마772, 계속적용 헌법불합치)].

399) 이명웅, 앞의 글, 136쪽 이하에 예시된 다수의 판례 참조.

하는 입법을 함에 있어서는 입법목적의 정당성과 그 목적달성을 위한 방법의 적정성, 피해의 최소성, 그리고 그 입법에 의해 보호하려는 공공의 필요와 침해되는 기본권 사이의 균형성을 모두 갖추어야 하며, 이를 준수하지 않은 법률 내지 법률조항은 기본권 제한의 입법적 한계를 벗어난 것으로 헌법에 위반된다."[400]

재산권 침해 여부에 관한 비례성심사의 강도는 헌법재판소의 명확한 입장정리가 요망된다. 다만 현재로서는 원칙적으로는 엄격한 심사를 하되 토지재산권과 같은 사회기속성이 강한 재산권의 경우에는 이를 완화해서 적용하는 것을 생각할 수 있을 것이다.

3. 정당설립의 자유

가. 정당의 자유의 보장

헌법 제8조 제1항의 정당설립의 자유의 보장내용과 관련하여 헌법재판소는 명시적으로는 정당설립의 자유만을 규정하고 있지만 당연히 정당의 존속과 정당활동의 자유의 보장을 포함하는 것이라고 하기도 하고,[401] 제8조 제1항이 정당설립의 자유, 정당조직의 자유, 정당활동의 자유 등을 포괄하는 정당의 자유를 보장하고 있는 것이라고 하기도 한다.[402] 헌법문언을 존중하면서도 정당설립·조직·활동을 포괄하는 정당의 자유의 명시적 보장규정이 없다는 점을 고려하여 헌법 제8조 제1항의 정당설립의 자유의 문언의 의미를 명확히 하면, 정당설립과 당연한 개념적·논리적 상관관계에 있는 정당조직의 자유, 정당활동의 자유를 포괄하는 정당의 자유를 규정한 것으로 보아야 할 것이다. 이는 마치 헌법 제15조의 직업선택의 자유가 직업선택뿐만 아니라 직업수행의 자유를 포괄하는 직업의 자유를 보장하는 것으로 보는 것과 같다.

이러한 정당의 자유는 국민 개인의 기본권일 뿐만 아니라, 단체로서의 정당이 가지는 기본권이기도 하다.[403]

나. 정당의 자유의 제한의 한계

한편 헌법재판소는 헌법 제8조 제2항은 정당의 자유에 대한 한계를 긋는 기능을

400) 헌재 2007.3.29. 2005헌바33. 이러한 판례는 다수 존재한다(이명웅, 앞의 글, 143쪽 각주 65에 예시된 판례 참조).
401) 헌재 1999.12.23. 99헌마135.
402) 헌재 2004.12.16. 2004헌마456.
403) 헌재 2004.12.16. 2004헌마456.

하는 것으로 이해한다.[404] 이 제2항에 따르면 정당은 그 목적·조직과 활동이 민주적이어야 하며, 국민의 정치적 의사형성에 참여하는 데 필요한 조직을 가져야 하기 때문에 정당의 내부질서가 민주적이 아니거나 국민의 정치적 의사형성과정에 참여하기 위하여 갖추어야 할 필수적인 조직을 갖추지 못한 정당은 자유롭게 설립되어서는 안 된다는 요청을 하고 있으므로, 헌법 제8조 제1항의 정당설립의 자유와 제2항의 헌법적 요청을 함께 고려하여 볼 때, 입법자가 정당으로 하여금 헌법상 부여된 기능을 이행하도록 하기 위하여 그에 필요한 절차적·형식적 요건을 규정함으로써 정당의 자유를 구체적으로 형성하고 동시에 제한하는 경우를 제외한다면, 정당설립에 대한 국가의 간섭이나 침해는 원칙적으로 허용되지 않는다는 것이다. 이는 곧 입법자가 정당설립과 관련하여 형식적 요건을 설정할 수는 있으나(정당법 제16조), 일정한 내용적 요건을 구비해야만 정당을 설립할 수 있다는 소위 '허가절차'는 헌법적으로 허용되지 않는다는 것을 뜻한다고 한다.[405]

다른 한편 정당해산에 관한 규정인 헌법 제8조 제4항은 민주주의를 파괴하려는 세력으로부터 민주주의를 보호하려는 소위 '방어적 민주주의'의 한 요소이고, 다른 한편으로는 헌법 스스로가 정당의 정치적 성격을 이유로 하는 정당금지의 요건을 엄격하게 정함으로써 되도록 민주적 정치과정의 개방성을 최대한으로 보장하려는 것으로 보기 때문에 헌법은 정당의 금지를 민주적 정치과정의 개방성에 대한 중대한 침해로서 이해하여 오로지 제8조 제4항의 엄격한 요건하에서만 정당설립의 자유에 대한 예외를 허용하고 있는 것으로 이해한다. 여기서 민주적 기본질서의 위배란 정당의 목적이나 활동이 민주적 기본질서에 대하여 실질적 해악을 끼칠 수 있는 구체적 위험성을 초래하는 경우를 의미한다.[406] 또한 정당이 강제해산에 있어서 비례성원칙은 통상적 위헌심사척도가 아니라 정당해산결정을 위한 헌법적 요건 또는 헌법적 정당화사유로 강화하여 이해한다.[407]

이의 연장선상에서 정당의 설립 및 가입을 금지하는 법률조항도 사유의 중대성에 있어서 적어도 '민주적 기본질서에 대한 위반'에 버금가는 정당화 사유가 있어야 한다

---

404) 헌재 2004.12.16. 2004헌마456.
405) 헌재 1999.12.23. 99헌마135.
406) 헌재 2014.12.19. 2013헌다1, 통합진보당 해산[인용(해산)].
407) 헌재 2014.12.19. 2013헌다1. 자세한 것은 앞의 정당해산심판 부분 참조.

고 판시하고 있다.[408)]

다. 심사강도

이상과 같은 정당의 자유의 헌법적 의미에 비추어 헌법재판소는 정당의 자유의 침해 여부를 심사함에 있어서 엄격심사를 하고 있다.

위에서 든 사례들 외에도 예컨대 경찰청장은 퇴직일로부터 2년 이내에는 정당의 발기인이나 당원이 될 수 없도록 한 경찰법 규정의 위헌 여부에 대한 심사를 하면서 전형적인 비례성원칙의 내용인 목적의 정당성, 수단의 적합성, 최소침해성의 원칙 그리고 법익의 균형성을 심사하였다.[409)] 먼저 목적의 정당성과 관련하여서는 정당이 국민의 정치적 의사형성에서 차지하는 중요성과 정당에 대한 각별한 보호를 규정한 헌법적 결정에 비추어, 국민의 자유로운 정당설립 및 가입을 제한하는 법률은 그 목적이 헌법상 허용된 것이어야 할 뿐 아니라 중대한 것이어야 하고, 그를 넘어서 제한을 정당화하는 공익이나 대처해야 할 위험이 어느 정도 명백하게 현실적으로 존재해야만 비로소 헌법에 위반되지 아니한다고 하였다.[410)] 그러나 수단의 적합성과 최소침해성을 심사함에 있어서는 '법률이 그를 통하여 달성하려는 목적을 실현하기에 명백하게 부적합한가'라는 정도의 소극적인 심사에 그쳐서는 안 되고, 입법자로 하여금 법률이 공익의 달성이나 위험의 방지에 적합하고 최소한의 침해를 가져오는 수단이라는 것을 어느 정도 납득시킬 것을 요청하고 있다. 왜냐하면 정당설립의 자유에 대한 제한은 오늘날의 정치현실에서 차지하는 정당의 중요성 때문에 원칙적으로 허용되지 않는다는 것이 헌법의 결정이므로 정당설립의 자유를 제한하는 법률의 경우에는 입법수단이 입법목적을 달성할 수 있다는 것을 어느 정도 확실하게 예측될 수 있어야 하고, 헌법재판소가 위와 같은 소극적인 심사에 그친다면 입법자는 중대한 공익이나 방지해야 할 위험이 현존함을 주장하여 입법목적의 달성에 조금이라도 기여하는, 생각할 수 있는 모든 입법수단을 동원하게 될 것이기 때문이라고 하였다.[411)] 마지막으로 입법목적의 달성에 기여할

---

408) 헌재 1999.12.23. 99헌마135, 경찰법 제11조 제4항 등 위헌확인(위헌, 각하).
409) 헌재 1999.12.23. 99헌마135.
410) 헌법재판소는 당해 사건에서 목적의 정당성은 충족된 것으로 보았다.
411) 헌법재판소는 당해 사건에서 수단의 적합성의 엄격한 요건을 갖추지 못한 것으로 보았으며, 정당의 자유를 적게 침해하는 다른 방법이 있음을 이유로 최소침해성의 원칙에도 위반되는 것으로 보았다.

수 있다는 일말의 개연성 때문에 국민의 민주적 의사형성에 있어서 중요한 정당설립 및 가입의 자유를 금지하는 것은, 제한을 통하여 얻는 공익적 성과와 제한이 초래하는 부정적인 효과가 합리적인 비례관계를 현저하게 일탈하고 있다고 판시함으로써 법익의 균형성의 원칙을 심사하고 있다. 법익의 균형성을 심사함에 있어서 헌법재판소는 국민 누구나가 자유롭게 정당을 설립하고 이에 가입할 수 있는 자유는 국민의 정치의사형성 에 있어서 매우 중요하고, 헌법은 제8조에서 정당설립의 자유의 중요성을 강조하여 정 당설립의 자유에 대한 제한은 원칙적으로 허용될 수 없다는 것을 표현하고 있다고 강 조한다.

2006년의 결정에서는 정당설립의 자유를 제약하는 것임임에도 불구하고 비례성을 완화하여 심사하기도 하였다. 2014년 결정에서는 다시 엄격심사를 하고 있다.[412] 이로 써 볼 때 정당의 자유의 제한과 관련된 사건에서 헌법재판소는 엄격심사를 하고 있는 것으로 볼 수 있다.

4. 정치적 표현의 자유로서 당내경선에서의 선거운동

정치적 표현의 자유는 언론·출판·집회·결사의 자유의 한 경우이므로 통상 엄격 심사를 한다. 그러나 선거운동의 경우에는 「공직선거법」상 상당한 제약들이 존재한다. 이는 선거의 공정성을 담보하기 위한 것이다. 헌법재판소는 정치적 표현의 자유는 엄 격한 심사기준을 적용하고 있다.[413]

그런데 당내경선은 공직선거 자체와는 구별되는 정당 내부의 자발적인 의사결정에 해당하고[414] 또 원칙적으로 선거운동에도 해당하지 않기 때문에[415] 당내경선의 형평성 과 공정성을 담보하기 위하여 국가가 개입하여야 하는 정도가 공직선거와 다르기 때문 에 이 경우에는 엄격심사를 하고 있다.[416]

---

412) 헌재 2014.1.28. 2012헌마431등, 정당법 제41조 제4항 위헌확인 등(위헌).
413) 헌재 2022.7.21. 2017헌가1, 공직선거법 제256조 제3항 제1호 아목 등 위헌제청(2023.7.31.까지
    계속 적용 헌법불합치).
414) 헌재 2007.10.30. 2007헌마128 참조.
415) 대법원 2003.7.8. 2003도305 판결; 2012.4.13. 2011도17437 판결 등 참조.
416) 헌재 2021.4.29. 2019헌가11, 공직선거법 제57조의6 제1항 등 위헌제청(위헌) - 지방공단 상근
    직원의 경선운동 금지사건.

Q　지방공단 상근직원은 지방자치단체의 장 후보로 당내경선에 출마한 사람을 위하여 경선운동을 할 수 없도록 하고 있는 「공직선거법」 소정의 규정이 지방공단 상근직원의 정치적 표현의 자유를 침해하여 헌법에 위반되는지 여부

A　정치적 표현의 자유는 최대한 보장되어야 하고 당내경선은 국가가 개입할 필요성이 공직선거와 동등하다고 할 수 없으므로 이에는 엄격한 과잉금지원칙이 적용된다. 당원이 아닌 자에게도 투표권이 부여되는 당내경선에서는 당내경선의 형평성과 공정성 확보를 위한 목적의 정당성과 수단의 적합성이 인정된다. 그러나 공단의 상근직원이 특정 경선후보자의 당선 또는 낙선을 위한 경선운동을 한다고 하여 그로 인한 부작용과 폐해가 일반 사기업 직원의 경우보다 크다고 보기 어렵고, 「공직선거법」 제57조의3, 제255조 제2항 제3호 등에서는 당내경선에서는 경선운동방법을 한정적으로만 허용하고 있으며, 당내경선에 있어 경선선거인의 투표 및 후보자의 선출과 관련된 금품 기타 재산상의 이익 등을 제공을 금지하는(공직선거법 제57조의5, 제230조 제7항·제8항) 등 이미 공단의 상근직원이 당내경선에서 직·간접적으로 영향력을 행사하는 행위들을 금지·처벌하는 규정을 마련하고 있기 때문에 지방공단의 상근직원의 경선운동을 일률적으로 금지·처벌하는 것은 정치적 표현의 자유를 과도하게 제한하여 침해의 최소성에 위배된다. 그에 반하여 공단의 직원이 수행하는 직무는 공단에 부여된 업무에 국한되므로 당내경선에서 공무원에 준하는 영향력이 있다고 보기 어렵고, 영향력이 있다고 하더라도 지위를 이용한 경선운동을 금지하는 것만으로 공정성을 확보할 수 있으므로 법익의 균형성에도 위배된다.[417]

III. 결론

헌법재판소의 확립된 판결에 따르면 비례성원칙은 목적의 정당성, 방법의 적절성, 피해의 최소성, 법익의 균형성으로 이루어져 있는 바의 헌법적 효력을 갖는 원칙으로서 개념적으로 엄격한 심사에 해당한다. 이미 잘 알려진 바와 같이 미국의 위헌심사기준에서 엄격심사(strict scrutiny)의 본질적인 징표는 LRA(no less restrictive alternative)원칙이다. LRA원칙이란 투입된 수단을 기준으로 할 때 보다 덜 규제적인 수단이 존재하지 않는 경우에 당해 제한은 헌법에 합치하게 된다는 원칙이다. 이 LRA원칙은 비례성원칙의 피해의 최소성에 해당한다. 따라서 피해의 최소성은 비례성원칙의 본질적인 징표이다.

그럼에도 비례성원칙의 구체적인 적용에 있어서는 매우 다양한 심사강도를 가진 기준으로 나타난다. 이미 설명한 바와 같이 단순히 법익형량에 그치는 심사를 하는 경우가 있는가 하면, 수단의 적합성의 심사강도를 완화하여 심사하는 경우도 있고, 피해의 최소성을 완화하거나 법익의 균형성을 완화하는 경우도 있으며, 피해의 최소성과

---

417) 헌재 2021.4.29. 2019헌가11.

법익의 균형성을 동시에 완화하는 경우도 있다. 여기에는 구체적 타당성을 구현하려는 데 취지가 있는 것으로 보이며 어떤 원칙을 구현하려는 입장은 아직은 찾아보기 어렵다. 그런 까닭에 원칙의 적용에 있어서는 예견가능성이 미국의 것에 비하여 현저히 떨어지는 것이 사실이다.

개별영역별 위헌심사기준

제1항 차별영역

미국의 3단계 심사기준과 독일에서 발전되기 시작한 비례성원칙은 모두 판례상 발전된 이론이라는 점에서는 공통점을 갖는다. 그러나 단순합리성심사, 중간단계심사 그리고 엄격심사라는 심사강도의 측면에서 단계화된 심사기준을 가지고 있는 것은 지극히 미국적 특성에 속하고, 독일과 같은 유럽대륙국가의 헌법실무에서는 미국에서처럼 심사강도가 단계화된 통일적인 심사기준을 가지고 있지 못하다. 비례성원칙은 심사강도의 측면에서 미국과 달리 상당히 폭넓은 스펙트럼을 가지고 있다. 그러나 차별취급과 관련된 평등원칙의 심사기준에서는 독일연방헌법재판소가 미국과 유사한 단계별 심사기준을 도입하고 있는 것이 눈에 띈다.[418]

우리나라 헌법재판소의 평등원칙 위배여부 심사의 기준은 대체로 독일의 심사기준을 따르고 있다.

I. 적용영역

헌법재판소의 판례에 따르면 평등원칙은 기본권영역에서 차별로 인한 기본권침해 여부를 심사하는데 적용되는 원칙이고, 국가조직이나 지방행정과 같은 권한영역에 적

---

418) 이에 대해서는 후술 참조.

용되는 것이 아니다.[419]

II. 심사기준

　　헌법재판소는 그동안 원칙적으로 자의금지원칙을 기준으로 하여 심사하여 왔고, 이따금 비례의 원칙을 기준으로 심사한 것으로 보이는 경우에도 비례심사의 본질에 해당하는 '법익의 균형성(협의의 비례성)'에 대한 본격적인 심사를 하는 경우는 찾아보기 힘들었는데, 1999년 결정[420]에서 '법익의 균형성' 심사에까지 이르는 본격적인 비례성 심사를 하고 있다."[421] 즉 1999년 이후 헌법재판소는 평등위반 여부의 심사기준을 입법자의 입법형성권이 인정되는 정도에 따라 엄격한 심사척도(비례성원칙) 또는 완화된 심사척도(자의금지원칙)를 사용하고 있다.[422] 그리고 엄격한 심사척도를 사용하는 경우에도 일정한 경우에는 완화하여 사용하기도 한다. 이상을 그림으로 표시하면 다음과 같다.

심사기준	심사기준의 구체적 적용방법	심사강도	적용요건
자의금지 =합리성	합리적 근거가 없는 자의적 차별인지 여부를 판단	완화된 심사	일반적인 평등원칙 위반여부에 대한 통상의 심사기준
완화된 비례성	과잉금지원칙의 4가지 요소를 모두 심사하되 피해의 최소성과 법익의 균형성을 완화하여 적용	완화된 엄격 심사	엄격심사의 요건에 해당하는 경우에도 헌법이 차별명령을 하고 있는 경우
비례성	차별취급의 목적과 수단 간의 엄격한 비례관계 심사	엄격 심사	1. 헌법에서 특별히 평등을 요구하고 있는 경우 2. 기본권에 대한 중대한 제한을 초래하는 경우

419) 헌재 2010.10.28. 2007헌라4, 강남구 등과 국회 간의 권한쟁의(기각): "지방자치권이 침해되었는지 여부를 심사함에 있어서는 지방자치권의 본질적 내용이 침해되었는지 여부만을 심사하면 족하고, 기본권침해를 심사하는 데 적용되는 … 평등원칙 등을 적용할 것은 아니다."
420) 헌재 1999.12.23. 98헌마363, 제대군인지원에관한법률 제8조 제1항 등 위헌확인(위헌).
421) 헌재 2001.2.22. 2000헌마25.
422) 헌재 1999.12.23. 98헌마363; 2001.2.22. 2000헌마25; 2004.10.28. 2002헌마328; 2006.2.23. 2005헌마403.

1. 완화된 심사(자의금지심사, 합리성심사)

가. 의의

완화된 심사란 합리적 이유의 유무를 묻는 자의금지원칙에 따른 심사를 의미한다.[423] 일반적인 평등원칙의 위반 내지 평등권의 침해 여부에 대한 헌법재판소의 통상의 심사기준은 입법과 법의 적용에 있어서 합리적인 근거가 없는 자의적 차별이 있는지 여부이다.[424] 따라서 적용영역에 있어서도 엄격심사나 완화된 엄격심사에 해당하지 않는 경우들은 일반적으로 완화된 심사를 하게 된다.

자의금지원칙에 관한 심사구조는 2단계로 구성되어 있다.[425] 먼저 본질적으로 동일한 것을 다르게 취급하고 있는지에 관련된 차별취급의 존재 여부를 심사하고, 다음으로 차별취급이 존재하는 경우에는 이러한 차별취급이 이를 자의적인 것으로 볼 수 있는지 여부를 심사하게 된다. 차별취급의 존재여부를 심사하는 단계에서는 두 개의 비교집단이 본질적으로 동일한가를 판단하게 되는데 일반적으로 이것은 관련 헌법규정과 당해 법규정의 의미와 목적에 따라 달라질 수 있다. 차별취급의 자의성은 합리적인 이유가 결여된 것을 의미하므로, 차별대우를 정당화하는 객관적이고 합리적인 이유가 존재한다면 차별대우는 자의적인 것이 아니게 된다.

헌법재판소가 차별의 정당성을 심사함에 있어서 목적의 정당성과 목적과 수단 간의 합리적인 연관성 여부를 심사하는 경우도 결국은 자의금지원칙을 적용하는 것과 같은 의미로 볼 수 있다. 왜냐하면 자의금지심사를 통과하려면 차별목적이 정당한 것이어야 할 뿐만 아니라 당해 차별과 목적이 합리적인 연관성이 있어야 하기 때문이다.[426] 따라서 자의금지심사는 ① 입법목적의 정당성, ② 목적과 수단(차별) 간의 합리적인 연관성을 순차적으로 검토하게 된다.[427]

---

423) 헌재 1999.12.23. 98헌마363.
424) 헌재 1998.9.30. 98헌가7; 2003.9.25. 2003헌마30.
425) 헌재 2002.11.28. 2002헌바45; 2003.1.30. 2001헌바64. 이에 반하여 우선 비교집단 사이에 본질적으로 같은 점이 있는지를 먼저 검토하여야 한다는 견해도 있다. 이에 따르면 심사구조는 3단계가 된다(김주환, 일반적 평등원칙의 심사모형, 세계헌법연구 19-2, 173쪽 이하 참조).
426) 예로서는 특히 교섭단체 구성여부에 따른 정당 보조금 차등지급에 관한 헌재 2006.7.27. 2004헌마655, 정치자금에관한법률 제18조 위헌확인(기각, 각하) 결정 참조.
427) 비례성심사와 관련하여 앞(위헌심사기준의 심사강도 부분 참조)에서 살펴본 바와 같이 헌법재판소는 이를 매우 유연한 심사기준과 강도를 가지는 것으로 활용하고 있다. 이러한 헌법재판소의 관점에서 보면 자의금지원칙도 목적과 수단 간의 관계성을 따지는 비례성심사의 특징을 가진다는 점에서 자의금지심사를 어떤 의미의 완화된 비례성심사로 볼 수 있을지도 모르겠다. 그러나

이를 좀 더 구체적으로 설시하고 있는 다른 결정[428]을 보면, 여기서는 자의금지심사를 하면서 "차별을 두는 입법은 그 차별에 의하여 달성하려고 하는 목적과 그 목적을 달성하기 위한 차별을 두기 마련인데, 국민의 기본권에 관한 차별에 있어서 합리적 근거에 의한 차별이라고 하기 위하여서는 우선 그 차별의 목적이 헌법에 합치하는 정당한 목적이어야 하고 다음으로 차별의 기준이 목적의 실현을 위하여 실질적인 관계가 있어야 하며 차별의 정도 또한 적정한 것이어야 한다."라고 하고 있는데, 이에 따르면 자의금지원칙이란 ① 차별의 목적이 정당할 것, ② 목적과 차별기준의 관계가 실질적일 것, ③ 차별의 정도가 적정할 것을 요소로 한다. 그런데 ①과 ②는 비례성심사의 목적의 정당성, 수단의 적합성과 부합한다. ③은 피해의 최소성이 완화된 것으로 보인다.

나. 적용영역
1) 기소유예처분

「형사소송법」 제247조 제1항은 사인의 소추를 허용하지 아니하고, 공소는 오로지 공익의 대표자인 검사만이 제기하여 수행하도록 공소권자를 검사로 한정함과 아울러 원칙적으로 검사는 「형법」 제51조[429]의 사항을 참작하여 공소를 제기하지 아니할 수 있도록 규정하고 있는데, 헌법재판소는 "기소유예"처분은 검사가 이 법조항에 규정된 기소편의주의에 근거하여 공소를 제기하지 아니하는 처분으로서, 공소를 제기하고 유지하기에 충분한 범죄의 혐의가 있고 소추요건이 모두 갖추어져 있음에도 불구하고 공소권자인 검사가 형사정책적인 재량에 의하여 행하는 불기소처분이라는 점에서, 범죄의 혐의가 불충분하거나 소추요건을 갖추지 못하는 등의 객관적인 소추장애사유 때문에 하는 그 밖의 불기소처분과는 근본적으로 성격이 다르다고 본다. 이와 같이 기소편의주의를 규정한 「형사소송법」 제247조 제1항에 따르면 공소를 제기할 것인지의 여부는 기본적으로 검사의 "재량"에 속하지만, 모든 국민의 법률 앞에서의 평등권(헌법 제11조 제1항), 형사피해자의 재판절차에서의 진술권(헌법 제27조 제5항), 범죄피해 국민의 구조청구권

필자와 같이 비례성심사를 엄격심사로 보는 입장에서는 자의금지심사와 비례성심사는 내용적 요소가 다른 것이다.

428) 헌재 1996.8.29. 93헌바57; 2001.11.29. 99헌마494, 재외동포의출입국과법적지위에관한법률 제2조 제2호 위헌확인(개정시까지 계속적용 헌법불합치).

429) 형법 제51조(양형의 조건) 형을 정함에 있어서는 다음 사항을 참작하여야 한다. 1. 범인의 연령, 성행, 지능과 환경, 2. 피해자에 대한 관계, 3. 범행의 동기, 수단과 결과, 4. 범행 후의 정황

(헌법 제30조) 등을 보장하고 있는 헌법정신과, 검사의 불편부당한 공소권행사에 대한 국민적 신뢰를 기본적 전제로 하는 기소편의주의제도 자체의 취지와 목적에 비추어 보면, 위와 같은 검사의 소추재량권은 그 운용에 있어 자의가 허용되는 무제한의 자유재량이 아니라 그 스스로 내재적인 한계를 가지는 합목적적 자유재량으로 이해한다.

그런데 「형법」 제51조에 규정된 사항들이나 이러한 사항들과 동등하게 평가될 만한 사항 이외의 사항에 기한 검사의 "기소유예"처분은 소추재량권의 내재적 한계를 넘는 자의적인 처분으로서 정의와 형평에 반하고 헌법상 인정되는 국가의 평등보호의무에 위반되게 된다. 「형법」 제51조에 규정된 사항들은 단지 예시적인 것에 불과하고 거기에 규정된 네 가지 유형의 사항 중, 다의적 개념인 "범행 후의 정황"은 넓은 개념으로 이해하고 있다. 「형법」 제51조에 규정된 사항 중 기소방향으로 작용하는 사유와 기소를 유예할 만한 사유가 서로 경합할 경우에 어느 사유를 선택할 것인지는 원칙적으로 검사의 "재량"의 범위에 속한다. 다만 그와 같은 선택에 명백하게 합리성이 결여된 경우, 소추재량권의 남용으로서 기소편의주의의 내재적 한계를 넘는 "자의"적인 처분이라고 본다.430)

NOTE   **기소유예처분 중 인용된 사례**

① 객관적으로 긴급피난의 요건이 구비되지 않았음에도 불구하고 위난의 발생이 근접한 상태라고 오인하고 피난행위에 나아간 이른바 오상피난 또는 위법성조각사유의 전제사실의 착오를 인정할 정당한 사유가 있는지 여부 또는 피해자의 추정적 승낙을 인정할 가능성이 있는지 여부와 관련하여 중대한 수사미진, 법리오해로 인하여, 청구인에게 재물손괴 혐의를 인정한 기소유예처분은 청구인의 평등권 및 행복추구권을 침해하였다.431) 이 사건은 의붓딸이 자해를 한 전력이 있어 정신치료 및 상담을 받은 사실이 있고, 청구인이 방문 손잡이를 훼손할 당시 청구인의 의붓딸이 방 안에서 아무런 반응을 보이지 않고 있는 사정이 있었다면, 청구인은 의붓딸이 자해를 하였거나 자해를 시도할지 모른다고 오인할 만한 상황이 있었던 것으로 볼 여지가 있으며, 피해자의 현실적인 승낙이 없었다고 하더라도 행위 당시의 모든 객관적인 사정에 비추어 만일 피해자가 행위의 내용을 알았더라면 당연히 승낙하였을 것으로 예견되는 경우 추정적 승낙이 인정되며, 아파트의 사실상 및 실질적인 처분권한을 가진 것으로 볼 수 있는 청구인의 남편이 적시에 즉각적인 연락을 할 수 없는 등의 사정이 있었다면, 청구인의 남편이 청구인의 행위를 당연히 승낙하였을 것으로 예견될

---

430) 헌재 1995.1.20. 94헌마246, 불기소처분취소(기각, 각하).
431) 헌재 2021.12.23. 2020헌마1620, 기소유예처분취소[인용(취소)] - 재물손괴 사건.

가능성을 배제하기 어렵다고 본 것이다.

② 청구인이 판매하려고 하였던 사제 전투화가 「군복 및 군용장구의 단속에 관한 법률」에서 정하는 '유사군복'에 해당한다고 인정할 증거가 부족함에도 청구인에 대하여 유사군복 판매목적 소지의 혐의를 인정한 피청구인의 기소유예처분을 취소하는 결정에서 헌법재판소는, 사제 전투화가 군복 중 전투화의 경우에는 군인복제령 [별도 3]에서 정하는 전투화의 도형, 모양, 색상 및 재질에 관한 규정의 내용이 상당히 포괄적이어서 그와 같은 외형을 전투화 특유의 것이라고 볼 수 없고, 전면에 끈이 달린 형태의 가죽이나 직물로 된 검정색 레이스업 부츠(lace-up boots) 중 다수가 이에 부합될 수 있으며, 실제로 그와 유사한 형태·색상의 신발들이 시중에서 흔하게 유통되고 있으므로, 유사군복에 해당하는지 여부를 더욱 엄격하게 판단하여야 한다고 판시하였다.

2) 시혜적 법률

국가유공자의 자녀가 생존한 경우 국가유공자의 손자녀가 예외적으로 취업보호를 받을 수 있도록 규정하면서도 국가유공자의 자녀가 사망한 경우 그 자녀, 즉 국가유공자의 손자녀를 이러한 취업보호의 대상에 포함시키지 아니한 「국가유공자 등 예우 및 지원에 관한 법률」이 평등권을 침해하는지 여부를 판단하면서 이 법률조항은 엄격심사를 하여야 하는 요건에 해당하지 아니하고, 나아가서는 원칙적으로 손자녀는 해당사항이 없으나 자녀가 사망한 경우에는 예외적으로 손자녀까지 확장하여 적용하도록 하고 있는 조항이므로 이는 기본적으로 국가유공자와 그 자녀 등을 예우하기 위해 마련된 수혜적 법률로서 입법자의 광범위한 입법형성의 재량 하에 놓여 있어서 자의금지원칙에 따른 심사를 하는 것이 타당하다고 하고 있다.[432]

3) 직업수행의 자유

식품접객업소에서 합성수지 도시락 용기의 사용을 금지하는 것은 헌법에서 특별히 평등을 요구하는 부분과 관련된 것은 아니고 직업선택이 아닌 공익목적으로 규제가 가능한 직업수행의 자유에 대한 것으로 그 침해가 중대한 영역이라고 보기도 어려워서 자의금지원칙을 적용하고 있다.[433] 의료법인은 둘 이상의 의료기관을 운영할 수 있는데 반하여 의료법 제33조 제1항 본문에서 의료인에 대해서는 어떠한 명목으로도 둘 이상의 의료기관을 운영할 수 없도록 하는 것은, 의료법인 등은 설립에서부터 국가의 관리

---

432) 헌재 2006.6.29. 2006헌마87, 국가유공자등예우및지원에관한법률(기각).
433) 헌재 2007.2.22. 2003헌마428.

를 받고, 이사회나 정관에 의한 통제가 가능하며, 명시적으로 영리추구가 금지되는 등 의료인 개인과 의료법인 등의 법인은 중복운영을 금지할 필요성에서 차이가 있으므로, 의료인과 의료법인 등을 달리 취급하는 것은 합리적인 이유가 인정된다고 보았다.[434]

4) 공무담임권

차별 이외의 공권력 행사에 의한 공무담임권의 침해 여부에 대해서는 입법자의 형성권을 넓게 인정하면서도 완화된 비례성심사를 하였으나, 공무담임권에 대한 차별취급이 문제되는 경우에는 합리성심사를 하고 있다.[435] 그리고 공무담임권의 제한의 경우는 그 직무가 가지는 공익실현이라는 특수성으로 인하여 그 직무의 본질에 반하지 아니하고 결과적으로 다른 기본권의 침해를 야기하지 아니하는 한 상대적으로 강한 합헌성이 추정될 것이므로, 주로 평등의 원칙이나 목적과 수단의 합리적인 연관성 여부가 심사대상이 될 것이며, 법익형량에 있어서도 상대적으로 다소 완화된 심사를 하게 된다고 한다.[436]

예컨대 헌법재판소는 지방의회의원 등 다른 선출직 공직자의 경우에는 계속 재임을 제한하지 않으면서 지방자치단체 장의 계속 재임은 3기로 제한하는 법률조항은 공무담임권을 제한하고 있는바, 이는 헌법이 차별을 특히 금지하고 있는 영역이거나 차별적 취급으로 인하여 관련 기본권에 대한 중대한 제한을 초래하고 있다고 볼 수 없다고 한다. 따라서 이 사건 법률조항에 대한 평등권 심사는 합리성 심사로 충분하다고 한다.[437]

5) 공무원의 선거에 있어서 정치적 중립의무 준수 여부

「공직선거법」에는 공무원 기타 정치적 중립을 지켜야 하는 자(기관·단체를 포함한다)는 선거에 대한 부당한 영향력의 행사 기타 선거결과에 영향을 미치는 행위를 하여서는 아니된다고 규정하고 있는 바, 이 조항이 국회의원 또는 지방의회의원에 비하여 대통령을 차별하고 있는지 여부가 문제된 사건에서 이 조항은 '선거에 대한 부당한 영

---

434) 헌재 2019.8.29. 2014헌바212등, 의료법 제87조 제1항 제2호 위헌소원 등(합헌).
435) 예컨대 헌재 2003.1.30. 2001헌가4, 공직선거및선거부정방지법 제47조 제1항 중 앞괄호 부분 등 위헌제청(위헌).
436) 헌재 2006.2.23. 2005헌마403, 지방자치법 제87조 제1항 위헌확인(기각); 2002.10.31. 2001헌마 557, 법원조직법 제45조 제4항 위헌확인(기각).
437) 헌재 2006.2.23. 2005헌마403, 지방자치법 제87조 제1항 위헌확인(기각).

향력의 행사 기타 선거결과에 영향을 미치는 행위'를 제한하는 것으로서, 헌법에서 특별히 평등을 요구하는 부분이 아니고, 일정한 시기에 부당한 방법에 의한 선거활동을 제한하는 것으로서 형벌 등 제재수단이 있는 것도 아니므로 기본권에 대한 중대한 침해가 된다고 보기도 어렵기 때문에 자의금지원칙에 따라 심사하고 있다.438)

6) 준법서약제

준법서약을 규정한「가석방심사등에관한규칙」의 당해 조항은 가석방심사에 있어서 심사방법에 관한 내용을 정한 것으로 이는 행형당국의 광범위한 재량이 인정되는 분야에 속하고, 이 문제에 관하여 헌법이 특별히 차별금지를 규정하고 있지도 아니하며, 당해 수형자의 양심의 자유 등 기본권을 침해하고 있지 아니하므로 차별적 취급으로 관련 기본권에 대한 중대한 제한을 초래하는 것도 아니기 때문에 이 규칙조항에 대한 평등위반 여부를 심사함에 있어서는 특별히 엄격한 심사척도가 적용되어야 하는 것이 아니며 완화된 합리성 심사에 의하는 것으로 족하다고 보았다.439)

7) 2002년도 국민기초생활보장최저생계비 고시

2002년도 국민기초생활보장최저생계비 고시로 인한 장애인가구와 비장애인가구의 차별취급은 헌법에서 특별히 평등을 요구하는 경우도 아니고, 차별대우로 인하여 자유권의 행사에 중대한 제한을 받는 경우에 해당하지 않으며, 국가가 국민의 인간다운 생활을 보장하기 위하여 행하는 사회부조에 관하여는 입법부 내지 입법에 의하여 위임을 받은 행정부에게 사회보장, 사회복지의 이념에 명백히 어긋나지 않는 한 광범위한 형성의 자유가 부여된다는 점을 고려하여 이 고시로 인한 장애인가구와 비장애인가구의 차별취급이 평등위반인지 여부를 심사함에 있어서 완화된 심사기준인 자의금지원칙을 적용하고 있다.440)

8) 징집대상자의 선정행위

의무사관후보생의 병적에서 제외된 사람의 징집면제연령을 31세에서 36세로 상향 조정한 구 병역법 제71조 제1항 단서가 평등권을 침해하는지 여부를 심사하면서, 국방의무를 부담하는 국민들 중에서 구체적인 징집대상자를 선정하는 사항은 입법자에게

---

438) 헌재 2008.1.17. 2007헌마700, 대통령의 선거중립의무 준수요청 등 조치 취소(기각).
439) 헌재 2002.4.25. 98헌마425.
440) 헌재 2004.10.28. 2002헌마328.

매우 광범위한 입법형성권이 부여된 영역이기 때문에, 그 차별을 심사함에 있어서는 차별에 현저한 불합리성이 있는지 여부, 즉 입법자의 자의성이 있는지 여부만을 심사하면 족하다고 한다.[441]

2. 엄격심사(비례성심사)

가. 엄격심사의 의미

엄격한 심사를 한다는 것은 합리적 이유의 유무를 묻는 자의금지원칙에 따른 심사를 하는 것에 그치지 아니하고 차별취급의 목적과 수단 간에 엄격한 비례관계가 성립하는지를 기준으로 한 비례성원칙에 따른 심사를 한다는 것을 의미한다.[442]

나. 엄격심사를 하는 경우
1) 헌법에서 특별히 평등을 요구하고 있는 경우
가) 의의

헌법이 특별히 평등을 요구하고 있는 경우에는 엄격한 심사척도가 적용된다. 헌법이 스스로 차별의 근거로 삼아서는 안 되는 기준을 제시하거나 차별을 특히 금지하고 있는 영역을 제시하고 있다면 그러한 기준을 근거로 한 차별이나 그러한 영역에서의 차별에 대하여 엄격하게 심사하는 것이 정당화된다.[443]

나) 적용영역

(1) 제대군인 가산점제도

제대군인 가산점제도는 헌법 제32조 제4항이 특별히 규정하고 있는 근로에 있어서 여자의 특별한 보호규정에도 불구하고 남성과 여성을 달리 취급하는 제도이기 때문에 엄격심사를 하는 경우에 해당한다.[444] 이 가산점제도는 헌법 제25조에 의하여 보장된 공무담임권이라는 '기본권에 대한 중대한 제한을 초래하는 경우'에도 해당한다.[445]

---

441) 헌재 2002.11.28. 2002헌바45.
442) 헌재 1999.12.23. 98헌마363, 제대군인지원에관한법률 제8조 제1항 등 위헌확인(위헌); 2001.2.22. 2000헌마25.
443) 헌재 1999.12.23. 98헌마363; 2001.2.22. 2000헌마25.
444) 헌재 1999.12.23. 98헌마363.
445) 헌재 1999.12.23. 98헌마363.

(2) 혼인과 가족생활의 보장

헌법에서 명문으로 특별히 평등을 요구하는 경우뿐만 아니라 해석을 통해서 차별
금지명령이 도출되는 경우에도 엄격한 심사를 하게 된다. 헌법 제36조 제1항의 혼인과
가족생활의 보장규정으로부터 헌법재판소는 이러한 차별금지명령을 도출하고 엄격심
사를 하고 있다. 그런데 헌법재판소의 최근의 판례는 결정에 따라 다소 상이한 모습을
보이고 있으므로 이하에서는 좀 더 자세히 살펴보기로 한다.

(가) 헌법 제36조 제1항의 헌법적 의의와 차별금지명령의 근거

헌법재판소에 따르면 헌법 제36조 제1항은 혼인과 가족에 대한 기본권, 제도 그리
고 헌법원리(또는 원칙규범)라는 3가지 헌법적 성격을 동시에 갖는다고 본다.446) 헌법재
판소는 헌법 제36조 제1항이 갖는 성격 중 헌법원리로서의 성격은 적극적으로는 적절
한 조치를 통해서 혼인과 가족을 지원하고 제3자에 의한 침해 앞에서 혼인과 가족을
보호해야 할 국가의 과제를 포함하며, 소극적으로는 불이익을 야기하는 제한조치를 통
해서 혼인과 가족을 차별하는 것을 금지해야 할 국가의 의무를 포함한다고 보았다.447)
그리고 이러한 헌법 제36조 제1항의 헌법원리적 성격으로부터 차별금지명령을 도출하
고 있다.

(나) 위헌심사기준

헌법재판소는 평등원칙과 헌법 제36조 제1항의 혼인과 가족에 관련된 판결에서 다
소 상이한 내용의 위헌심사기준을 제시하고 있다. 2002년의 결정에서는 중대한 합리성
의 원칙448)을 심사기준으로 제시하였으나, 이후 2005년449)과 2008년450)의 결정에서는
중대한 합리성의 원칙과의 관계에 대한 설명 없이 비례의 원칙을 심사기준으로 제시하
고 있다.

① 중대한 합리성의 원칙

㉮ 차별금지명령의 강도

이상의 헌법 제36조 제1항의 헌법원리적 성격으로부터 도출되는 차별금지명령은

---

446) 헌재 2002.8.29. 2001헌바82, 소득세법 제61조 위헌소원; 2005.5.26. 2004헌가6, 구 소득세법 제
80조 등 위헌제청; 2008.11.13. 2006헌바112등, 구 종합부동산세법 제5조 등 위헌소원 등.
447) 헌재 2002.8.29. 2001헌바82; 2005.5.26. 2004헌가6; 2008.11.13. 2006헌바112등.
448) 헌재 2002.8.29. 2001헌바82.
449) 헌재 2005.5.26. 2004헌가6.
450) 헌재 2008.11.13. 2006헌바112등.

헌법 제11조 제1항에서 보장되는 평등원칙을 혼인과 가족생활영역에서 더욱 더 구체화함으로써 혼인과 가족을 부당한 차별로부터 특별히 더 보호하려는 목적을 가진다[451]고 하였다. 이것은 2005년의 결정에서도 동일하다.[452]

ⓑ 중대한 합리성의 원칙의 의미

헌법재판소는 헌법 제36조 제1항은 이러한 특별한 보호의 의미를 갖기 때문에 특정한 법률조항이 혼인한 자를 불리하게 하는 차별취급은 중대한 합리적 근거가 존재하여 헌법상 정당화되는 경우에만 헌법 제36조 제1항에 위배되지 않는다고 선언하였다.[453] 혼인과 가족에 대한 차별과 관련하여서는 중대한 합리성의 원칙을 심사기준으로 사용하고 있다. 결정에서는 중대한 합리성이 어떠한 의미인가에 대해서는 직접 설시하고 있지 않으나 다음의 각 요소[454]를 고려하면서 중대한 합리성이 존재하지 않는다는 결론에 도달하고 있다: ⓐ 부부간의 인위적인 자신 명의의 분산과 같은 가장행위 등은 「상속세및증여세법」상 증여의제규정(제44조) 등을 통해서 조세회피행위를 방지할 수 있다는 점, ⓑ 부부의 일방이 특유재산(예컨대 부부의 일방이 혼인 전부터 소유하고 있던 재산 또는 혼인 중에 상속 등으로 취득한 재산)에서 발생한 자산소득까지 다른 한 쪽의 배우자의 종합소득으로 보아 합산과세하는 것은 불합리하다는 점,[455] ⓒ 부부자산소득 합산제도가 추구하는 '부부의 소득분산으로 인한 조세회피 방지' 등은 행정기술적인 관점으로서 헌법 제36조 제1항이 가지는 헌법적 가치에 우선할 수 없다는 점,[456] ⓓ 부부의 공동생활에서 얻어지는 절약가능성은 담세력 내지 급부능력과 결부시켜 조세의 차이를 두는 것은 타당하지 않고, 더구나 부부의 가계공동생활에서의 절약가능성은 「소득세법」상 담세력의 요소로서 고려될 사항이 전혀 아니라는 점, ⓔ 혼인한 부부가

---

451) 헌재 2002.8.29. 2001헌바82, 소득세법 제61조 위헌소원; 2008.11.13. 2006헌바112등, 구 종합부동산세법 제5조 등 위헌소원 등.
452) 헌재 2005.5.26. 2004헌가6. 이 점은 뒤의 2008년 결정과 다르다. 그러나 위헌심사기준에 있어서는 2005년 결정은 2002년의 결정을 따르지 아니하고 비례의 원칙을 채용하고 있다.
453) 헌재 2002.8.29. 2001헌바82. 결론적으로는 "… 자산소득합산과세제도를 통하여 합산대상 자산소득을 가진 혼인한 부부를 소득세부과에서 차별취급하는 것은 중대한 합리적 근거가 존재하지 아니하므로 헌법상 정당화되지 아니한다. 따라서 혼인관계를 근거로 자산소득합산과세를 규정하고 있는 이 사건 법률조항은 혼인한 자의 차별을 금지하고 있는 헌법 제36조 제1항에 위반된다."라고 판시하고 있다.
454) 헌재 2002.8.29. 2001헌바82.
455) 왜냐하면 특유재산 등으로부터 생긴 소득은 소득세 부담을 경감 또는 회피하기 위하여 인위적으로 소득을 분산한 결과 얻어진 것이 아니기 때문이다.
456) 헌재 2002.8.29. 2001헌바82, 소득세법 제61조 위헌소원.

혼인하였다는 이유만으로 혼인하지 않은 자산소득자보다 더 많은 조세부담을 하여 소득을 재분배하도록 강요받는 것은 타당하지 않다는 점, ⓕ 가족법 등에서 혼인관계를 규율하는 것과는 달리 조세부과를 혼인관계에 결부시키는 것은 「소득세법」 체계상 사물의 본성에 어긋난다는 점(자산소득합산과세로 인하여 발생하는 소득세부담의 증가가 소득세법의 본질상 혼인관계를 기초로 발생하는 것은 타당하지 않다는 의미). ⓖ 그러나 무엇보다도 주목할 점은 헌법재판소는 마지막에는 부부 자산소득 합산과세를 통하여 과세대상 부부가 받게 되는 불이익 및 납세계층의 광범위성과 그로써 달성하는 사회적 공익을 비교형량하고 있다는 점이다. 즉, 헌법재판소는 다음과 같이 판시하고 있다. "부부 자산소득 합산과세는 헌법 제36조 제1항에 의해서 보호되는 혼인한 부부에게 조세부담의 증가라는 불이익을 초래한다. 이러한 불이익은 자산소득을 가진 고소득계층뿐만 자산소득을 가진 중간 소득계층에게도 광범위하게 발생한다고 볼 수 있고, 자산소득을 가진 혼인한 부부가 혼인하지 아니한 자산소득자에 비해서 받게 되는 불이익은 상당히 크다고 할 것이다.[457] 이에 반해서 자산소득합산과세를 통하여 인위적인 소득분산에 의한 조세회피를 방지하고, 소비단위별 담세력에 부응한 공평한 세부담을 실현하고, 소득재분배효과를 달성하는 사회적 공익은 기대하는 만큼 그리 크지 않다고 할 것이다. 위 양자를 비교형량하여 볼 때 자산소득합산과세를 통해서 얻게 되는 공익보다는 혼인한 부부의 차별취급으로 인한 불이익이 더 크다고 할 것이므로, 양자간에는 균형적인 관계가 성립한다고 볼 수 없다." 이 결정에서 헌법재판소는 명시적으로 비례의 원칙을 적용하고 있지 않다. 그럼에도 불구하고 헌법재판소는 과잉금지의 중요한 한 요소인 법익의 균형성을 사실상 적용하고 있다. 따라서 중대한 합리성의 원칙과 과잉금지원칙의 관계에 대한 명확한 정립이 필요하게 되었다.

---

457) 비교형량기준에 있어서 해당 납부의무자의 조세부담의 증가라는 점도 언급하고 있지만, 주요한 판단기준에 있어서는 오히려 그러한 납부의무자가 다수라는 것을 언급하고 있으므로 객관설적 입장이 강화되어 있다고 할 수 있을 것이다[법률규정의 위헌 여부를 판단하는 것과 관련하여 얻으려는 공익과 침해되는 사익을 비교형량함에 있어서 공익은 문제가 되지 아니하나 침해되는 사익에 있어서는 그러한 법률규정 자체가 갖는 적용범위의 광범위성 등을 고려하여서 판단하여야 하는지(객관설적 입장이라고 할 수 있을 것임) 아니면 당해 법률규정이 적용된 사건의 당사자에게 일어나는 침해의 비중을 기준으로 판단하여야 하는지(주관설적 입장이라고 할 수 있을 것임)는 문제가 될 수 있다].

② **비례의 원칙**

㉮ **차별금지명령의 강도**

비례의 원칙을 심사기준으로 채용하고 있는 2005년 결정에서는 차별금지명령의 강도를 2002년 결정과 동일하게 설시하고 있다. 2008년의 결정에서는 차별금지명령은 헌법 제11조 제1항의 평등원칙과 결합하여 혼인과 가족을 부당한 차별로부터 보호하고자 하는 목적을 지니고 있다고 규정의 목적을 다소 수정하고 있다. 이러한 수정이 혼인과 가족에 대한 차별에 있어서 헌법재판소의 보호가 위축되는 것을 의미하는 것은 아니다. 왜냐하면 헌법재판소는 엄격한 심사기준인 비례의 원칙을 사용하고 있기 때문이다.

㉯ **비례의 원칙의 의미**

2005년과 2008년 결정에서는 위헌심사기준으로 비례의 원칙을 들고 있음은 이미 언급한 바와 같다. 양 결정에서 헌법재판소는 비례의 원칙에 의한 심사를 통하여 정당화되지 않는 한 헌법 제36조 제1항에 위반되는 것으로 보면서 그 의미는 단지 차별의 합리적인 이유의 유무만을 확인하는 정도를 넘어, 차별의 이유와 차별의 내용 사이에 적정한 비례적 균형관계가 이루어져 있는지에 대해서도 심사하여야 한다는 것을 의미[458]하는 것으로 보았다. 특히 2005년 결정에서는 위와 같은 헌법원리는 조세 관련 법령에서 과세단위를 정하는 것이 입법자의 입법형성의 재량에 속하는 정책적 문제라고 하더라도 그 한계로서 적용되는 것[459]이라고 하였다. 2005년 결정은 2002년과 동일하게 소득세법상의 조항에 대한 것이므로 사건의 유사성이 있어 먼저 2005년 결정을 2002년 결정과 비교하여 설명하고 2008년 결정을 살펴본다.

㉠ **2005년 결정[460]**

이 결정에서는 2002년의 결정을 그대로 정리하면서 달리 판단할 사정의 변경이나 필요성은 인정되지 않기 때문에 동일한 결정을 한다고 설시하고 있다.[461] 그런데 이 결정에서는 2002년의 결정과 같이 이러한 헌법원리로부터 도출되는 차별금지명령은 헌법

---

458) 헌재 2001.2.22. 2000헌마25; 2003.6.26. 2002헌가14 등 참조. 이러한 의미로 비례의 원칙을 이해하는 것은 평등심사와 관련한 헌법재판소의 일반적인 태도이다.
459) 헌재 2005.5.26. 2004헌가6. 이 내용은 뒤의 2008년 결정에서도 그대로 인용되고 있다.
460) 결론에 있어서는 "재산의 특성, 부부 경제생활관계의 실질 등을 고려하지 않고 부부의 자산소득을 모조건 단순합산하여 과세하도록 하는 것은 혼인한 부부를 비례의 원칙에 반하여 사실혼관계의 부부나 독신자에 비하여 차별하는 것으로서 헌법 제36조 제1항에 위반된다."고 하였다(헌재 2005.5.26. 2004헌가6).
461) 헌재 2005.5.26. 2004헌가6.

제11조 제1항의 평등원칙과 결합하여 혼인과 가족을 부당한 차별로부터 특별히 더 보호하고자 하는 목적을 가지고 있다고 하면서, (2002년 결정의 중대한 합리성의 원칙에 대한 언급 없이) 따라서 특정한 조세법률조항이 혼인을 근거로 혼인한 부부를 혼인하지 아니한 자에 비해 차별취급하는 것이라면 비례의 원칙에 의해 정당화되지 않는 한 헌법 제36조 제1항에 위반된다고 판시하고 있다.[462] 이러한 판시내용으로 볼 때 2002년의 '중대한 합리성의 원칙'이라는 위헌심사기준은 결국 비례의 원칙을 의미하였던 것으로 이해될 수 있다. 구체적으로는 입법목적의 정당성, 차별취급의 적합성 여부, 차별취급의 필요성 여부, 법익의 균형성 여부를 각각 검토하고 있다. 그리고 2002년 결정에서 중대한 합리성 원칙의 위배여부 판단에 고려된 요소들 중 앞의 ⓐ와 ⓑ는 차별취급의 적합성 여부를 판단하는 데 사용하고 있고, ⓒ는 차별취급의 필요성을 판단하는 데 사용하고 있으며, 법익의 균형성에서는 침해되는 사익과 추구하는 공익 간의 형량을 하고 있다.[463]

　　이 결정으로 볼 때 헌법재판소는 2002년 결정의 모호했던 '중대한 합리성의 원칙'을 비례의 원칙으로 이해하고 있는 것임이 명백해졌다. 이러한 2005년 결정의 심사기준은 기본적으로 2008년 결정에서도 그대로 유지되고 있다. 다만, '차별취급의 필요성 여부'의 의미가 문제된다. 헌재는 '차별취급의 필요성 여부'를 판단함에 있어서 맞벌이 부부가 늘어나고, 사실혼관계의 남녀가 증가하는 등 전통적인 가(家)의 개념이 변화하고 있기 때문에 혼인한 부부가 사실혼관계인 부부나 독신자에 비하여 불리한 취급을 받아야 할 이유가 없고, 혼인한 부부에 있어서 소득이 적은 일방의 경제활동을 포기하도록 하는 요인이 될 수 있다는 점을 들고 있다.[464] 그러나 이것은 최소침해의 원칙의 의미를 검토한 것으로 보기 어려운 점이 있다. 이러한 문제점을 인식한 때문인지 2008년의 결정에서는 2005년 결정에서 '차별취급의 필요성 여부' 판단에서 동원되었던 내용을 그대로 인용하면서도, 그에 앞서서 동일한 입법 목적을 충분히 달성할 수 있는 다른 법규정들이 존재함을 언급하면서 세대별 합산규정이 반드시 필요한 수단이라고 볼 수는 없다고 하고 있다.[465] 이것은 최소침해의 의미의 필요성을 의미하는 것으로 볼 수 있다.

---

462) 헌재 2005.5.26. 2004헌가6.
463) 헌재 2005.5.26. 2004헌가6.
464) 헌재 2005.5.26. 2004헌가6.
465) 헌재 2008.11.13. 2006헌바112등, 구 종합부동산세법 제5조 등 위헌소원(위헌, 헌법불합치, 합헌) 등.

ⓛ 2008년 결정

이미 언급한 바와 같이 2008년 결정에서도 비례의 원칙을 심사기준으로 동원하고 있다. 이에 따라 세대별 합산규정이 헌법 제36조 제1항에 위반되는지 여부를 판단함에 있어서 입법 목적의 정당성, 차별 취급의 적합성 여부, 차별취급의 필요성 여부 그리고 법익의 균형성 여부를 검토하고 있다. 이상을 그림을 정리해 보면 다음과 같다.

	2002년 결정	2005년 결정	2008년 결정
헌법 제36조 제1항의 차별금지 명령의 강도	헌법 제11조 제1항에서 보장되는 평등원칙을 혼인과 가족생활영역에서 더욱 더 구체화함으로써 혼인과 가족을 부당한 차별로부터 특별히 더 보호하려는 목적을 가짐.	헌법 제11조 제1항의 평등원칙과 결합하여 혼인과 가족을 부당한 차별로부터 특별히 더 보호하고자 하는 목적을 가진다.	헌법 제11조 제1항의 평등원칙과 결합하여 혼인과 가족을 부당한 차별로부터 보호하고자 하는 목적을 지니고 있음.
위헌심사 기준	중대한 합리성의 원칙	비례성원칙 - 입법목적의 정당성 - 차별취급의 적합성 - 차별취급의 필요성 (최소침해성 아님) - 법익의 균형성	비례성원칙 - 입법목적의 정당성 - 차별취급의 적합성 - 차별취급의 필요성 - 법익의 균형성

(다) 소결

헌법재판소의 결정은 2002년에는 중대한 합리성의 원칙을 채용하였으나 내용적으로는 비례의 원칙과 유사하였다. 2005년에는 명시적으로 비례의 원칙을 위헌심사기준으로 제시한 이후 2008년 결정에서도 이를 확인하고 있다.

2) 기본권에 대한 중대한 제한을 초래하는 경우
가) 의의

차별적 취급으로 인하여 관련 기본권에 대한 중대한 제한을 초래하게 된다면 입법형성권은 축소되어 보다 엄격한 심사척도가 적용된다.[466] 앞에서 설명한 제대군인 가산점 사건은 기본권에 대한 중대한 제한을 초래하는 경우에도 해당한다. 그런데 제대군인 가

---

466) 헌재 1999.12.23. 98헌마363.

산점제도에 대한 결정의 판시는 차별적 취급으로 인하여 기본권에 중대한 제한을 초래할수록 보다 엄격한 심사척도가 적용되어야 한다는 취지이며, 기본권에 대한 제한이기는 하나 중대하지 않은 경우에는 엄격한 심사척도가 적용되지 않는다는 취지는 아니라고 그 뒤 2003년 결정에서 명확히 판시하고 있다.[467] 그러나 2006년에는 다시 중대한 제한을 기준으로 제시하고 있다: 교원으로 임용되지 아니한 자에 대하여 중등교원 임용시험에 있어서 별도의 특별정원을 마련하고, 교원자격증의 표시과목을 변경할 수 있도록 하는 「국립사범대학졸업자중교원미임용자임용등에관한특별법」 소정의 법률규정의 평등권침해 여부를 판단하면서 "교육공무원의 임용을 원하는 미임용등록자에게는 중등교원 임용시험에 있어서 특별정원을 마련해 주고, 사범대학 재학생 내지 현직 교원이 아닌 사범대학 졸업자에 불과함에도 교원자격증 표시과목을 변경할 수 있는 부전공과정을 별도로 마련해 주는 혜택을 줌과 동시에 교육공무원 임용에서 경쟁관계에 있는 그 밖의 다른 응시자 격자들에게는 그러한 혜택을 주지 아니한 결과로, 미임용등록자가 아닌 다른 응시자격자 들의 교육공무원 임용의 기회를 상대적으로 제한하는 불이익을 줌으로써 두 집단을 차별하고 있다. 이는 미임용등록자가 아닌 그 밖의 응시자격자들에게는 공무담임권에 대한 중대한 제한을 초래하게 되는 관계에 있기 때문에, 이러한 경우 비례의 원칙에 따른 심사를 하여 평등권 침해 여부를 판단하여야 한다."[468]

그런데 '기본권에 대한 중대한 제한의 초래'라는 요건의 의미가 글자 그대로 차별로 인한 '중대한' 제한의 초래만을 의미하는지 아니면 기본권에 제한을 초래하는 것 그 자체가 중대하므로 기본권제한을 초래하는 것으로 족한지에 대해서는 논의의 여지가 있다. 일반적으로는 차별로 인하여 기본권에 대한 제한을 초래하는 경우에는 그 자체 중대한 제한으로 볼 여지가 있으나, 차별로 인하여 기본권이 제한되는 경우에도 단순 합리성 심사를 한 경우[469]가 있음을 생각해 볼 때 기본권의 제한을 모두 중대한 제한으로 볼 수는 없고, 기본권에 대한 제한 중 중대한 제한을 초래하는 경우에 엄격심사를 하는 것으로 이해하는 것이 타당할 것이다.

---

467) 헌재 2003.9.25. 2003헌마30, 공무원임용및시험시행규칙 제12조의3 위헌확인(기각).
468) 헌재 2006.3.30. 2005헌마598.
469) 예컨대 헌재 1993.11.25. 92헌마87, 의료기사법시행령 제2조에 대한 헌법소원(기각): 이 결정은 직업수행의 자유와 차별이 문제가 된 사건인데, 차별로 인하여 직업수행의 자유가 제한되는 것임에도 불구하고 자의금지원칙에 따른 심사를 하고 있다.

나) 적용영역

(1) 국가공무원시험에서의 가산점부여에 있어서 자격증 간의 차별

입법자가 설정한 차별이 국민들 간에 단순한 이해관계의 차별을 넘어서서 기본권에 관련된 차별을 가져온다면 – 비록 그것이 중대한 차별이 아니더라 하더라도 – 그러한 차별에 대해서는 자의금지 내지 합리성 심사를 넘어서 목적과 수단 간의 엄격한 비례성심사를 한다. 더불어 사람이나 사항에 대한 불평등대우가 기본권으로 보호된 자유의 행사에 불리한 영향을 미칠 수 있는 정도가 크면 클수록, 입법자의 형성의 여지에 대해서는 그만큼 더 좁은 한계가 설정되기 때문에 엄격한 심사척도를 적용하여야 한다고 판시하고 있다. 국가공무원시험에서의 가산점부여에 있어서 자격증 간의 차별하는 것과 관련하여 가산점 제도는 승진, 봉급 등 공직내부에서의 차별이 아니라 공직에의 진입 자체를 어렵게 함으로써 공직선택의 균등한 기회를 박탈하는 것이 될 수 있기 때문에 가산점상의 차별 취급에 대해서는 그 목적과 수단 간에 엄격한 비례성이 요구된다는 입장이다.[470]

(2) 국가유공자 가족의 공무원시험에 있어서 가산점 부여제도

후술하는 2001년의 가산점제도에 대한 결정에서는 완화된 심사를 한 것과 달리 2006년 결정에서는 국가유공자 본인이 아닌 가족의 경우는 헌법 제32조 제6항이 가산점제도의 근거라고 볼 수 없으므로 2001년 결정에서와 같은 완화된 심사는 부적절하다고 보고 엄격심사를 하고 있다. 특정 집단에게 가산점을 주어 공직시험에서 우대를 하기 위해서는 헌법적 근거가 있거나 특별히 중요한 공익을 위하여 필요한 경우에 한하여야 한다는 것이다. 그런데 이 결정에서의 엄격심사라 하더라도 비례성원칙의 하부원칙 중 피해의 최소성은 적용하지 않고 법익의 균형성만을 엄격히 적용하고 있는 경우에 해당한다.[471]

---

470) 헌재 2003.9.25. 2003헌마30, 공무원임용및시험시행규칙 제12조의3 위헌확인(기각).
471) 헌재 2006.2.23. 2004헌마675: "… 통계수치를 볼 때 현재 일반 응시자가 받고 있는 그러한 차별은, 헌법전문에서 규정한 "모든 영역에 있어서 각인의 기회를 균등히 하고, 능력을 최고도로 발휘" 하는 것에 대한 예외를 구성할 만큼 중요한 공익을 위한 것이라 볼 수 없고, 국가유공자 본인은 그렇다 치더라도 본인이 아닌 국가유공자의 가족들에게까지 10퍼센트에 이르는 과도한 가산점을 주어야 할 필요성이 강하다고 보기 어렵다. 무엇보다도 그러한 입법정책이 국가유공자들의 '예우와 보상'을 충실히 하는 필수적인 수단이 아니며, 그들의 생활안정을 위해서라면 국가는 재정을 늘려 보상금급여 등을 충실히 하는 방법을 택하여야 하고, 다른 일반 응시자들의 공무담임권을 직접 제약(차별)하는 방법을 택하는 것은 되도록 억제되어야 할 것이다. 명시적인 헌법적

3. 완화된 엄격심사

헌법재판소는 비례성원칙이 적용되어야 하는 엄격심사의 요건에 해당하는 경우에
도 헌법이 차별명령을 하고 있는 경우에는 이 차별의 위헌성을 심사함에 있어서는 비
례성원칙을 완화하여 적용하고 있다.

국가유공자 등을 공무원시험에서 가산점을 주는 제도의 평등원칙 위배여부와 관련
하여 이는 비교집단이 일정한 생활영역에서 경쟁관계에 있는 경우로서 그 이외의 자들
에게는 공무담임권 또는 직업선택의 자유에 대한 중대한 침해를 의미하게 되는 관계에
있기 때문에, 차별적 취급으로 인하여 관련 기본권에 대한 중대한 제한을 초래하게 되
는 경우에는 해당하여서 엄격심사를 하여야 하나, 헌법 제32조 제6항은 "국가유공자·
상이군경 및 전몰군경의 유가족은 법률이 정하는 바에 의하여 우선적으로 근로의 기회
를 부여 받는다."라고 규정함으로써, 국가유공자 등에 대하여 근로의 기회에 있어서 평
등을 요구하는 것이 아니라 오히려 차별대우(우대)를 할 것을 명령하고 있기 때문에, 구
체적인 비례심사의 과정에서는 헌법에서 차별명령규정을 두고 있는 점을 고려하여 보다
완화된 기준을 적용하고 있다.[472]

이 사건에서 비례성원칙을 완화하여 적용하는 과정을 살펴보면 다음과 같다. 우선
입법목적의 정당성과 관련하여 이 사건 가산점제도의 주된 목적은 신체의 상이 또는 가
족의 사망 등으로 정신적, 재정적으로 어려움을 겪어 통상적으로 일반인에 견주어 수험
준비가 상대적으로 미흡한 국가유공자와 그 유족 등에게 가산점의 부여를 통해 헌법 제
32조 제6항이 규정하고 있는 우선적 근로의 기회를 제공함으로써 이들의 생활안정을
도모하고, 다시 한 번 국가사회에 봉사할 수 있는 기회를 부여하는 데 있다고 할 수 있
고, 이러한 입법목적은 헌법 제32조 제6항에 근거한 것으로서 정당하다고 보았다.[473]

근거 없이 국가유공자의 가족들에게 만점의 10%라는 높은 가산점을 부여하고 있는바, 그러한 가
산점 부여 대상자의 광범위성과 가산점 10%의 심각한 영향력과 차별효과를 고려할 때, 그러한
입법정책만으로 헌법상의 공정경쟁의 원리와 기회균등의 원칙을 훼손하는 것은 부적절하며, 국가
유공자의 가족의 공직 취업기회를 위하여 매년 수많은 젊은이들에게 불합격이라는 심각한 불이
익을 받게 하는 것은 정당화될 수 없다. 이 사건 조항의 차별로 인한 불평등 효과는 입법목적과
달성수단 간의 비례성을 현저히 초과하는 것이다."
472) 헌재 2001.2.22. 2000헌마25, 국가유공자등예우및지원에관한법률 제34조 제1항 위헌확인(기각).
    이 결정의 국가유공자'가족'부분에 대한 가산점제도에 대해서는 완화된 비례심사를 하여서는 안
    된다고 판례변경하였다(헌재 2006.2.23. 2004헌마675등 참조).
473) 헌재 2001.2.22. 2000헌마25.

둘째, 적합성심사에서는 국가유공자와 그 유족 등에 대한 취업보호제도는 국가의 재정여건상 미흡한 보상금제도를 보완하고 국가유공자 등에게 직접적인 근로를 통한 사회참여의 기회를 주기 위한 것이라고 할 수 있는데,「국가유공자등예우및지원에관한 법률」제30조 제2호 소정의 국가기관 등의 우선채용대상은 기능직공무원에 한정되어 있고(법 제31조 제1항, 법시행령 제47조 제1항), 법 제30조 제2호 소정의 공·사기업체 등 과는 달리 국가기관 등에 대하여는 고용명령제도가 없는 상황에서(법 제32조 제1항) 이 사건 가산점제도는 국가유공자와 그 유족 등이 일반직공무원으로 채용될 수 있도록 지 원하는 역할을 하고 있다고 할 수 있다고 보아서 이 사건 가산점제도는 이러한 역할을 통하여 입법자가 추구하는 위와 같은 입법목적의 달성을 촉진하고 있다고 할 것이므 로, 정책수단으로서의 적합성을 가지고 있다고 보아야 한다고 하였다.474)

셋째, 차별대우의 필요성과 관련하여서는 헌법 제32조 제6항에서 국가유공자 등의 근로의 기회를 우선적으로 보호한다고 규정함으로써 그 이외의 자의 근로의 기회는 그러 한 범위 내에서 제한될 것이 헌법적으로 예정되어 있는 이상 차별대우의 필요성의 요건 을 엄격하게 볼 것은 아니므로, 차별대우의 필요성의 요건도 충족되었다고 하였다.475)

넷째, 법익의 균형성심사476)에서는 이 사건 가산점제도의 가산점(10%)이 비록 제 대군인가산점(3-5%)보다 크다고 하더라도, 전체 응시자수에서 차지하는 비율에 있어 취업보호대상자의 경우가 제대군인에 비하여 월등히 작기 때문에, 이 사건 가산점제도 가 가점혜택을 받지 못하는 자에게 미치는 영향력은 헌법재판소로부터 위헌결정을 받 은 제대군인가산점제도에 비한다면 훨씬 미약한 것이라고 하지 않을 수 없다고 판단하 였고,477) 또한 취업보호대상자가 가산점을 받는다고 하여 응시자의 대부분이 합격하는 것이 아니라 그 합격률이 약 10% 전후에 그치고 있을 뿐만 아니라, 만일 가산점을 받 지 못한다고 하면 취업보호대상자 중 극소수만이 합격할 수 있는 것으로 판단하고 있 다. 따라서 이 사건 가산점제도는 국가유공자와 그 유족 등의 국가공무원 임용에 있어

---

474) 헌재 2001.2.22. 2000헌마25.

475) 헌재 2001.2.22. 2000헌마25.

476) 헌법재판소는 법익의 균형성 심사를 비례성원칙에 따른 평등심사의 핵심적 부분으로 보고 있다 (헌재 2001.2.22. 2000헌마25).

477) 1998년도 7급 국가공무원 일반행정직 채용시험의 경우 합격자 99명 중 제대군인가산점을 받은 제대군인이 72명으로 72.7%를 차지하고 있는데 반하여, 1999년도 7급 국가공무원 일반행정직 채 용시험의 경우 합격자 124명 중 10%의 가산점을 받은 취업보호대상자는 28명으로 22.6%를 차지 하고 있다.

매우 중요한 역할을 담당하고 있으면서도, 그 이외의 자를 지나치게 차별하고 있는 것으로 보기는 어렵다고 보았다. 헌법재판소는 나아가서 선발인원이 소수이면서 상대적으로 인기가 높은 일부 직렬의 경우에는 지나친 차별이 될 수 있다는 주장에 대해 어느 정도 수긍하면서도, 그러나 전체적으로 보아 입법목적의 비중과 차별대우의 정도가 균형을 이루고 있다면, 개별적 시험에 있어서 일부 직렬의 경우 채용인원이나 시험의 난이도 등에 따라 위와 같은 문제점이 발생하는 일이 있다고 하여 이러한 점만으로 그 균형이 깨졌다고 볼 것은 못된다(이러한 문제점은 시험의 난이도를 조절하는 방법으로도 어느 정도 해결이 가능할 것이다)고 판시하고 있다. 그리고 무엇보다도 헌법재판소가 위헌으로 선언한 제대군인가산점제도는 헌법이 특히 금지하고 있는 여성차별적인 성격을 띠고 있는데 반하여, 이 사건 가산점제도는 국가유공자 등에게 우선적으로 근로의 기회를 제공할 것을 규정하고 있는 헌법 제32조 제6항에 근거를 두고 있는 제도라는 점을 고려하면, 위와 같은 일부 문제점에도 불구하고 이 사건 가산점제도가 법익균형성을 상실한 제도라고는 볼 수 없다고 하였다.[478]

---

478) 이 결정의 국가유공자 '가족'부분에 대한 가산점제도의 평등원칙 위반여부 심사에 대해서는 후에 판례를 변경하여 완화된 비례심사를 하여서는 안 된다고 하고, 비례성에 따른 엄격심사를 하고 있다(헌재 2006.2.23. 2004헌마675: "종전 결정에서 헌법재판소는 헌법 제32조 제6항의 "국가유공자·상이군경 및 전몰군경의 유가족은 법률이 정하는 바에 의하여 우선적으로 근로의 기회를 부여받는다."는 규정을 넓게 해석하여, 이 조항이 국가유공자 본인뿐만 아니라 가족들에 대한 취업보호제도(가산점)의 근거가 될 수 있다고 보았다. 그러나 오늘날 가산점의 대상이 되는 국가유공자와 그 가족의 수가 과거에 비하여 비약적으로 증가하고 있는 현실과, 취업보호대상자에서 가족이 차지하는 비율, 공무원시험의 경쟁이 갈수록 치열해지는 상황을 고려할 때, 위 조항의 폭넓은 해석은 필연적으로 일반 응시자의 공무담임의 기회를 제약하게 되는 결과가 될 수 있다. 그렇다면 위 조항은 엄격하게 해석할 필요가 있다. 이러한 관점에서 위 조항의 대상자는 조문의 문리해석대로 "국가유공자", "상이군경", 그리고 "전몰군경의 유가족"이라고 봄이 상당하다." … 이 사건 조항은 일반 응시자들의 공직취임의 기회를 차별하는 것이며, 이러한 기본권 행사에 있어서의 차별은 차별목적과 수단 간에 비례성을 갖추어야만 헌법적으로 정당화될 수 있다. 종전 결정은 국가유공자와 그 가족에 대한 가산점제도는 모두 헌법 제32조 제6항에 근거'를 두고 있으므로 평등권 침해 여부에 관하여 보다 완화된 기준을 적용한 비례심사를 하였으나, 국가유공자 본인의 경우는 별론으로 하고, 그 가족의 경우는 위에서 본 바와 같이 헌법 제32조 제6항이 가산점제도의 근거라고 볼 수 없으므로 그러한 완화된 심사는 부적절한 것이다." … 헌법 제32조 제6항은 더 이상 국가유공자 등의 유가족까지 포함하는 것으로 볼 수 없다는 것이다. 결론적으로 국·공립학교의 채용시험에 국가유공자와 그 가족이 응시하는 경우 만점의 10퍼센트를 가산하도록 규정하고 있는 이 사건 심판대상조항들은 명시적인 헌법적 근거 없이 국가유공자의 가족들에게 만점의 10%라는 높은 가산점을 부여하고 있는바, 그러한 가산점 부여 대상자의 광범위성과 가산점 10%의 심각한 영향력과 차별효과를 고려할 때, … 입법목적과 달성수단 간의 비례성을 현저히 초과하는 것이다.")

제2항 국가의 기본권보호의무 영역

I. 개념

헌법재판소의 판례에 따르면 기본권 보호의무란 기본권적 법익을 기본권 주체인 사인에 의한 위법한 침해 또는 침해의 위험으로부터 보호하여야 하는 국가의 의무를 말하며, 주로 사인인 제3자에 의한 개인의 생명이나 신체의 훼손에서 문제가 되며, 타인에 의하여 개인의 신체나 생명 등 법익이 국가의 보호의무 없이는 무력화될 정도의 상황에서만 국가의 기본권보호의무가 도출될 수 있다고 한다.[479] 예컨대 교통사고처리 특례법 제4조 제1항 본문 중 업무상과실 또는 중대한 과실로 인한 교통사고로 말미암아 피해자로 하여금 상해에 이르게 한 경우 공소를 제기할 수 없도록 한 부분이 교통사고 피해자에 대한 국가의 기본권보호의무를 위반하고 있는지 여부에 대한 판단에서, 만일 형벌이 법익을 가장 효율적으로 보호할 수 있는 유일한 방법임에도 불구하고 국가가 형벌권을 포기한 것이라면 국가는 기본권보호의무를 위반함으로써 생명·신체의 안전과 같은 청구인들의 중요한 기본권을 침해한 것이 될 수 있음을 판시하고 있다.[480]

II. 헌법적 근거

헌법재판소는 "국가는 개인이 가지는 불가침의 기본적 인권을 확인하고 이를 보장할 의무를 진다."라는 헌법 제10조 제2문의 규정을 국가의 적극적인 기본권보호의무의 근거로 보고 있다. 이러한 국가의 기본권보호의무 선언은 국가가 국민과의 관계에서 국민의 기본권보호를 위해 노력하여야 할 의무가 있다는 의미뿐만 아니라 국가가 사인 상호간의 관계를 규율하는 사법(私法)질서를 형성하는 경우에도 헌법상 기본권이 존중되고 보호되도록 할 의무가 있다는 것을 천명한 것으로 이해한다.[481]

---

479) 헌재 2009.2.26. 2005헌마764. 기본권의 보호의무 위반이 청구인의 기본권적 법익 침해로서 인정되려면, 선거소음 피해에 의하여 청구인의 정신적·육체적 법익 침해가 청구인의 수인한도를 넘어설 정도에 다다르고, 나아가 경우에 따라서는 그것이 청구인의 생명·신체의 기본권적 법익 침해로 연결될 가능성이 있어야 할 것이다. 그렇지 않은 이상 이에 대해 헌법재판소가 개입하여 판단할 필요는 없다(헌재 2008.7.31. 2006헌마711).
480) 헌재 2009.2.26. 2005헌마764; 2008.7.31. 2006헌마711.
481) 헌재 2008.7.31. 2004헌바81, 민법 제3조 등 위헌소원(합헌, 각하).

III. 방어권으로서의 기본권 보장과의 구별

국가가 소극적 방어권으로서의 기본권을 제한하는 경우 그 제한은 헌법 제37조 제 2항에 따라 국가안전보장·질서유지 또는 공공복리를 위하여 필요한 경우에 한하고, 자 유와 권리의 본질적인 내용을 침해할 수는 없으며 그 형식은 법률에 의하여야 하고 그 침해범위도 필요최소한도에 그쳐야 하지만, 국가가 적극적으로 국민의 기본권을 보장하 기 위한 제반조치를 취할 의무를 부담하는 경우에는 설사 그 보호의 정도가 국민이 바 라는 이상적인 수준에 미치지 못한다고 하여 언제나 헌법에 위반되는 것으로 보기 어렵 다고 한다. 그 이유는 국가의 기본권보호의무의 이행은 입법자의 입법을 통하여 비로소 구체화되는 것이고, 국가가 그 보호의무를 어떻게 어느 정도로 이행할 것인지는 입법자 가 제반사정을 고려하여 입법정책적으로 판단하여야 하는 입법재량의 범위에 속하는 것 이기 때문이라고 한다.[482]

IV. 심사기준으로서 과소보호금지원칙

헌법재판소는 국가의 보호의무를 입법자 또는 그로부터 위임받은 집행자가 어떻게 실현하여야 할 것인가 하는 문제는, 원칙적으로 권력분립과 민주주의의 원칙에 따라 국 민에 의하여 직접 민주적 정당성을 부여받고 자신의 결정에 대하여 정치적 책임을 지는 입법자의 책임범위에 속하는 것으로 본다. 따라서 국가의 보호의무가 문제되는 경우에 는, 입법자 또는 그로부터 위임받은 집행자에 의한 보호의무의 이행은 단지 제한적으로 만 심사할 수 있다는 결론에 도달하였다.[483] 이 경우에 심사기준으로서는 국가가 적절 하고 효율적인 최소한의 보호조치를 취하였는가 하는 이른바 '과소보호금지원칙'의 위 반 여부를 심사기준으로 삼고 있다.[484]

기본권 보호의무는 사인에 의한 기본권적 가치의 침해에 대해서 국가가 보호할 의 무로서 기본적으로 사익과 사익의 형량이기 때문에 공익과 기본권인 사익을 형량하는

---

482) 헌재 2008.7.31. 2004헌바81.
483) 헌재 1997.1.16. 90헌마110등; 2007.7.31. 2006헌마711; 2009.2.26. 2005헌마764.
484) 연구에 따르면 헌법재판소는 기본권보호의무 위반여부를 심사하는 경우에만 심사기준으로서 과 소보호금지원칙을 적용하고 있다고 한다(정영훈, 사회보장에 대한 헌법상 권리의 침해 여부에 관 한 위헌심사기준, 헌법재판연구원 연구보고서, 2014 참조).

과잉금지심사와는 상황이 다르다. 그러나 기본권 보호의무에서 보호되어야 하는 기본권은 자유권들이므로 이를 국가가 보호의무를 이행하는 과정에서 그 보호의 정도가 문제될 경우에는 비례성심사의 다른 형태인 과소보호금지원칙이 적용되고, 입법자의 제한이 과도한 경우에는 과잉금지원칙이 적용될 수 있을 것이다.

V. 과소보호금지원칙의 운용

과소보호금지원칙을 적용하면 국민의 생명·신체의 안전을 보호하기 위한 조치가 필요한 상황인데도 국가가 아무런 보호조치를 취하지 않았든지 아니면 취한 조치가 법익을 보호하기에 전적으로 부적합하거나 매우 불충분한 것임이 명백한 경우에 한하여 국가의 보호의무위반을 확인할 수 있다고 한다.[485]

1. 교통사고에서 형벌권의 불사용

위 2009년의 교통사고처리특례법사건에 있어서 교통사고를 방지하는 다른 보호조치에도 불구하고 "국가가 형벌권이란 최종적인 수단을 사용하여야만 가장 효율적으로 국민의 생명과 신체권을 보호할 수 있는가가 문제된다. 이를 위해서는 무엇보다도 우선적으로 형벌권의 행사가 곧 법익의 보호로 직결된다는 양자 간의 확연하고도 직접적인 인과관계와 긴밀한 내적인 연관관계가 요구되고, 형벌이 법익을 가장 효율적으로 보호할 수 있는 유일한 방법인 경우, 국가가 형벌권을 포기한다면 국가는 그의 보호의무를 위반하게 된다. 그러나 교통과실범에 대한 국가형벌권의 범위를 확대한다고 해서 형벌권의 행사가 곧 확실하고도 효율적인 법익의 보호로 이어지는 것은 아니다. 형벌의 일반예방효과와 범죄억제기능을 어느 정도 감안한다 하더라도 형벌을 통한 국민의 생명·신체의 안전이라는 법익의 보호효과는 그다지 확실한 것이 아니며, 결국 이 경우 형벌은 국가가 취할 수 있는 유효적절한 수많은 수단 중의 하나일 뿐이지, 결코 형벌까지 동원해야만 보호법익을 유효적절하게 보호할 수 있다는 의미의 최종적인 유일한 수단이 될 수는 없는 것이다. 그러므로 이 사건 법률조항을 두고 국가가 일정한 교통사고 범죄에 대하여 형벌권을 행사하지 않음으로써 도로교통의 전반적인 위험으로부터 국민의 생명과 신체를 적절하고 유효하게 보호하는 아무런 조치를 취하지 않았다든지, 아

---

485) 헌재 1997.1.16. 90헌마110등; 2008.7.31. 2004헌바81; 2009.2.26. 2005헌마764.

니면 국가가 취한 현재의 제반 조치가 명백하게 부적합하거나 부족하여 그 보호의무를 명백히 위반한 것이라고 할 수 없다."라고 판시하고 있다.[486]

요컨대 당해 조치를 국가가 취하지 아니하면 보호의무를 위반한 것으로 되는지 여부가 과소보호금지원칙의 위반여부의 판단기준이 되는 것이다.

2. 「공직선거법」에서 확성장치 사용 등에 따른 소음제한기준을 두고 있지 않은 입법부작위

「공직선거법」의 규정을 보더라도 확성장치로 인한 소음을 예방하는 규정이 불충분하다고 단정할 수 없고, 선거운동 위반 단속의 집행력을 고려할 때 입법자가 필요한 최소한의 조치를 취한 것이라고 볼 수 있으며, 확성장치 사용에 의해서 불편이 초래되고 있다고 하더라도 그에 대한 기본권보호의무의 인정 여부는 선거운동의 자유와의 비교형량하에서 판단되어야 한다는 점을 지적하고,[487] 확성장치 소음규제기준을 정하지 않았다는 것만으로 청구인의 평온한 환경에서 생활할 권리를 보호하기 위한 입법자의 의무를 과소하게 이행하였다고 평가할 수는 없다고 판시하였다.[488]

3. 「민법」 제3조 및 제762조가 태아의 생명권을 보호하는데 미흡하여 국가의 기본권보호의무를 위반하고 있는지 여부

"이 사건 법률조항들에 따르면 사산한 태아의 경우 불법적인 생명침해에 대한 손해배상청구권이 인정되지 않는다. 그런데 태아에게 생명침해에 대한 손해배상청구권을 인정할 것인가의 여부는 태아의 생명을 보호하기 위한 직접적인 수단이라기보다는 태아의 생명권을 침해하는 행위가 있고 난 이후에 사후적으로 불법적 생명침해행위에 대한 손해배상을 허용할 것인가의 문제로서 그 인정 여부는 입법자에게 입법형성재량이 허용되는 영역에 속하는 것이라고 볼 것이다. 물론 태아는 형성 중의 인간으로서 생명을 보유하고 있으므로 국가는 태아를 위하여 각종 보호조치들을 마련해야 할 의무가 있다. 하지만 그와 같은 국가의 기본권 보호의무로부터 태아의 출생 전에, 또한 태아가 살아서 출생할 것인가 와는 무관하게, 태아를 위하여 민법상 일반적 권리능력까지도

---

486) 헌재 2009.2.26. 2005헌마764; 2008.7.31. 2006헌마711.
487) 헌재 2008.7.31. 2006헌마711.
488) 헌재 2008.7.31. 2006헌마711.

인정하여야 한다는 헌법적 요청이 도출되지는 않는다. 법치국가원리로부터 나오는 법적안정성의 요청은 인간의 권리능력이 언제부터 시작되는가에 관하여 가능한 한 명확하게 그 시점을 확정할 것을 요구한다. 따라서 인간이라는 생명체의 형성이 출생 이전의 그 어느 시점에서 시작됨을 인정하더라도, 법적으로 사람의 시기를 출생의 시점에서 시작되는 것으로 보는 것이 헌법적으로 금지된다고 할 수 없다. 물론 인간의 권리능력의 시기를 출생 이전의 어느 시점으로 정하는 것이 반드시 불가능하다고 할 수는 없겠지만, 그렇게 될 경우 구체적인 법률관계에서 권리능력의 존재를 확정하고 입증하는데 많은 어려움이 존재하게 될 것이라는 점도 충분히 예상할 수 있다. … 그렇다면 이 사건 법률조항들이 권리능력의 존재 여부를 출생시를 기준으로 확정하고 태아에 대해서는 살아서 출생할 것을 조건으로 손해배상청구권을 인정한다 할지라도 이러한 입법적 태도가 입법형성권의 한계를 명백히 일탈한 것으로 보기는 어려우므로 이 사건 법률조항들이 국가의 생명권 보호의무를 위반한 것이라 볼 수 없다."[489]

제3항 기본권 형성적 법률유보의 영역

I. 개념

법률에 의한 기본권의 제한을 목적으로 하는 자유권적 기본권에 대한 법률유보의 경우와는 달리, 기본권을 보장하고 있는 헌법규범의 의미와 내용을 법률로써 구체화하기 위한 법률유보를 기본권 형성적 법률유보라고 한다.[490]

II. 위헌심사기준

헌법재판소에 따르면, 기본권 형성적 법률유보의 경우에는 헌법이 보장하는 기본권을 어떠한 내용으로 구체화할 것인가에 관하여는 입법자에게 입법형성의 자유가 부

---

489) 헌재 2008.7.31. 2004헌바81.
490) 헌재 2003.9.25. 2002헌마533.

여되고 있으며, 다만 그것이 재량의 범위를 넘어 명백히 불합리한 경우에 위헌이 된다.[491] 즉, 합리성심사를 하고 있다.

그런데 기본권 형성적 법률에 대한 위헌심사는 두 가지 관점에서 볼 수 있다. 첫째는 내용통제의 관점에서 입법자는 위임된 기본권의 내용을 마음대로 규정할 수 있는 것이 아니고 헌법이 보장하는 바의 본질적 내용은 반드시 법률에서도 보장하여야 한다. 따라서 본질적내용침해금지원칙을 위배하는 것은 위헌이 된다. 그런데 본질적 내용만을 침해하지 않으면 어떠한 법률이든 합헌이 될 것인가. 이와 관련하여서는 입법자의 입법재량에 대한 헌법적 통제가 적용된다고 본다. 이를 방법통제라고 할 수 있을 것인데 기본권 형성적 법률의 위헌 여부의 방법통제로서 위헌심사기준은 합리성심사라고 할 수 있다. 이는 제도보장에서 비핵심영역에 대해서 합리성심사가 이루어지는 것과 같다. 따라서 기본권 형성적 법률에 대해 헌법재판소가 과잉금지심사를 하는 것은 재고의 여지가 있는 것으로 보인다.

III. 헌법상의 기본권 형성적 법률유보

1. 재판절차진술권

헌법 제27조 제5항이 정한 법률유보는 법률에 의한 기본권의 제한을 목적으로 하는 자유권적 기본권에 대한 법률유보의 경우와는 달리 기본권으로서의 재판절차진술권을 보장하고 있는 헌법규범의 의미와 내용을 법률로써 구체화하기 위한 이른바 기본권 형성적 법률유보에 해당한다.[492]

14세 미만의 자를 형사미성년자로 규정하고 있는 형법 제9조로 인하여 기소할 수 없게 된 것이 청구인의 재판절차진술권을 침해하고 있는지 여부에 대한 심판에서 헌법재판소는 형사책임이 면제되는 소년의 연령을 몇 세로 할 것인가의 문제는 소년의 정신적·신체적 성숙도, 교육적·사회적·문화적 영향, 세계 각국의 추세 등 여러 가지 요소를 종합적으로 고려하여 결정되어야 할 입법정책의 문제로서 **현저하게 불합리하고 불공정한 것이 아닌 한 입법자의 재량**에 속하는 것이고, 형사미성년자의 연령을 너무 낮게

---

491) 헌재 2003.9.25. 2002헌마533.
492) 헌재 2003.9.25. 2002헌마533; 1993.3.11. 92헌마48.

규정하거나 연령 한계를 없앤다면 책임의 개념은 무의미하게 될 것이며, 14세 미만이라는 연령기준은 다른 국가들의 입법례에 비추어 보더라도 지나치게 높다고 할 수 없다는 점을 고려할 때 형사미성년자를 14세 미만으로 정한 것은 합리적인 재량의 범위를 벗어난 것으로 보기 어렵고, 입법자가 이 사건 법률조항에서 형사미성년자를 14세를 기준으로 획일적인 구분을 한 것은 실질에 부합하지 않는 경우가 있을 수 있겠지만, 법률관계의 안정과 객관성을 위한 부득이한 조치라고 보았다.[493]

2. 재산권

가. 재산권보장의 법적 성격

헌법 제23조 제1항에서 "모든 국민의 재산권은 보장된다. 그 내용과 한계는 법률로 정한다."라고 규정하여 다른 기본권 규정과는 달리 그 내용과 한계가 법률에 의해 구체적으로 형성되는 기본권 형성적 법률유보의 형태를 띠고 있다. 따라서 헌법이 보장하는 재산권의 내용과 한계는 국회에서 제정되는 형식적 의미의 법률에 의하여 정해지는 것이므로 헌법상의 재산권은 이를 통하여 실현되고 구체화하게 된다.[494] 그렇다하더라도 입법자가 재산권의 내용을 형성함에 있어서 무제한적인 형성의 자유를 가지는 것은 아니다. 재산권은 기본권의 주체로서의 국민이 각자의 인간다운 생활을 자기 책임 하에 자주적으로 형성하는데 필요한 경제적 조건을 보장해 주는 기능을 하기 때문에 재산권의 보장은 곧 국민 개개인의 자유 실현의 물질적 바탕을 의미한다고 할 수 있고, 따라서 자유와 재산권은 상호 보완관계이자 불가분의 관계에 있다고 한다.[495] 이러한 점에서 재산권을 입법자가 형성한다고 하더라도 그 사적 유용성과 처분권을 본질로 하는 재산권은 인간으로서의 존엄과 가치를 실현하고 인간의 자주적이고 주체적인 삶을 이루어나가기 위한 범위에서 헌법적으로 보장되어 있기 때문에 재산권의 내용과 한계를 법률로 정한다는 것은 헌법적으로 보장된 재산권의 내용을 구체화하면서 이를 제한하는 것이라고 한다. 따라서 사유재산제도나 사유재산을 부인하는 것은 재산권보장규정의 침해를 의미하고 결코 재산권 형성적 법률유보라는 이유로 정당화될 수 없다.[496]

---

493) 헌재 2003.9.25. 2002헌마533.
494) 헌재 2005.5.26. 2004헌바90; 1993.7.29. 92헌바20; 1998.6.25. 96헌바27; 2006.7.27. 2004헌바20.
495) 헌재 2005.5.26. 2004헌바90; 1998.12.24. 89헌마214.
496) 헌재 2006.2.23. 2003헌바38등; 1993.7.29. 92헌바20; 2001.4.26. 99헌바37.

나. 심사기준

소멸시효제도를 규정하고 있는 법규정들은 헌법 제23조에 의하여 보장되는 재산권의 하나인 채권의 구체적인 모습을 형성하는 것이지만, 동시에 그 행사할 수 있는 기간을 제한함으로써 재산권인 채권의 행사 및 존속을 제한하는 것이기도 하기 때문에 그 위헌성의 심사는 기본권 형성적 법률유보의 경우에 적용되는 명백한 불합리성을 기준으로 한다.[497] 따라서 3년간의 단기소멸시효를 정한 민법규정이 재산권을 침해하는지 여부에 대해 헌법재판소는, 불법행위 피해자들의 재산권을 합리적 이유 없이 지나치게 제한함으로써 헌법 제37조 제2항의 기본권제한의 한계를 일탈하였다고 볼 수는 없다고 판시하고 있다.[498] 또 부당이득반환청구권의 경우에도 그 권리를 행사할 수 있는 때로부터 10년간 이를 행사하지 않으면 소멸시효가 완성한다고 규정한 민법상 소멸시효 조항은 합리적이며 입법형성권의 범위를 벗어난 것이라 할 수 없다고 보고 있다.[499]

3. 선거권

선거권에 대한 제한도 현저하게 불합리하거나 불공정한 것이 아닌 한 입법자의 재량영역에 속한다. 따라서 과잉금지심사를 하지만 피해의 최소성과 법익의 균형성심사에 있어서 명백성통제 정도에 그친다.[500]그러나 선거권 제한입법이 선거제도의 기본원칙(헌법 제41조 제1항, 제67조 제1항의 보통·평등·직접·비밀선거의 원칙)을 동시에 제약하는 것인 한 엄격심사를 하여야 한다는 주장도 있다: "입법형성권한에 의하여 선거관계법을 제정하는 경우에 국민의 선거권이 부당하게 제한되지 않도록 하여야 함은 물론 특히 헌법에 명시된 선거제도의 기본원칙을 엄격하게 준수하여야 할 것이다. 우리 헌법의 제정자는 특히 위 선거제도의 기본원칙을 규정하면서 헌법 제24조의 선거권의 규정과는 달리 별도의 법률유보문언을 두지 않음으로써 선거제도의 기본원칙의 준수여부가 입법자의 재량사항이 될 수 없다는 점을 명확히 하고 있다. 따라서 선거권의 제한 특히 선거제도의 기본원칙에 어긋나는 선거권제한입법을 하기 위해서는 기본권제한입법에 관한 헌법 제37조 제2항의 과잉금지원칙을 엄격히 준수하여야 할 것이다."[501]

---

497) 헌재 2005.5.26. 2004헌바90.
498) 헌재 2005.5.26. 2004헌바90.
499) 헌재 2020.12.23. 2019헌바129, 민법제162조 제1항 등 위헌소원(합헌, 각하) - 부당이득반환청구권 등 채권 소멸시효 사건.
500) 헌재 2004.3.25. 2002헌마411, 공직선거및선거부정방지법 제18조 위헌확인(기각).
501) 헌재 2004.3.25. 2002헌마411 결정에서 김영일 재판관의 반대의견.

제4항   제도보장 영역502)

I. 학설

우리나라에서는 제도보장에 대한 논의는 비교적 활발히 이루어져 왔다.503) 이 과정에서 권리는 최대한의 보장인데 반하여, 제도는 최소한의 보장이라는 공식이 받아들여졌다.504) 물론 이러한 공식을 채용하는 경우에도 제도보장과 기본권의 관계를 완전히 단절하지는 않고 일정한 관계는 인정하는 것이 대체적인 입장이다.505)

II. 헌법재판소 결정에 나타난 제도의 핵심영역보장

헌법재판소는 지방자치제도, 의무교육제도, 직업공무원제도, 교육자치 및 지방교육자치제도, 혼인과 가족제도, 사유재산 및 사적자치의 원칙 등을 제도보장이론으로 설명하고 있다. 그 가운데에도 헌법적 논의의 많은 부분은 지방자치제도에 대한 것이다.

1. 일반적 이해

가. 헌법적 의의

제도보장의 의의와 내용에 대해서 헌법재판소의 다음 판결의 내용이 잘 설명하고 있다. 즉, "제도적 보장은 객관적 제도를 헌법에 규정하여 당해 제도의 본질을 유지하려는 것으로서, 헌법제정권자가 특히 중요하고도 가치가 있다고 인정되고 헌법적으로 보장할 필요가 있다고 생각하는 국가제도를 헌법에 규정함으로써 장래의 법발전, 법형

---

502) 자세한 것은 김대환, 제도보장에 있어서 핵심영역의 보호, 헌법학연구 6-4, 2000, 63쪽 이하 및 김대환, 헌법실무연구 10, 2009, 395쪽 이하 참조.
503) 우리나라에서의 제도보장이론의 등장과 개괄적인 논의과정에 대하여는 정종섭, 기본권의 개념과 본질에 대한 이론적 논의의 전개, 한국에서의 기본권이론의 형성과 발전(정천허영박사화갑기념논문집), 1997, 박영사, 6-8, 28-29쪽 참조. 제도보장에 관한 우리나라 논문으로는 다음을 참조할 것. 김철수, 제도보장의 의의와 법적 성격-제도보장이론의 소묘-, 고시계, 1965.5.; 신현직, 기본권과 제도보장, 고시계 1991.7.; 허영, 기본권과 제도적 보장, 고시연구, 1981.11.; 정극원, 제도보장론의 성립과 현대적 전개, 헌법학연구 4-3, 1998.10.; 김영수, 기본권과 제도적 보장 : 혼인·가족제도를 중심으로, 헌법학연구 5-2, 1999.10. 등 참조.
504) 김철수, 헌법학, 2008, 375쪽.
505) 예컨대 김철수, 헌법학, 2008, 374쪽; 권영성, 헌법학원론, 2009, 184-185쪽.

성의 방침과 범주를 미리 규율하려는 데 있다. 다시 말하면 이러한 제도적 보장은 주관적 권리가 아닌 객관적 법규범이라는 점에서 기본권과 구별되기는 하지만 헌법에 의하여 일정한 제도가 보장되면 입법자는 그 제도를 설정하고 유지할 입법의무를 지게 될 뿐만 아니라 헌법에 규정되어 있기 때문에 법률로써 이를 폐지할 수 없고, 비록 내용을 제한한다고 하더라도 그 본질적 내용을 침해할 수는 없다. 그러나 기본권의 보장은 … (중략) … '최대한 보장의 원칙'이 적용되는 것임에 반하여, 제도적 보장은 기본권 보장의 경우와는 달리 그 본질적 내용을 침해하지 아니하는 범위 안에서 입법자에게 제도의 구체적인 내용과 형태의 형성권을 폭넓게 인정한다는 의미에서 '최소한 보장의 원칙'이 적용"된다는 것이다.[506]

이러한 헌법재판소의 입장은 학설에서 기존에 주장되어 온 바의 제도보장이론과 동일한 것이다.

나. 용어의 사용

제도보장의 핵심영역과 관련하여 헌법재판소는 핵심영역이라는 용어 대신 본질적 내용이라는 용어를 사용하기도 한다.

예를 들면 「국가보위입법회의법」 등의 위헌 여부에 관한 헌법소원결정에서는 「국가공무원법」 제70조 제1항 제3호의 직권면제사유에 해당되지 아니하는 한 임기만료나 정년 시까지 신분의 보장을 직업공무원제도의 본질적 내용이라고 판단하고 있다.[507] 「국토이용관리법」 제21조의3 제1항, 제31조의2의 위헌심판결정에서는 사유재산제도의 본질적 내용에 대하여 언급하였는데 다음과 같이 재산권에 있어서와 동일하게 판단하고 있다. "토지재산권의 본질인 내용이라는 것은 토지재산권의 핵이 되는 실질적 요소 내지 근본요소를 뜻하며, 따라서 재산권의 본질적인 내용을 침해하는 경우라고 하는 것은 그 침해로 사유재산권이 유명무실해지고 사유재산제도가 형해화되어 헌법이 재산

권을 보장하는 궁극적인 목적을 달성할 수 없게 되는 지경에 이르는 경우라고 할 것이다."508) 「국세기본법」 제35조 제1항 제3호의 위헌심판결정509)에서는 담보물권에 대한 국세의 우선은 담보물권의 본질적 내용을 침해한 것일 뿐 아니라 나아가 사유재산제도의 본질적 내용도 침해하는 것이라고 보았다.

이러한 판결들은 사유재산제도하의 재산권이라는 주관적 권리로서의 기본권 침해가 제도의 침해로 이어지는 것을 확인한 것으로서 객관규범의 본질적 내용을 주관적 권리에서 찾았다는 점이 특징이다.

「경기도남양주시등33개도농복합형태의시설치등에관한법률」 제4조 위헌확인결정510)에서는 지방자치단체의 자치보장의 본질적 내용으로 자치단체의 보장, 자치기능의 보장 및 자치사무의 보장 등을 들고 있다. 이러한 지방자치단체의 자치보장의 본질적 내용은 최근의 서울특별시와 정부 간의 권한쟁의에서도 그대로 인정되고 있다.511)

헌법재판소의 판례상 "본질적"이라는 용어는 제37조 제2항 제2문의 의미만을 가리키는 것은 아니므로 용법상 보다 정확한 사용이 요구된다. 예컨대 「사회보호법」 제5조의 위헌심판결정512)에서는 신체에 대한 자유의 박탈을 「사회보호법」상의 보호감호처분의 본질적 내용이라고 한다든가, 「지방세법」 제111조 제2항 위헌제청결정에서 납세의무에 있어서 과세표준과 시가표준액을 취득세 납세의무 그 자체의 중요한 사항 내지 본질적 내용이라고 하는 것513) 등은 헌법 제37조 제2항 제2문의 자유와 권리의 본질적 내용과는 다른 의미로 사용하고 예들이라고 할 수 있다.514)

한편 헌법재판소는 제도보장에 대하여 **핵심영역**이라는 용어를 사용하기도 한다. 「지방세법」 제9조 위헌소원결정에서는 지방자치제도와 관련하여 지방자치단체가 과세를 면제하는 조례를 제정하고자 할 때에는 내무부장관의 사전허가를 얻도록 한 것에 대하여 이 법률조항은 지방자치단체의 조례제정권의 본질적인 핵심영역을 침해한다고 볼 수 없고, 지방자치의 이념에 기초를 둔 합헌심사의 요건인 공익성과 필요성, 합리성

---

508) 헌재 1989.12.22. 88헌가13.
509) 헌재 1990.9.3. 89헌가95.
510) 헌재 1994.12.29. 94헌마201.
511) 헌재 2009.5.28. 2006헌라6.
512) 헌재 1989.7.14. 88헌가5등.
513) 헌재 1999.12.23. 99헌가2.
514) 소수의견에서이긴 하지만 변정수 재판관이 적법절차를 법치주의의 본질적 내용이라고 한 것도 그러한 예에 속한다(헌재 1991.4.1. 89헌마17등).

을 모두 갖추고 있는 것이라고 판시하였다. 이 결정에서는 지방자치제도의 헌법적 보장의 의의에 대하여도 판단하고 있는데 이에 따르면 지방자치의 헌법적 보장이란 "한마디로 국민주권의 기본원리에서 출발하여 주권의 지역적 주체로서의 국민에 의한 자기통치의 실현으로 요약할 수 있고, 이러한 지방자치의 본질적 내용인 핵심영역은 어떠한 경우라도 입법 기타 중앙정부의 침해로부터 보호되어야 한다는 것을 의미한다."고 하였다.515) 이러한 결정의 취지는 1년 후「공직선거및선거부정방지법」제84조 위헌소원결정에서 "지방자치제도의 헌법적 보장은 국민주권의 기본원리에서 출발하여 주권의 지역적 주체인 주민에 의한 자기통치의 실현으로 요약할 수 있으므로, 이러한 지방자치의 본질적 내용인 핵심영역은 입법 기타 중앙정부의 침해로부터 보호되어야 함은 헌법상의 요청인 것이다. 중앙정부와 지방자치단체 간에 권력을 수직적으로 분배하는 문제는 서로 조화가 이루어져야 하고, 이 조화를 도모하는 과정에서 입법 또는 중앙정부에 의한 지방자치의 본질의 훼손은 어떠한 경우라도 허용되어서는 안 되는 것이다."라고 판시함으로써 그대로 반복되고 있다.516)

이 결정들은 본질적 내용이라는 개념과 핵심영역이라는 개념을 동일하게 사용하고 있다.

2. 지방자치제도

지방자치제도를 제도적 보장으로 보는 것은 확고한 입장이다.517) 헌법재판소는 지방자치제도의 헌법적 보장의 의의를 설명하면서 제도의 핵심영역의 보장에 대해 여러 번 언급하였다.

가. 지방자치제도의 헌법적 의의와 핵심영역의 보호

지방자치제도의 헌법적 의의는 다음과 같은 헌법재판소의 결정들에서 명확히 찾아볼 수 있다.

"지방자치제도의 헌법적 보장 … 은 한마디로 국민주권의 기본원리에서 출발하여 주권의 지역적 주체로서의 주민에 의한 자기통치의 실현으로 요약할 수 있고, 이러한 지

---

515) 헌재 1998.4.30. 96헌바62, 지방세법 제9조 위헌소원.
516) 헌재 1999.12.25. 99헌바28.
517) 헌재 1994.4.28. 91헌바15등; 1997.4.24. 95헌바48; 1998.4.30. 96헌바62; 2006.2.23. 2005헌마403.

방자치의 본질적 내용인 핵심영역은 어떠한 경우라도 입법 기타 중앙정부의 침해로부터 보호되어야 한다는 것을 의미한다. 다시 말하면 중앙정부의 권력과 지방자치단체간의 권력의 수직적 분배는 서로 조화가 요청되고 그 조화과정에서 지방자치의 핵심영역은 침해되어서는 안 되는 것이므로, 이와 같은 권력분립적·지방분권적인 기능을 통하여 지역주민의 기본권 보장에도 이바지하는 것이다."[518]

---

518) 헌재 1998.4.30. 96헌바62. 이러한 기존의 제도보장이론에 대해서는 '지방자치를 제한하는 법률의 위헌 여부에 대한 심사기준'으로서는 아무런 기능을 하지 못한다는 지적이 있다: "지방자치를 제한하는 법률의 위헌 여부에 대한 심사에 있어 종래에는, 지방자치의 본질 또는 지방자치의 본질적 내용이 되는 핵심영역을 훼손하는 정도에 이르는 입법은 허용되지 않으며, 그러한 정도에 이르지 않는 법률은 헌법에 위반되지 않는다고 보아 왔다(헌재 1998.4.30. 96헌바62; 2006.2.23. 2004헌바50 등 참조). 이러한 견해는 이른바 전통적인 제도보장론에 입각한 것으로, 지방자치를 어떠한 모습으로 구체화할 것인지에 대해 입법자에게 광범위한 형성의 자유를 인정하여 지방자치제도 자체를 폐지하거나 부정하는 내용의 입법이 아닌 한 헌법에 위반되지 않는다고 보는 것이었다. 그러나 헌법이 명시적으로 보장하는 지방자치제도 자체를 부정하는 법률이란 현실적으로 존재하기 어렵고, '헌법이 보장하는 지방자치 자체를 부정하는 입법은 허용되지 않는다.'고 말하는 것은 '헌법에 반하는 내용의 입법은 허용되지 않는다.'는 말에 지나지 않아, 기존의 제도보장이론에 따를 경우 지방자치를 규율 또는 제한하는 입법의 한계에 대해 구체적인 기준을 사실상 전혀 제시하지 못한다. 이와 같이 종래의 이른바 제도보장론에 입각한 심사는 헌법이 보장하는 지방자치의 의미와 구체적인 내용을 밝히지 아니하였고 지방자치를 제한하는 입법의 한계에 대한 구체적인 기준을 전혀 제시하지 못함으로써 지방자치를 보장한 헌법조항은 실질적인 규범력을 발휘하지 못한 채 장식적인 조항에 머무르게 되었고, 그 결과 지방자치를 제한함으로써 위헌 여부가 문제되는 거의 모든 법률은 합헌으로 선언되어 지방자치원리에 의한 헌법적 심사 자체가 무의미한 것으로까지 받아들여지게 되었다." 이 반대의견은 지방자치를 제한하는 입법의 위헌심사 기준으로서 '공익성, 필요성, 합리성'을 들고 있다: "지방자치는 헌법이 보장하는 가치이며 지방자치단체가 가지는 자치권은 헌법적 권한이므로, 비록 지방자치를 제한하는 경우에도 그 제한이 헌법이 보장하는 각종 지방자치권의 본질적 내용을 침해하여 이를 형해화하는 것이어서는 아니 된다. 그리고 헌법적 가치 또는 헌법적 권한을 제한하기 위해서는 그 제한이 또 다른 헌법적 가치를 위해 필요하고, 그 제한의 내용과 방법이 합리적인 것이어야 한다. 헌법적 가치 또는 헌법적 권한의 제한을 정당화하는 데 필요한 이러한 원리는 명문 규정의 존재 여부와 관계없이 헌법에 내재하는 자명한 원리라고 할 것이다. 우리 재판소도 지방자치단체의 조례제정권을 제한하는 법률이 지방자치를 규정한 헌법조항에 위반되는지 여부가 문제된 사건에서 "지방자치의 이념에 기초를 둔 합헌심사의 요건인 공익성과 필요성, 합리성"이라고 언급함으로써(헌재 1998.4.30. 96헌바62), '공익성, 필요성, 합리성'이 지방자치를 제한하는 법률의 위헌 여부에 대한 심사기준이 될 수 있음을 밝힌 바 있다. 여기서 '공익성'이란, 지방자치의 제한을 통해 달성하고자 하는 목적이 지방자치 이외의 또 다른 높은 헌법적 가치를 달성하기 위한 것이라는 점을 의미한다고 볼 수 있다. 예컨대 국가의 안전보장이나 대외적인 국가 경쟁력의 강화, 국가 전체의 질서유지, 국민의 기본권 보호, 그 밖에 헌법이 보호하고자 하는 중요한 가치들을 위해서만 지방자치를 제한할 수 있는 것이다. 그리고 '필요성'이란 헌법적 가치를 지니는 공익의 달성을 위해서는 지방자치를 제한하는 것이 불가피한 것으로 인정되는 경우이어야 함을 의미한다고 볼 수 있으며, '합리성'이란 다른 헌법적 가치를 위해 지방자치를 제한하는 경우에도 지방자치를 제한하는 방법에는 객관적으로 인정되는 합리성이 있어야 한다는 것으로 이해할 수 있을 것이다. 다만, 이와 같이 지방자치를 제한하는 법률의 위헌 여부를 공익성, 필요성, 합리성의 기준에 따라 심사함에 있어서는 기본권

"지방자치제도의 헌법적 보장은 국민주권의 기본원리에서 출발하여 주권의 지역적 주체인 주민에 의한 자기통치의 실현으로 요약할 수 있으므로, 이러한 지방자치의 본질적 내용인 핵심영역은 입법 기타 중앙정부의 침해로부터 보호되어야 함은 헌법상의 요청인 것이다. 중앙정부와 지방자치단체 간에 권력을 수직적으로 분배하는 문제는 서로 조화가 이루어져야 하고, 이 조화를 도모하는 과정에서 입법 또는 중앙정부에 의한 지방자치의 본질의 훼손은 어떠한 경우라도 허용되어서는 안 되는 것이다."519)

"지방자치제도의 헌법적 보장은 한마디로 국민주권의 기본원리에서 출발하여 주권의 지역적 주체로서의 주민에 의한 자기통치의 실현으로 요약할 수 있고, 이러한 지방자치의 본질적 내용인 핵심영역은 어떠한 경우라도 입법 기타 중앙정부의 침해로부터 보호되어야 한다는 것을 의미한다. … 그러나 … 헌법상의 자치권의 범위는 법령에 의하여 형성되고 제한되며, 다만 지방자치단체의 자치권은 헌법상 보장을 받고 있으므로 비록 법령에 의하여 이를 제한하는 것이 가능하다고 하더라도 그 제한이 불합리하여 자치권의 본질을 훼손하는 정도에 이른다면 이는 헌법에 위반된다고 보아야 할 것이다."520)

지방자치제도의 본질적 내용에 대해서는 다음과 같이 판시하고 있다. "지방자치의 본질적 내용은 자치단체의 보장, 자치기능의 보장 및 자치사무의 보장이고, 우리 헌법상 자치단체의 보장은 단체자치와 주민자치를 포괄하는 것이다."521)

또 지방자치제도의 핵심영역은 지방자치단체에 의한 자치행정을 일반적으로 보장하는 것이지, 특정자치단체의 존속을 보장하는 것은 아니다. "헌법상 지방자치제도의 보장은 특정 지방자치단체의 존속을 보장하는 것이 아니며 지방자치단체의 폐치·분합은 헌법적으로 허용될 수 있다. 우리 재판소도 '자치제도의 보장은 지방자치단체에 의

을 제한하는 법률의 위헌 여부에 관한 심사에서와 같은 정도의 엄격한 심사를 요구할 수는 없겠지만, 적어도 헌법이 명문으로 규정하고 있는 지방자치의 보장과 그 실현에 명백히 반하지 않는 정도의 '공익성'과 '필요성' 및 '합리성'은 인정되어야만 하고 그럴 때에만 그 제한이 정당화될 수 있는 것이다."(헌재 2007.12.27. 2004헌바98 결정에서 김종대 재판관의 반대의견). 제도보장은 전통적으로 핵심영역의 보장을 주된 임무로 하여 탄생한 이론이므로 반대의견에도 불구하고 제도보장의 헌법적 의미는 여전히 인정된다. 다만 핵심영역이외의 보장에 있어서 어느 정도 입법자를 구속할 것인가의 문제는 반대의견이 제시하고 있는 바와 같은 공익성, 필요성, 합리성과 같은 원칙이 적용될 수 있을 것이다. 나아가서는 지방자치제도의 핵심내용을 규명해 나가는 가운데 시대적 요청에 따라 핵심영역을 확대해 나가는 방법도 생각해 볼 수 있다. 반대의견이 제시하고 있는 위헌심사기준은 일반적인 의미의 합리성심사를 의미하는 것으로 이해된다.

519) 헌재 1998.4.30. 96헌바62; 1999.11.25. 99헌바28.
520) 헌재 2006.2.23. 2004헌바50; 2002.10.31. 2002헌라2.
521) 헌재 2006.2.23. 2005헌마403.

한 자치행정을 일반적으로 보장한다는 것뿐이고 특정자치단체의 존속을 보장한다는 것은 아니며 지방자치단체의 폐치·분합에 있어 지방자치권의 존중은 법정절차의 준수로 족하다'고 판시하여[522] 이러한 취지를 분명히 하고 있다. 이와 같이 헌법상 지방자치제도보장의 핵심영역 내지 본질적 부분이 지방자치단체에 의한 자치행정을 일반적으로 보장하는 것이라면, 현행법에 따른 지방자치단체의 중층구조 또는 지방자치단체로서 특별시·광역시 및 도와 함께 시·군 및 구를 계속하여 존속하도록 할지 여부는 결국 입법자의 입법형성권의 범위에 들어가는 것으로 보아야 한다."[523]

최근의 서울특별시와 정부 간의 권한쟁의결정에서는 "자치사무는 지방자치단체가 법령의 범위 안에서 그 처리 여부와 방법을 자기책임 아래 결정할 수 있는 사무로서 지방자치권의 최소한의 본질적 사항이므로 지방자치단체의 자치권을 보장한다고 한다면 최소한 이 같은 자치사무의 자율성만은 침해해서는 안 된다"고 판시함으로써 지방자치단체의 자치사무를 지방자치제도의 핵심영역에 속하는 것으로 보았다.[524]

재판관 이영모는 시흥시와 정부간의 권한쟁의결정의 반대의견에서는 지방자치제도의 핵심영역의 규명이 필요하다는 것과 그 과업은 헌법재판소에 지워져있음을 다음과 같이 강조하였다. "중앙정부에 의한 입법적·행정적인 규율에 의한 지방자치권(지방재정권)의 제한은 지방자치의 본질적 내용인 핵심영역을 침해하는 한 헌법위반이 된다. 그런데 이 핵심영역이란 무엇을 말하며 제한범위를 어느 정도 벗어나야 헌법위반이 되는지에 관한 일반적·획일적인 올바른 공식은 없다. 이것은 지방자치제도의 역사적 발전과정에서 필연적으로 겪게 되는 지방자치단체의 재정운영에 관한 자율적 결정권의 범위, 지방세 재원의 확보, 국고보조부담금 제도의 정리·합리화 등과 개별 사례에서의 특수성을 종합 고려하여 앞으로 헌법재판소의 결정례에 의하여 그 기준을 설정할 수밖에 없다. 통치단체인 중앙정부와 지방자치단체에 대한 헌법과 법률에 명시된 수직적·지방분권적 권력분립에 따른 권한 또는 업무영역의 한계와 관련된 갈등이나 분쟁을 해결·확정하는 작업은 법치주의 실현을 지켜보는 헌법재판소의 임무이자 고유권한에 속하기 때문이다."[525]

---

522) 헌재 1995.3.23. 94헌마175.
523) 헌재 2006.4.27. 2005헌마1190.
524) 헌재 2009.5.28. 2006헌라6, 서울특별시와 정부 간의 권한쟁의[인용(권한침해)].
525) 헌재 1998.8.27. 96헌라1, 시흥시와 정부 간의 권한쟁의(기각).

나. 지방자치제도의 비핵심영역(주변영역)의 심사기준으로서 합리성심사

이상에서 설명한 바와 같이 제도보장의 핵심영역의 침해 여부는 입법내용의 합리성여부에 따라 판단할 수 있는 것이 아니고, 엄격하게 심사하여야 하는 데 반하여, 지방자치제도의 핵심영역이 아닌 부분에 대한 입법자의 입법형성이 지방자치제도를 침해하고 있는지 여부를 판단함에 있어서 헌법재판소의 심사기준은 다음과 같이 합리성심사다.

① "헌법 제117조 제2항은 지방자치단체의 종류를 법률로 정하도록 규정하고 있을 뿐 지방자치단체의 종류 및 구조를 명시하고 있지 않으므로 이에 관한 사항은 기본적으로 입법자에게 위임된 것으로 볼 수 있다. … 자치단체의 구조에 대한 개편을 입법자의 형성에 맡긴 헌법규정의 취지에 의하면, 이 사건 법률조항에 의하여 청구인들의 참정권과 평등권 등 기본권이 제한된다 하더라도 이것이 제주도 지역에서 중층으로 구성된 지방자치단체를 단층화하는 제도의 개편에 의하여 발생한 결과적인 것이라는 점에서, 그 위헌성 판단은 입법자의 판단이 현저히 자의적이어서 기본권 제한의 합리적인 재량의 한계를 벗어난 것인지 여부에 의하여 결정되어야 할 것이다."526)

② "지방자치단체 소유의 행정재산은 일반 공중의 공동사용에 제공되는 까닭에 공적 성격을 강하게 갖는 공물로서 그 목적에 부합하는 한도 내에서 그 관리 및 처분에 관하여 공법적 규율이 적용된다. 그리고 이 사건 법률조항은 국가적 사업인 농지개량시설의 설치사업을 효과적으로 실시하기 위하여 국가·지방자치단체 또는 농업진흥공사가 농지개량시설을 설치하고 농지개량조합은 이를 유지·관리하도록 하고자 하는 구「농촌근대화촉진법」의 취지에 따른 것으로서 그 목적의 정당성이 인정되며, 농지개량조합으로 하여금 농지개량시설의 설치에 관하여 발생한 지방자치단체의 권리만을 승계하는 것이 아니라 당해 농지개량시설의 설치·유지·관리 및 개보수를 위하여 발생한 차입금 등의 채무 역시 인수하도록 함으로써 농지개량시설의 이전으로 인한 지방자치단체의 피해를 줄이기 위한 배려를 하고 있다. 그렇다면 이 사건 법률조항으로 인하여 지방자치단체가 소유하고 있던 농지개량시설에 대한 소유권이 농지개량조합에 이전되었다 하더라도 위에서 살펴본 이 사건 법률조항의 입법취지, 농지개량시설에 대한 공법적 규율의 적용, 권리와 의무의 포괄적인 승계인 점에 비추어 볼 때 그 합리성을 인

---

526) 헌재 2006.4.7. 2005헌마1190.

정할 수 있다. 따라서 이 사건 법률조항은 지방자치의 본질적 내용을 침해한다고 볼 수 없어 지방자치에 관한 헌법 제117조 제1항에 위반된다고 할 수 없다."527)

③ 결론적으로는 이상과 같은 이야기이지만, 핵심영역이 아닌 부분을 제약하는 입법에 대한 심사와 관련하여 지방자치제도의 본질적 내용의 침해가 아니므로 위헌이 아니라고 한 결정이 있다. "… 제도적 보장으로서 주민의 자치권은 원칙적으로 개별 주민들에게 인정된 권리라 볼 수 없으며, 청구인들의 주장을 주민들의 지역에 관한 의사결정에 참여 내지 주민투표에 관한 권리침해로 이해하더라도 이러한 권리를 헌법이 보장하는 기본권인 참정권이라고 할 수 없는 것이다. 즉, 헌법상의 주민자치의 범위는 법률에 의하여 형성되고, 핵심영역이 아닌 한 법률에 의하여 제한될 수 있는 것이다. 돌이켜 이 사건 법률조항에 관하여 살펴보면, 이 사건 법률조항이 현직 자치단체 장에 대하여 3기 초과 연임을 제한하고 있더라도 그것만으로는 주민의 자치권을 심각하게 훼손한다고 볼 수 없다. 더욱이 새로운 자치단체 장 역시 주민에 의하여 직접 선출되어 자치행정을 담당하게 되므로 주민자치의 본질적 기능에 침해가 있다고 보기 어렵다. 따라서 이 사건 법률조항은 지방자치제도에 있어서 주민자치를 과도하게 제한함으로써 입법형성의 한계를 벗어났다고 할 수 없다."528) 그러나 헌법재판소의 그동안의 결정례에 따르면 제도보장의 본질의 침해가 아닌 경우에는 합리성심사를 하여왔기 때문에 이 경우에도 본질의 침해가 아니므로 입법형성의 범위를 벗어나지 않았다고 하는 것은 논리적으로 타당하지 않다.

④ 기초의회에서 정당표방을 금지한 것을 위헌으로 선언한 헌재 2003헌가9(2003) 결정529)과 동일한 사안에 대해 합헌 선언한 헌재 99헌바28(1999) 결정530)에서는 과잉금지심사를 하고 있지만, 전자의 판결에서는 정치적 표현의 침해 여부와 관련하여서이고, 후자의 경우는 정당활동의 자유의 침해 여부와 관련하여서였다. 어느 것이나 기본권과 관련된 심사였다는 점을 주의할 필요가 있다.

---

527) 헌재 206.2.23. 2004헌바50. 그리고 이 결정에서 본질적 내용의 침해가 아니므로 헌법위반이 아니라고 하는 취지의 문언은 정확한 표현이라고 보기는 어렵다.
528) 헌재 2006.2.23. 2005헌마403.
529) 헌재 2003.5.15. 2003헌가9.
530) 헌재 1999.11.25. 99헌바28.

3. 지방교육자치제도

지방교육자치제도에 있어서는 지방자치의 특성과 교육의 자주성, 전문성, 정치적 중립성이 동시에 보장되는 소위 이중의 자치를 도출하고 있다: "헌법 제31조 제4항은 "교육의 자주성·전문성·정치적 중립성 및 대학의 자율성은 법률이 정하는 바에 의하여 보장된다."고 규정하고 있고, 헌법 제117조 제1항은 "지방자치단체는 주민의 복리에 관한 사무를 처리하고 재산을 관리하며, 법령의 범위 안에서 자치에 관한 규정을 제정할 수 있다."고 규정함으로써 제도보장으로서의 교육자치와 지방자치를 규정하고 있다. … 헌법재판소는 지방교육자치제도의 헌법적 본질에 관하여, "국민주권의 원리는 공권력의 구성·행사·통제를 지배하는 우리 통치질서의 기본원리이므로, 공권력의 일종인 지방자치권과 국가교육권(교육입법권·교육행정권·교육감독권 등)도 이 원리에 따른 국민적 정당성 기반을 갖추어야만 한다. 그런데 국민주권·민주주의원리는 그 작용영역, 즉 공권력의 종류와 내용에 따라 구현방법이 상이할 수 있다. …… 지방교육자치도 지방자치권행사의 일환으로서 보장되는 것이므로, 중앙권력에 대한 지방적 자치로서의 속성을 지니고 있지만, 동시에 그것은 헌법 제31조 제4항이 보장하고 있는 교육의 자주성·전문성·정치적 중립성을 구현하기 위한 것이므로, 문화적 자치로서의 속성도 아울러 지니고 있다. 이러한 '이중의 자치'의 요청으로 말미암아 지방교육자치의 민주적 정당성 요청은 어느 정도 제한이 불가피하게 된다. 지방교육자치는 '민주주의·지방자치·교육자주'라고 하는 세 가지의 헌법적 가치를 골고루 만족시킬 수 있어야만 하는 것이다. 민주주의의 요구를 절대시하여 비정치기관인 교육위원이나 교육감을 정치기관(국회의원·대통령 등)의 선출과 완전히 동일한 방식으로 구성한다거나, 지방자치의 요구를 절대시하여 지방자치단체장이나 지방의회가 교육위원·교육감의 선발을 무조건적으로 좌우한다거나, 교육자주의 요구를 절대시하여 교육·문화분야 관계자들만이 전적으로 교육위원·교육감을 결정한다거나 하는 방식은 그 어느 것이나 헌법적으로 허용될 수 없다."531)

4. 의무교육제도

의무교육제도에 대해서도 제도보장으로서의 성격을 인정하고 있다. "의무교육제도는 교육의 자주성·전문성·정치적 중립성 등을 지도원리로 하여 국민의 교육을 받을 권리

---

531) 헌재 2003.3.27. 2002헌마573; 2000.3.30. 99헌바113; 2002.3.28. 2000헌마283등.

를 뒷받침하기 위한, 헌법상의 교육기본권에 부수되는 제도보장이라 할 것이다."532)

5. 직업공무원제도

직업공무원제도도 제도보장으로서 최소한 제도의 핵심은 보장된다. 예컨대 헌법재
판소는 "직업공무원제도는 지방자치제도, 복수정당제도, 혼인제도 등과 함께 "제도보
장"의 하나로서 이는 일반적인 법에 의한 폐지나 제도본질의 침해를 금지한다는 의미
의 최소보장"의 원칙이 적용되는바, 이는 기본권의 경우 헌법 제37조 제2항의 과잉금
지의 원칙에 따라 필요한 경우에 한하여 "최소한으로 제한"되는 것과 대조되는 것이
다."533)라고 판시하고 있다. 또한 "헌법 제7조 제2항은 공무원의 신분과 정치적 중립성
을 법률로써 보장할 것을 규정하고 있다. 위 조항의 뜻은 공무원이 정치과정에서 승리
한 정당원에 의하여 충원되는 엽관제를 지양하고, 정권교체에 따른 국가작용의 중단과
혼란을 예방하며 일관성 있는 공무수행의 독자성과 영속성을 유지하기 위하여 공직구
조에 관한 제도적 보장으로서의 직업공무원제도를 마련해야 한다는 것이다. 직업공무
원제도는 바로 그러한 제도적 보장을 통하여 모든 공무원으로 하여금 어떤 특정 정당
이나 특정 상급자를 위하여 충성하는 것이 아니라 국민전체에 대한 봉사자로서(헌법 제
7조 제1항) 법에 따라 그 소임을 다할 수 있게 함으로써 공무원 개인의 권리나 이익을
보호함에 그치지 아니하고 나아가 국가기능의 측면에서 정치적 안정의 유지에 기여하
도록 하는 제도이다. … 직업공무원제도는 바로 헌법이 보장하는 제도적 보장 중의 하
나임이 분명하므로 입법자는 직업공무원제도에 관하여 '최소한 보장'의 원칙의 한계 안
에서 폭넓은 입법형성의 자유를 가진다."534)

6. 혼인과 가족제도

혼인과 가족제도에 대해서 헌법재판소는 헌법원리 내지 원칙규범의 성격 외에 제
도보장적 측면도 인정하고 있다. "헌법 제36조 제1항은 "혼인과 가족생활은 개인의 존
엄과 양성의 평등을 기초로 성립되고 유지되어야 하며, 국가는 이를 보장한다."라고 규
정하고 있는데, 헌법 제36조 제1항은 혼인과 가족생활을 스스로 결정하고 형성할 수

---

532) 헌재 1991.2.11. 90헌가27.
533) 헌재 1994.4.28. 91헌바15등.
534) 헌재 1997.4.24. 95헌바48.

있는 자유를 기본권으로서 보장하고, 혼인과 가족에 대한 제도를 보장한다. 그리고 헌법 제36조 제1항은 혼인과 가족에 관련되는 공법 및 사법의 모든 영역에 영향을 미치는 헌법원리 내지 원칙규범으로서의 성격도 가지는데, 이는 적극적으로는 적절한 조치를 통해서 혼인과 가족을 지원하고 제삼자에 의한 침해 앞에서 혼인과 가족을 보호해야 할 국가의 과제를 포함하며, 소극적으로는 불이익을 야기하는 제한조치를 통해서 혼인과 가족을 차별하는 것을 금지해야 할 국가의 의무를 포함한다. 이러한 헌법원리로부터 도출되는 차별금지명령은 헌법 제11조 제1항에서 보장되는 평등원칙을 혼인과 가족생활영역에서 더욱 더 구체화함으로써 혼인과 가족을 부당한 차별로부터 특별히 더 보호하려는 목적을 가진다. 이때 특정한 법률조항이 혼인한 자를 불리하게 하는 차별취급은 중대한 합리적 근거가 존재하여 헌법상 정당화되는 경우에만 헌법 제36조 제1항에 위배되지 아니한다."[535)

7. 사유재산제도 및 사적자치의 원칙

헌법재판소는 사유재산제도 및 사적자치의 원칙을 제도보장으로 인정하고 있다. "사유재산제도 및 사적자치의 원칙은 헌법상 보장된 주관적 권리가 아니라 제도보장의 일종으로서 입법자의 형성의 자유가 광범위하게 인정되는 분야이므로, 그 위헌 여부의 판단에 있어서는 입법의 한계를 일탈하였는지 여부가 문제된다."[536)

따라서 사유재산제도나 사적자치의 원칙의 침해 여부를 판단함에 있어서도 합리성 심사(자의금지)를 적용하고 있다. "… 관재담당공무원은 국유재산에 관한 정보의 장악과 매매가액결정에 대한 영향력 등을 통하여 국유재산을 저가로 부정 취득할 우려가 있으므로, 입법자가 국유재산의 보전과 국유재산처분사무의 공정성 확보라는 입법목적을 달성하기 위하여 관재담당공무원의 국유재산취득행위를 절대적으로 무효화하는 방법을 채택한 것은 정당성이 충분히 인정된다 할 것이다. 또 입법자는 관재담당공무원의 국유재산취득행위의 무효로 인한 법률관계를 규율함에 있어서 위에서 본 법 제7조의 입법목적을 더 중요시할 것인지, 아니면 관재담당공무원이 취득한 국유재산을 전득한 제3자의 신뢰 또는 거래의 안전을 더 중요시할 것인지를 결정할 재량도 갖고 있다 할 것이므로, 거래의 안전보다 국유재산의 공정한 관리처분이라는 입법목적을 더 중요

535) 헌재 2002.8.29. 2001헌바82.
536) 헌재 1999.4.29. 96헌바55.

시하여 선의의 제3자 보호규정을 두지 않았다 하여 이를 가리켜 자의적인 입법조치라고 볼 수는 없다. … 그러므로 법 제7조 제2항은 헌법 제23조 제1항 및 제119조 제1항에서 유래하는 사유재산제도 및 사적자치의 원리에 위반되지 아니한다."[537]

재판관 이영모는 「도시계획법」 제21조에 대한 위헌소원결정에서도 사유재산제도 보장의 핵심영역을 토지재산권과 관련하여 설명하면서 ① 소유권자가 당해 토지를 이용할 수 있어야 하고 ② 당해 토지의 처분이 자유로 와야 한다는 두 가지 요소는 사유재산권의 제도보장을 위한 핵심영역에 속한다고 보았다.[538]

III. 정리

현재까지 학설과 판례에서 논의된 내용을 바탕으로 다음과 같이 정리할 수 있다.

① 제도는 입법을 통하여 기본권을 실현하기도 하지만, 동시에 입법자는 제도의 핵심을 폐기하고 공동화시킬 위험성도 존재한다. 여기에서 제도보장의 핵심영역은 입법권형성의 최후적인 한계를 형성한다. 그런데 여기서 핵심영역의 침해는 형식적인 입법적 제한에 의해서만 이루어지는 것은 아니라는 점을 주의하여야 한다. 제도의 줄기는 형식적으로 존재하는 경우라고 하더라도 실질적인 제도보장의 취지를 훼손하는 경우에는 제도보장사상에 위배되는 것으로 보아야 한다.[539]

② 제도보장의 핵심영역은 학설과 판례에 의하여 밝혀질 수밖에 없다. 제도보장의 핵심영역이 무엇인지와 관련하여 일반적으로 고찰하면, 우선 제도보장의 기원은 원칙적으로 과거와 관련된다는 점이 특징이다. 이러한 과거관련성은 제도보장의 존속적 기능 때문에 제도보장에 내재하는 것으로 이해된다. 그러나 제도보장의 기본적인 뼈대만이 제도보장의 핵심영역에 속하기 때문에 과거관련성은 여기에 한한다. 그러나 제도의 핵심영역에 속하는 본질적인 징표들도 제도를 출현시킨 공동체의 관념이 근본적으로 그리고 뿌리로부터 변하는 경우에는 제도의 출현형태는 변경될 수밖에 없다. 이러한 경우 어떠한 변경이 일어날 것인지에 대해서는 제도의 법적 형성과정에서 논의되고 새롭게 정의될 수 있어야 한다. 이러한 취지는 독일연방헌법재판소가 다음과 같이 잘 정

---

537) 헌재 1999.4.29. 96헌바55.
538) 헌재 1998.12.24. 89헌마214등.
539) Kloepfer, Einrichtungsgarantien, Rn. 32.

의하고 있다. "규범은 언제나 규범이 효력을 미치는 사회적 상황과 공동체적 – 정치적 세계관의 관계성 속에서 존재한다; 규범의 내용은 상황에 따라서 변화할 수 있고 또 변화하여야 한다. 이것은 특히 법률의 발생과 적용이 금세기처럼 생활관계와 법적 세계관을 원천적으로 변화시킨 경우에 특히 그러하다."540)

③ 확실히 입법권의 기본권기속이 인정되는 현재에 있어서 제도보장의 원래적 의미가 상당부분 감소한 것은 인정할 수 있다. 그러나 직접적 기본권관련성이 적고 국가조직적 관련성을 갖는 제도보장(지방자치제도와 직업공무원제도)의 경우에는 기본권의 본질적 내용 침해금지 원칙의 효력은 미칠 수가 없다. 따라서 이러한 경우에 제도보장이론은 여전히 유용하다.541)

④ 제도보장은 당사자가 저항하지 않거나 또는 자신의 주관적 권리가 침해되지 않는 경우에도 허용될 수 없는 어떤 한계를 국가에 대해 설정할 수 있다. 따라서 제도보장은 개인의 주관적 법적 지위와 관련 없이도 일정한 제도보장의 방어적 효력에 의해 기본권의 보호에 기여할 수 있기 때문에 중첩적인 보호가 가능하다.542) 제도자체의 침해를 다투기 위한 어떤 법적 제도의 필요성도 이로부터 도출될 수 있다.

⑤ 제도의 핵심영역 외에 있어서 입법자는 형성의 자유를 갖는다. 그렇다고 완전한 형성의 자유를 갖는 것은 아니고, 명백히 합리성을 상실한 경우에는 위헌이 된다.

---

540) BVerfGE 34, 269, 288 f.

541) Schmidt–Jortzig, Die Einrichtungsgarantien der Verfassung – Dogmatischer Gehalt und Sicherungskraft einer umstrittenen Figur, Schwartz (Göttingen: 1979), S. 61 f.

542) Kloepfer, Einrichtungsgarantien, Rn. 38: 클뢰퍼는 혼인제도를 예로 들어 재미있게 설명하고 있다. 혼인의 핵심영역은 부부의 일부일처 생활공동체를 의미하는데, 입법자가 법률로 중혼이나 동성 간의 결혼을 도입한다 하더라도 연방헌법재판소의 판례에 따르면 혼인제도의 규정(기본법 제6조 제1항)은 다양한 형태의 혼인들 간에 어떤 기준을 제시하고 있는 것이라고 보지 않기 때문에 그러한 입법은 다른 사람의 권리를 침해하는 것이라고는 할 수 없기 때문에 기혼의 혼인공동체의 배우자들은 그러한 입법에 대해 아무런 조치도 취할 수 없을 것인데 반하여, 혼인제도를 제도보장으로 이해하는 경우에는 혼인의 기본구조가 보호될 수 있다고 한다.

제6절

기본권 침해 여부의 심사 단계[543]

위헌 여부 심사 단계는 크게 형식적 요건 심사인 적법성 심사와 실체적인 본안 심사로 구분된다. 본안 심사는 사건과 관련된 위헌심사기준을 도출한 후 그 침해 여부를 판단하는 단계를 거치게 된다. 특히 기본권 침해 여부가 문제되는 경우에는 다음과 같은 심사단계를 거치게 된다.

I. 쟁점의 정리

사건과 관련하여 적법성 심사와 본안 심사에서 다루어야 할 쟁점들을 제시함으로써 소송경제에 이바지할 수 있다.

II. 적법성 심사

위헌심사에서는 우선은 적법성 심사를 하게 된다. 적법성 심사는 소송 유형에 따른 절차적 요건 충족 여부를 심사하는 단계다. 모든 소송에서 당사자적격(청구인적격, 피청구인적격)이 있어야 하고, 위헌법률심판에서는 주로 재판의 전제성 요건이 주요 검토내용이 되며, 헌법소원심판(헌마 사건)에서는 특히 기본권침해의 가능성과 청구인과의 법적 관련성(직접성, 현재성, 자기관련성)이 인정되어야 하는데, 여기서 법률이 규율하는 행위가 기본권의 보장 영역에 해당하는지 여부, 법률 규정이 당해 기본권의 보장 영역의 제한을 의미하는지 여부 등이 함께 검토된다.

---

543) Pieroth/Schlink, Grundrechte, Aufl. 26, S. 81 f., 128 f.; 김해원, 기본권심사론, 박영사, 2018, 159쪽 이하 참조.

III. 본안 심사

1. 관련(또는 제한되는) 기본권의 도출

기본권 침해 주장이 소송요건을 갖추어 적법한 것으로 판단되면 본안판단에 들어가게 된다. 여기서는 우선 관련 기본권을 도출하여야 한다. 말하자면 침해되는 것으로 볼 수 있는 기본권을 명확히 하는 작업이다. 헌법소송에서는 통상 청구인이 이를 주장하지만 헌법재판소가 직권으로 이를 보완할 수 있다.

2. 관련 기본권의 침해 여부

관련 기본권이 특정되면 그 침해 여부를 검토한다. 원칙적으로 관련되는 모든 기본권에 대해서 그 침해 여부를 심사를 하는 것이 타당하다. 기본권이 경합하는 경우에는 관련 기본권 간의 관계에 따라서는 별도로 다른 기본권에 대한 침해 여부를 심사할 필요 없이 어느 하나의 기본권 침해 여부의 심사로 족한 경우도 있다.

관련 기본권의 침해 여부를 판단하는 단계는 침해 대상 기본권이 자유권이냐 평등권이냐 혹은 생존권이냐에 따라 달리 취급된다.

가. 자유권의 침해 여부 심사 단계
1) 법률에 의한 자유권 침해 여부 심사 단계[위헌법률심판, 헌법소원심판(헌바 사건)]
- 법률이 권한과 절차에 합치하여 제정되었는지 여부
- 법률이 의회유보의 요청을 충족시키고 있는지 여부(본질성이론)
- 법률이 일반성을 충족하고 있는지 여부
- 법률의 구성요건과 효과가 분명하고 명확하게 규정되어 있는지 여부(명확성의 원칙 충족 여부)
- 법률상의 제한이 과잉금지원칙에 합치하는지 여부
- 법률상의 제한이 기본권의 본질적 내용 침해금지원칙을 준수하고 있는지 여부
- 소급입법의 경우 법률이 신뢰보호원칙을 준수하고 있는지 여부
- 위임입법의 경우 포괄위임금지원칙을 준수하고 있는지 여부

- 제도보장과 관련되는 경우 제도의 핵심 영역이 보장되고 있는지 여부

2) 집행권이나 사법행정권에 의한 자유권 침해 여부 심사 단계[헌법소원심판(헌마 사건)]

- 조치에 대한 합헌적인 법적 근거가 존재하는지 여부
- 조치 자체가 합헌적인지 여부
- 조치가 법률을 합헌적 해석 특히 기본권 합치적 해석을 통해 적용되고 있는지 여부
    - 당사자와 관련하여 조치가 분명하고 명백한지 여부
    - 조치가 비례성원칙에 합치하는지 여부
    - 조치가 기본권의 본질적 내용 침해금지원칙을 준수하고 있는지 여부
    - 조치가 신뢰보호원칙을 준수하고 있는지 여부

나. 평등권 침해 여부의 심사 단계(위헌법률심판, 헌법소원심판)
1) 차별 취급이 존재하는지 여부

- 문제되는 개인, 집단 혹은 상황들이 서로 비교될 수 있는 것인지 여부
- 비교 집단들이 서로 차별적으로 취급되고 있는지 여부

2) 심사 기준의 선택

- 차별의 진지성이 작은 경우에는 자의금지 심사
- 차별의 진지성이 큰 경우에는 비례성 심사

3) 차별 취급이 헌법적으로 정당화되는 것인지 여부
가) 법률에 의한 차별에 특유한 사전 심사

- 법률이 권한과 절차에 합치하여서 성립하였는지 여부
- 법률유보(의회유보)의 요청을 충족하고 있는지 여부(본질성이론)
- 구성요건과 법 효과에 있어서 분명하고 명확하게 규정되어 있는지 여부

나) 개별적 평등원칙의 경우

- 개별적 평등원칙의 특별한 요청들이 충족되고 있는지 여부(비례성원칙의 적용)

다) 일반적 평등원칙의 경우

- 일반적 평등원칙이 요구하는 정당한 차별의 근거가 존재하는지 여부
  - ·헌법이 특별히 평등취급을 요구하고 있거나 기본권에 대한 중대한 제한을 초래하고 있는지 여부(엄격한 비례성 심사)
  - ·엄격한 비례성심사의 요건에 해당하지만 헌법이 차별 명령 규정을 두고 있는 경우(완화된 비례성 심사)
  - ·위의 어디에도 해당하지 않는 일반적인 차별의 경우에는 차별에 합리적인 근거가 존재하는지 여부(합리성 심사−자의금지원칙의 적용)

다. 생존권 침해 여부의 심사 단계
1) 법률에 의한 제한의 경우

- 법률이 당해 기본권의 최소 보장을 준수하고 있는지 여부(과소보호금지원칙, 본질적 내용 침해금지원칙)

2) 집행행위(처분)의 경우

- 처분이 법률을 합헌적으로 해석·적용하고 있는지 여부
- 법률이 과소보호금지원칙을 위배하지 않은 경우(본질적 내용을 침해하고 있지 않은 경우)에는 헌법적으로 허용되는 범위 내에서의 처분인지의 여부

라. 소결

- (합헌의 경우) 심판대상이 적용된 위헌심사기준을 위배하여 관련 기본권을 침해하지 아니한다.
- (위헌의 경우) 심판대상이 적용된 위헌심사기준을 위배하여 관련 기본권을 침해한다.

3. 결론

- (합헌의 경우) 심판대상은 헌법에 위반되지 아니한다.
- (위헌의 경우) 심판대상은 ○○○ 기본권을 침해하여 헌법에 위반된다.

사항색인

판례색인

저자 소개

김대환(金大煥, Kim Dai Whan)

서울시립대학교 법학전문대학원 교수

연세대학교 법과대학 법학과 졸업(법학사)

서울대학교 대학원 법학과 졸업(법학석사, 법학박사)

서울시립대학교 법학전문대학원장 역임

서울시립대학교 입학처장, 언론사주간 역임

경성대학교 법학과 교수 역임

탐라대학교 경찰행정학부 교수 역임

사단법인 한국공법학회 고문

사단법인 한국헌법학회 고문

사단법인 한국공법학회 회장 역임

사단법인 한국헌법학회 부회장 역임

사단법인 한국비교공법학회, 유럽헌법학회 부회장 역임

감사원 정책자문위원회 위원

국가인권위원회 정책자문위원회 위원

헌법재판연구원 헌법재판연구 편집위원회 위원 역임

중앙행정심판위원회 위원 역임

법제처 법령해석심의위원회 위원 역임

국회 헌법개정자문위원회 위원 역임

대법원 사실심 충실화 사법제도개선위원회 위원 역임

국가평생교육진흥원 독학사운영위원회 위원 역임

변호사시험 출제위원

입법고시 출제위원

헌법재판 및 위헌심사기준론

초판발행   2023년 8월 30일

지은이   김대환
펴낸이   안종만·안상준

편 집   장유나
기획/마케팅   손준호
표지디자인   이수빈
제 작   고철민·조영환

펴낸곳   (주) **박영사**
           서울특별시 금천구 가산디지털2로 53, 210호(가산동, 한라시그마밸리)
           등록 1959. 3. 11. 제300-1959-1호(倫)

전 화   02)733-6771
f a x   02)736-4818
e-mail   pys@pybook.co.kr
homepage   www.pybook.co.kr
ISBN   979-11-303-4517-8   93360

정 가   24,000원